세상은 저절로 좋아지지 않는다

지은이 한상권은 1953년 충청남도 홍성에서 태어나 서울대학교 국사학과를 졸업하고 동 대학원에서 석사학위와 박사학위를 받았다. 양심수후원회 운영위원, 친일인명사전편찬위원회 부위원장, 한국역사연구회 회장 등을 역임하였다. 현재 덕성여대 사학과 교수로 재직하면서 학생들과 배움을 주고받고 있다.

'인간의 권리란 주어지는 것이 아니라 스스로가 차별과 억압에 맞서 싸우는 과정을 통해 쟁취하는 것'이라는 문제의식으로 역사 속에서 기층민들의 권리의식이 성장해가는 모습을 추적하는 연구를 진행하여,『조선후기 사회문제와 소원訴冤제도—상언上言·격쟁擊錚연구』(일조각)로 1998년 월봉저작상을 수상하였다.

덕성학원 민주화운동에 참여하여 징계를 받고 해직되었으나 전국 대학 교수들의 복직촉구 서명과 덕성 구성원들의 복직운동에 힘입어 2년 만에 복직되었다. '민주화운동관련자 명예회복 및 보상심의위원회'가 1991년의 징계와 1997년의 해직은 덕성학원의 권위주의적 통치에서 비롯된 것이라 하여, 2005년 민주화운동관련자로 인정하였다. 해직을 계기로 덕성여대 역사에 관심을 갖기 시작하여, 덕성학원이 독립운동가 차미리사가 세운 민족사학이라는 사실을 뒤늦게 발견하고 관련 사료를 모아, 2008년『차미리사평전—일제강점기 여성해방운동의 선구자』(푸른역사)를 집필하였다.

세상은 저절로 좋아지지 않는다

한상권 교수의 치열했던 5년의 기록

2010년 12월 17일 제1판 제1쇄 인쇄
2010년 12월 24일 제1판 제1쇄 발행

지은이 한상권
펴낸이 이재민, 김상미

편집 김정민, 신해경
디자인 studio.triangle

종이 대흥지류유통(주)
인쇄 천일문화사
제본 정원문화사

펴낸곳 너머북스
주소 121-869 서울시 마포구 연남동 566-61
전화 02)335-3366 팩스 02)335-5848
등록번호 제313-2007-232호

ISBN 978-89-94606-02-6 03900

너머북스와 너머학교는 좋은 서가와 학교를 꿈꾸는 출판사입니다.

세상은 저절로
좋아지지 않는다

한상권 교수의 치열했던 5년의 기록

한상권 지음

과거를 기억하는 것은
더 나은 미래를 꿈꾸기 때문이다

1

이 책은 필자가 덕성여대에서 해직된 1997년부터 박원국 이사장의 연임이 좌절된 2001년까지 5년 동안 일어난 일들에 관한 이야기다. 이 기간에 덕성은 교육부 특별 감사를 두 차례(1997, 2001), 국회 교육위원회 국정감사를 네 차례(1997, 1999, 2000, 2001) 받았으며, 관선이사를 세 차례(1997, 1999, 2001) 파견받았다. 또한 직무대행을 포함해 이사장을 일곱 명, 총장을 다섯 명 교체했다. 덕성학원 이사장 임기가 5년인 점을 감안할 때, 직무대행을 제외하고도 이사장이 다섯 번 교체된 5년의 기간은 평화로운 시기의 25년에 해당하는 셈이다. 그만큼 덕성민주화운동은 치열했다.

5년 동안 계속된 덕성민주화운동은 헛되지 않았다. 또 그래야 한다. 덕성민주화운동은 빼앗긴 권리를 되찾으려는 '권리투쟁'이자 잘못된 역사를 바로잡으려는 '기억투쟁'이었다. 필자가 해직된 후 '동토의 왕국'이라 불리던 덕성에서 기본권을 되찾으려는 '권리투쟁'이 일어났다. 사회의 공기公器인 대학을 사유물로 여긴 이사장의 그릇된 교육관 때문에 일어난 저항이었다. 재단 이사장에게 초법적인 권한을 부여한 사립학교법이 그의 일탈된 행동을 뒷받침해 주고 있었다. 어느 사립대학보다도 낮은 급여와 열악한 근무조건, 끊임없이 발생하는 부당한 해직, 비싼 등록금에 턱없이 못 미치는 낙후된 교육시설, 무분별한 학부제 시행 등 암울한 교육환경에 맞서 교수와 학생, 직원들은 빼앗긴 교육권·학습권·노동권을 되찾기 위해 일어섰다.

권리투쟁은 절대화된 권력에 맞서 인간으로서의 존엄성을 지키려는 싸움이었다. 양심적이며 이성적인 개인은 절대화된 권력을 비판하기 마련이다. 절대 권력과 타협하는 순간 이성과 양심을 포기해야 하기 때문이다. 덕성인들은 현실에 맹목적으로 순응하거나 이기적으로 적응하기를 거부하고, 창조적인 의식을 바탕으로 기본권을 되찾기 위해 싸웠다. 그 과정에서 대학 본연의 모습은 어떠해야 하는가라는 근본적인 문제에 맞닥뜨렸다. 이사장은 자신을 '교주校主', 즉 학교의 주인이라고 일컬었다. 학교가 자신의 사유재산이라는 주장이다. 그러나 "사립학교의 자주성을 확보하고 공공성을 앙양할 목적"으로 제정된 사립학교법에는 설립자의 소유 관념이 없다. 교육은 공공재이기 때문이다. 덕성민주화운동은 대학을 사유물로 볼 것인가, 공공재로 볼 것인가라는 가치관 사이의 갈등이기도 했다.

기존의 질서에 대한 도전은 그 지배질서에 내재하고 있는 가치체계나 구조를 무너뜨리지 않으면 성공할 수 없다. 이러한 의미에서 '기억투쟁'은 중요하다. 덕성학원은 모자 세습에서 형제 세습으로, 형제 세습에서 다시 부자 세습으로 이루어진 전형적인 족벌 세습 재단이었다. 게다가 덕성학원 설립자라고 일컬어지는 송금선은 친일파, 즉 반민족 행위자였다. 덕성학원은 단순한 족벌 재단이 아니라 친일 족벌 재단이었던 것이다.

덕성인은 기억을 둘러싼 투쟁 끝에 덕성학원 설립자가 친일파 송금선이 아니라 독립운동가 차미리사라는 사실을 밝혀냈다. 그 결과 덕성여대는 친일 족벌 사학의 오명을 벗고 정통 민족 사학으로 다시 태어날 수 있었다. '차미리사 가치'와 '송금선 가치' 사이의 대립은 독립운동가와 친일파 간의 반세기가 넘는 긴 싸움의 연장선이기도 하다. 그리고 덕성민주화운동은 우리 사회가 친일파에 의해 오염된 역사를 청산할 능력이 있는지를 시험하는 무대이기도 했다.

2

개인에게 역사는 가혹하기도 하고 축복이 되기도 한다. 역사적 가치가 있는 삶을 산 사람들은 주어신 현실을 운명으로 받아늘여서는 안 된다고 말했다. 그들은 자신의 삶을 걸고, 결코 역사가 개인의 삶을 짓밟지 못하게 해야 한다고 주장했다. 주어진 현실에 매몰되지 않고 삶을 가치 있게 만들려면 인간이 지켜야 할 도리, 인간으로서 누려야 할 권리가 훼손된 데 대해 분노하며 끈질기게 저항하는 수밖에 없다.

나는 복직을 법에 호소하지 않았다. 사립학교법이 "교원을 기간을 정하여 임용할 수 있다."라고 규정하였을 뿐, 재임용의 의무나 절차, 요건 등을 법령으로 규정하지 않았기 때문이다. 새임용의 기준과 선차에 관한 근거가 실정법상 마련되지 않았다는 것은 교원의 지위가 법률적으로 보호받지 못한다는 것을 의미한다. 재임용 관련 법규가 없으니, 재임용탈락 시비를 둘러싼 재판이 성립될 리 없었다. 재임용 탈락자가 법원에 소송을 제기하면, 재임용 여부는 사법부의 심사대상이 아니라는 이유로 '각하'되었다(법원이 적법 여부를 심리하고 물리치는 '기각'과는 달리, 각하는 소송 자체가 성립되지 않는다는 판단이다). 부당한 재임용탈락처분을 철회시키기 위해서는, 사회적인 저항을 통해 '대법원 판례'를 넘어서는 새로운 판례, 즉 '덕성여대 판례'를 만드는 수밖에 없었다.

재임용이 거부되었을 경우, 그에 대해 다툴 수 있는 제도적 장치를 마련하지 않은 사립학교법은 헌법 제31조 제6항 "교원의 지위에 관한 기본적인 사항은 법률로 규정한다."라는 교원지위 법정주의에 위배된다. 필자가 해직되기 전까지만 해도 교육부는 재임용제가 교수들의 학문연구 진작을 위해 마련된 선법미제善法美制라고 선전했다. 그러나 이후 재임용제가 양심적인 교수들을 통제하는 악법이라는 비난여론이 들끓자, 교육부는 교수 재임용제를 대폭 개선해 재임용의 기준과 절차를 법으로 명시하여 악용을 막도록 하겠다고 공식발표했다(1997. 5. 21.).

행정부에 이어 사법부도 태도가 바뀌었다. 서울행정법원(이재홍 부장판사)은 김민수 교수가 서울대를 상대로 낸 '교수 재임용거부 처분 취소 청구' 소송에서 원고 승소판결을 내렸다(2000. 1. 18.). "교수의 재임용 여부는 임용권자의 자유재량 행위로 교수는 재임용을 요구할 권리가 없다."라는 과거 대법원 판례를 뒤집고, "교수 재임용제는 행정소송의 대상이며 합리적 근거 없는 대학 측의 재임용 거부는 취소되어야 한다."라는 내용으로 판례를 변경해, 교원의 재임용 기대권과 정당한 심사를 받을 법적 권리를 인정한 것이다. 그 뒤 사립학교법이 개정되어(2005. 1. 27.) 재임용 심사의 절차에 관한 규정이 삽입되었다. 그 결과 종신 재직권을 가진 정년트랙(tenure track) 교수는 물론 그렇지 못한 비정년트랙(non-tenure track) 교수도 재임용 기대권을 인정받아 재임용 심사를 받을 권리를 갖게 되었다.

교수 재임용 제도가 어느 정도 개선되었다고 해서 문제가 없다는 말은 아니다. 교수 재임용 문제가 사법심사 대상이 되었을 뿐이고, 설사 재임용 거부가 잘못되었다고 해도 교원의 신분을 회복하는 것이 아니라 임금 상당의 손해배상만 청구할 수 있다는 대법원 판결이 잇달아 나왔다. 여전히 교수 재임용 제도는 대학이 양심적인 교원들을 축출하는 강력한 제도로 남아 있다. 최근 재임용 제도를 악용한 대표적인 대학으로 2006년 12월부터 2010년 2월까지 교수협의회 소속 교수들만을 표적 삼아 여덟 명을 대량 해직시킨 마산 창신대를 들 수 있다.

3

국가를 포함한 가해자들의 '부인否認 논리'를 파악하고, 해부하고, 비판하고, 폭로함으로써 21세기 인권연구와 인권운동에 새로운 지평을 열었다고 평가받는 인권사회학자 스탠리 코언Stanley Cohen(1942~)은 어떤 것을 부인하느냐에 따라 부인의 성격을 세 가지로 나눴다. 문자적(literal) 부인, 해석적(interpritive) 부인, 함축적(implicatory) 부인이 그것이다.

문자적 부인이란, 엄연한 사실을 일어나지 않았다거나 진실이 아니라고 주장하는 것이다. 이른바 새빨간 거짓말로, 관찰자의 신뢰성과 객관성, 신용도를 공격하는 부인이다. 많은 사람들이 처음에는 문자적 부인으로 일관하다가, 이를 고수하기가 어려워지면 창의력을 발휘해 해석적 부인을 덧붙인다. 어떤 사건이 일어났다는 사실 자체는 부정하지 않지만 그 사건을 전혀 다른 방식으로 해석하는 것이다. 그리고 사실 자체나 일반적 해석을 부정하지 않지만 사건의 심리적·정치적·도덕적 함의를 부정하거나 축소하면 함축적 부인이 된다.

덕성민주화운동 과정에서도 코언 교수가 제시한 3단계 부인의 논리가 등장했다. 필자의 해직을 예로 들어 보자. 학교 당국은 처음에는 "인사위원들이 사전에 공모하지 않았다. 이사장 지시는 없었다."라는 등 문자적 부인으로 일관했다. 그러나 교육부 감사 결과, "이사장, 총장, 교무처장이 한상권 교수를 임기 만료자로 처리하기로 내부 방침을 정했다."라는 사실이 밝혀져 학교 측의 주장이 새빨간 거짓말임이 드러났다. 사실 자체를 부인하기에는 너무 많은 사실이 드러나자, 교수 해직에 대한 책임과 죄책감을 부인하기 위해 사건의 해석을 달리하는 해석적 부인을 했다. "해직은 합법적인 법 절차에 따른 것이므로 교권침해라고 볼 수 없다. 해직된 사람이 출근투쟁을 하여 건조물 무단침입, 불법강의 및 학생 선동으로 교내 질서를 어지럽혀 학교와 재단이 막대한 피해를 입고 있다."라며 필자를 가해자로 만들어 검찰에 고발했다. 그리고 우여곡절 끝에 개편된 이사회가 내 복직을 의결하자, 구 재단은 "한상권의 복직은 소위 '해방대학화'를 기도

하여 덕성학원을 침탈하였다는 심증을 갖게 하는 것이다."라고 덕성 민주화운동의 심리적·정치적·도덕적 함의를 부정하는 함축적 부인을 했다.

사람들은 흔히 누군가가 고통 받는 현실을 보면 눈감아 버리거나 못 본 체한다. '내 일도 아니잖아.', '벌 받을 만한 짓을 했겠지.', '괜히 나섰다가 나만 손해를 보는 게 아닐까.', '내가 나선다고 뭐가 달라질까.', '나는 중립을 지키고 싶어, 난 누구의 편도 들고 싶지 않아.'라는 등 방어심리가 본능적으로 작동하기 때문이다. 깊이 잠든 사람은 깨울 수 있지만 잠든 척하며 눈감고 있는 사람은 깨울 수 없는 법이다.

'부인 심리'는 사회적 고통이 반복되도록 만드는 핵심 요소다. 그것은 단순히 부인에 그치는 것이 아니라 끝내는 인간의 존엄성마저 포기하도록 만든다. 그러나 아무리 상황이 어려워도 타인의 고통에 공감하는 이타적 인간이 늘 존재했고, 이런 사람들의 존재가 인간성에 대한 일말의 신뢰와 낙관을 품게 해 왔다.

4

5년 동안 계속된 덕성민주화운동이 승리할 수 있었던 까닭은 다른 사람의 고통에 동참하기로 결의하고 연대하여 투쟁한 사람들이 있었기 때문이다. 연대는 교직원과 학생, 학내 민주화세력과 사회 민주화세력, 졸업생과 재학생 등 다양한 형태로 이루어졌다. 사회 각계의 원로인사를 비롯해 수많은 민주세력이 덕성사태를 보고 연민의 시선을 넘어 연대의 손길을 내밀었다. 이들은 기자회견, 서명운동, 성명서 발표, 항의·지지 방문, 집회 시위, 성금 모금, 항의농성, 공개 강연, 신문 칼럼 등 다양한 방법을 통해 덕성민주화 운동을 도와주었다. '한국역사연구회', '전국사립대학 교수협의회 연합회', '학술단체협의회', '민주화를 위한 전국교수협의회', '전국대학노동조합연맹', '참여연대', '민주사회를 위한 변호사모임' 등 교육·사회·시민 단체들은 '덕성여대 한상권 교수 재임용탈락처분 철회 및 교수재임용제 개선 추진위원회'를 결성하고 덕성민주화운동을 조직적, 체계적으로 지원했다.

고통과 절망에 빠진 타인을 돕는 행위는 구조자의 가장 깊숙한 내면에 존재하는 가치와 신념의 핵심을 표현하는 것이다. 덕성여대 교수들은 동료의 불행을 외면하지 않았다. 교수들은 대학을 '사람답게, 교수답게' 살 수 있는 곳으로 만들기 위해 교수직을 걸고 교수협의회를 결성해 싸웠으며, 직원들은 이사장의 전횡에 총파업으로 맞섰다. 구 재단을 추종하는 총동창회를 비판하면서 출범한 민주동문회는 '뿌리 찾기 토론회' 등을 통해 그동안 잘못 알려진 모교의 역사적 진실과 전통을 바로잡으려고 노력했다.

덕성민주화운동 과정에서 학생들이 보여 준 정의감은 경이로웠다. 학생들은 아는 것과 행동하는 것을 일치시킴으로써 자기기만의 유혹에 빠지지 않았다. 학생들은 "비리가 없는 학교는 없다. 그러나 그에 맞서 싸우는 이는 덕성여대생들뿐이다."(98학번, 아이디 karma)라는 자부심을 가지고, 학점을 무기로 한 기만과 협박, 공권력을 동원한 각종 폭력에 당당히 맞섰다. 더욱이 사학과 4학년 학생들은 "사회정의를 획득하기 위해 희생이 필요하다면 기꺼이 감수할 수밖에 없다."라며 졸업을 포기하는 각오로 강의투쟁을 벌이며, 불의와 거짓이 대학을 지배하는 그릇된 현실을 온몸으로 거부했다.

자신의 '소극성을 자책하는 깊은 수치심'이 덕성민주화운동의 원동력이 되었다. 맹자가 일찍이 설파한 것처럼, 부끄러워하는 마음이 의로운 행동의 출발점이 되었던 것이다(羞惡之心 義之端也). 일반 학생들은 '나는 약하다. 평범하다. 그러나 나는 약한 대로 평범한 대로 무엇을 하고 싶다.'라는 소박한 마음으로 민주화운동에 동참했다. '상식에 배치되는 힘 앞에 굴하지 않겠다'는 학생들의 의지는 행동으로 나타났다. 결의대회에 5,000여 명의 전교생 가운데 1,000명 이상이 모이곤 하여 보는 이들을 놀라게 했다. 이름 없이 행동하는 학생들이 모여 거대한 '사회적 힘'을 형성한 것이다. 덕성민주화운동이 여론의 주목을 받을 수 있었던 것은 이와 같은 사회적 힘이 뒷받침되었기 때문이다. 조직화되지 않은 민중은 시야에 잘 포착되지 않기 때문에 표면적으로는 잘 보이지 않는다. 하지만 긴 안목으로 보면 현실을 바꿀수 있는 마지막 힘은 그들에게서 나온다는 역사적 교훈을 덕성민주화운동이 새삼 확인시켜 주었다.

비타협과 불복종의 정신으로 민주화운동을 빛인 덕성 사람들은 2001년 오마이뉴스에서 뽑은 '올해의 인물'에 선정되기도 했다. 강인한 인내심과 불굴의 투지로 '최후의 일인, 최후의 일각'까지 싸운 덕성인들의 저항 정신은 차미리사 선생이 3·1운동정신을 계승하여 설립한 덕성학원의 뿌리, 조선여자교육회의 창립이념과도 일맥상통한다.

5

덕성민주화운동이 승리한 수 있었던 또 하나의 요인은 정치적 상황이 바뀌었기 때문이다. 문민정부 시절 교육부가 덕성여대에 대해 특별감사를 실시하고, 학내 분규가 장기화되는 데 책임을 물어 이사장을 해임했다. 사립대 이사장이 학사 간섭에 따른 학내 분규로 해임된 것은 덕성여대가 처음이었다. 사학의 고질적인 병폐 가운데 하나인, 재단이 부당하게 학사행정에 간섭하는 관행에 정부가 쐐기를 박은 것이다. 대학 학사운영의 자율성을 보장하기 위해 교육부가 취한 조치를 두고, 구 재단을 옹호하는 한 교육위원은 "하늘이 통곡할 일"이라며 분노했다. 이사장 해임은 현저한 재정 비리가 있을 때에만 해야 한다는 게 그 교육위원의 생각이었다. 그러나 이사장의 학사행정 간섭이야말로 대학의 공공성과 교육의 자율성을 짓밟는 전형적인 사학 비리인 것이다.

1998년 수평적 정권교체로 국민의 정부가 들어서면서, 첫 교육부 수장으로 이해찬 의원이 임명되었다. 이해찬 장관이 박원국 이사장과 1년에 걸친 힘겨루기 끝에 덕성학원에 공익 이사를 과반수 파견해 족벌 세습체제에 제동을 걸자, 구 재단을 지지하는 세력은 '경영권 탈취'라며 반발했다. 이들의 주장은 공공재인 대학을 이사장 개인의 사유물로 간주한다는 데 근본적인 문제가 있었다.

그 뒤 족벌사학에 우호적인 인사가 교육부 장관이 되면서 덕성학원 이사회 의결권이 다시 박씨 일가로 넘어갔다. 사학을 지도·감독해야 할 기관인 교육부가 본연의 책무를 방기한 채 법인과 유착관계를 맺었기 때문에 일어난 어처구니없는 일이었다. 그러나 덕성인들은 이에 굴하지 않고 수업거부, 집단 삭발, 100인 단식, 장외집회, 거리시위, 조계사농성, 24시간 1인 시위 등 험난한 투쟁을 벌여 마침내 박원국 이사장의 연임을 저지하고 이사회 의결권을 다시 찾아왔다.

6

지난 10여 년 동안 기억과 기록 속에 갇혀 있던 덕성민주화운동을 세상으로 불러내는 계기가 된 것은 2008년 한국역사연구회 운영위원회를 마친 뒤에 가진 회식 자리였다. 그때 나는 한국역사연구회 웹진 '나의 책을 말한다' 란에 『차미리사평전: 일제강점기 여성해방운동의 선구자』를 소개하면서, 이 책을 집필하게 된 동기가 덕성에서의 해직이라고 밝혔다. 식사 자리에서 운영위원들은 해직에서부터 복직에 이르기까지의 이야기를 좀 더 자세히 듣고 싶다고 했다. 처음에는 사양했지만 곰곰이 생각해 보니 덕성민주화운동의 역사를 글로 써서 남기는 것도 무의미한 일은 아니라는 생각이 들었다. 덕성민주화운동이 사학 민주화운동사에서 차지하는 의미가 적지 않다는 교육계의 평가 때문이었다. 학내 구성원과 사회 민주세력이 연대해 부당한 재임용탈락 처분을 뒤집은 사례는 거의 찾아보기 힘들다. 덕성민주화운동이 해직교수들 사이에서 복직투쟁의 진범典範이 된 것은 이 때문이다. 필자가 복직된 뒤, 제주산업정보대, 세종대, 서울대, 동의대 등 여러 대학에서 부당하게 해직되었던 교수들이 복직되었다.

역사가는 사료를 분석하고 상상력을 동원해 종합하는 작업을 통하여 단편적인 사료들을 일관되게 연결한다. 이 책을 쓰는 데 바탕이 된 자료는 덕성민주화운동 과정에서 발간한 『덕성여대 한상권 교수 재임용탈락 처분철회 투쟁백서』(5권), 1999년 창립 이후 매년 발간한 교수협의회 활동백서, 2002년 발간한 『녀성어지대학교 평교수협의회 활동백서』 등이다. 이들 자료를 바탕으로 의미가 있다고 생각되는 사건들을 뽑아낸 후, 자료에 입각해 최대한 객관적으로 쓰려고 노력했다.

그러나 역사가가 사실을 선택하는 과정에서 주관적 가치가 개입되기 때문에, 서술한 내용이 객관적 역사 그 자체라고 할 수는 없다. 역사란 역사가의 현재적 관점과 문제의식에 입각해서 의미가 있다고 생각되는 과거 사실을 취사선택하여 체계적으로 서술함으로써 성립하는 담론체계다. 실증주의 역사학자 랑케Leopold von Ranke (1795~1886)의 말처럼 역사가는 '사실을 원래 있었던 그대로 보여 주기(wie ist es eigentlich gewesen sei)' 위해 기록에 근거하여 정확히 서술하려고 노력을 다한다. 그러나 주관적 인식인 '서술된 역사'가 객관적 존재인 '본래의 역사'와 완전히 부합할 수는 없는 것이다.

7

2008년 10월부터 2010년 5월까지 햇수로 3년 동안 한국역사연구회 웹진 사이트에 '나의 이야기'라는 이름으로 연재한 글을 책으로 엮는 과정에서 많은 분들의 도움을 받았다. 당초 원고분량은 200자 원고지 3,000매가 넘어 단행본으로 내기에는 너무 많았다. 난삽한 초고를 한순영 작가(필명 한수영, 약학과 85학번)와 김정민 편집인, 박훈 변호사가 읽고 군더더기를 삭제하여, 원고지 1,500매 분량의 책이 될 수 있도록 요령있게 잘 정리해 주었다. 한편 가독성을 높이기 위해 원고분량을 절반으로 줄이다 보니 덕성민주화를 위해 노력한 여러 분들의 목소리가 본의 아니게 빠지게 되었다. 넓은 양해 바란다.

또한 사학과 정요근 교수와 2001년 덕성민주화운동 당시 민주동문회 회장이었던 이지현(사회학과 87학번), 총학생회장이었던 김나영(정치학과 97학번), 재학생이었던 박현옥(사학과 00학번), 그리고 이제는 덕성민주화운동을 이야기로만 전해 듣는 허하영(문헌정보학과 07학번), 현미지(사회과학부 10학번)도 원고를 꼼꼼히 읽고 여러 사항을 지적해 줘서 내용을 가다듬는 데 도움이 되었다. 덕성민주화운동 현장을 누비고 다니면서 사진을 찍은 사학과 김용자 교수와 노순택 사진가의 배려로 긴박했던 당시 상황을 보여 주는 소중한 사진을 실을 수 있었다. 덕성민주화운동의 의미를 대중과 함께 음미할 수 있도록 기회를 마련해 준 너머북스에도 감사드린다.

과거를 기억하는 것은 더 나은 미래를 꿈꾸기 때문이다. 불과 10여 년 전에 있었던 덕성민주화운동을 기억하는 사람은 이제 거의 없다. 그러나 덕성민주화운동이 우리 사회에 던진 '대학의 자유정신', '법치주의', '교육의 공익성', '친일잔재 청산', '국가권력의 공공성', '공동선의 추구' 등의 화두와 그 의미는 원칙과 상식이 실종된 지금의 우리사회에 너없이 소중하나.

역사적 기억은 대중이 공유할 때 현실을 극복하는 힘이 된다. 올해로 독립운동가 차미리사 선생이 여성해방을 꿈꾸며 덕성학원을 세운 지 90주년이 된다. 지난날 덕성에서 있었던 정의를 향한 몸부림이 '사회적 기억'이 되어 미래를 창조하는 원동력이 되었으면 하는 바람이다. 세상은 저절로 좋아지지 않는다.

2010년 12월

더 나은 세상을 만들기 위해 노력하는 모든 분들을 기리며

머리말 과거를 기억하는 것은 더 나은 미래를 꿈꾸기 때문이다

차 례

1

어버이날 받은 편지

아빠의 해직을 눈치챈 딸

1997년 3월 1일 아침, 전날 저녁 늦게까지 진행된 학술발표 때문에 늦잠을 자는 나한테 아내가 편지 한 통을 주었다. 학교에서 내용증명으로 보낸 편지였다. 모레가 개강인데, 학교에서 편지를 보내다니, 그것도 내용증명으로……. 불길한 예감에 정신이 피뜩 들어 편지를 뜯어 보니 '임기 만료'를 알리는 내용이었다. 재임용에서 탈락되었다는 해직 통보서였던 것이다.

학교가 보낸 편지에는 "귀하는 1997년 2월 28일 자로 본 대학 교원직의 임기가 만료되었음을 알려 드립니다."라고 단 한 줄 쓰여 있었다. 그게 다였다. 14년 동안 몸담고 있으면서 강의와 연구 활동을 하던 정든 학교에서, 아무런 영문도 모른 채, 개강을 불과 이틀 앞두고 쫓겨난 것이다. 가장이 졸지에 직장을 잃었으니 가족에게도 엄청나게 큰일이었지만, 나는 해직 사실을 아내에게만 말했을 뿐 다른 가족에게는 알리지 않았다. 연로하신 부모님과 중학교에 갓 들어가 사춘기에 들어선 딸이 충격을 받을까 염려해서였다.

막상 해직되고 나니 아침에 집에서 나와 갈 곳이 없다는 점이 제일 곤란했다. 부모님과 아이들에게 해직을 알리지 않았으니 여느 때처럼 출근하는 모습을 보여야만 했다. 이 고민은 당시 규장각 관장이던 서울대 국문학과 이상택 교수님이 나를 규장각 도서 해제위원으로 위촉하고 공부할 공간을 마련해 주신 덕분에 뜻밖에 쉽게 해결되었다. 규장각 학예연구관인 이상찬 선생이 근무하는 방에 책상 하나를 더 들여놓고 공부할 수 있도록 배려해 주신 것이다. 마침 아내도 규장각에서 고지도 담당 특별연구원으로 일하고 있었기 때문에 우리는 거의 매일 출근을 같이 했다.

가족사진. 왼쪽으로부터
아들 호준(초등 4.), 아내, 딸 예선(초등 6.), 필자

그런데 그렇게 생활한 지 며칠 안 돼 딸 예선이가 내 해직을 어렴풋이 눈치챘다. 아내에게 "요즈음 아빠한테 무슨 일이 있지?"라고 묻더라는 것이다. 깜짝 놀란 아내가 왜 그러냐고 되물으니, 아빠가 요즘 들어 이상하다는 것이었다. 예선이는 아빠가 엄마와 매일 출근을 같이 하는 점이 이상하다고 했다. 당시 우리 집이 목동에 있어서 쌍문동에 있는 덕성여대까지 가려면 아침 일찍 집을 나서야 했다. 그런데 해직된 뒤로는 내가 아침에 예선이보다 늦게 집을 나섰으니 그것이 아이의 눈길을 끈 것이다. 내가 언제부터인가 매일 양복 정장을 입고 다니는 것도 예선이는 이상하다고 했다. 나는 넥타이 매기가 귀찮아 학교에 갈 때 거의 정장을 입지 않았다. 그런데 해직되고 나니 사람들의 시선이 신경 쓰이기 시작했다. 신문사와 방송사의 인터뷰가 있다 보니 외모에 신경 쓰지 않을 수 없었다. 그래서 정장을 말끔히 차려 입고 출근할 때가 잦았는데, 익숙했던 평소 모습과 다르니 예선이의 눈에 띈 것이다. 반면 초등학교 5학년이던 호준이는 뉴스에 나오는 재임용탈락이 무슨 말인지 몰라 궁금해 했다. 제 엄마한테 한참 설명을 듣고 나서 "그러니끼 이빠가 재활용인 됐다는 말이야?"라고 반문하기도 했다.

아빠가 무척 자랑스럽습니다

언론을 통해 알려지지 않았을 뿐, 사학 재단이 비판적인 목소리를 내는 교수를 제거하는 수단으로 재임용제도를 악용하는 일이, 세삼스러운 것은 아니었다. 내 앞에 이미 300여 명의 억울한 해직교수가 있었다. 해직교수들은 '교수신분보장을 위한 협의회(교보협)'을 결성하고, 전국의 교수 1,938명의 서명을 받아 1996년 11월 교수 재임용제 '악법' 개정을 입법 청원했다. 그러나 교육부는 "방안을 신중히 검토하겠다."라는 원칙적인 답변만 하고 미봉책으로 일관하고 있었다. 그러다가 나도 악법의 덫에 걸리고 말았다. 나는 4월 24일에 교육부와 감사원에 억울함을 호소하는 진정서를 제출했다.

학교 법인 덕성학원이 교수 재임용제도의 본래 취지를 훼손하고 비판적인 교수를 제거하기 위한 수단으로 악용하는 사실을 고발하오니 부디 검토해 마땅한 조치를 취하고, 민원 처리 관계 법령에 의거해 처리 결과를 회신해 주시기 바랍니다.

5월 8일, 감사원장 명의의 회신이 왔다. 내가 제출한 민원을 교육부에서 처리하고 결과를 통지하도록 했다는 내용이었다. 감사원은 접수된 민원을 교육부로 떠넘기기에 급급했다. 교육부의 민원서류 접수에 대한 중간 회신 역시 책임을 회피하기는 마찬가지였다.

귀하가 감사원 및 대통령비서실, 우리부 등에 제출한 '교수 재임용탈락처분 부당에 관한 진정' 건은 해당 대학으로 하여금 객관적이고도 철저하게 사실 조사케 한 후, 그 결과를 귀하에게 조속히 회신토록 하였음을 알려드리니 양지하시기 바랍니다.

문제의식도 분명하지 않고 해결 의지도 전혀 찾아볼 수 없는 실망스러운 답변이었다. 내가 교육부에 요구한 것은 재임용탈락에 대해 객관적인 사실을 조사하라는 것이 아니라, 교수 재임용제도를 악용한 사학에 대해 행정·재정 상의 제재 조치를 취해 달라는 것이었다. 교육부는 사학에 대해 행정 감독권을 가진 주무 부서인데도 '사학의 자율'이라는 미명하에 사학의 전횡과 비리를 방치하고 있었다.

교육부로부터 중간 회신을 받은 5월 9일에 나는 뜻밖의 편지 한 장을 받았다. 그 편지는 딸 예선이가 어버이날을 맞이해 학교에서 쓴 것이었다.

사랑하는 아빠께⋯⋯.

어느덧 사방에는 푸르름이 가득한 봄입니다. 새싹이 돋고
훈훈한 바람이 부는 만물이 기지개를 펴는 계절이지요.
아빠, 그동안 안녕하셨어요? 매일 뵈면서 새삼스레 이런
인사하기가 어색하네요. 어쨌든 저는 큰딸 예선이에요.
요즈음 무척이나 힘드시죠? 사세히는 모르지만 익밉에
투쟁하여 희생을 해 가시면서까지 힘쓰시고 계시잖아요. 저는
그런 아빠가 무척 자랑스럽습니다. 다른 사람들 같으면 혹시
나에게 조금이라도 피해가 오지 않을까 걱정하며 쉬쉬거리는데
아빠께서는 용감하게 나서서 옳지 못한 사회 구조를
바로잡으려고 노력하셨으니까요. 그 결과 많은 사람들이
서명을 해 주고 동참해 주어 아빠도 힘이 나셨겠지만 저도 매우
기뻤습니다. 하지만 그런 댓가를 얻기 쉬레 노려하시는 이빠의

모습은 눈물이 핑 돌 정도였지요. 매일 밤늦게 들어오셨고

항상 들고 다니시는 서류 가방은 제가 낑낑거리며 들어야

하는 것이었기 때문이죠. 하지만 그런 어려움에도 불구하고

포기하지 않으며 더욱 노력하시는 아빠의 모습은 매우

존경스럽고 이상적으로 제 기억 속에 살아 있습니다. 더불어

아빠의 힘든 요즘 생활을 알면서도 항상 이기적으로 나만

생각했던 저 자신을 반성할 수도 있었습니다. 비록 지금까지는

철없이 걱정만 끼쳐 드린 저였지만, 앞으로는 항상 건강하고

밝고, 또 착한 딸이 되도록 노력하겠습니다. 그래서 큰사람이

되어 아빠처럼 의와 지를 겸비한 지성인이 되겠습니다.

그럼 이렇게 약속 드리면서 이만 줄이겠습니다. 몸 건강히

용기 잃지 마시고 안녕히 계세요.

1997. 5.

아빠를 너무나 사랑하는 큰딸 예선 올림

어버이날을 맞이하여
큰 딸 예선이가 보낸 편지

예선이는 예민한 사춘기인데도 아빠의 해직이라는 충격을 잘 견디고 있었다. 어느덧 의젓하게 자라 오히려 나를 걱정해 주었다. 게다가 고맙게도, 해직된 아빠를 자기 모범으로 삼을 만큼 자랑스러워 했다. 사실 이렇게 된 데는 예선이 담임선생님의 영향이 컸다. 선생님은 전교조 활동을 하고 계셨다. 그분은 나와 관련된 신문 기사가 나올 때마다 오려 모아서 예선이에게 주셨다. 그리고 다른 과목을 맡은 전교조 선생님들도 수업 시간에 예선이에게 '네 아빠는 학교의 민주화를 위해 악법에 맞서 싸우는 훌륭한 분'이라고 말해 주셨다. 전교조 선생님들이 딸에게 베풀어 준 따뜻한 배려와 격려가 지금까지도 고맙다.

교육부의 무성의한 답변으로 맥이 탁 풀려 있었던 나는 딸의 편지를 읽고 곧 기운을 차려 답장을 썼다.

귀여운 내 딸 예선이에게

예선아! 만물이 생명의 신비로움을 한껏 드러내는

5월이구나. 생명은 참으로 소중하고 경이롭다는 생각이 항상

든단다. 그러나 생명이 의로움을 향해 정진할 때만 그렇겠지.

어느 철학자는 경외로운 것이 두 가지 있다고 했다.

하나는 밤하늘에 반짝이는 별들이고,

다른 하나는 자신의 마음속에서 살아 숨 쉬는 양심이라는

도덕이라고. 양심은 우리 인간을 인간답게 만드는

자양분이겠지.

예선아! 사람이 살아가는 데 좋은 일만 있을 수는 없단다.

또 그것을 바라서도 안 된다.

문제는 궂은일을 당했을 때가 되겠지. 궂은일이라 하여 항상
나쁜 것만은 아니다. 왜 그 사람이 궂은일을 당했는가에 따라
오히려 더 강하고 훌륭한 사람이 될 수 있는 기회가 되기도 한다.
역사상 위대한 사람이 항상 좋은 일만 바란 적이 있었니?
오히려 역경을 맞아 그것을 극복하면서 의지가 굳어지고
신념을 확신하며 새로운 세계를 꿈꾸는 창조력을 터득하는
것이지. 아빠는 지금 궂은일을 맞아 나의 삶을 중간
평가받고 있다는 생각을 한다.

그동안 내가 아무런 가치 없이 무의미하게 살았다면
아빠는 불행의 격류에 휘말려 흔적도 없이 사라질 것이며,
만일 그렇지 않다면 틀림없이 아빠를 소중하게 여기는 사람이
주위에서 나타날 것이라고 생각했지.

과연 아빠의 생각은 적중했다.

전국에서 2500여 명의 대학 교수와 연구자들이 불같이
일어나 아빠를 성원하고 자신의 일처럼 흥분하고 있잖니.
의롭고 도덕적이며 가치 있는 삶이란 이래서
소중하단다. 평상시 잘 드러나지 않다가 역경을 당하면 그
소중한 자태를 드러내는 것이지.

이기적인 삶은 그 반대지.

주위 사람들이 평소에는 더없이 친한 것 같지만
일단 위기에 몰리면 서로 모른다고 하며 흩어져 버리지.
마치 지난날의 부귀와 영화가 신기루인 것처럼 말이야.

그러한 모습을 우리는 매일 보고 있잖니. 요즈음 시끄러운 한보
청문회에서 말이야.
청문회 증인으로 나온 사람들이 정태수, 김현철과 얼마나
가까웠겠니?
서로 한 번만이라도 더 만나려고 했겠지. 그것이 자신에게
이익을 주니까……. 그러나 일단 이익이 사라지니까 매몰차게
모른다고 시치미를 떼지 않니.
그런 모습을 보며 정태수, 김현철이 어떤 생각을 했을까?

예선아! 오랜만에 간접적으로 대화를 나누다 보니 길어졌다.
자주 이런 기회를 갖도록 하자. 흔한 속담이 있지.
'하늘은 스스로 돕는 자를 돕는다!'
나는 이것을 다음과 같이 부르고 싶다. '인간은 스스로 돕는
의인을 돕는다!' 그럼 또 만나자. 안녕.

1997. 5. 10.

항상 예선이의 착한 마음을 소중히 여기는 아빠가

내가 편지에서 언급한 한보 청문회란 1997년 4월 7일부터 국회 한
보특별위원회에서 정경유착을 규명하기 위해 연 청문회를 말한다. 청
문회에 증인으로 출석한 정태수 한보그룹 총수는 당시 막강한 영향
력을 행사해 '소통령'이라 불리던 김영삼 대통령의 차남 김현철 씨와
어떤 관계인지를 묻는 위원들의 질문에 '모른다', '기억이 없다'며 모
르쇠로 일관했다. 이른바 '정태수 리스트'에 올라 청문회 증인으로

불려나온 인사들의 뻔뻔스러우면서도 교활한 답변은 전 국민의 분노를 일으켰기에, 반면교사로 삼기에 안성맞춤이었다.

내게 큰 힘을 준 예선이의 편지는 5월 말, 내가 출근투쟁을 시작하면서 덕성여대 학생들에게까지 알려졌다. 출근투쟁을 지지하는 학생들이 예선이 편지 내용을 대자보로 인문사회관 출입문에 붙여 놓았는데, 때마침 한겨레신문 황상철 기자가 취재차 들렀다가 이를 보고 기사화했다.

> 이날 인문사회관을 지나가던 학생들은 대자보를 통해 한 교수의 큰딸(13)이 어버이날 보낸 편지를 볼 수 있었다. "악법에 투쟁하며 희생을 무릅쓰고 힘쓰시는 아빠가 무척 자랑스럽습니다. 큰사람이 되어 아빠처럼 의와 지를 겸비한 지성인이 되겠습니다."
>
> ─ 한겨레신문 1997. 5. 30.

2

새 교수님 필요 없다.
한 교수님을 돌려 달라!

거물급 새 총장을 방패로

재임용탈락 통보를 받고 한 달 뒤인 4월 2일 오후 2시 30분, '덕성여대 한상권 교수 재임용탈락처분철회 추진위원회(추진위원회)' 공동대표인 한영우(서울대)·이태진(서울대)·조동걸(국민대) 교수와 한국역사연구회를 대표해 김인걸(서울대)·박종기(국민대) 교수가 김용래 총장을 면담하려고 덕성여대를 방문했다. 이에 앞서 추진위원회는 "한상권 교수에 대한 재임용탈락 처분에 대해 그 경위를 파악하고, 본 위원회의 의견을 전달하고자 면담을 요청"하며, "만일 회신이 없을 시에는 4월 2일 오후 2시에 귀교를 방문하여 이사장과 총장께 본 위원회의 의견을 전달하겠다."라는 면담 요청서를 총장에게 보냈다.

그때 내가 학교에 나온다는 이야기를 듣고 학생들이 본부 행정동 앞에 모였다. 그러자 학교 측이 학생들이 모여 있어서 추진위원회 대

표단의 면담 요청에 응할 수 없다고 해서, 나는 학생들과 함께 학생
회관으로 자리를 옮겼다. 그러나 학교 측은 갑자기 외부 회의 일정이
잡혀 총장이 출타 중이라 면담할 수 없다며 끝내 만남을 거부했다.
며칠 후 김용래 총장은 추진위원회 상임대표인 한영우 교수에게 전
화를 걸어 결례를 사과하면서 문제를 풀 수 있도록 시간 여유를 달라
고 했다.

　김용래 총장은 1997년 3월 1일에 덕성여대 4대 총장으로 부임했
다. 당시 교내 인사 중에서 총장을 임명하던 관례를 깨고 외부 인사
를 초빙한 것에 대해 많은 사람들이 의아해 했다. 얼마 뒤 내 해직으
로 인해 학교가 국회와 교육부로부터 압력을 받는 걸 보고서야 비로
소 총무처 장관과 서울시장을 지낸 거물급 인사를 총장으로 영입한
이유를 알게 되었다.

　3월 18일, 국민회의 배종무 의원이 덕성여대 측에 인사위원회 회의

1997년 4월 2일 항의방문단이 학교에 온다는 소식을 듣고 본부 행정동 앞에 모여 있는 학생들.

록 제출을 요구했으나 김용래 총장은 인사위원회 회의록은 대외비라며 제출을 거부하고 버텼다. 그러나 방패 구실도 한두 번이었다. 내 해직은 전임 총장 때의 사안이므로 김용래 총장이 덤터기를 쓸 일은 아니었다. 덕성여대 측의 재임용제 악용에 대한 비난 여론이 들끓고 국회까지 나서서 교육부에 압력을 넣자, 김용래 총장은 태도를 바꿔 나를 신규 임용 형식으로 2학기에 복직시키는 방안을 생각했다. 그는 충분한 시간을 두고 박원국 이사장을 설득하면 가능하리라 생각한 것이다. 고향 사람으로 평소 알고 지내던 한영우 교수에게 해결할 시간을 달라고 한 말이 단순히 위기를 모면하기 위한 빈말은 아니었다.

그러나 이는 덕성여대가 왜 '동토의 왕국'이라 불리는지를 몰라서 한 순진한 발상이었다. 4월 중순 이후, 김용래 총장의 변심을 눈치챈 박원국 이사장이 총장의 일거수일투족을 감시했다. 이사장 측근의 보직 교수들이 회의 석상에서 총장을 윽박지르며 공개적으로 모욕하기도 했다. 당연히 김용래 총장의 태도는 경직되었고 운신의 폭도 좁아졌다. 5월 들어서는 외부로 거는 전화까지 감시당하고 있다는 사실을 총장실 비서의 양심 고백을 통해 알고 큰 충격을 받았다. 김용래 총장이 이런 철통 감시와 모욕을 더는 못 견디고 곧 사퇴할 것이라는 이야기가 학교 밖으로 흘러 나왔다.

한 교수가 또다시 상처를 입어서야 되겠나

이사장의 방패 구실을 제대로 하지 못해 난처해진 총장과는 달리 이사장의 최측근으로 식품영양학과 교수인 교무처장은 강경한 입장을 고수했다. 추진위원회 대표단이 항의 방문한 다음 날인 4월 3일, 교무처장이 김인걸 교수에게 전화를 걸어 대표단 방문 이후 학교가 어수선해 수업도 제대로 진행이 되지 않는다며, 왜 조용한 학교를 시끄럽게 만드느냐고 항의했다. 이때 김인걸 교수가 덕성여대신문에 난 교무처장의 발언에 대해 사실 확인을 요구하자, 신문에 난 걸 다 그대로 믿느냐고 얼버무리며 황급히 전화를 끊었다. 김인걸 교수가 지적한 문제의 발언은 덕성여대신문 호외에 실렸는데, 반드시 진위를 밝혀야만 하는 중대한 것이었다.

사학과 학생들은 새 학기가 시작된 뒤에야 내가 해직된 사실을 알았다. 분노한 학생들이 교무과로 몰려가 "지난 20일에 수강 신청을 할 때만 해도 수강 신청 계획서에는 한상권 교수님 이름으로 수업이 결정되어 있었다."라며 "10여 일 사이에 담당 교수를 바꾸는 것은 명백히 학생에 대한 학교 측의 교육권 침해"라고 항의했다. 이에 대해 교무과에서는 "한상권 교수는 전부터 보류 대상이었기 때문에 갑자기 해직시켰다고는 할 수 없고, 단지 기간제 재임용에서 탈락된 것이며 임기가 1997년 2월까지여서 재임용탈락 통보를 3월 1일에 한 것은 잘못이 아니다."라고 설명했다. 또 후임 강사를 채용할 때 강의 경험이나 연구 실적 등을 고려하기 때문에 담당 교수가 바뀌어도 강의의 질에 전혀 문제가 없다고 해명했다. 게다가 교무처장은 "한 교수가 임기 만료로 재임용에서 탈락하긴 했지만 아무 이유도 없을 순 없다."며, "한 교수와 사학과 학생들 모두 사유를 알고 있으나, 그 사유가 밝혀지면 한 교수에게 피해가 가기 때문에 밝힐 수 없다."라고 했다. 또 "한 교수가 재임용에서 탈락된 데 이어 또다시 상처를 입어서야 되겠느냐."라는 알 수 없는 말로 묘한 여운을 남겼다. 교무처장의 돌출 발언에 당황한 학생들은 서로 얼굴을 쳐다보며 말문을 열지 못했다.

일반적으로 재임용탈락이 확정되면 임용권자는 '교수자질 부족', '교원 품위 손상', '근무자세 불량', '학생소요 선동', '연구능력 부족' 등 온갖 부정적인 이미지를 동원해 해직교수를 대학 사회로부터 격리한다. 재임용탈락이 사회문제가 되지 않기 때문에 임용권자가 곤란한 지경에 처하는 경우는 거의 없다. 반면, 재임용탈락 교수들은 법적으로 아무런 권리가 없는 상태라서 임용권자의 횡포에 맞서 싸울 방법이 없다. 자신의 억울함을 알리기 위해 연구실을 계속 사용하거나 장외강의 또는 천막강의 등 최소한의 사회적 저항을 해도 임용권자가 '업무 방해'나 '명예 훼손'으로 제소하면 전과자가 되는 것이 현실이다. 교무처장은 그런 약점을 이용해 묘한 말로 학생들을 이간질한 것이다. 나는 사학과 학생들이 자발적으로 구성한 '한상권 교수님 복직을 위한 비상대책위'가 애교 넘치는 편지와 함께 긴급으로 보내 준 덕성여대신문을 읽고서야 교무처장의 이런 음해성 발언들을 알게 되었다.

> 한상권 교수님께
>
> 선생님, 힘내세요. 저희가 있잖아요. 궁금해 하실 것 같아서,
> 학내 신문 부쳐 드립니다. 뒤늦게야 비대위가 꾸려졌습니다.
> 늦은 만큼 열심히 움직이겠습니다. 교수님, 오실 때는 맛있는 기

사 주셔야 해요! 대신 저희 열심히 뛸게요. 선생님 안 계신 덕성은 앙꼬 없는 팥빵이요, 속없는 만두, 시금치 없는 김밥이랍니다. 시간이 지날수록 선생님의 빈자리는 점점 커지는 것 같습니다.

한상권 교수님 복직을 위한 비상대책위

학교 신문을 읽은 뒤 가만히 있으면 안 되겠다고 생각해서 즉시 공개 질의서를 교무처장 앞으로 보냈다.

1) 귀하는 "한 교수가 임기 만료로 재임용에서 탈락되긴 했지만 아무 이유도 없을 순 없다."라고 발언하여, 한상권의 재임용탈락에 임기 만료 외에 다른 사유가 있다고 하였습니다. 귀하가 알고 있는 한상권의 재임용탈락 사유를 분명히 공개하시기 바랍니다.

2) 귀하는 "한 교수와 사학과 학생들 모두 (재임용탈락) 사유를 알고 있으나……"라 하여, 본인과 사학과 학생들 모두가 재임용탈락 사유를 안다는 발언을 하였습니다. 그러나 본인은 재임용탈락 사유를 모르고 있을 뿐 아니라, 사학과 학생 어느 누구도 본인의 재임용탈락 사유를 알고 있는 사람이 없습니다. 본인의 재임용탈락 사유를 안다는 사학과 학생의 성명을 구체적으로 거론해 주십시오. 그렇지 않는 한, 귀하가 본인의 명예를 훼손할 목적 하에 의도적으로 거짓말한 것으로 볼 수밖에 없습니다.

3) 귀하는 "그 사유(재임용탈락 사유)가 밝혀지면 한 교수에게 피해가 가기 때문에 밝힐 수 없다."라는 의미심장한 발언을 하였습니다. 이는 듣는 이로 하여금 온갖 상상을 자아내도록 하는 인격 모독의 발언입니다. 본인이 각종 질문 공세에 시달려야 하는 것도 귀하가 모호한 발언을 하였기 때문입니다. 귀

하가 진심으로 한상권에게 피해를 입히지 않고자 한다면, 그 길은 탈락 사유를 공개적으로 명백히 밝히는 것뿐입니다.

4) 귀하는 "한 교수가 재임용에서 탈락된 데 이어 또다시 상처를 입어서야 되겠냐."라고 발언하여, 재임용탈락 사유를 밝히면 본인이 치명적인 타격을 입게 될 것임을 암시하였습니다. 그러나 귀하가 모호한 말로 탈락 사유를 은폐하고 본질을 호도함으로써 오히려 본인은 명예에 심대한 타격을 입고 있습니다. 귀하가 계속 진실을 밝히지 않는 한, 본인은 명예 회복을 위한 법적 조치를 취하지 않을 수 없습니다. 불행한 사태를 미연에 방지하는 길은 귀하가 진실을 모든 사람 앞에 공개하는 방법밖에 없습니다. 귀하의 현명한 결단을 거듭 촉구합니다.

물론 교무처장은 내게 답신을 보내지 않았다. 학교 측은 '아니면 말고' 식의 전형적인 치고 빠지기 수법으로 나를 흠집 내려 했던 것이다.

닭 쫓던 개 지붕 쳐다보는 꼴 되지 마라

내가 학교 측으로부터 재임용탈락 통보를 받은 날은 3월 1일, 토요일이었다. 해직되었다는 사실이 도무지 믿기지 않았다. 우선 사실부터 확인해야겠다는 생각이 들었다. 그래서 먼저 같은 과 Y교수한테 전화를 걸었다. 그는 학과장이자 인문대 학장이었기 때문에 인사위원으로서 인사위원회의 결정사항을 정확히 알고 있으리라 판단했다. 내가 "이게 재임용탈락이냐?"라고 묻자, 그는 "맞다."라고 대답하였다. 분명한 해직이었다.

참으로 알 수 없는 게 사람의 마음이다. 뒤에서 말하겠지만, 나는 이미 1980년대 중반부터 덕성여대에서 해직될 각오를 하고 있었다. 1987년에 서울대 박종철 군의 고문치사 사건에 항의하는 교수서명을 한 뒤로, 이후의 교수생활은 사회가 민주화된 덕분에 하는 '덤'이라 생각했다. 나는 1990년에 부당하게 해직된 동료 교수의 복직운동에 참여했다는 이유로 정직 3개월의 중징계를 받았다. 이때 이미 해직된 것이나 마찬가지였다. 사형선고를 받고 형 집행을 기다리는 사형수나 다름없는 처지였다. 조교수 신분으로 1993년과 1995년에 두 차례 재임용되었지만, 이는 순전히 우연적인 요인 때문이었다. 매 학기 강단에 설 때마다 과연 내가 다음 학기에도 이 자리에 설 수 있을까 생각했다. 그리고 이번 학기가 마지막일 것이라는 생각으로 강의에 임했다.

10여 년 전부터 해직을 마음속으로 준비해 온 내가 정작 해직통보서를 받고서는 해직 사실을 믿지 못하다니, 참으로 아이러니한 일이라 하지 않을 수 없다. 나는 학교가 보낸, "귀하는 1997년 2월 28일 자로 본 대학 교원직의 임기가 만료되었음을 알려 드립니다."라는 임기 만료 통보서를 읽는 순간, '학교가 3월 1일 부로 재계약하겠다는 뜻이 아닐까?'라고 오해하기도 했다. 편지에 임기가 만료되었다는 사실만 적혀 있을 뿐 '해직'이라는 단어가 없었기 때문이다. 그래서 혹시나 하고 같은 과 Y교수한테 전화를 한 것이다. 사람이 물에 빠지면 지푸라기라도 잡는다더니, 내가 꼭 그 짝이었다.

이제 해직이 분명해진 이상 해직사유를 알아내야 했다. 총장, 인사위원장, 교무처장에게 전화를 걸어 재임용탈락된 이유를 물었지만 잘 모르겠다는 답변뿐이었다. 2월 말로 임기가 만료된 주영숙 총장은 내 전화를 받고 "미안해서 어떡하나. 미안해서 어떡하나."라는 말만 되풀이했다. 인사위원장은 횡설수설하면서 도대체 알아들을 수 없는 말만 반복했고, 교무처장은 전화 연결조차 되지 않았다.

3월 3일 월요일, 막상 개학일이 되자 나는 학교에 출근해야 할지 말지를 놓고 고민했다. 출근하지 않으면 학교 측의 처분을 수용하는 꼴이 되니까, 출근투쟁을 해서 재임용탈락의 부당함을 알리고, 맞서 싸우는 모습을 학생들에게 보여 줘야 하지 않을까 하는 생각도 했다. 그러나 나는 학교에 나가지 않기로 마음을 굳혔다. 학교와 싸워서 이길 가능성이 없다고 판단했기 때문이다. 실제로 해직교수가 학교와 싸워서 승리한 예가 없었다. 특히 덕성여대는 1990년에 사립학교법 개정으로 교수재임용제가 부활하자 전국 최초로 교수를 재임용에서 탈락시켜 사회적으로 큰 물의를 일으켰다. 이에 맞서 평교수협의회는 대학사상 유례가 없는 57일 간의 철야농성을 포함해 무려 78일 간 항의농성을 하고서야 마침내 해직교수를 복직시키겠디 ㄴ 약속을 학교로부터 받아 냈다.

당시 복직투쟁의 열기는 정말 대단했다. 이해 10월 19일, 덕성여대 대운동장에서 사립학교법의 첫 적용 대상자로 재임용에서 탈락된 교수를 지키기 위해 기금 마련 공연인 '선생님! 물러나지 마세요'가 열렸는데, 학생과 민주시민 등 관중이 1만여 명이나 모였다. 덕성여대 학생이 다 모여도 5,000명이라는 점을 감안하면, 시민들의 호응이 얼마나 뜨거웠는지를 알 수 있다. 덕성여대 총학생회가 주최하고, 여리

사회단체가 후원한 이 공연에는 정태춘, 도종환, 전교조 노래패 '다리', 노동자 문화예술운동연합 '새벽', 윤선애, 덕성여대 노래패 '솔바람', '해방울림' 등이 출연했다. 또 당시에는 야인野人이었으나 나중에 교육부 장관을 거쳐 국무총리까지 된 이해찬 씨와 역시 야인이었던 노무현 전 대통령도 참석했다.

> 초청을 해 주지 않아 직접 표를 끊어 공연을 보러 왔다는 노무현 씨, 공연이 끝난 후 견해를 피력했는데, "이 싸움은 사회구조의 모순 속에서 파악되어야 하며 단기전이 아닌 사회 변혁을 향한 큰 싸움 속에서 '소대'로서의 임무를 각인해 달라."라는 당부의 말과 함께 농성 장소로 발길을 옮겼다.
>
> — 덕성여대신문 318호, 1990. 10. 29.

그러나 학교 측은 복직 약속을 지키지 않았다. 교수들의 순간적인 판단 착오로 학원민주화 투쟁이 하루아침에 물거품이 되고 말았다. 그 후유증은 심각했다. 학생들 사이에 교수들의 말은 절대 믿지 말고, 학내 밥그릇 싸움에는 절대 끼어들지 말라는 원칙이 불문율처럼 전해지게 되었다. 나는 교수들에 대한 불신이 가득한 학생들을 설득할 자신이 없었다. 설사 싸움을 시작한다고 해도 패배한다면 그 피해는 고스란히 학생들에게 갈 수밖에 없었다. 그래서 출근투쟁을 하지 않기로 결심했다.

그러다 앞에 말한 것처럼 4월 2일 추진위원회 대표단의 덕성여대 방문길을 안내하기 위해 새 학기 들어 처음으로 학교에 나갔다. 내가 학교에 나왔다는 소식을 듣고 60~70명 정도의 학생들이 모여 들었다. 학생들은 내가 학교에 나오지 않은 이유를 궁금해 했다. 학생들은 학교에서 "한 교수는 이미 우리 학교를 떠나 다른 학교로 갈 마음을 굳혔다. 한 교수가 학교에 나오지 않는 것만 봐도 알 수 있다. 학생들은 닭 쫓던 개 지붕 쳐다보는 꼴 되지 마라."라고 하는데, 그 말이 사실이냐고 물었다. 내가 출근하지 않는 사이 학교가 내 해직을 이미 정해진 일로 만들기 위해 근거 없는 소문을 퍼뜨린 것이다. 나는 학생들과 처음 만난 자리에서 '내 해직은 결코 나 한 사람의 문제라고 생각하지 않는다. 우리 대학의 고질적인 비민주성에 맞서 끝까지 싸우겠다'는 요지의 발언을 했다. 그러나 언제 학교로 돌아와 어떻게 싸울지는 말하지 않았다. 막연히 싸워야겠다는 생각만 했을 뿐, 구체적으로 누구와 어떻게 싸울지 생각해 본 것이 아니었기 때문이다.

추진위원회 대표단의 학교 방문은 사학과 재학생과 졸업생들에게 용기를 불어넣어 주었다. 이를 계기로 4월 10일에 '재학생 비상대책위원회(재학생비상대책위)'가 출범했다. 학생들은 내 해직 문제를 교수 개인의 문제가 아니라 비민주적이고 편파적인 학사행정, 학습권·교권 침해, 재단 중심의 왜곡된 학교 발전 누리에서 파생된 문제로 인식하고 덕성인 전체의 문제로 대응해 나가기 위해 뭉쳤다. 내가 학교에 모습을 보이지 않자 쾌재를 부르던 학교 당국은 뜻하지 않은 재학생 비상대책위의 출범으로 아연 긴장했다. 4월 14일에 학교 측이 배포한 「한상권 전 조교수의 재임용 제외에 관한 학교의 입장」에는 이렇게 쓰여 있었다.

특히 지난 4월 2일에는 (한상권 전 조교수가) 학교를 방문하여 강의 시간에 수업에 전념해야 할 학생들을 충동하여 강의실을 이탈케 하고 투쟁 의식을 고취하는 언동을 하는 등 선량한 교육자로서 상궤를 이탈하는 행동을 하고 있음에 비추어…….

추진위원회 대표단 방문 이후 학교가 어수선해 수업이 제대로 진행이 되지 않는다는 교무처장의 항의 전화가 과장은 아니었다.

신의 경지에 오른 인사위원회

재학생비상대책위 출범에 앞서, 일요일이던 3월 20일에 사학과 85학번 김미라를 중심으로 '졸업생 비상대책위원회(졸업생비상대책위)'가 출범해 재임용탈락 처분 철회를 주장하는 현수막을 교정에 내걸고 본격적인 활동에 들어갔다.

4월 10일 졸업생비상대책위는 재임용탈락의 부당성을 규탄하며 탈락처분 철회를 주장하는 252명의 사학과 졸업생이 서명한 명단을 가지고 김용래 총장을 방문해 자신들의 입장을 밝히려고 했다. 그러나 김용래 총장이 시간을 낼 수 없다며 거부해 그 대신 교무처장을 만나 서명자 명단을 전달하면서 재임용탈락 문제를 따졌다.

졸업생 한상권 교수님이 왜 재임용에서 탈락되었나?

교무처장 계약 기간이 끝났다. 교수직은 단순 계약직으로, 계약이 만료되었기에 학교에서 재임용을 안 하기로 결정했다.

졸업생 한 교수님이 학교에 10년 넘게 재직하셨고 실력 있는 교수로 덕성여대에 있는 것은 학교 발전을 위해 좋은 일 아닌가? 우리는 계약 만기로 재임용되지 않은 것을 납득할 수 없다.

교무처장 우리 학교는 내규가 있다. 그 내규에는 교수에 대해 연구실적, 강의평가, 근무태도, 학교 기여도를 본다. 한 교수의 연구 실적은 아주 좋다. 그러나 근무태도와 학교 기여도에서는 문제가 있다. 인격적인 문제다.(중략)

졸업생 앞에서 말한 인격적인 문제란 구체적으로 어떤 것을 말하는가? 분명한 근거를 대라.

교무처장 인격적인 것은 종합적으로 평가한다. 학교에 대한 기여도 등이 포함된다. 그런데 한 교수는 교수회의, 학교 행사 불참 등 제반 여러 가지다.

졸업생 우리 재학시 교수님은 학과장을 하시면서 학생 지도를 한 것으로 알고 있다. 이것도 학교 기여에 속하지 않는가?

교무처장 맞다.

졸업생 그럼 처장이 말하는 근무실적, 학교 기여는 지금 재임용탈락에서 근거가 되지 않는 것 아닌가. 그것을 어떻게 인격적인 것이라 할 수 있나. 또한 인격적이라는 것은 주관적인 것인데 객관적 근거를 가지고 사람이 인사 문제를 좌우해야지 주관적 잣대를 쓰는 것은 인사권 남용이라 할 수 있지 않은가?

교무처장 인사권 남용 측면도 있지만 우리 학교는 학생 교육을 연구보다 더 중요시하기 때문에 한 교수의 학생 지도 미비는 재임용의 결격 사유가 된다.

졸업생 분명히 말하면 내규에는 문제가 없는데 교수님의 인격적인 것이 문제가 되었다는 것인가.

교무처장 그렇다.

졸업생 그럼 재임용 문제를 어디서 심사하는가?

교무처장 인사위원회가 한다.

졸업생 구성은?

교무처장 학과장과 보직 교수들이다.

졸업생 그럼 그 사람들이 타인의 인격을 심사할 수 있다고 보는가.

교무처장 그렇다. 왜냐하면 학장들이기 때문이다.

졸업생 그것은 신의 경지가 아닌가.

교무처장 ······.

이렇게 교무처장과 면담하고 나서 졸업생비상대책위는 자신들의 의견을 학교 측에 전달했다.

지금까지 들은 것을 볼 때 한상권 교수 재임용탈락에 대해 어떤 객관적 기준도 가지고 있지 않다고 본다. 진정으로 학교가 학생과 학교를 위한다면 교수님이 다시 덕성여대 강단에 설 수 있도록 하여야 할 것이다. 저희 서명자들은 이런 요구를 학교에 강력히 하는 것이며 어떤 일이 있어도 이 문제를 제자로서 해결할 것이다.

복직운동이 옳지만 복직은 가능하지 않다

이날 졸업생들은 교무처장을 면담하면서 학교가 한국사 교수를 새로 채용하려 한다는 소식을 들었다. 이 말을 전해 들은 재학생들은

4월 16일 긴급 소집한 사학과 비상 총회에서 학교의 교수 신규 채용은 명확히 한상권 교수님의 복직을 막기 위한 조치로밖에 볼 수 없다고 규정했다. 그리고 교무처장이 신규 채용일이라고 말한 5월 5일 전에 이를 분명히 반대하는 집단행동이 필요하다는 데 뜻을 모으고, 4월 17일부터 5월 1일까지 전공 수업을 거부하기로 결의했다. 이어 4월 21일부터 25일까지 진행될 중간고사도 거부하기로 결의했다. 재학생들은 내 복직을 바라는 뜻을 수업거부, 시험거부로 표현하고 홍보 활동을 계속 해 나가기로 했다.

새 교수님 필요 없다. 한 교수님을 돌려 달라!

학교 정문에서 잘 보이는 곳에 재학생비상대책위가 붙인 현수막의 글귀다. 그러나 학생들의 수업거부와 시험거부 결의는 학교 당국의 집요한 방해 공작으로 며칠 만에 무너졌다. 추진위원회 대표단이 항의 방문한 뒤로 동요하는 학생들의 움직임을 막기 위해 학교 당국은 총력을 기울였다. 강의실 곳곳에 「한상권 전 주 교수의 재임용 제외에 관한 학교의 입장」이라는 문서가 뿌려졌다. 학교 측은 '교육자로서 부적격한 인격적 품성'을 지녔기 때문에 재임용에서 탈락됐다고 주장했다.

이와 함께 학교의 주장을 대변하는 사학과 Y교수는 4월 16일의 결의가 무효라면서 학생들에게 회의를 다시 열라고 했다. 그래서 사학과 학생들은 수업거부, 시험거부, 복직투쟁 여부를 결정하기 위해 토요일인데도 4월 19일에 학교로 모였다. 투표 전에 졸업생비상대책위

대표가 회의장에 참석해 그동안 학교에서 일어난 일에 대해 보고하려고 했지만 학교 편에 선 Y교수에 의해 퇴장당했다. 이날 사학과 재학생 109명 중 86명이 참가해 수업거부·시험거부에 대해 찬반 투표를 실시한 결과, 찬성 32명 반대 44명 기권 10명으로 수업거부·시험거부가 부결되었으며 재학생비상대책위도 해체하기로 했다. 그 순간 투표장은 재학생비상대책위 학생들의 울음바다가 되었다. 학교 당국의 입장을 대변하는 Y교수는 이런 말로 학생들을 설득했다.

> 복직운동이 옳지만 가능하지 않다. 학생들만 희생당할 필요 없다. 나도 한 선생을 구제하느라 여러 차례 노력했다. 이번만은 도저히 안 돼 어쩔 수 없었다. 가능한 일이라면 내가 왜 해결하지 못했겠는가? 나도 가슴 아프다.

이날 나는 '민주화를 위한 전국교수협의회' 3차 중앙위원회 참석차 대구에 가 있었다. 그 자리에서 덕성여대 사태를 보고하고 복직을 위한 전폭적인 지원을 약속받았다. 내가 학교 사정을 전화로 연락받은 것은 밤 11시가 넘어 서울에 도착한 뒤였다. 소식을 전한 4학년 학생 민정이는 흐느끼고 있었다.

"선생님, 이제 우리는 어떡하면 좋아요?"

3

나는 멋대로, 너는 법대로

민주주의는 법치주의입니다

4월 14일에 학교 측이 배포한 「한상권 전 조교수의 재임용 제외에 관한 학교의 입장」에는 이렇게 적혀 있었다.

민주주의는 법치주의입니다. 한상권 전 조교수가 자처하듯이 집절한 민주주의 신봉자라면 학생에 대한 선동이나 사실 왜곡 또는 성명서 발표, 여러 단체에 보내는 선동적 지지 호소 등 비이성적 태도를 버리고 법적 절차를 밟아 시시비비를 가리는 것이 마땅하다고 생각합니다. 우리 대학은 한상권 전 조교수가 하루빨리 이성을 회복하여 민주주의 신봉자답게 음성적 선동 행위를 지양하고 법에 호소하는 성숙한 태도로 임할 것을 다시 한 번 촉구하는 바입니다.

대한민국은 법치주의 국가이니 쓸데없이 학교에 찾아와서 학생을 선동하며 시끄럽게 굴지 말고 억울하면 법에 호소하라는 것이다. 민주주의가 법치주의라는 주장은 구 재단 세력이 전가의 보도처럼 사용하는 내 복직 반대 논리였다.

법치주의란 권력자의 자의恣意를 배척하고 법률에 의거한 정치를 주장하는 근대 시민 국가의 정치 원리를 말한다. 말 그대로 폭력이나 권력이 아닌 법률로 다스리는 법치주의가 확립되려면 두 가지 전제조건이 충족돼야 한다. 하나는 법치의 내용적 정당성, 즉 법이 인간의 기본권을 보장할 수 있어야 한다는 것이다. 다른 하나는 형식적 정당성, 즉 준법을 요구하는 사람이 먼저 법을 지켜야 한다는 것이다.

재임용제가 정당한가

먼저 나를 해직시킨 근거가 된 기간임용제, 즉 교수 재임용제가 내용적 정당성을 갖추고 있는지부터 알아보자. 내가 해직되고 1년 뒤인 1998년 7월 16일, 헌법재판소 재판관 아홉 명 중 네 명이 사립학교법 제53조의 2 제3항이 위헌이라는 소수 의견을 냈다.

> 일부 사립 대학교에서 기간임용제가 악용되고 있는 것은 단순한 제도 운영상의 문제가 아니라 이 사건 법률 조항이 가지고 있는 위헌성에서 비롯되는 문제이다.
>
> 이 사건 법률 조항이 재임용 거부 사유와 거부당한 교원에 대한 구제 절차를

마련하지 아니한 채 재임용 권한을 임면권자인 사립학교 법인과 총·학장의 자유재량에 맡긴 결과, 임면권자가 기간 임용제를 악용하게 된 것으로서 기간 임용제가 악용될 위험성은 이미 이 사건 법률 조항 자체에 내포되었던 것이다.

따라서 재임용 거부 사유와 재임용을 거부당한 교원의 구제 절차를 규정하지 아니한 채 이 사건 법률 조항이 교원의 기간 임용제를 규정한 것은 헌법 제31조 제6항에 위반된다고 하지 않을 수 없다.

비록 소수 의견이기는 하지만, "기간임용제를 채택함에 있어서는 교원의 신분 보장을 위해 적어도 재임용의 거부 사유와 재임용의 거부에 대한 구제 절차를 함께 반드시 규정하여야만 교원지위 법정주의를 규정한 헌법 조항의 정신에 합치된다."라는, 지극히 당연하고 상식적인 결정을 내림으로써 교수 재임용제도에 문제점이 있다는 사실을 분명히 드러냈다. 이로부터 5년이 지난 2003년 2월 27일에 헌법재판소가 재판관 아홉 명 중 일곱 명의 찬성으로 기간임용제에 대해 헌법 불합치 결정을 내렸다. 민주화의 진전에 힘입어 소수 의견이 다수 의견으로 바뀐 것이다.

교수 재임용의 기준과 절차가 법적으로 규정되지 않았다는 사실은 교수의 지위가 법적으로 보호받지 못한다는 것을 뜻한다. 우선 재임용 관련 법규가 없으므로 재임용탈락 시비를 둘러싼 재판이 성립될 리가 없다. 재임용탈락자가 사법부에 소송을 제기하면, 재임용 여부는 사법부의 심사 대상이 아니라는 이유로 각하되었다(각하란 법원이 국가 기관에 대한 행정상 또는 사법상의 신청을 물리치는 처분을 말한다. 범위가 당사자나 기타 관계인의 소송에 관한 신청을, 형식적인 면에서 부적합한 것으로 인정해 물리치는 '각하'는 그 내용의 적법 여부를 심리하고 이유가 없다고 물리치는 '기각'과 구별된다). 게다가 대학교수는 근로기준법의 보호도 받지 못했다. 재임용은 민법상의 계약관계인데, 교수는 노동자가 아니라는 것이다. 그뿐만 아니라 행정적인 보호도 받지 못했다. 교육부 교원징계재심위원회에 소청해도 재임용탈락은 파면, 해임, 정직, 감봉, 견책 등과 같은 징계 처분이 아니라는 이유로 각하되었다.

나도 교육부 교원징계재심위원회에 학교법인 덕성학원 이사장을 상대로 '재임용탈락처분의 취소'를 구하는 재심 청구서를 제출했다. 이에 대해 교원징계재심위원회는, 사립학교법 및 정관에 따라 기간을 정해 임용된 청구인은 임용 기간 만료와 동시에 당연 퇴직되는 것이지 피청구인의 어떤 처분에 의해 퇴직되는 것은 아니며, 청구인에 대한 임용 기간 만료 및 재임용탈락에 대한 통지는 임용 기간이 만료된다는 사실을 알려 주는 것일 뿐 새로운 법률 효과를 발생시키는 처분이라고 할 수 없기에, "청구인의 청구를 각하한다."라고 결정했다. 재임용탈락은 징계 처분이 아니며, 임용 기간 만료로 당연 퇴직되므로 교원징계재심위원회의 재심 청구 대상이 될 수 없다는 결정이었다.

이렇게 교수는 재임용에서 탈락되면 사법부에 재심 청구조차 할 수 없는 무권리 상태에 놓이게 된다. 인사권자는 치외법권의 특권을 누리며 얼마든지 마음에 안 드는 교수를 대학에서 솎아 낼 수 있었다. 교수 재임용제도가 악법 중의 악법인데도 사회문제가 되지 않은 까닭은 다음의 이유들 때문이다.

첫째, 교수들이 재임용탈락이 두려워 사전에 임용권자의 눈치를 살피기 때문이다. 재임용 평가를 앞둔 교수는 '파리목숨'이고, 재임용은 재단이 교수들에게 내리는 특별한 '은총'이다. 이런 분위기에서 대학이나 재단에 대한 비판은 상상도 할 수 없다.

둘째, 임용권자가 재임용탈락을 무기로 사전 정지 작업을 하기 때문이다. 교수가 의원면직依願免職의 형태로 강단을 떠나거나 다른 대학, 다른 직장으로 옮기는 배경에는 재임용탈락의 공포감이 자리 잡고 있다.

셋째, 재임용탈락 교수가 극소수이므로 예외적인 존재로 취급되어 대학은 물론이고 일반 사회에서도 주목받지 못하기 때문이다. 대부분의 교수들이 재임용되는 현실에서 재임용탈락된 교수는 예외로 치부될 수밖에 없다.

교육부가 집계한 자료에 의하면, 1986년부터 1997년까지 모두 116명의 전임교원이 재임용에서 탈락되었다. 이 가운데 국공립대학의 경우가 12명, 사립대학은 104명으로 평균탈락률은 0.5퍼센트를 넘지 않는다. 이처럼 재임용탈락된 교수가 극소수이므로 재임용 제기 사회문제화 되기 어렵다. 법적으로 아무런 권리가 없는 해직교수들은 쉽게 대학으로부터 격리되었다. 연구실을 비워주지 않은 채 출근투쟁을 하거나 장외강의를 하는 등 최소한의 저항만 해도 임면권자가 고소하면 전과자가 되는 것이 대한민국의 현실이다. 재임용에서 탈락된 교수는 치외법권 지대에 살고 있는 '비국민'이었다.

나는 멋대로, 너는 법대로

　법치주의를 구현하는 데 필요한 또 다른 전제 조건은 법치의 형식적 정당성 확립이다. '멋대로'가 아닌 '법대로'가 관철되려면 누구나 법 앞에 평등해야 한다. 모든 사람이 법을 지키고 법의 결정에 따라야 한다는 것이다. 앞서 언급한 4월 14일에 배포된 문건에서 법치주의를 들먹이면서 나에게 "네 마음대로 하지 말고 법대로 하라."라고 충고한 학교법인 덕성학원의 경우, 법을 지키고 따랐을까?

　교수재임용제가 절차와 방법에 미비점이 많아 각 대학에서 시행되는 과정에서 선의의 피해자가 계속 나온다는 비난 여론이 일자, 교육부가 뒤늦게 개선안 마련에 나섰다. 1993년 9월 27일, 교육부가 '대학 교원 기간제임용 심사제도 개선 요청' 공문을 각 대학에 보낸 것이다.

> 1. 우리 부에서는 교수 연구 활동 진작 및 대학 교육의 질적 향상을 위하여 교수 기간제 임용제도를 시행하고 있으나, 일부 대학에서는 기간제 임용제도의 취지를 제대로 인식하지 못하고 동 제도를 형식적으로 운영하거나 개인적인 문제와 연계, 자의적으로 운영하여 물의를 빚는 사례가 있습니다.
> 2. 이에 객관적이고 엄정한 교수 업적 평가를 통해 대학 교원 인사 관리의 합리화를 도모하고자 대학 교원 기간제 임용 심사제도 개선 방안을 마련, 별첨과 같이 통보하오니 이를 참고하여 각 대학별 자체 실정에 맞는 기간제 임용 심사 기준 및 절차 개선안을 작성 1993. 10. 30.까지 우리 부에 제출하여 주시기 바랍니다.

이어 교육부는 각 대학에 '대학교원 기간제임용 심사제도 개선 방안'의 기본 방향을 제시했다.

- 대학별 자율적인 심사 기준과 방법에 따른 기간제임용 실시
- 객관적이고 엄정한 교원 임용심사 및 인사관리 제도 운영의 활성화
- 심사 기준 및 결과의 공개, 탈락 대상자에 대한 소명기회 부여를 통한 자의적 제도 운영 방지
- 특히, 엄정한 제도 운영을 통한 교수의 교권 보호

위 심사 기준이 적용될 수 있도록 하기 위해, 교육부는 "특히 주관적 판단이 개입될 소지가 많은 평점 항목은 가능한 한 줄이고, 객관적인 평점이 가능한 항목으로 기준을 설정하여 기준의 타당성 및 객관성을 확보할 것"을 대학에 요청했다

이에 따라 덕성여대도 '교원 기간제임용 심사 기준에 관한 내규'를 뒤늦게 제정하고 1994년 9월 1일부터 시행했다. 그러나 덕성여대가 마련한 내규는 교육부 방침을 따르지 않았다. 제7조 '재임용 결격 사유'가 바로 그 예다.

제7조(재임용 결격 사유) 다음 각 호의 1에 해당하는 교원은 재임용될 수 없다.

1. 사립학교법 제58조 제1항 각 호(면직의 사유)와 동법 제61조 제1항 각 호(징계의 사유)에 해당하거나 국가공무원법 제56조 내지 제61조와 제63조의 의무 위반 행위 및 동법 제64조 내지 제66조의 금지 행위를 한 자

2. 불순한 목적으로 학생을 선동하거나 파벌을 조성하고 학내 질서를 문란
하게 하는 자

3. 교원으로서의 사표가 될 품성과 인격에 현저히 결함이 있는 자

　재임용 결격 사유 가운데 2호의 '학생 선동', '파벌 조성', '학내 질
서 문란'과 3호의 '인격 결함' 등은 인사권자의 자의적인 판단에 근거
한 것으로, "재임용제를 개인적인 문제와 연계, 자의적으로 운영하여
물의를 빚지 말도록" 한 교육부의 행정 지도와 배치된다.

　1년 뒤인 1995년 10월 1일, 덕성여대는 이 내규를 다시 개정했다.
9조 재임용 제외 대상자에 대한 소명 절차 조항을 아예 없앤 것이다.
이것도 "심사 기준 및 결과의 공개, 탈락 대상자에 대한 소명 기회 부
여를 통해 자의적 제도 운영을 방지하라."라는 교육부의 방침에 정
면 위배되는 것이었다. 2년 뒤 덕성여대는 또다시 내규를 개정한다.
1997년 나에 관한 재임용 심사를 위해 인사위원회가 열리기 직전, 박
원국 이사장은 신라호텔에서 내규 수정을 지시하는 팩스를 총장에
게 보냈다. 이사장이 수정을 지시한 내용은 다음 세 가지였다.

제1조(목적). 이 내규는⋯⋯ "연구 실적, 교육 실적, 봉사 실적을 심사하는 기
준을 정함을 목적으로 한다."를 "근무 실적, 연구 실적, 교육 실적, 봉사 실적
을 심사하는 기준을 정함을 목적으로 한다."

제3조(근무 실적)을 신설하고, 근무 실적은 90점 이상으로 함.

제7조(재임용 결격 사유) 2. '불순한 목적으로 학생을 선동하거나 파벌을 조성
하고 학내 질서를 문란하게 하는 자'를 '불순한 목적으로 학생을 선동하거

나 파벌을 조성하거나 유언비어 등으로 학내 질서를 문란하게 하는 자'

이사장은 연구 실적, 교육 실적(강의 평가), 봉사 실적만으로는 나를 재임용에서 탈락시킬 수 없다고 보았기 때문에 근무 실적을 신설한 것이다. 덕성여대에서 근무 실적은 학과장, 학장, 교무처장, 총장이 매기는데, 1996년 내 근무 실적 평균은 82.4였다.

덕성여대는 이렇게 교육부 요구에 마지못해 1년이나 뒤늦게 내규를 마련하면서 자의적인 재임용 제외 규정 마련(1994년), 재임용 제외 대상자에 대한 소명 절차 삭제(1995년), 근무 실적 신설(1997년) 등에서 보는 것처럼, 규정을 잇달아 개악함으로써 교육부의 행정 지도 방침과 정반대 방향으로 가고 있었다. 인사권자인 이사장 자신은 교육부 행정 지시를 '멋대로' 어기면서, 해직교수인 나에게는 법치주의를 들먹이며 '법대로'를 요구했으니 참으로 가소롭다 하지 않을 수 없다.

법에 의한 지배는 자의적인 권력 행사, 제한없는 이익 추구, 사회의 무질서 등을 막기 위한 것이다. 법은 대중 전체가 동의할 수 있어야 공정하다. 그러기 위해서는 법이 공동선을 구현하는 수단이 되어야 한다. 법이 법으로서의 정당성을 상실했을 경우, 이를 맹목적으로 따르는 것은 법치주의가 아니다. 시민불복종운동을 통해 법을 정의로운 방향으로 개정해야 하는 것이다. 법이 실질적인 사회관계를 반영하지 못하고 기득권 층의 이익만 대변할 경우, 법 테두리 안에서 벌이는 투쟁은 패배가 정해져 있는 것과 마찬가지다. 이는 수많은 해직교수의 사례를 통해서 확인할 수 있는 사실이다.

서울대 김민수 교수와 성균관대 김명호 교수

1998년 여름, 서울대 김민수 교수가 규장각에 있는 나를 찾아왔다. 8월 31일 자로 재임용탈락된 그가 해직 선배인 나한테 조언을 들으려 온 것이다. 나는 김민수 교수에게 연구를 전보다 더 열심히 할 것, 연구실을 끝까지 지킬 것, 강의를 계속 할 것 등을 당부했다. 이 세 가지는 당시 내가 복직운동을 하면서 실천하던 것이다.

재임용탈락된 교수가 교육 현장을 떠나지 않고 학생들과 굳건히 결합하고 있을 때 순교자로서의 상징성이 극대화된다. 반면, 현장에서 벗어나면 뿌리 뽑힌 나무같이 무기력해질 수밖에 없다는 것이 내가 복직투쟁을 통해 얻은 결론이다. 김민수 교수는 내가 충고한 세 가지를 모두 지켰다. 그리고 대법원 판결로 7년 만에 복직되었다. 그의 복직은 현장투쟁과 법정투쟁이 결합되었기 때문에 가능한 일이었다.

2005년에는 전 성균관대 수학과 김명호 교수가 뉴질랜드와 미국에서 살다 귀국했다. 김 교수는 1995년 성대 입시 수학문제의 오류를 지적했는데, 오히려 해교 행위 등을 이유로 징계당한 데 이어 이듬해 재임용 심사에서 탈락했다. 입시 문제가 생기기 전만 해도 그는 전도유망한 수학자였다. 그러나 다른 교수의 출제 오류를 지적하면서 그의 운명은 나락으로 떨어졌다. 재임용탈락을 대학 측의 보복으로 보고 법정 투쟁을 시작한 그는 소송에서 잇달아 패하자 국내를 떠나 외국에서 살다가, 2004년 12월 사립학교법 개정안이 국회에서 통과되면서 재임용 재심 기회가 열리자 귀국을 결심하였다.

김명호 교수는 2005년 2월 25일 교육부 소청심사위원회에 재임용

거부 처분 취소 청구를, 같은 해 3월 3일 서울중앙지방법원에 교수 지위 확인 소송을 제기했다. 그러나 9월 1심에서 패소하고, 이어 이듬해 1월 2심에서도 패소하는 불운을 겪었다. 그러고 나서 2007년 1월, 김 교수가 소송을 담당한 판사에게 석궁을 쏘아 상해를 입혔다고 하는, 이른바 '석궁 사건'이 발생했다.

국사학계가 나에게 한 것처럼 대한수학회가 김명호 교수를 좀 더 적극적으로 껴안았다면 결과가 어땠을까? 또는 김명호 교수가 김민수 교수처럼 교육 현장을 지키며 부당한 처분에 맞서 끈질기게 싸웠다면, 재판부도 학문적 양심을 포기하지 않고 진실과 정의를 좇는 김명호 교수의 자세를 높이 평가하지 않았을까? 적어도 재판부가 김명호 교수의 교육자적 자질을 문제 삼아, "대학 측의 재임용 거부 결정이 부당하다 할 수 없다."라는 터무니없는 판결을 하지는 못했을 것이다. 법은 세상을 바꾸지 못한다. 다만 바뀐 세상을 추인할 뿐이다.

4

조祖교수, 부父교수

재임용탈락의 진짜 이유

개강일인 1997년 3월 3일, 내 발걸음은 쌍문동 교정이 아닌 여의도 국회의사당으로 향하고 있었다. 밤새 작성한 진정서를 국회 교육위원들에게 전달하기 위해서였다. 해직통보를 받은 지 이틀 만에 국회에 들어갔으니 무척 발 빠른 대응이라 할 수 있다. 이해를 돕기 위해, 숨 가쁘게 움직인 이틀 동안의 행적을 먼저 말하겠다.

앞서 밝힌 바와 같이, 토요일인 3월 1일 재임용탈락 통보서를 받은 직후 학과장, 총장, 인사위원장, 교무처장 등에게 전화를 걸어 해직사유를 알아 보려 하였으나 아무런 답변도 듣지 못했다. 답답한 마음에 여기저기 수소문한 끝에 해직교수 모임인 '교수신분보장을 위한 협의회(교보협)'라는 단체가 있다는 사실을 알아냈다. 운 좋게 교보협 회장인 박동희 교수와 전화 연락이 닿아 7일 만날 수 있었다. 독일에서 법학을 전공한 박동희 교수는 정년을 불과 몇 년 앞두고 건국대학교에서 재임용탈락되었다. 인사위원회의 심의 과정을 고의적으로 생략하여 재임용에서 탈락시킨 것이다. 나와 만난 자리에서 박 회장은, "교수 재임용제도는 1975년 유신정권이 교수들을 통제할 목적으로 만들어 부패 사학에게 준 최대의 선물이었다."라며, 민주주의 사회에 이런 악법이 있는 줄은 법학 전공자인 자신도 몰랐다고 분개했다. 재임용제를 '살인허용법'에 비유하기도 했다. "죄가 있는 사람이든 없는 사람이든 누구를 죽여도 죄가 되지 않는다. 죽일 사람에 대한 기준도 절차도 없어, 누가 죽을지는 칼자루를 쥔 사람 마음에 달려 있다. 지금의 제도에서는 아인슈타인이라도 재단에 밉보이면 잘릴 수밖에 없다." 그리고는 나에게 "한 교수가 옳은 사람이면 반드시 돕는 사람이 나타날 것"이라고 위로하면서, 30일 이내에 교육부에 재심청구를 하고 민사소송, 헌법소원 등을 하라고 조언해 주었다.

일요일인 이튿날에는 학교 연구실을 정리했다. 연초에 인문사회관 건물이 완공되어 2월 중순 경 연구실을 옮겼다. 미처 짐 정리할 겨를이 없어 개강 뒤로 미뤄 두었는데, 앞으로 학교에 나갈 처지가 못 되다 보니 이날 정리해야 했다. 나는 박스를 풀어 책을 서가에 꽂고, 전날 부탁을 받고 학교에 나온 학생 두 명은 걸레로 먼지를 닦아냈다. 연구실 정리가 거의 끝날 무렵인 오후 5시 경, 상명여대 박거용 교수가 찾아왔다. 당시 '민주화를 위한 전국교수협의회' 교권국장이던 박 교수는 내 문제의 대책을 마련하기 위해 휴일에 쉬지도 못하고 학교로 찾아 온 것이다. 박 교수는 내 해직 사실을 모른 채 열심히 걸레질을 하는 학생들을 보고는 들릴락 말락 하는 작은 목소리로 "너희들이제 앞으로 어떡하니." 하며 안타까워 했다.

연구실 정리를 끝낸 후 저녁식사를 하러 수유리 4·19탑 근처로 갔다. 박거용 교수의 전화연락을 받고, 학교 입시부정을 폭로했다는 괘씸죄로 1989년 동의대에서 해직된 박동혁 교수가 나왔다. 박거용 교수는 "이제야 재임용제도가 악법이라는 사실이 세상에 널리 알려지게 되었다."라며 "한 교수 개인으로 볼 때는 안 된 일이지만, 교육민주화의 입장에서 볼 때는 오히려 다행스러운 일"이라는 말을 되풀이했다. 그러자 박동혁 교수가 불행한 일을 당한 사람 앞에서 너무 그러지 말라며 핀잔을 주었다.

3일 월요일은 내 첫 강의가 예정되어 있던 날이었다. 오전 9시에 같은 과 김용자 교수 댁으로 전화를 걸어 재임용에서 탈락되었다는 사실을 말씀드렸다. 김 교수는 너무 놀라 한동안 말을 잇지 못했다. 어색한 침묵이 흘렀다. 나는 "원래 오늘 11시에 첫 강의가 예정돼 있었지만, 학교에 나가지 않기로 했습니다."라고 말씀드리고 집을 나서 여의도로 향했다.

이날 국회 방문에 고맙게도 박거용 교수가 동행해 주었다. 우리는 민저 국민회의 설훈 의원의 방에 들렀다. 우리를 반갑게 맞이한 설훈 의원은 이해찬 의원한테서 내 문제에 관심을 가져 달라는 부탁을 받았다고 했다. 당시 이해찬 의원은 환경노동위원회 소속이었다. 용산고등학교 동창생인 서울대 국사학과 김인걸 교수가 내 문제를 부탁했는데, 자신의 소관 사항이 아니라서 교육위원인 설훈 의원에게 넘긴 것이다.

며칠 뒤 설훈 의원은 우리 집에 직접 전화를 걸어, "교육분과 상임위원회 질의를 위해 관련 자료를 덕성여대에 요청했으며, 이틀 뒤에 열리는 교육위원회에서도 대학교원 기간임용제에 대한 교육부의 대책을 질의할 예정"이라고 귀띔해 주었다. 3월 7일 덕성여대가 재임용 탈락 「경과서」를 설훈 의원실에 제출했다. 내 재임용탈락 사유를 확인할 수 있는 첫 공식 문서였다. 경과서에는 이렇게 적혀 있었다.

> 1997년 2월 25일 교원인사위원회는, 한상권 교수는 1991년 7월 31일 교내 질서를 문란케 하여 3개월 정직의 중징계를 받았으나 이후 계속 반성 및 개전의 뜻이 보이지 않아 재임용 대상자로서 부적절하므로 임기 만료자로 재임용 제외를 제청하였으며, 2월 26일 열린 이사회에서 임기 만료로 분류된 한상권 교수의 면직을 결정하였다.

10년 전에 있었던 평교수협의회 활동과 동료 교수 복직운동이 해직 사유였던 것이다. 1991년에 받은 정직 3개월의 중징계가 해직 사유일 것이라고 짐작은 했으나 혹시 내가 모르는 사유가 더 있지나 않을까 싶어서 주위 사람들이 왜 해직되었냐고 물으면, "아무리 생각해도 모르겠다."라고 답했었다. 그런데 역시 그 활동이 문제였다니……. 1991년에 받은 징계에 대해 얘기하려면 먼저 그동안 덕성여대에 무슨 일이 있었는지를 말해야 한다.

우연히 맺은 덕성여대와의 인연

나는 1983년 2학기에 덕성여대에 부임했다. 당시 사학과에는 서양사를 전공한 김용자 교수, 한 분만 있었다. 원래 이사장은 동양사 전공교수를 한 사람 더 충원하려고 생각했다. 그가 한국사도 가르치도록 할 계획이었던 것이다. 이사장은 한국사 교수를 따로 뽑는 것이 재정 낭비라고 생각했다. 한국사는 텔레비전 사극을 보면 다 알게 되는데 왜 따로 선생을 뽑아야 하는지 모르겠다고 말하기도 했다. 그런 이사장이 있는 덕성여대와 내가 인연을 맺은 것은 그야말로 '우연'이었다.

나는 조선 후기 장시場市에 관한 연구로 1982년 2월 서울대학교에서 석사 학위를 받았다. 그리고 대학원 연구실에서 조선왕조실록에 나오는 지진 관련 기사를 뽑는 작업을 하고 있었다. 어느 날 실록에서 발췌한 지진 기사 자료를 들고 석사논문 지도교수이신 한영우 교수 연구실에 들렀는데, 그때 마침 김용자 교수가 한국사 강사를 구하기 위해 와 있었다. 당시에는 한국사강좌가 교양 필수였으며, 졸업정원제 실시로 정원의 130퍼센트를 입학생으로 뽑았기 때문에, 대학마다 한국사를 강의할 강사가 부족했다. 그래서 석사 학위도 받기 전에 선임교수로 임용되는 사례가 종종 있었다. 이를 아직 논에서 자라고 있는 벼를 파는 '입도선매'라고 불렀는데, 한영우 교수는 입도선매를 거듭 강조하면서 마땅한 강사가 없다고 난색을 표하다가 그때 마침 연구실을 찾은 나를 보고, "자네가 한번 가 보지." 하며 나를 덕성여대 강사로 추천했다. 나는 그렇게 1982년 봄 학기에 덕성여대 강의를 나가게 되었다.

당시 덕성여대는 종로구 운니동에 있었다. 사학과 학생들은 드세기로 소문나 있었다. 학생들이 거의 매일 교무과에 찾아가 한국사 교수를 충원해 달라고 항의했기 때문이다. 이사장은 학생들의 등살에 못 견딘 나머지 동양사 교수를 포기하고 한국사 교수를 채용하기로 방침을 바꿨다. 나는 1983년 2학기 한국사 교수 공채 공고에 응모했다. 의심이 많기로 소문난 이사장은 불문과, 독문과, 수학과 등의 신임 교수 일곱 명을 뽑고, 사학과 교수에 대해서는 결정을 계속 미뤘다. 내가 김용자 교수와 어떤 관계인지, 즉 내가 어떻게 덕성여대에서 강의하게 되었는지를 좀 더 알아볼 필요가 있다는 것이었다. 그러다가 2학기 강의가 시작되는 바람에 할 수 없이 교육부에는 보고하지 않고 임시로 추가 발령을 낸 뒤 한 학기 동안 지켜보자고 했다.

1980년대에는 전두환 폭압 통치에 맞서 대학마다 학생운동이 활발했는데, 덕성여대도 예외가 아니었다. 그 중심에 사학과가 있었다. 총학생회장을 한 해 걸러 한 번 꼴로 배출할 만큼 사학과 학생들의 단결심과 투쟁력이 대단했다. 내가 사학과 교수로 부임하면서 학생들이 교무과로 몰려가는 일이 없어지자 이사장은 만족했다. 그러고는 임용한 지 한 학기 만에 사학과 학과장을 시켰다. 내 효용 가치를 높게 평가한 이사장은 가장 골치 아픈 보직인 신문사 주간이나 학생과장을 나한테 맡기려고 했다. 하지만 그때까지 박사 학위가 없던 나는 공부를 더 해야 한다는 이유로 보직을 맡지 않을 수 있었다.

동토의 왕국에서 왕당파가 되라는 유혹

1986년 새 학기가 시작될 무렵 이사장의 측근 교수로부터 더는 버티기 힘들 것이라는 최후통첩이 왔다. 학교가 그동안 공부하라고 많이 봐주었으니 이제 보은 차원에서 학생과장이나 신문사 주간 중 하나는 맡아야 한다는 것이었다. 그때 나는 학교에서 치르는 시험의 문제를 출제하느라 수유리에 있는 아카데미하우스에 있었다. 출제를 마친 뒤 많이 고심했다. 보직을 맡아 왕당파라고 불리는 이사장의 측근이 될 것인가, 아니면 쫓겨날 것인가? 즉 어용 교수로 살아남느냐 아니면 미운털이 박혀 잘리느냐, 그것이 문제였다. 덕성여대에서 이사장은 무소불위의 권력을 지니고 있었다. 이사장에 대한 항명은 해직을 뜻했다. 과를 없애거나 과 명칭을 바꿔도, 심지어 조교수에서 전임강사로 직위를 강등해도 감히 항변하는 사람이 없었다. 내가 들어오기 직전에도 덕성여대에 대규모 교수 해직사태가 있었고, 이 사실이 신문 사회면의 머리기사로 보도되었다.

나는 이사장의 '마수'에서 빠져 나가려고 갖은 궁리를 했지만 묘안이 떠오르지 않았다. 다만 보직 제의가 오면 거절하기로 굳게 마음먹고 있었다. 좀 더 나은 환경에서 연구하고 싶어서 교수가 됐지만, 영혼을 저당 잡히면서까지 교수 자리를 지키고 싶지는 않았다. 내게는 교수라는 지위보다 학자로서의 양심이 더 중요했다. 왕당파가 된다면 학자로서의 생명은 끝장이지만, 교수직에서 쫓겨난다고 해서 연구까지 못하게 되지는 않는다고 생각했다. 그래서 나는 덕성여대를 떠나는 쪽으로 마음을 굳혔다. 하지만 떠나도 의미 있게 떠나고 싶었다. 그리고 다른 사람도 납득할 수 있는 방식으로 떠나고 싶었다. 그래서 끝까지 사표는 쓰지 않기로 했다. 보직을 맡지 않으려고 사표를 냈다면 누가 믿어 주겠는가? 많은 사람들이 말 못할 다른 사정이 있기 때문이라고 생각할 것이다. 그 속사정을 물어보기라도 해 주면 낫겠지만, 묻지도 않는다면 내가 먼저 나서서 설명할 수도 없는 일이었다.

떠나야 할 때가 다 됐으니 어떻게 의미 있게 해직될 것인가 하는 문제로 고민하고 있었다. 그러는 가운데 1986년 3월 28일에 고려대 교수 28명이 학원자율화, 개헌논의 자유화 등에 관한 시국선언문을 발표했다. 이를 필두로 한신대(42명), 서울대(48명), 성균관대(35명), 감리교신학대(10명), 전남대(43명), 계명대(49명), 한국외국어대(28명), 영남대(50명), 연세대(32명) 등 여러 대학에서 정치 민주화와 조속한 개헌을 요구하는 교수들의 시국선언이 잇따랐다.

내 머릿속에서 퍼뜩 '이거다!' 싶었다. 교수들과 상의해 시국선언을 하는 것이다. 그러면 '사상이 불온한' 나한테 절대 보직을 안 맡길 테고 설사 해직된다고 해도 명분이 있는 일이었다. 4월 25일 덕성여대 교수 열두 명이 「학원과 현실 문제에 대한 우리의 견해」라는 시국선언을 했다. 우리는 시국선언문을 통해 "학원의 자율은 어떤 경우에도 보장되어야 하며, 학문의 자유와 표현을 저해하는 일체의 공권력과 물리력은 학원으로부터 완전 철수되어야 한다."라는 의견을 밝혔다. 시국선언을 하자 학교는 아연 긴장했다. 덕성여대에 있다가 다른 대학으로 옮긴 어느 교수는 덕성여대 교수들이 시국선언을 했다는 보도를 접하고 도저히 못 믿겠다는 반응을 보였다고 한다. 학교가 철저한 감시 체제로 운영되었기 때문이다.

덕성여대에서는 어느 누구도 '패거리'를 이루면 안 되었다. 학교에서의 만남은 즉각 이사장에게 보고되었기 때문에 교수들은 벽에도 귀가 있다고 생각했다. 대화할 때는 마치 귀신이 엿듣기라도 하듯이 두려워했다. 자연스럽게 대화를 나눌 수 있는 유일한 장소인 화장실을 '휴게실'이라고 할 정도였다. 다른 곳에서 만나면 모두 의심받았다. 이사장의 위엄과 기세가 이 지경까지 사람을 겁먹게 했으니 덕성여대를 '동토의 왕국'이라 부르는 것도 지나친 말이 아니었다. 분위기가 이런 대학에서 교수들이 '작당'해 시국선언을 했으니 도저히 못 믿겠다는 반응을 보이는 게 당연했다.

'동토의 왕국'에서 교수들이 시국선언을 하게 된 사정은 이렇다. 당시 덕성여대는 교수 채용이 까다롭기로 유명했다. 이사장은 교수를 철저히 실력 위주로 뽑았다. 신문에 교수 초빙 광고를 내면서 "채용 과정에서 인사 청탁이 있다는 소문만 나도 결격자로 처리한다."라고 덧붙였다. 이는 세 가지 면에서 효과가 있었다. 하나는 덕성여대는 절대 재정 비리가 없으며 인사권자인 이사장이 청렴결백하다는 이미지를 심을 수 있었다. 다른 하나는 일당백의 젊고 유능한 교수를 뽑음으로써 교수가 적다는 학생들의 불만을 잠재울 수 있었다. 당시 덕성여대는 교수가 적기로 유명했다. 학과당 학생 160명에 평균 두세 명의 교수가 있었다. 1992년 교육부의 대학교수 확보율 발표에서 덕성여대는 교수 확보율이 44퍼센트로 전국 꼴지에서 두 번째였다. 당시 교수 확보율 평균은 71퍼센트였으며 사립대 평균 확보율은 68퍼센트였다. 마지막으로 실력있는 교수를 채용하면 3, 4년 안에 더 나은 조건을 찾아 다른 대학으로 옮겨 가므로 계속 새로운 교수를 충원할 수 있었다.

덕성여대는 월급이 적고 승진도 제때 시켜 주지 않는 등 근무 조건이 열악한 탓에 이직률이 높았다. 1980년대 초 교육부 감사에서 3년 동안 36명의 교수가 들어왔다가 24명이 다른 대학으로 가, 너무 높은 이직률이 감사 지적 사항이 되기도 했다. 어느 과에서는 한 학생이 입학했다 졸업하는 4년 동안 교수가 모두 물갈이되기도 했다. 선생이 낯설기 때문에 학교에 무슨 행사가 있어도 졸업생들이 찾아오지 않았다. 내가 부임했을 때 학생들은 '제발 다른 과 교수님들처럼 덕성여대를 떠나지는 말아 달라'고 부탁했다.

그런데 전두환 정권이 학생 시위를 막기 위해 1981년에 도입한 졸업정원제가 갖가지 부작용을 일으키면서 1985년부터 유명무실화되자 덕성여대에도 예기치 않은 변화가 찾아왔다. 다른 대학에서 예전만큼 교수를 충원하지 않기 때문에 1985년 이후로 교수 이직률이 뚜렷하게 줄어들었다. 젊은 교수들은 현재 자기가 몸담고 있는 대학이 잠시 거쳐 지나가는 '정거장'이 아니라 평생 있을 직장이 될지도 모른다고 생각하기 시작했다. 시국선언을 통해 의기투합한 서명교수들은 비민주적인 학교 운영에 관심을 가졌고, 평교수협의회 같은 교수 조직을 만들어 대학 개혁에 나섰다. 학교 역사상 초유의 집단행동인 시국선언에, 보직 교수들은 금기를 깬 불순분자들을 학교에서 추방해야 한다며 흥분했다. 그러나 뜻밖에도 이사장의 입에서 '용기 있는 사람들'이라는 옹호 발언이 나오자 성토 분위기는 바로 가라앉았다.

그때까지만 해도 이사장은 나에 대한 기대를 접지 않았다. 한번은 내 연구실에 밤늦게 찾아와 불편한 점은 없는지, 춥지는 않은지 물으며 "길게 내다보고 열심히 영어 공부를 해 두라."라는 격려까지 했다. 또 하루는 퇴근하는데 학교 앞 다리에서 경적 소리가 나서 돌아보니 이사장 차였다(1997년에 학생들이 총장실을 점거하면서 이사장실도 폐쇄됐는데, 그때는 본부 행정동 2층 총장실 바로 옆에 이사장 집무실이 있었다). 이사장은 차를 세우고 자신은 하얏트호텔에 간다면서 나더러 어느 방향으로 가느냐고 물었다. 내가 지하철을 타러 간다고 대답하자 차에 타라고 했다. 그러고는 영어 공부는 잘하고 있는지, 내 아내는 어떤 일을 하는지 등을 물어보았다. 지하철 삼선교역에 이르러 내리겠다고 하자 근처 제과점에 차를 세우고 과자를 사서 아이들한테 갖다 주라고도 했다.

덕성여대 교직원은 감히 이사장 이름을 부르지 못했다. 이사장을 지칭할 때는 엄지손가락을 들어 표시했다. 그런 이사장이 "한상권 교수가 연구실에서 밤늦게까지 열심히 공부한다."라고 칭찬하니, 보직 교수들이 나를 보는 눈이 달라질 수밖에 없었다. 어느 날 조계사 앞에서 학교행 좌석버스를 탔는데 그 차에 타고 있던 덕성여대 교수가 나를 불러 자기 옆에 앉으라고 하면서 엄지손가락을 치켜 올리더니 '이분'한테서 내 얘기를 들었다고 했다. 그 교수는 외국에 갔다 오면서 내게 테니스공을 선물하기도 했다. 그러나 이런 밀월은 잠깐이었다.

언제 창끝이 나를 향할지 모르겠다

1987년 1월 15일 경찰 고문에 의한 서울대생 박종철(당시 21세, 언어학과 3학년)의 죽음이 사회에 커다란 충격을 주었다. 경찰은 책상을 '탁' 치니 박 군이 '억' 하고 쓰러졌다는 거짓말을 해 전 국민의 분노를 샀다. 한 젊은이가 경찰에 끌려간 지 몇 시간 만에 주검으로 변해 니오 끔찍한 사건을 두고 추모와 고문 규탄의 움직임이 자연스럽게 공감대를 형성해 사회 각계각층과 대학가로 번져 갔다.

1월 20일 서울대생이 주최한 추모제에서 박종철 군과 같은 과에 다니던 여학생이 흐느끼며 낭송한 「우리는 결코 너를 빼앗길 수 없다」라는 조시는 젊은이들의 마음을 찢어 놓았다. 그 다음 날 서울대 양병우 교수가 박 군 분향소를 찾았고, 23일에는 고려대 교수 다섯 명(이문영, 이상신, 김충렬, 권창은, 윤용)이 분향하면서 '고려대학교 조상弔喪 교수 일동' 명의로 된 유인물을 전달했다. 그러나 전두환 군사독재 정권이 조성한 공포 분위기 때문에 사안의 중대성에 비해 교수들의 대응은 전반적으로 미미했다. 그러던 중에 2월 3일, 한신대 교수 54명이 최초로 「우리의 견해」라는 성명서를 교수단 명의로 발표했다. 교수들의 성명으로 인해 한신대 학장은 문교부 대학정책실장으로부터 "한신대 교수들의 성명서 발표가 타 대학 교수들에게 미칠 영향을 크게 우려한다.", "학생들을 부추기는 결과를 낳는 교수들의 시국선언이 다시 일어나지 않도록 하라."라는 구두 경고를 받았다. 박 군의 모교인 서울대에서는 2월 5일 교수 100여 명이 박 군에 대한 추도의 의사 표시로 밤 9시까지 퇴근하지 않고 각자 연구실에 남아 있다가 귀가했다.

나를 포함해 덕성여대 교수 네 명은 한신대 교수단 명의로 성명서가 발표되었다는 소식을 듣고 학교 근처에 모여 박 군 고문치사 사건에 대한 입장 발표를 둘러싸고 밤늦게까지 설전을 벌였다. 두 명은 효과에 비해 위험부담이 너무 크다며 반대했다. 아직 서울대나 고대, 연대 등 주요 대학에서도 성명서가 나오지 않았는데 덕성여대같이 규모가 작은 대학에서 성명서를 발표해 봤자 신문에 한 줄도 안 나고 괜히 해꼬지만 당할 것이라는 주장이었다. 또 성명서를 발표하려면 동조자가 최소한 두 자리 숫자는 되어야 하는데 지금 같은 공포 분위기에서 누가 동참하겠느냐며 반대했다. 성명서 발표에 따르는 위험부담이 큰 만큼 다른 대학의 움직임을 보고 서서히 동참하자는 신중론이었다. 반면, 나와 국문과 류양선 교수는 2월 7일 재야 48개 단체가 공동으로 '고 박종철 군 국민 추도회'를 개최하는데, 이 기회를 놓쳐서는 안 된다고 주장했다. 영향력이 미미하지만 교수들이 성명서라도 발표해 국민대회에 힘을 실어 줘야 한다는 입장이었다(나중에 가톨릭 신자로부터 들은 이야기로는 명동성당에서 열린 추도회에서 한 신부가 강론하면서, 우리 사회에 양심이 살아 있다는 증거로 덕성여대 교수들의 시국선언문을 예로 들었다고 한다).

1987년 2월 6일 덕성여대 교수 열 명이 「박종철 군 고문치사 사건에 대한 우리의 견해」를 발표했다. 앞서 신중론을 피력했던 교수 두 명에 전년 시국선언에 참여했던 교수 가운데 여섯 명이 동참해 열 명이 된 것이다. 교수들은 성명서에서 "이번 사건은 우발적인 것이 아니라 그간 민주화에 대한 국민의 염원을 외면한 채 진행되는 일련의 반민주적 조치 속에서 인권이 유린되어 온 결과 발생한 것이다. (……) 민주주의 사회는 인간성의 존엄과 양심을 바탕으로 한다고 할 때, 이번 사건은 우리 모두가 신뢰하는 민주주의의 근본을 위협하는 것이다."라며 "오늘날 사회가 이러한 상황으로까지 악화된 데 대해 대학인으로서 양심의 가책을 느낀다. 이 같은 인권 유린이 다시는 자행되지 않기를 바라며 민주화와 인간성의 회복을 위해 노력할 것을 다짐한다."

라고 결의했다.

덕성여대 성명서는 박종철 군 고문치사 사건과 관련해 실명으로 발표된 유일한 교수성명서였다. 우리 성명서가 언론에 보도되자 학교는 발칵 뒤집혔다. 보안사 요원이 학교에 파견돼 하늘이 두 쪽 나도 주동자를 색출하겠다고 야단이었다. 그러자 보직 교수들도 덩달아 날뛰었다. 이번에는 이사장도 비호하고 나서지 않았다. 이사장은 "앞으로 창끝이 나를 향할지도 모르겠다."라며 보직 교수들에게 위기감을 토로했다.

덕성여대 교수들은 1987년 5월 민정당 정권의 장기 집권 음모인 '4·13 호헌 조치'에 대한 대학가의 반대 성명 대열에도 동참했다. 1987년 4월 13일, 전두환 당시 대통령이 장기집권 음모를 선명하게 드러낸 '4·13 개헌 논의 유보 조치'를 발표했다. 이에 맞서 '호헌 철폐 및 민주 개헌 요구' 운동이 사회 각계에 빠르게 확산되어 전두환 정권의 장기집권 음모를 좌절시켰다. 이 과정에 교수들의 시국선언이 중요한 역할을 했다. 4월 22일 고려대 교수 30명이 성명을 낸 것을 필두로 5월 14일까지 46개 대학 교수 1,437명이 서명에 참여했다. 덕성여대에서는 14명의 교수가 이 서명운동에 동참했다. 전국 대학교수들의 시국선언에 힘입어 덕성에도 민주세력이 조금씩 늘어나고 있었다.

지식인으로서 자신의 위상을 주체적으로 정립한다

전 국민의 민주화 요구에 대한 군사정권의 항복이라고 할 수 있는

'6·29선언'을 계기로 사회 전반에 민주화 분위기가 확산되었다. 이에 따라, 학생 활동의 자유와 교수들의 활동영역 확대의 두 축으로 대학 민주화도 가시화되었다. 시국 관련 제적생들이 2학기 개강과 함께 복학했고, 교수들의 학내 위상 정립을 위한 활동이 전 대학가에 퍼졌다. 교수들은 자신들의 의사를 대내외적으로 결집시켜 표출하는 데 필요한 새로운 대의기구의 출현을 요구하면서 교수협의회나 평교수협의회를 조직했다. 당시 각 대학에서 교수협의회 조직이 왜 필요한지에 대해 연세대 오세철 교수는 다음과 같이 말했다.

> 대학을 살리는 유일한 길은 직접 민주주의 체제를 교수 사회에 확립하는 길밖에 없다. 평교수들의 의사와 비판적 견해가 제도적으로 수렴될 수 있고 그에 따라 대학의 중대한 의사 결정을 할 수 있는 방법은 바로 교수평의회의 구성인 것이다. 이는 관료적 대학의 권력 구조를 평등화하고 민주주의를 대학 내에 실현시킬 수 있는 유일한 방법이다. 대학의 자율과 민주화는 교수평의회의 장치 없이는 근본적으로 불가능하다는 것을 당국과 대학 모두 깨달아야 한다.

대학가의 민주화 흐름에 발맞춰 덕성여대에서도 서명교수들을 중심으로 1987년 말 평교수협의회 조직에 착수했다. 그러나 학교 측의 방해 공작에 말려들었기 때문에 1년 뒤인 1988년 10월 11일에야 성공적으로 출범했다.

평교수협의회 창립 선언문에서 교수들은 "지식인으로서의 사회적 책임을 통감하면서 스스로의 위상을 주체적으로 정립한다."라며

"폐쇄된 개인의 영역에서 벗어나 교수들 간의 연대감 속에서 자유롭고 활기찬 대학 문화를 창출할 것"을 다짐했다. 평교수협의회는 대학의 재단에 맞서는 위상 정립, 제도 개선, 학사·인사 행정 운용의 정상화 등을 요구했다. 이사장 일인 지배체제에 대한 정면 도전이었다. 평교수협의회는 덕성여대 민주화 과정에 주도적인 구실을 했다. 특히 1988년 말부터 1990년 초에 이르기까지 평교수협의회는 재정, 인사, 총장 선출 등 학교 운영 전반의 정상화를 위한 근본적인 문제 제기 및 대안 제시로 구성원들로부터 상당한 호응을 이끌어 냈다. 한편 평교수협의회는 사회민주화에도 적극 참여했다. 전교조 활동에 대한 지지 및 후원과 '민주화를 위한 전국교수협의회' 활동에의 참여 및 협조는 대학민주화와 사회민주화를 하나로 인식한 데서 나온 것이었다.

재임용제라는 망령의 부활

1990년 초, 선거에서 드러난 민의를 배반하고 3당 합당으로 거대 여당인 민자당이 출현했다. 국회는 3월 16일 의원 입법을 통해 기습적으로 사립학교법을 개정했으며, 노태우 대통령은 개악된 사립학교법에 반발하는 여론을 무시한 채 이 법을 공포해 버렸다. 개악된 사립학교법은 정부의 행정 감독권을 축소해 사학에 자율성을 부여하고 사립학교 교직원의 신분을 보장한다는 기만적인 명분을 내세웠다. 그러나 실상은 재단에 가공할만한 권한을 부여해 '사학의 공공성'과 '교육의 자율성'을 철저히 유린하는 전대미문의 악법이었다.

첫째, 온갖 비리로 지탄의 표적이 되어 온 재단에게 교수와 직원에 대한 절대적인 지배권을 부여했다. 재단은 총장 임면권은 물론 총장이 가져야 할 인사권마저 장악함으로써, 교수와 직원 및 학생에 대한 무소불위의 권력을 마음대로 휘두를 수 있게 되었다.

둘째, 대학 구성 주체와 교육 주체의 자치권과 자율성을 완전히 부정했다. 아무 권한이 없는 대학평의회나 예결산자문위원회와 같은 어용 기구를 설치해, 재단이 교수·직원·학생들의 정당한 권한을 원천 봉쇄하고, 인사·행정·재정 등 대학 운영 전반을 마음대로 할 수 있게 했다.

셋째, 재단의 학교 사유화와 독점 및 족벌 세습화를 공공연히 보장했다. 재단 이사장의 직계 존·비속 및 그 배우자를 총장으로 내세울 수 있도록 허용하였다. 뿐만 아니라, 이런 친·인척들로 재단 이사회를 40퍼센트까지 채울 수 있게 함으로써 족벌 경영 체제를 옹호했다.

결론적으로, 개악된 사립학교법은 교수·직원·학생 등 대학 주체의 자치권과 자율권을 철저히 억압하는 반면, 사회적으로 도덕성을 의심받고 있는 재단에게 무소불위의 절대 권력을 허용하였다. 그 결과 교육에 봉사하는 구실을 해야 할 재단이 오히려 교육 주체의 교육 활동을 자의적으로 복속시킬 수 있게 되었다.

1990년 사립학교법 개악으로 1980년 이후 사문화되었고 문교부에서조차 폐지를 약속했던 교수재임용제가 부활했다. 그리고 그 첫 희생자가 덕성여대에서 나왔다. 1990년 8월 25일 개강을 겨우 사흘 앞두고 평교수협의회 운영위원이던 성낙돈 교수가 재임용에서 탈락한 것이다. 명백한 탈락 사유가 없었다. 교내민주화와 사학민주화 운동에 적극적이었던 것이 원인으로 추정될 뿐이었다. 평교수협의회는 임시 비상 총회를 개최해 교원인사위원회의 성 교수 재임용 동의 부결 조치에 대해 강력 대응할 것을 결의했다. 그리고 도서관 건물에 있는 교수 휴게실에 '성 교수 재임용탈락 철회를 위한 투쟁 본부'를 설치하고 농성에 돌입했다. 평교수협의회는, 교수재임용제를 악용한 덕성여대에 대한 학교 안팎의 비난 여론과 복직투쟁의 정당성에 대한 대학 사회의 전폭적인 격려와 지원에 힘입어, 대학사상 유례가 없는 54일간의 철야농성을 포함해 75일간의 항의농성을 통해, 마침내 학교 측으로부터 '성 교수 복직 약속'을 구두로 받아 냈다. 그리고 학교 측이 성 교수 복직을 확실히 약속하면서 학내 분규의 평화적 해결을 위한 대화합을 제시하였기에 철야농성을 마무리했다.

그러나 학교 측은 합의 사항을 이행하지 않았다. 복직 약속을 이행하기는커녕, 총학생회장을 무기정학하고, 복직투쟁에 주도적으로 참여한 평교수협의회 소속 교수 여섯 명을 무더기 징계했다. 게다가 평교수협의회 활동을 한 교수들에 대해서는 승진 및 보직에서 배제하는 등 온갖 인사상의 불이익을 주면서 탄압했다. 학교 측의 집요한 탄압에 못 견딘 나머지 평교수협의회는 1993년 3월 16일 공식 해체를 선언했다. "평교수협의회를 창설해 사회와 학원의 민주화·교권 확립·연구 풍토 조성이라는 대의 아래 참다운 대학 문화의 창달을 위해 노력해 왔으나, 이러한 이념을 구현할 현실적 영역은 날이 갈수록 좁아질 뿐만 아니라 본래의 취지가 발현되기는커녕 전혀 의도하지 않았던 유감스러운 방향으로 사태가 진전되기도 하여 평교수협의회가 존립할 의의가 없다."라는 것이 해체 이유였다.

평교수협의회가 해체된 뒤 이사장의 전횡은 더욱 심해졌다. 평교수협의회 활동을 한 교수들의 가슴에는 주홍글씨가 새겨졌다. 이들은 다른 대학으로 옮겨 가거나, 지난 날의 잘못을 뉘우치고 전향해야만 했다. 그렇지 않으면 인권과 양심이 사라진 '동토의 왕국'에서 숨죽인 채 하루하루 연명해야만 했다.

교수 승진에 필요한 '알파'

평교수협의회 해산과 더불어 교수들의 교권은 땅에 떨어졌다. 덕성여대에는 직급상 조교수가 지나치게 많았다. 1997년 당시 전체 교수 134명 가운데 37.3퍼센트인 50명이 조교수였다. 전임강사도 30명이나 돼 22.3퍼센트를 차지했다. 교수와 부교수는 각각 27명으로 20.1퍼센트에 불과했다. 이런 직급 비율은 다른 대학과 비교할 때 크게 달랐다. 우리나라 전체 대학의 교수 직급 비율은 교수 40.6퍼센트, 부교수 23.5퍼센트, 조교수 22.8퍼센트, 전임강사 12.6퍼센트였다. 그렇다고 덕성여대 교수들의 연령이 다른 대학에 비해 젊지도 않았다. 평균 연령은 46.8세였다. 덕성여대의 비정상적인 교수 직급 비율은 이사장의 잇따른 승진 보류에서 비롯된 것이었다. 10년 이상 조교수에 머물러 있는 교수가 절반 가까이 이르고 있었다. 조교수와 부교수의 구분은 골품제에서 6두품과 진골의 경계와 같았다. 부교수 승진이 계속 보류되는 조교수들은 대부분 평교수협의회 활동 경력이 있었다. 승진 심사는 내규에서 정한 최저 소요 연수, 연구 실적, 교육 실적, 근무 실적, 봉사 실적 등과 무관하게 이루어지고 있었다. 승진하려면 전향을 선언하고 이사장에게 충성을 보여야만 했다. 그렇지 않으면 재임용에서 탈락 안 되는 것만으로도 감사해야 했다. 평교수협의회 활동으로 낙인이 찍힌 교수들은 이사장 지배 체제가 계속되는 한 조교수로 정년을 맞을 수밖에 없었다. 그래서 조助교수를 '조祖교수'라 부르기로 했다. 이 용어는 대학 사회에서 화제가 돼 언론에 보도되기까지 했다.

나는 1983년 덕성여대 전임강사로 임용되어 1987년 6월 항쟁 덕분에 조교수로 한 번 승진한 뒤로, 1997년까지 10년간 승진은 물론 호봉마저 동결되어 승급조차 못한 채 조교수로 일했다. 나보다 늦게 부임한 동료 교수들이 부교수, 정교수로 승진할 때마다 상대적 박탈감을 느꼈다. 심지어는 우리 학교에 출강하던 분이 다른 대학에 취직해 정교수로 승진할 때까지도 나는 여전히 조교수였다. 승진 발표가 있는 4월과 10월이 되면 평교수협의회 활동을 했던 교수들은 우울해졌다. 승진 탈락의 괴로움을 잊고 학자로서 자존심을 지키려면 강의와 연구에 더 열심히 몰두하는 수밖에 없었다. 부당하게 승진에서 탈락되었다는 내 주장에 대해, 학교 측은 이렇게 반박했다.

한상권 전 조교수의 진정서에 의하면, 무려 10년간 특별한 이유 없이 승진을 못하였고 재임용에 필요한 조건을 모두 갖추었다고 주장하는 바, 이는 사실과 다릅니다. 한상권 전 조교수는 1993년 8월 박사 학위를 취득하기 훨씬 전인 1987년에 조교수로 승진하였습니다. 우리 대학이 석사 학위 소지자를 조교수로 승진시킨 것은 오히려 사기 진작을 위한 이례적인 조치로 평가받아야 할 것이며 계속 승진에 누락된 것은 박사 학위 취득까지 석사 학위 취득 후 11년 6개월, 본 대학 임용 후 10년이라는 오랜 세월이 걸린 학업 부진과 중징계 이후에도 파벌을 조성하여 불평불만을 일삼아 학내 질서를 문란케 하며 면학 분위기를 방해하는 등 교육자로서의 불건전한 근무 태도가 주된 이유입니다. 이는 또한 대부분의 대학에서 통용되는 기준이며 근래에는 박사 학위 취득 직후에도 전임강사로 임용되고 있습니다. 1994년부터 1996년까지 한상권 전 조교수의 근무 실적은 승진의 필요조건에 미달되는 낮은 점수였습니다.

— 「한상권 전 조교수의 재임용 제외에 관한 학교의 입장」, 1997. 4. 14.

내가 승진에서 탈락된 것은 부당한 인사 보복이 아니라 객관적인 심사 기준에 미달되었기 때문이라는 게 학교 측의 주장이다. 그러나 이는 터무니없는 거짓말이다. 국민회의 배종무 의원에게 제출된 자료에 따르면, 1996년 내 평균 근무 실적은 82.4점이었다.

덕성여대 「교원 승진임용심사 기준에 관한 내규」에 따르면 조교수에서 부교수로 승진하는 데 필요한 교원 근무 실적 기준 점수는 80점이었다. 더구나 승진임용심사 기준에 교원 근무 실적 기준을 추가한 것은 1997년 1월 1일 이후였다. 따라서 근무 실적이 미달되어 승진시키지 않았다는 학교 측의 주장은 궁색한 변명일 뿐이었다. 또 1997년 6월 9일부터 19일까지 교육부가 실시한 학교법인 덕성학원 및 덕성여자대학교에 대한 「감사 결과서」를 보면 학교 측의 주장이 사실무근임을 알 수 있다. 교육부는 감사를 통해, 교원 승진 시 이사장이 사전에 승진 대상자를 결정해 소수 위원만 승진시키는 방법을 써서

1994년부터 1997년까지 승진 요건 충족자 90명 가운데 30퍼센트에 해당하는 28명만 승진시킨 사실을 적발했다. 이사장은 승진을 무기로 교수들의 충성과 복종을 이끌어 낸 것이다. 이처럼 승진 요건 충족자에 대해 별도로 학교 발전 참여도 및 기여도 등을 판단해 승진을 제한하고 있으면서도, 1997년 3월 1일 자로 조교수에서 부교수 승진 및 부교수에서 교수 승진 대상자에 대한 승진 최저 소요 연수를 각각 1년씩 늘리고 근무 실적 점수도 90점으로 규정하여, 교원 승진심사 기준을 한층 강화했다. 그러니 덕성여대에서 승진은 하늘의 별 따기였다. 그야말로 이사장의 특별한 '은총'을 입지 않으면 6두품인 조교수는 진골·성골인 부교수·정교수가 절대 될 수 없었다.

실례로 서양화과 이반 교수의 경우, 충북대에서 조교수로 재직하다가 1985년 덕성여대로 이적한 그는 1987년 6월 전체교수회의 자리에서 서명교수에 동조하는 발언을 했다는 이유로 부교수 승진에서 두 번 탈락하였다. 이에 학내 교수 스물두 명이 연명으로, 서양화과 이반 교수를 합리적인 인사 행정에 따라 승진할 수 있게 해 달라고 학장에게 건의했다(당시 덕성여대는 단과대학이었기 때문에 학장에게 건의한 것이다). 이에 대해 학장은 "승진에 필요한 세 가지 요건인 승진 소요 기간, 연구 실적 평점, 근무 실적 평점에는 아무런 하자가 없고 다만 '알파'가 작용해 누락되었다."라고 답변했다. 그 뒤로도 이반 교수는 10년 동안 승진하지 못했다. 계속 '알파'가 작용했기 때문이다.

이반 교수가 조교수에서 부교수로 승진한 것은 1997년 2학기였다. 내가 재임용에서 탈락해 교수 사회가 동요하자, 대학 당국은 서둘러 「대학 교직원 사기 진작 시책」을 발표했다. 그 내용은 임시직을 포함해 전 교직원에게 하계 휴가비를 지급하고, 직급별 한계 호봉도 철폐하며 이를 소급 적용한다는 것이었다. 그 결과 직급별 한계 호봉제로 승급조차 못한 교직원은 그동안 받지 못했던 호봉 승급분을 목돈으로 한꺼번에 받았다. 이반 선생의 부교수 승진은 이런 학교 분위기에 힘입은 것이었다. 더 결정적인 것은 교육부가 감사를 통해 교수들이 부당하게 승진에서 탈락되었음을 밝혀내고, 이들을 1997년 10월 1일 자로 승진시키도록 지시했기 때문이다. 제1회 만해대상 예술상 수상자이기도 한 이반 교수는 2005년 1학기에, 끝내 정교수로 승진하지 못한 채, 부교수로 덕성여대에서 정년을 맞이했다. 승진 소요 연수를 다 채우고도 11년이나 늦게 부교수로 승진한 이반 교수는 이력서에 부副교수를 '부父교수'로 쓴다고 했다.

5

월봉저작상 받은 '좌익 교수'

빨갱이 딱지를 붙이다

1991년 6월 초 우편물 한 통이 집으로 배달되었다. 학교법인 덕성학원 이사장이 보낸 「교원 징계 의결요구 사유 통지」였다. 통지서에는 징계 의결 요구자의 의견이 적혀 있었다.

(인문과학대학 사학과 조교수 한상권은) 평교수협의회의 2대 회장을 역임하고 평교협에서 가장 주도적 역할을 하여 학내 분규를 조장·선동하였으며 '역사는 민중 혁명에 의해서 발전되었다'고 주장하면서 학생들의 투쟁 열기를 고취시켜 혼란과 무질서로 학교와 재단 전복을 기도하여 교수, 학생, 직원이 주도하는 대학을 지향하는 음모와 선동으로 해교 행위를 하였기에 징계 의결을 요구함.

이어 이사장 명의로 작성된 「징계 사유서」에는 징계 사유가 쓰여 있었다.

1. 징계 혐의자 한상권은 1988. 10. 11. 일부 교수들에 의하여 '교권을 확립하고 연구 활동을 진작시키는 동시에 학교 운영을 민주화함으로써 대학 사회의 진정한 주체로서의 일익을 담당하고자 한다'는 명목하에 조직된 소위 평교수협의회의 초대 운영위원으로 또한 2대 회장을 역임하면서(1989. 3. 1.~1990. 3. 15.) 평교협 창립 당시부터 주도적인 역할을 하며 활동하고, 일면 1989. 7. 5. 민주화를 위한 전국 교수협의회와 전국교직원노동조합 대학위원회에 가입하여 활동하면서 1987년 이후 수차의 교수들의 시국 성명에도 참여하였는 바, 평소 '역사는 민중 혁명에 의해 주도된다'는 급진 좌경 사상을 갖고 학내 제반 문제에 대하여 부정적인 시각으로 불평, 불만을 일삼아 왔고 학내 문제 발생 시에는 학생들로 하여금 투쟁으로 대처하도록 선동을 서슴치 않고 대외적으로도 교내 문제를 신문에 게재하여 학교의 명예와 권위를 실추시키는 행위를 한 자인 바,

(1) 성명 및 공개 질의를 통한 학내 분규 조장

(2) 재임용탈락 교수의 재임용 요구 등으로 인한 분규 조장

(3) 교원 승진 인사에 대한 불만 행동

(4) 사학과 조교 추천 문제에 있어서의 항명

(5) 집단 항의농성 등

(6) 입시 업무 방해 등

(7) 교수 회의 참석 거부 하는 등으로

사립학교법 및 교육 관계 법령에 위반하여 교원의 본분에 배치되는 행위를

하고, 교원으로서의 성실한 학생 지도 등 의무에 위반하며, 교원으로서의 품위를 손상하는 행위를 한 것임.

2. 징계 혐의자는 위 징계 사유와 같은 행위로 활동을 계속하여 왔으므로 파면으로 중징계함이 마땅하나 아직 장래가 있는 젊은 교수이며, 1991년 1학기 동안 조교 임명에 관한 항명 사건을 제외하고는 과거와 같은 적극적 평교협 활동과 성명서 및 대자보 등에 의한 대학 당국과 재단에 대한 비난 공격, 학생 선동 행위, 매스컴을 통한 대학의 명예훼손 행위 등이 없었으므로 정상을 참작하여 정직 2월의 징계로 의결하여 주시기 바랍니다.

'급진 좌경 사상'을 갖고 학교와 재단 전복을 기도했다는 요지의 섬뜩한 징계 의결 요구서를 읽는 순간, 이사장이 나한테 빨갱이 딱지를 붙이려고 한다는 생각이 들었다. 일제 강점과 한국전쟁을 겪은 한국 사회에서 '공산당', '좌익', '빨갱이' 같은 단어는 가공할 만한 위력을 지닌 상징 폭력이었다. 일단 여기에 걸려들면 어떠한 방어 수단도 무용지물이었다. 혐의를 받는 즉시 자신의 모든 것을 걸고 사상적으로 결백함을 증명해야만 했다. 나는 학교 측의 징계 사유를 반박하는「서면진술서」를 작성해 6월 8일 덕성학원 교원징계위원회에 제출했다.

(1) '급진 좌경 사상'을 가지고 있다는 주장에 대해
먼저 학문과 사상의 자유가 보장되어야 할 대학에서 이와 같은 이념 시비가 벌어지고 있는 현실을 유감스럽게 생각합니다.「징계 사유서」에 기재된 저의 학내외 활동에 대한 모든 평가가 이와 같은 시각에 근거하여 이루어져 있다는 사실을 발견하고 놀라지 않을 수 없었습니다.

저는 뒤늦게 사태의 심각성을 깨닫고 이를 그대로 받아들인다면 개인적인 명예 손상은 말할 것도 없고 앞으로의 학문 생활에도 치명적인 타격을 입을 수밖에 없다는 결론에 이르게 되었습니다. 저는 이 문제에 한해서만은 명예 회복의 차원에서라도 백일하에 명명백백히 밝혀야 한다는 결심을 하게 되었습니다.

제가 서면 진술서를 제출하게 된 가장 중요한 동기는 소위 '급진 좌경 사상'의 시비를 밝히고자 하는 데 있습니다. 제가 이른바 '급진 좌경 사상'을 가지고 있다는 주장을 어떠한 자료에 근거하여 도출하였는지 「징계 사유서」에는 분명히 제시되어 있지 않습니다. 그 근거를 분명히 밝혀 주시기 바랍니다.

(2) '학교와 재단 전복'을 기도하였다는 주장에 대해

저는 평교수협의회 결성에 적극 참여하였으며 2대 회장으로 선임되어 열심히 활동하였습니다. 이러한 활동을 하면서 연구 시간을 뺏기는 것이 아까워 한때는 회의도 하였습니다. 그러나 대학 내의 불합리한 점들을 지적하고 이의 개선을 위해 노력하는 것 또한 학교 발전을 위해 필요한 일이라고 생각하여 적극적으로 활동하였습니다. 「징계 사유서」에 쓰인 것처럼 만약 본인이 평교수협의회 활동을 통해 '학교와 재단 전복의 기도'와 같은 엄청난 음모를 꾸민 것이 사실이라면 그러한 모험을 통해 제가 달성하려는 야심이 분명히 밝혀져야 할 것입니다.

그뿐만 아니라 그와 같은 엄청난 음모를 꾸미느라 분주한 나머지 연구 활동을 태만히 하여 연구 실적이 저조하거나 연구 내용 또한 형편없을 것입니다. 강의 또한 많은 문제가 있었을 것입니다. 그러나 단호히 말씀드리건대 저는 천성적으로 음모를 싫어합니다. 저는 지금까지 모든 행동을 철저히 공개주

의적인 원칙하에 행하여 왔습니다. 이것은 저의 생활 철학이기도 합니다.

본인은 평교수협의회 활동이 대학의 민주화 실현을 위한 학자적인 양심의 발로일 뿐, 어떤 사악한 야욕이나 불순한 음모도 작용하지 않았다고 감히 떳떳하게 말씀드릴 수 있습니다.

(3) '재임용탈락 교수의 재임용 요구 등으로 인한 분규 조장'에 대해

저는 성낙돈 교수와 누구보다도 절친했습니다. 그와 같이 장래가 촉망되는 학자를 재임용에서 탈락시키는 것은 당사자는 물론 학교의 발전을 위해 바람직하지 않다고 생각하였습니다. 본인은 성낙돈 교수에 대한 재임용탈락 조치는 부당하며 즉각 철회되어야 한다고 당시 생각하였으며, 이 판단은 지금도 변함이 없습니다.

마지막으로 저는 1991년 5월 31일이라는 시점에서 이 사항들을 징계 사유로서 새삼스럽게 거론한다는 사실 자체를 납득할 수 없습니다. 본인은 1991년 3월 1일자로 '인문대학 사학과 근무를 명'하는 재임용을 받았습니다. 그리고 상기 사실들은 모두 본인이 재임용을 받기 전에 발생한 일들입니다.

따라서 상식적으로 생각할 때, 상기 사실들을 둘러싼 본인의 행농에 대한 평가는 저의 재임용 여부를 결정하는 과정에서 이미 충분히 검토되었을 것입니다. 그럼에도 불구하고 재임용을 한 지 3개월이나 지난 현 시점에서 상기 사실들을 다시 거론하여 징계를 하겠다는 것은 도저히 납득할 수 없습니다. 본인은 재임용 이전 사실을 재임용 이후에 징계 사유로 삼는 것은 일사부재리의 원칙에 어긋난다고 생각합니다.

평교수협의회 활동에 대한 학교의 보복

　내 반박으로 '급진 좌경 사상', '학교와 재단 전복 기도' 등의 죄목은 빠졌다. 그러나 양형은 이사장이 요구한 것보다 1개월 늘어나 정직 3개월(1991. 8. 26 ~ 11. 25.)이 되었다. 나와 함께 평교수협의회 활동을 했던 교수 다섯 명이 정직, 감봉, 견책 등의 징계 처분을 받았다. 해직교수의 복직을 약속한 학교가 평교수협의회 교수들에게 징계 처분을 내린 처사는 '신의와 성실'의 기본 원칙을 배반한 보복성 징계였다.

　그러나 나는 교육부 징계재심위원회에 재심 청구를 하지 않았다. 학교 측의 징계 처분이 정당하다고 생각해서 그런 것이 아니다. 억울함을 밝힐 수 있는 증거가 전혀 없기 때문이었다. 학교 측은 성낙돈 교수 복직 약속을 '문서'가 아닌 '구두'로 했다. 문서를 요구하는 평교수협의회 협상 대표단에게 학교 측 대표는 다음 이유를 들어 난색을 표했다고 한다.

　　학교가 문서로 복직을 약속할 경우 문건은 공개될 것이고, 그러면 학교가 교수와 학생들의 압력에 무릎을 꿇었다는 비난을 다른 사학으로부터 받게 될 것이다. 이렇게 되면 학교가 안팎의 눈치를 보느라 성 교수를 복직시키고 싶어도 시킬 수 없다. 협상은 상호 신뢰가 중요하다. 교육기관인 학교에서 거짓말을 하겠는가. 만약 학교가 복직을 시키지 않으면 또다시 일어나 싸우면 되지 않는가. 그럼 학교가 명분을 잃고 위기를 자초한 꼴이 되는 것이다. 학교가 복직시키지 않는 일은 결코 없을 것이다.

당시 평교수협의회는 비상 총회를 열어 학교 측 약속의 진정성 여부를 둘러싸고 격론을 벌였다. 학교 측의 약속을 믿고 농성을 해산하자는 교수가 스물한 명, 학교가 위기를 모면하려고 기만책을 쓰고 있다고 본 교수가 두 명으로 협상안을 받아들이기로 했다. 당시 이사장은 평교수협의회 투표 결과를 전해 듣고, 협상안을 거부한 두 사람을 지목하며 같은 하늘 아래 살 수 없는 사람들이라고 분노했다고 한다.

이날 투표를 마지막으로 나는 78일간 몸담았던 평교수협의회 농성장을 나왔다. 그리고 앞으로는 학내 문제에 일체 관여하지 않고 연구에만 전념하겠다고 결심했다. 더는 학교 측과 불필요한 소모전을 하면서 연구 생활을 침해받고 싶지 않았기 때문이다.

한편 평교수협의회 회장은 이사장이 정말로 성 교수를 복직시켜 줄 것이라고 믿고 있었다. 그는 내 연구실로 찾아와 학생을 설득해 농성을 풀도록 하는 문제, 그때까지의 투쟁을 마무리하는 문제 등을 의논했다. 나는 투쟁의 전 과정을 기록한 백서를 내도록 권했다. 그러나 성 교수는 복직되지 않았으며 백서도 나오지 않았다. 평교수협의회가 공식 해체된 지 10년이 다 된 2002년 3월, 나는 여기저기 흩어져 있던 자료를 모아 『평교수협의회 활동백서』를 냈다.

그리고 머리말에서 『평교수협의회 활동백서』를 뒤늦게 발간하는 이유를 밝혔다.

평교수협의회(평협)가 해체된 지 어느덧 10년이 지났다. 2001년 학원민주화투쟁을 승리로 이끈 지금, 뒤늦게나마 평협 활동 백서를 내는 것은 다음 몇 가지 이유 때문이다.

첫째, 덕성여대 민주화 투쟁의 연원과 전통을 기록을 바탕으로 역사적·실증적으로 규명하려는 것이다. 덕성여대 민주화 투쟁의 연원은, 적어도 교수들의 경우, 평협 활동으로부터 시작된다.

둘째, 평협 활동의 실패를 반성하고 발전으로 정리함으로써 과오를 되풀이하지 않으려는 것이다. 1990년 투쟁의 패배는 섣부른 타협과 근거 없는 낙관론 때문이었다. 반면, 1997년과 2001년의 승리는, 불복종 정신에 따라 원칙을 견지하면서 강고한 연대를 바탕으로 비타협적 투쟁을 하였기 때문에 가능한 것이었다.

셋째, 대학의 자유 정신과 자치를 지키기 위해서는 교수, 학생, 직원, 졸업생 등이 신뢰와 성실에 바탕을 둔 조직적인 연대를 해야만 한다는 것이다.

평협 활동은 비록 실패로 끝났지만, 투쟁에서 승리하기 위해서는 '원칙의 견지', '불복종 정신', '신의와 성실에 바탕을 둔 연대', '비타협적 투쟁' 등이 있어야 한다는 소중한 교훈을 깨우쳐 주었다. 10여 년 전 평협 활동을 중심으로 맺어진 교수, 직원, 학생, 졸업생들 간의 '아름다운' 기억이 오늘날의 덕성을 민주화하고 개혁하는 힘으로 되살아날 수 있기를 바란다.

부당한 징계 덕분에 잡은 박사학위 논문주제

정직 기간 동안 나는 학교에 나갈 수 없었다. 정직 기간은 1991년 8월 26일부터 11월 25일까지 3개월 동안이었다. 이사장은 내가 학교에 나오지 못하도록 하기 위해 정직 기간을 학기 중으로 잡았다. 그러니 결과적으로 1991년 여름방학부터 1992년 2월 말까지 8개월의 안식

기간을 준 셈이 되었다. 연구할 수 있는 시간은 벌었으나 당장 갈 곳이 없는 게 문제였다. 운 좋게도 당시 규장각 도서관리실장이자 박사 논문 지도교수이신 이태진 교수의 배려로 규장각에 조그마한 연구 공간을 얻을 수 있었다(그때는 규장각 도서관리실이 서울대학교 도서관 산하 기관으로 있었다. 규장각 도서관리실이 도서관에서 분리, 서울대학교 규장각으로 독립한 시기는 1992년 3월이다). 그래서 매일 가게 된 규장각 서가에 마침 조선 영조 때인 1760년부터 1910년까지 조정에서 일어난 일을 기록한 『일성록』 영인본이 꽂혀 있었다(『일성록』 영인 작업은 1982년부터 시작해 1년에 두 권씩 내고 있었다. 그러던 중 1988년 올림픽을 계기로 우리 문화의 우수성을 세계에 알리기 위해 『일성록』 영인을 국가적 사업으로 삼고 작업에 박차를 가했다. 그 결과 1991년 12월에는 정조 24년까지 영인되었다. 『일성록』 영인본은 총 86권으로 1996년 3월 완간되었다). 책상에 앉아 있기는 해도 학교에 속았다는 분함과 억울함 등 갖가지 상념이 교차되어 좀처럼 글이 눈에 들어오지 않았다. 그러던 차에 우연히 서가에 꽂혀 있는 『일성록』 영인본을 본 나는 그것을 무심코 꺼내 읽었다. 그러다가 특정 단어가 반복적으로 나온다는 점이 눈에 띄었다. 그 부분을 연필로 표시하고 복사해서 카드에 오려 붙인 후 다시 자세히 읽어 보았다. 그것은 백성들이 자신의 억울함을 국왕에게 올린 소장, 즉 상언上言·격쟁擊錚이었다. 결국 나는 정조대 상언·격쟁을 분석해 1992년 2학기 박사 학위 청구 논문으로 제출했다. 부당하게 징계를 받은 '억울함' 때문에 '억울함'을 주제로 학위 논문을 쓰게 되지 않았나 싶다.

당시에는 한 주제로 논문을 여러 편 발표한 뒤 그 성과를 묶어 박사 학위 논문으로 제출하는 것이 관례였다. 이에 비추어 볼 때, 그동안 관련 논문을 단 한 편도 발표하지 않은 주제로 뜬금없이 학위 논문을 제출했으니 심사 위원들이 연구 내용을 신뢰할 리 만무했다. 박사 학위 청구 논문은 재심에서 탈락했다. 초심에서 심사위원들이 심사할 부분을 나눠 맡은 뒤 재심부터 본격적으로 논문 내용을 심사하는 관례에 미루어 볼 때, 본격적인 심사에 들어가기도 전에 예선에서 탈락한 셈이다. 나는 크게 낙담했다. 심사위원 중의 한 분이신 연세대 김용섭 교수를 찾아 뵙자, 논문 주제가 워낙 좋아 심사 위원들이 한 학기 더 연구하도록 결정한 것이라며 위로해 주셨다.

언제나 아슬아슬한 재임용

문제는 재임용이었다. 나는 1991년 2월에 재임용이 되었으므로 1993년에 재임용 심사를 받아야 했다(당시 사립대학은 대개 조교수 재임용 기간이 4년이었으나 덕성여대는 그 절반인 2년이었다. 이에 대해 1997년 국민회의 소속 배종무 의원이 교육부 장관에게 시정을 촉구했다. 교수재임용제와 관련해 교육부는 교수재임용 기간을 교수 10년·부교수 6년·조교수 4년·전임강사 2년으로 지시했는데, 덕성학원은 그 기간을 절반으로 줄여 교수 5년·부교수 3년·조교수 2년·전임강사 1년으로 했으니 부당한 조처라 생각한다며, 이에 대한 장관의 견해와 재임용 기간을 교육부의 지시에 반해 절반으로 줄인 대학의 현황을 질의한 것이다). 어쨌든 나는 재임용 기간 동안에 정직 3개월의 중징계를 받았으므로, 이를 만회하려면 최소한 박사 학위는 있어야 했다.

그런데 참으로 뜻밖에도 1993년에 재임용되었다. 문민정부인 김영삼 정부가 들어서면서 사정 한파가 몰아쳤기 때문이었다. 문민정부 사정 대상 1호로 지목된 인사는 학교공금 횡령과 부정 편입학 등의 혐의로 법정에 선 상지대 김문기 이사장이었다. 그는 학원을 비정상적인 방법으로 장악한 후 온갖 비리를 저질렀고, 이에 항거하는 교수들을 해직시키는 등 교권 탄압을 자행했다. 1986년 7월에는 교수 채용 과정에서 금품을 수수했다는 사실이 신문에 보도되자, 이 사건의 진상 규명과 책임자 처벌을 요구하며 농성을 벌인 학생을 빨갱이로 모는 용공 조작 사건을 일으키기도 했다. 자신을 추종하는 학생과 직원에게 '가자, 북의 낙원으로'라고 적힌 유인물을 제작하도록 하고, 이를 학생들의 농성장 주변에 뿌린 후 경찰 병력을 요청해 학생들을 연행하게 한 것이다. 용공 조작 사건의 진실은 10년 가량 지난 1995년 10월 뒤늦게 언론에 보도되면서 당시 사회에 큰 충격을 주었다. 문민정부 사정의 칼날이 비리 사학을 겨눈 덕분에 내가 재임용될 수 있었던 것이다. 정말 천운이라 하지 않을 수 없었다.

2년 뒤인 1995년의 재임용 또한 정말 뜻밖이었다. 1994년 3월, 익명의 투서가 교내에 살포되었다. 투서인은 학과 통폐합 음모 즉가 중지, 정도에 입각한 전공과목 중심의 교수 확보, 계약제 음모 즉각 중지, 교수 승진 보장, 재단의 대학행정에 대한 간섭 중단 등을 포함해 아홉 가지를 요구하고, 만약 이 결의가 수용되지 않을 경우 현 재단의 퇴진투쟁을 강력히 전개할 것이라고 선언했다. 이에 학교 당국은 투서인이 '과거 대학의 보직에 있었음이 명백하고, 따라서 재단의 신임도 많이 받은 자일 터인데, 재단의 비리 폭로 운운하고 협박 공갈함은 인간으로서 의무와 직장 윤리를 헌신짝처럼 저버리는 자'라고 비난하고 대대적인 색출 작업에 나섰다. 직무상 알게 된 비밀은 재직 중은 물론 퇴직 후에도 엄수해야 한다는 것이 학교 당국의 주장이었다. 그리고 이사장 측근이던 아무개 교수를 투서인으로 지목하고 해직시키는 바람에 내가 또다시 재임용될 수 있었다. 두 사람을 한꺼번에 해직시키기에는 아무래도 무리라고 판단했던 모양이다.

앓던 이가 쏙 빠진 기분

행운의 여신은 더이상 미소를 보내지 않았다. 나는 1997년 2월 25일에 열린 교원인사위원회에서 임기 만료 대상자로 처리되었다. 「교원인사위원회 회의록」에는 이렇게 기록되어 있다.

> **위원장** 세 번째 안건으로 1997년 2월 28일 자 임기 만료 대상자로 면직의 안을 상정하고 대상자 명단을 배부된 유인물을 통해 낭독하다.
>
> **L위원** 임기 만료 대상자의 재임용탈락 사유를 묻다.
>
> **위원장** 사학과 조교수 한상권에 대한 임기만료 대상자 면직의 안을 총장이 심의 요청하게 된 사유는, 대상자 사학과 조교수 한상권은 1983년 8월 22일부로 인문과학대학 사학과에 임용된 후 1991년 7월 31일 자로 교내 질서를 문란케 한 사유로 3개월 정직의 중징계를 받았으나, 이후 계속 반성 및 개전의 뜻이 보이지 않으며 근무 태도도 성실하지 않으므로 재임용대상자로 부적절하여 재임용 대상에서 제외되었음을 설명하다.
>
> **L위원** 이의 없다면 원안대로 처리함에 동의하다.

Y위원 L위원의 동의에 제청하다.

전 위원 전원 찬성하다.

위원장 원안대로 1997년 2월 28일 자 교원임기 만료대상자 면직의 안이 전원 합의에 따라 통과되었음을 선언하다.

내가 교원인사위원회 회의록을 입수한 것은 이 해 4월 12일이다. 덕성여대 측이 인사위원회 회의록을 교육부 교원징계재심위원회에 재심사건 변명의 증거 자료로 제출했기 때문에 가능한 일이었다. 이에 앞서 국민회의 배종무 의원이 덕성여대에 인사위원회 회의록 제출을 요구하자 학교는 대외비라며 거부했다(배종무 의원은 목포대 사학과 교수 출신으로 목포대 총장을 거쳐 국회의원이 되었는데, 그의 같은 과 동료였던 이해준 교수가 다리를 놓아 주었다). 3월 27일에는 배종무, 설훈, 정희경 등 국민회의 의원 연명으로 4월 3일까지 인사위원회 회의록 제출을 요청했으나 학교는 그것마저 거절했다. 이처럼 학교가 강경하게 버티자, 기자들 사이에서는 인사위원회 회의록 자체가 없는 것 아니겠냐는 추측들이 무성했다.

나는 어렵사리 입수한 인사위원회 회의록을 『덕성여대 한상권 교수 재임용탈락 처분 철회투쟁 백서(1)』에 수록해 교내 교수들에게 배포했다. 그러자 인사위원회 회의록에 재임용탈락에 동의한 것으로 나와 있는 L교수가 회의록이 조작되었다며 양심선언을 했다.

자신은 재임용탈락에 대해 반대 입장을 밝혔는데도 회의록에는 동의한 것으로 명기되어 있다며 만장일치는 터무니없는 거짓이라는 것이었다. L교수는 투쟁백서가 발간되기 전까지는 발언이 뒤바뀔 걸 몰랐으며, 진실을 숨기면 역사에 오명을 남겨 후학들 볼 낯이 없을 것만 같아 고심 끝에 밝히기로 결정했다고 했다. L교수는 한겨레신문 기자와 한 인터뷰에서, 자신의 동의와 Y교수의 제청 뒤 인사위원들이 만장일치로 한 교수의 탈락 안건을 통과시켰다는 회의록의 기록은 전혀 사실이 아니라고 하였다. 인사위원회에서는 한 교수 안건을 동의는 물론 제청도 없이 투표도 하지 않은 채 통과시켰다면서 인사위원회 회의록이 조작되었다고 주장했다. 이처럼 최소한의 절차도 밟지 않고 교수를 해직시키는 일은 이사장의 지시 없이는 불가능하다. 이사장은 기회가 있을 때마다 "나는 학교행정에 관여치 않으며 교수재임용에는 전혀 개입한 적이 없다."라고 밝혔다. 그러나 L교수의 증언으로 이사장이 내 재임용탈락을 주도했다는 사실이 명백히 밝혀졌다.

덕성학원은 인사위원회가 열린 다음 날인 2월 26일 이사회를 열어 나를 면직 처리했다. 내가 면직 처리된 2월 26일은 새 학기 시작을 준비하는 교수 연수회가 열린 날이기도 했다. 나는 평소 학교 행사에 모습을 잘 드러내지 않았다. 그런데 어쩐 일인지 그 날 교수 연수회는 참석해 보고 싶었다. 자신이 해직된 줄도 모르고 교수 연수회장인 학교 구내식당에 모습을 드러낸 것이다.

교수 연수회장에는 뜻밖에도 이사장이 나와 있었다. 내가 나타난 것을 본 인사위원들이 "어머, 저 선생이 어떻게 나타났지?"라고 하면서 기겁했다는 말을 나중에 들었다. 인사위원들은 내가 해직에 항의하러 연수회장에 나타난 것으로 짐작하고 무척 긴장했다고 한다. 그때 이사장은 멀리서 나를 쳐다보며 알 수 없는 미소를 지었다. 그 미소가 무엇을 뜻하는지 내가 알 리 만무했다. 나는 해직된 사실도 모른 채, 오랜만에 동료 교수들을 만나 즐겁게 떠들며 식사한 뒤 귀가했다. 그리고 이틀 뒤 해직 통보서가 우리집에 배달되었다. 내가 해직되자 이사장은 어느 만찬장에서 '앓던 이가 쏙 빠진 기분'이라며 좋아했다고 한다. 나는 이사장에게 아무런 쓸모없는 '충치'같은 존재였던 것이다.

월봉저작상을 받은 박사 학위 논문

나는 1993년 가을 학기에 박사 학위를 받고, 박사 학위 논문을 수정·보완해 1996년에 『조선 후기 사회朝鮮後期社會와 소원 제도訴寃制度-상언上言·격쟁擊錚 연구硏究』라는 이름으로 출판했다. 『일성록』에 수록된 18세기 후반 정조 연간 백성들의 근심·걱정 거리를 담은 상언 3,092건과 격쟁 1,335건 등 도합 4,427건을 분석해, '인간의 권리란 주어지는 것이 아니라 스스로가 차별과 억압에 맞서 싸우는 과정을 통해 쟁취하는 것'이라는 문제의식을 가지고, 역사 속에서 기층민늘의 권리의식이 성장해 가는 모습을 추적한 연구다.

이 책은 학계에서 "15세기부터 18세기까지를 대상으로, 가능한 한 치밀하게 반대되는 사료까지 검토해서 종합·이해하려는 꼼꼼한 실증과 많은 노력을 들인 사료의 컴퓨터 입력과 통계 처리 수준, 상언과 격쟁이라는 아직 아무도 다루지 않은 좋은 사료가 가장 자세하게 수록된 정조 연간 『일성록』 활용 등을 바탕으로 저술한, 미시적 분석과 거시적 분석이 치밀하게 종합된 저서"라는 높은 평가를 받았다. 그러고 언론계와 교육계에서 항일 민족 운동에 주력한 월봉月峰 한기악韓基岳 선생(1898~1941)의 높은 뜻을 기리기 위해 제정된 월봉저작상을 1998년에 받았다. 이기동(동국대)·이태진(서울대)·유영익(연세대) 교수로 구성된 월봉저작상 심사위원들은 이 책에 대해 "18세기 후반 상언·격쟁의 소원 사례를 총괄 분석해, 중세적 민본정치 토대 위에서 근대적 민권의식이 싹트는 기층민의 동태 파악에 독보적인 성과를 거두었다."라고 평가했다.

당시 나는 해직 상태에 있었다. 언론에서는 "이번 수상은 힘겨운 복직투쟁을 벌이고 있는 한 교수의 학문적 성과에 대한 학계의 명실상부한 인정이라는 점에서 뜻이 깊다."라고 의미를 부여했다. 월봉저작상 수상을 계기로 한 때 침체되었던 내 복직운동이 새롭게 활력을 되찾았다.

6

추적60분

한상권 교수 재임용탈락에 항의서명 확산

내 재임용탈락에 대해 가장 먼저 주목한 언론은 한겨레신문이었다. 1997년 3월 7일 자 한겨레신문은 「비판적 교수 '재임용탈락' 사립대 '악용' 많다」라는 제목으로 내 재임용탈락 사실을 사회면 머리기사로 보도했다. 이를 시작으로 문화일보, 동아일보, 중앙일보 등에서 재임용탈락에 항의하는 움직임을 잇달아 보도했다. 언론이 이렇게 주목한 것은 역사학계의 발 빠른 대응 덕분이었다. 3월 8일에 한국사 연구자들을 중심으로 '덕성여대 한상권 교수 재임용탈락처분철회 추진위원회(추진위원회)'가 결성되었다. 재임임용탈락 처분 철회를 위해 활동하는 모임이 전공 영역을 단위로 구성된 것은 사상 처음이었다.

3월 11일에 추진위원회는 전국 사학과 교수를 대상으로 재임용탈락 처분 철회를 위한 서명을 받기로 결의하고, 이튿날에는 한국사하

비판적 교수 "재임용 탈락"
사립대 '악용' 많다
정법 시행앞두고 '부쩍' ··· 덕성여대·세종대 말썽

계 원로이신 서울대 한영우 교수를 상임대표로 모시고 조동걸(국민대)
·이만열(숙대)·이태진(서울대) 교수를 공동대표로 모셨다(이후 김정배 고
려대 교수, 이범직 건국대 교수를 추가로 공동 대표로 모셨다). 그리고 3월 14
일에는 전국 각 대학 사학과에 서명용지를 배포하고 서명작업에 돌입
했다. 서명 용지 수합은 '한국역사연구회'에서 맡기로 했다. 서명 작업
을 시작한 지 겨우 일 주일 만에 전국에서 300여 명의 역사학과 교수
가 동참했다. 이런 학계의 움직임에 대해 문화일보가 "21일 현재 각 대
학 사학과 교수 330여 명, 다른 과까지 합치면 570여 명의 교수가 서
명에 참여했다."라며 발 빠르게 보도하고, 동아일보도 "중견 사학자인
한상권(44) 덕성여대 조교수의 재임용탈락에 항의, 이의 철회를 요구
하는 서명자 수가 26일로 900명을 넘어섰다. (……) 이들은 대부분 전
국의 역사학 교수 및 전공자"라고 크게 보도하였다. 그리고 당시 격주
로 발행되던 교수신문 또한 「덕성여대·세종대 재임용탈락 파문」(1997.

3. 17.),「한상권 교수 재임용탈락에 항의서명 확산」(1997. 3. 31.) 등을 1면 머리기사로 잇달아 싣고, 교수 재임용제가 대학 사회에 끼치는 폐해에 대해 심층 보도했다. 특히 1997년 5월 3일 방영된 KBS 〈추적60분〉의 '교수직이 불안하다—악용되는 교수 재임용제'는 재임용제의 문제점을 전국적으로 알리는 결정적인 계기가 되었다.

녹색 바지의 주인을 찾아라

〈추적60분〉 담당자는 최철호 피디였다. 그는 졸업생들이 선생의 복직을 위해 비상대책위원회를 결성하고 첫 졸업생인 81학번부터 93학번까지 253명의 서명 명단을 신문에 광고한 사실, 전국 58개 대학에서 336명의 역사학자가 서명 작업을 벌인 점, 전국 80여 개 대학 2,200여 명의 교수와 연구자들이 서명운동에 참여한 점 등에 주목해 4월 초 프로그램 제작을 결심했다. 추진위원회를 중심으로 한 달 동안 벌인 서명운동의 성과가 〈추적60분〉 방영으로 결실을 맺은 셈이다. 그는 프로그램 제작에 앞서 덕성여대 교원재임용 심사기준을 꼼꼼히 살폈다. 심사기준에 따르면 조교수는 재임용 기간 동안 논문을 두 편 써야 했다. 나는 재임용 기간인 1995년 이후 1997년까지 논문을 다섯 편 발표하고 저서도 한 권 펴내는 등 왕성한 연구 활동을 했다.

최 피디는 내가 학자로서 손색이 없다는 사실을 시청자에게 알리기 위해, 내 박사논문 지도교수인 이태진 교수를 규장각에서, 역사학계의 대표 격으로 이만열 교수를 숙명여대에서 각각 인터뷰했다. 두 분의 인터뷰는 아무리 연구 업적이 많고 훌륭해도 미운털이 박히면 괘씸죄에 걸려 끝내 재임용에서 탈락된다는 사실을 알리기에 충분했다. 이어 재학생을 인터뷰해 내 강의에 대한 학생들의 반응을 들었다. 교육 실적(즉 강의는 학생들이 하는 강의평가)은 매학기 평균 C면 재임용 심사기준을 충족했다. 그리고 봉사 실적이 부족할 경우에는 교육 실적이 B 이상이면 충족된 것으로 인정한다고 했다. 강의 평가는 5점 만점에 3.5 이상이면 평점이 A인데, 나는 1995년 1학기부터 1996년 2학기까지 매 학기 평점이 4.0 정도로 종합 평가가 A였다.

최 피디는 학교를 떠난 지 10년 이상이나 지난 졸업생들이 비상대책위원회를 구성하고 복직운동을 벌이고 있다는 사실을 밝히며, 내가 제자들로부터 존경받는 스승이라는 점을 부각시켰다. 이는 교육자적 자질이 모자라서 재임용에서 탈락시켰다는 학교 측의 주장을 반박하는 데 필요한 사실이었다. 한편 나도 덕성여대가 교원재임용 심사기준인 내규를 어기고 소명의 기회를 주지 않음으로써 법적 절차를 어겼다는 점을 인터뷰에서 밝혔다. 나를 재임용에서 탈락시킨 것은 교수재임용제의 근본 취지에 위배될 뿐 아니라, 덕성여대가 스스로 만든 내규상의 절차마저 어겼으므로 해직의 적법성을 인정할 수 없다는 평소 주장을 시청자에게 전달할 목적이었다.

학생부터 역사학계의 원로까지 나선 인터뷰는 덕성여대가 교수재임용제를, 우수한 교수를 확보하고 무능한 교수를 도태해 고등교육을 정상화하려는 본래의 취지와는 달리, 교수 통제수단으로 악용하고 있다는 사실을 알리기에 충분했다. 이제 남은 문제는 많은 대학 중에서 왜 하필이면 덕성여대에서 재임용탈락자가 나왔는가 하는 점이었다. 그래서 최 피디는 덕성여대에서 다른 대학으로 옮긴 교수를 만났다. 교수를 감시하는 근무평가제도(덕성여대 근무 평가는 학과장, 학장, 교무처장, 총장이 한다. 이 중 학과장을 제외한 학장 이상의 보직자들은 교원 인사위원회 위원이기도 하다)와 열악한 처우 때문에 덕성여대를 떠나지 않을 수 없었다는 이야기를 듣기 위해서였다. 그리고 학교 측의 해명도 듣기 위해 이사장을 직접 인터뷰했다.

> **피디** 제가 학교를 옮긴 분들도 인터뷰를 좀 해 봤는데, 자기들 불만은 뭐 좋은 대학 가는 문제가 아니고, 학내 문제가 워낙 열악하니까 뭐 승진도 안 되고…….
>
> **이사장** 그건 당연한 인간의 상정이고. 자유 민주주의 국가에서는 전직의 자유가……. 노예가 아니잖아요? 좋은 기회가 있으면 가는 거지……. 우리 대학에서 서울대학 간 사람이 둘이나 있어요. 최근에 둘이나 있습니다. 그 사람들 서울대학에 자리 비고 오라는데 우리 학교가 아무리 좋아도 서울대에서 오라고 할 때 그 사람들이 서울대학 안 가겠습니까?

이사장은 교수들의 이직은 열악한 근무환경 때문이 아니라 더 나은 근무조건을 찾아가려는 자연스러운 욕구 때문이라고 주장했다. 이는 전직의 자유가 있는데도 이직하지 못하는 것은 무능력하기 때문이라는 말이기도 하다. 며칠 후 이사장이 인터뷰한 내용이 학교 방송국을 통해 학내에 방송되었다. '너희들이 못나 이런 대접을 받고 있는 것이다. 이직의 자유가 있는데 왜 다른 학교로 떠나지 못하고 남아 있느냐'는 취지의 이사장 발언을 듣고 교수들의 자존심은 갈가리 찢겨졌다.

최 피디는 교수재임용제가 연구 능력 및 교수 능력 향상을 통해 대학교육의 질을 향상한다는 근본 취지와는 달리 비판적인 교수를 제거하는 수단으로 악용되고 있다는 사실을 실감나게 전달하기 위해, 현재 덕성여대에서 재직 중인 교수를 인터뷰하고 싶어했다. 그리고 나한테 마땅한 사람을 찾아 달라고 부탁했다. 교수재임용제의 문제점을 지적하고 해직교수인 나를 옹호하려면 인터뷰에 응하는 교수 자신도 해직될 각오를 해야만 했다. 밖으로 들려오는 학교 분위기는 참담했다. 과거 평교수협의회 활동을 함께 했던 교수들은 연구실에서 멍하니 천장을 쳐다보고 앉아 있거나 밖에 나와서도 고개를 푹 숙이고 땅만 보고 걷는다고 했다. 게다가 이사장은 4월 2일 추진위원회 대표단의 총장 항의방문 이후 학내 단속에 신경을 곤두세우고 있었다.

1986년부터 세 차례 있었던 시국선언에 모두 함께한 영문과 김문규 교수에게 전화로 어렵게 부탁했는데, 고맙게도 흔쾌히 응해 주었다. 물론 학내에서 촬영하면 신분이 노출될 수 있으니, 학교 밖에서 촬영하고, 음성 변조를 하며, 하반신만 찍는다는 조건이었다. 그래서 4월 28일, 종로구 신문로에 있는 교수신문사에서 평소 안 입던 녹색 바지를 입은 김 교수의 인터뷰가 있었다.

토요일인 5월 3일, 〈추적60분〉이 방영되자 학교는 인터뷰 주인공을 찾아내려고 혈안이 되었다. 그러나 위장이 감쪽같았기 때문에 범인(?)을 잡는 데 실패했다. 그런데 엉뚱하게도 심리학과 교수가 녹색 바지를 입고 학교에 나타났다. 하필이면 그도 평교수협의회 활동을 했으며 체형도 김문규 교수와 비슷했기 때문에, 학교에서는 인터뷰의 주인공이 심리학과 교수인지를 두고 설왕설래하는 촌극이 벌어졌다.

한 선생이 그렇게 훌륭하면 학생들이 왜 수업거부를 안 합니까

　방송이 나간 뒤 이사장이 인터뷰한 내용의 전문이 학내에 공개되어 큰 파문을 일으켰다. 방송국으로부터 녹음테이프를 받은 이사장은 5월 7일 교육개혁추진위원회에 참석한 30명가량의 위원들에게 그것을 들려주면서 자신의 신념이 담겼다고 자랑스럽게 말했다. 그러고는 녹음테이프를 복사해서 보직 교수들에게도 나눠 주었다.
　인터뷰의 핵심은 내가 왜 재임용에서 탈락되었는가 하는 점이었다. 이에 대해 이사장은 내 교육자적 자질 문제를 거론했다.

피디　한 교수 탈락 사유 있잖습니까?

이사장　교육자적 자질이 모자라요.

피디　예, 자질 문제라는 것…….

이사장　그 기관에 얼마만큼 협조적이고 얼마만큼 긍정적이고 또…… 다시 얘기하면 대학교수라는 것은 학자 겸 교육잡니다. 그렇게 생각하지 않으세요? 학자이기만 하면 된다, 그건 곤란합니다. 말하자면 예술가가 있다고 해 보세요. 예술가가 미술대학의 교수가 됐다. 그 사람이 그림이나 만졌다고 교육자로서 반하는 행동해도 괜찮습니까? 거 있을 수 없는 얘기죠.

피디 자질 문제는 뭐 여러 가지 요구를 하고…… 그래서 교육적인 분위기를 저해하고, 이게 이사장님이 말씀하신 자질의 문제라는 건가요?

이사장 그게 아니죠. 인격적인 문제부터. 다시 얘기하면 지금 보세요. 왜 퇴직한 놈이 말야, 아무 법적으로 말야, 아무 권한이 없는 사람이 자기 연구실을 아 뭐 그대로 치우지도 않고 그대로 가끔 오는 모양인데, 학생을 왜 선동합니까?

피디 그것은 지금 우리가 재임용탈락 전 사유를 이야기하는 것이니까…… 재임용탈락 사유에 관한 문제이기 때문에, 재임용탈락 이후에 학교에 오는 문제는 상관이 없지 않겠습니까?

이사장 아, 그러니까 하나의 근거란 말예요. 그런 사람이, 그 사람이 학생을 선동 잘 한 사람이니까, 그만둔 다음에도 선동하고 있잖아요. 그런 인격의 소유자란 얘기예요.

이사장은 내가 교육자적 자질이 없다는 근거로 재임용탈락 이후 학교에 아무런 소요가 없다는 점을 들었다. 학교가 조용하고 학생들 움직임이 없다는 것이 학교 처분의 정당성을 반증한다, 사학과 학생들이 별다른 항의 없이 수업을 순순히 받고 있으므로 재임용탈락 처분은 정당하다는 주장이었다.

이사장 우리 학교 학생, 그 후에 아무 소동이 없어요. 저 사학과에서도 아무…… 저 비상대책회의 몇 번 했지만. 한상권이가 말야, 자꾸만 졸업생을 시켜서 선동하고 있지만 수업거부 안 하고 있습니다. 알아보세요. 만일 한 선생이 그렇게 훌륭하고 말야, 학생들의 존경을 받고 있으면, 그 학생들이 왜 그냥 수업거부를 안 해. 그렇게 선동하고 야단인데. 정상 수업하고 있어요. 에, 또 학생회에서도 왜 그렇게 조용합니까? 다른 학교, 다른 학교에선 난리납니다.

이사장은 내 복직을 위해 학생들이 움직이지 않고 있으며, 앞으로도 움직이지 않을 것이라고 판단해서 그렇게 말한 것이다. 특히 4월 19일에 열린 사학과 비상 총회에서 수업·시험 거부가 부결되고 재학생비상대책위도 해체하기로 한 것이 이사장에게 그런 자신감을 주었다. 그러나 이사장의 주장은 학원민주화를 바라는 학생들의 역량을 과소평가하고 학생들을 무시한 데서 나온 오판이었음이 곧 드러났다.

이사장은 전국 교수들의 서명 활동도 외부에서 실정을 모르는 몇몇 사람들이 공연히 떠드는 짓이라고 했다. 이사장은 또 교수재임용제는 순수한 계약제이므로, 재임용 기준을 마련하고 준수하라는 교육부 지침은 단순한 권고사항일 뿐이라고 했다. 대법원 판례에 따르면, 재임용의 절차에 관한 법적 규정이 없기 때문에 재임용 여부는 애당초 인사권자가 알아서 할 일이지 교육부가 관여할 사안이 아니라는 것이다. 이에 대해 교육부가 왈가왈부하는 것은 대학의 자율권 침해라는 주장이었다.

교수 재임용이 임명권자 고유의 권한이라는 이사장의 주장이 틀린 말은 아니었다. 이사장은 교수 재임용의 기준과 절차가 법으로 규정되어 있지 않다는 법률상의 허점을 정확히 알고 있었다. 그리고 이를 재단의 비리와 전횡을 비판하는 교수를 강단에서 축출하는 수단으로 악용할 줄 아는 두뇌도 있었다. 재임용 요건과 거부당한 교원에 대한 구제 절차를 법률에 마련하지 않은 채 재임용 권한을 임면권자 자유재량에 맡긴 결과, 교수 재임용제가 교수 통제수단으로 태연하게 악용되고 있었던 것이다.

회사나 방송국에서 노동조합을 왜 그대로 두는지 모르겠어요

인터뷰가 길어지면서 학교 밖 일에 대한 이사장의 생각도 자연스럽게 드러났다. 그중 하나가 노동운동에 대한 극도의 적대감이다.

피디 학내에서 비판적인 견해를 가졌다고 해직이라는 재임용탈락 조치로 대응하는 것은 좀 지나치다고 생각하지 않습니까?

이사장 아니, 그럼 이렇게 보겠어요. 만일 회사에서, 관공서나 회사에서나 무슨 방송국에서나 이렇게 회사의 취지에 반대하고 회사의 건설적인 …… 옳게 운영하는데도 파괴적으로 말이에요. 예, 요새 그런 것 많죠. 뭐 방송국에서도 노동조합이고 MBC인가 뭔가 그러고 말이에요. 뭐 그런 거 많잖아요. 노동조합도 그렇고. 그런 것들을 어떻게, 난 왜 그대로 두는지 모르겠어요. 노동운동이 대한민국의 산업 발전에 무슨 플러스가 됐나요. 고임금되고 국제 경쟁력 없어지고 한국 경제 다 망쳤죠. 기업가들 의욕 없어지게 했고 국가적으로 무슨 플러스가 됐나요. 회사에서, 국가에서 국가 질서를 파괴한 사람은 당연히 법의 제재를 받아야 됩니다. 어느 단체에서 어느 조직이건 그 조직을 파괴하고 건전한 운영, 학교라면 면학 분위기라든가를 파괴하는 사람, 암적인 존재는 제거해야죠.

이사장은 내부 비판세력을 암적인 존재, 뿌리 뽑아야 할 적으로 인식하고 있었다. 교수의 교권, 학생의 학습권, 직원의 노동권 등 기본권 침해에 대한 저항을 불평·불만 분자들의 불순한 소행이라고 하면서 척결해야 할 대상으로 간주했다. 이사장은 평소에도 자신은 인기에 영합하지 않고, 불의를 보면 절대 용납하지 않으며, 지나치게 정도正道를 걷고 있기 때문에, 다른 사람들이 자신을 싫어한다고 주위 사람들에게 말하곤 했다.

이처럼 노동운동을 불온시하는 이사장의 발언을 접한 직원노동조합은 놀라움을 금치 못했다. 그리고 이런 생각을 가진 사람이 대학을 경영하고 있다는 참담한 현실에 분노했다. 직원노동조합은 성명서를 통해 "우리는 우리 조직의 대표자가 이런 말을 했다는 데에 한없이 부끄럽고 절망감을 느낀다. 그렇지 않아도 지금까지 이사장의 행위와 관련해서 사회와 학계로부터 심한 비난과 냉대를 받고 있는 우리 넉성 가족들로서는 앞으로 닥쳐올 관련 단체들의 비난에 걱정이 앞선다."라고 했다.

특히 월급을 적게 준 것은 고쳐야 할 잘못입니다

반면, 1997년 10월에 익명으로 교내에 뿌려진 한 문건에서는 "이사장의 잘못은 크게 보아 교직원 월급을 비교적 적게 주었다는 것과 작은 일까지 간섭했다는 것, 그리고 싫고 좋음을 너무 솔직하게 표시한다는 것, 이 세 가지로 볼 수 있습니다."라며, 이사장의 실체가 잘 드러난 노골적인 발언을 '지나친 솔직함'으로 미화했다.

여기서 재미있는 점은, 이사장을 변호하는 문건에서조차 "특히 월급 적게 준 것은 곧 고쳐야 할 잘못입니다."라고 한 것이다. 그만큼 이사장은 교직원들에게 월급을 턱없이 적게 주었다. 덕성여대 교수들의 급여 수준은 전문대 가운데 비교적 하위급인 대전의 모 전문대만도 못했다. 교수들은 "내가 전생에 무슨 잘못을 저질러서 덕성여대에 왔는지 모르겠다."라고 불평하면서 1년이 지나면 통장이 하나씩 생긴다고 자조했는데, 이때 말하는 통장이란 마이너스통장이다.

이사장은 미운털이 박힌 교수는 승진시키지 않을 뿐만 아니라, 호봉이 일정 단계 이상 오르지 않는 직급별 한계호봉제를 실시해 월급 인상을 최소화했다. 그 결과 대학 예산 가운데 인건비로 지출하는 금액의 비중이 1994년 34.9퍼센트, 1995년 34.7퍼센트에 불과했다. 4년 제 대학 대부분이 인건비로 지출하는 금액의 비중이 45~55퍼센트인 점에 비추어 보면, 덕성 교수들의 급료 수준이 얼마나 열악한지 잘 알 수 있다. 1997년 10월 학교 당국이 '개교 이래 최대의 혼란과 위기에 직면했다'고 실토하면서 무마책으로 내놓은 처우 개선안의 1항이 "교직원의 보수 수준은 서울 시내 사립 대학의 평균 수준에 달하도록 조정한다."라는 것이었으며, 2항이 "1997년 9월 1일부터 직급별 한계호봉제를 폐지하고 단일호봉제를 시행하겠다."라는 것이었다.

이사장의 호텔 장기 투숙은 경제성 등을 고려한 것입니다

반면, 이사장 자신은 돈 씀씀이가 헤퍼 1996년 해외 과소비자로 지목돼 검찰의 자금 출처 조사를 받았다. 서울지검 특별수사본부의 자료에 따르면, 이사장이 1년 남짓한 기간에 해외여행 중 숙박비와 시비로 우리 돈 1억 6000만 원에 해당하는 22만 달러를 지불한 사실이 드러나, 검찰이 그 돈의 출처에 대한 추적 조사에 나선 것이다. 그때까지만 해도 독신이던 이사장은 호텔에서 장기 투숙하고 있었다. 신라호텔에 머물면서 학교와 관련된 각종 업무를 총장에게 직접 지시했으며, 매주 화요일에 총장·법인국장·대학의 기획처장·교무처장·학생처장·사무처장이 참석하는 '법인·대학 연석회의'를 호텔에서 주재했다. 그리고 1996년 9월 1일부터 1997년 6월 17일 사이에 신라호텔에서 수시로 '대학 교과과정 간담회', '대학 입학전형 관리 소위원회' 등을 개최해 학교 운영에 관해 지시·협의했다. 이사장이 호텔에 머물면서 대학 학사행정에 간섭하는 데 대한 사회적 비난이 쏟아지자, 덕성여대와 학교법인 덕성학원은 조선·중앙·동아·한국 등 중앙 일간지에 5단 광고로 해명서를 실었다.

이사장의 호텔 장기 투숙은 경제성과 제반 여건을 고려하여 선택한 사생활에 관한 사항입니다.

1. 이사장이 외국에서 돌아온 후 호텔을 숙소로 하고 있는 것은 사실이나, 그것은 현재 본인 소유의 주택이 하나도 없으며 또한 독신이고 노령이기 때문에 편의상 호텔에 묵고 있는 것입니다.

2. 이사장이 머물고 있는 호텔 방의 사용료는 장기 투숙에 따른 할인을 적용하여 85만 원이 아닌 35만 원이며, 이사장 개인이 부담하고 있습니다.

3. 경제적으로 주택 구입에 따른 이자 비용과 주택 관리를 위한 인건비, 관리비, 각종 세금 등을 감안하면 호텔에 머물고 있는 것이 더 싸기 때문에 호텔에서 생활하고 있는 것입니다. 참고로 10억 원에 상당하는 주택이라면 위의 제 비용을 합산하면 월 1,600만 원 정도가 소요되나, 월 호텔 사용료는 약 1,000만 원 정도이므로 월 600만 원 정도가 저렴합니다.

월 1,000만 원이라는 호텔 사용료가 경제적이라고 주장하는 신문 광고를 접한 교수들은, 학교를 경영하는 자가 장기간 일류 호텔에 투숙한 것만도 부끄러운 일인데, 혼자서 한 달 투숙비로만 1,000만 원씩 지출하면서 이를 근검절약하는 생활이라 하니, 정상적인 사람이라면 누구라도 비웃을 일이 아니겠느냐며 허탈해 했다.

난 속속들이 압니다

대학의 민주화를 요구하는 교수를 학생을 선동하고 학교를 파괴하는 암적인 존재라고 매도한 이사장은 한 걸음 더 나아가 교수협의회 활동을 공산화운동이라 하고, 조선대처럼 해방대학, 공산주의대학을 만드는 것이 그들의 목표라고 거침없이 말했다.

피디　교수협의회를, 평교수협의회를 조직해서 만들어서 주장하던 교수들의 민주화는 좀 잘못된 민주화다…….

이사장 그게 어떻게 민줍니까. 내 생각에는 거 공산화지, 거 민주화 아닙니다. …… 학원을 파괴해서 조선대학같이, 그 사람들 목적은 조선대학 같은 해방대학을 만들기 위해서였어요. 해방대학이 뭡니까? 모델이 조선대학이라구요. 예. 말하자면 공산주의 대학이에요. 해방대학은 대한민국의 치외법권적인 헤방구 만드는 섭니다. 그럼으로써 자기들의 혁명 과업을 수행하기 위한 거점을 마련하기 위한 거예요. 그것이 민주화로서 우리가 존경할 만한 것입니까? 그 결과 뭐가 플러스 됐어요. 대한민국 민주화에 뭐가 플러스 됐어요.

요컨대 교수협의회 등 학원 민주화운동을 추진하는 세력들은 북한의 지령을 받고 공산주의 대학을 만들려 하고 있으며, 그런 기도가 성공한 좋은 예가 조선대학이라는 것이다. 박철웅 일가의 족벌 체제를 무너뜨려 학원민주화에 성공한 조선대학이 갑자기 '공산주의' 대학이 되고, 전국의 각 대학에 조직되어 있는 교수협의회가 졸지에 북한의 지령을 받아 혁명 과업을 수행하는 '빨갱이' 단체가 되어 버린 것이냐. 이사장은 자신의 발언에 대해, "아니 난 또 확고한 신념이에요. 난 나이가 일흔인데 36, 37년 동안 학교를 경영해 왔어요. 난 속속들이 압니다."라고 장담까지 했다. 이사장은 유신 시절이나 5공 시절의 독재자들 뺨치는 극우적 사고방식의 소유자였다. 덕성여대가 '동토의 왕국'이니 '동물농장'이니 '정신병동'이니 하는 오명을 쓰게 된 것도 오랫동안 학교를 지배해 온 이런 교육관 탓이었다.

조선대 교수협의회가 덕성여대 이사장의 발언을 전해 듣고 사과 요구서를 보냈다. 이에 대한 이사장의 사과문이 1998년 3월 1일 조선대학교 교수협의회보에 게재되었다.

조선대학교 자치운영협의회 대표의장 김영규 귀하

1997. 10. 23. 자 귀하의 공개 해명 요구서를 받아 보았습니다. 먼저 귀 대학과 귀 대학 구성원 여러분들에게 본인의 발언으로 말미암아 본의 아니게 심려를 끼치게 된 결과에 대해서 심심한 사과를 드리는 바입니다. 본인이 KBS 기자와의 대담 중에 귀 대학에 언급을 하게 되었던 것은 본인이 법인 이사장으로 있었던 덕성여자대학교의 분규 사태를 설명하는 과정에서 과거에 학내 분규가 발생하였던 여러 대학들의 사례를 이야기하면서 본인이 수년 전에 귀 대학이 정상화되기 전 일시 혼란 상태에 있을 때 항간에 떠돌던 말이 상기되어서 특별한 뜻 없이 발언한 것에 불과하며, 현재의 귀 대학을 지칭해서 한 말은 아니었습니다.

본인은 결코 현재의 귀 대학이 소위 해방대학이거나 공산주의대학이라고는 생각하고 있지 않는 만큼 본인의 발언이 본의 아니게 귀 대학의 명예나 귀 대학 구성원에 대한 사회적 인식에 불미스러운 영향을 초래하였다면 거듭 사과드리는 바입니다.

1997. 11. 박원국

위 사과문이 진심에서 우러나온 것인지는 의문이다. 이사장이 한편으로는 자신의 음해성 용공발언에 대해 조선대에 사과하면서, 다른 한편으로는 덕성 구성원들을 빨갱이로 모는 용공몰이 작업을 은밀히 진행하고 있었기 때문이다.

혼란이 있는 곳에는 불순세력이 개입하기 마련입니다

2학기 들어 학내민주화 열기는 비등점을 향해 치닫고 있었다. 10월 1일 3,141명의 학생이 참석한 가운데 비상 총회가 열려 찬성 3,093명, 반대 46명으로 무기한 수업거부가 결의되었다. 10월 말쯤 사회 각계 원로들이 관선 이사 파견과 한상권 교수 복직을 촉구하는 기자회견을 했다. 당시 교수들은 총장실 점거 철야농성을 하고, 직원노조는 총파업을 진행 중이었고, 학생들은 도심 한복판에서 1,000명 넘게 참가하는 대규모 집회를 연일 개최했다. 덕성여대 본부 1층 행정실은 학생, 2층 총장실은 교수, 3층 회의실은 직원이 각각 점거하고 농성을 벌여, 학교 운영은 파행을 거듭하고 있었다.

11월 6일 저녁 9시쯤 학부모 공청회를 마치고 연구실로 돌아온 교수협의회 교수들은 출입문 밑으로 10월 15일과 18일 자 북한 노동당 기관지인 노동신문 복사본이 들이밀어져 있는 것을 발견했다. "대학 교수들 어용 리사들의 해임을 요구하며 철야롱성", "시민 단체 회원들과 대학생들 어용 리사장 퇴임 요구"라는 노동신문 기사는 덕성여대 교수들이 무기한 철야농성에 돌입했다는 사실과 시민단체들의 시위 소식을 담고 있었다. 교수협의회 교수들은 즉시 경찰에 신고하는 한편, 어떻게 이 복사물이 교내에 유포되었는지 궁금해 했다.

그날 총장실 밤샘 농성은 수학·전산·통계학과 등 숫자에 밝은 교수들이 맡았다. 이들은 밤새 할 일도 없고 심심하니 노동신문 복사물 상단에 반쯤 잘려 희미하게 남아 있는 글자나 알아내자며 모여 앉았다. 머리를 맞대고 밤새 논의한 끝에 마침내 새벽에 이르러 글자 맞히

동아일보, 문화일보, 한겨레신문 등 주요 언론들이 덕성여대에서
일어난 용공몰이를 주요기사로 보도하였다.

기에 성공했다. 팩스 용지 상단에 절반쯤 지워진 채 희미하게 남아있
는 글씨와 전화번호를 독해한 것이다. 팩스 발신처는 학교법인 사무
국이며, 수신처는 약대 위생화학실 안에 있는 덕성여대 총동창회 사
무실이었다. 이 방은 모교 출신으로서 당시 학생처장을 맡고 있던 약
대 정 아무개 교수의 사무실이기도 했다.

철야농성단의 밤샘 노력으로 노동신문을 학교에 살포한 주체가 법
인이었음이 밝혀졌다. 이사장이 교수·학생들의 대학민주화 요구를
북한의 사주를 받은 것으로 음해하려고 북한 노동신문 기사를 입수,
유포한 것이었다.

다음 날 아침 빨갱이 혐의에서 벗어나게 된 교수협의회 교수들은
안도의 숨을 내쉬며 절체절명의 위기에서 구해 준 철야농성단에게

너도나도 수고했다며 덕담을 건넸다. 그러나 정작 당사자들은 재미로 팩스 번호를 알아본 것이 왜 그렇게 대단한 일로 칭찬받아야 하는지 모르겠다는 표정을 지었다. 그리고 자신들이 한 일이 그렇게 중요한 것이냐고 묻기도 했다.

한편 교양학부 K교수는 7일 교내의 한 연구실에서 노동신문을 대량으로 복사하다 교수협의회 측에 꼬리가 잡혔다. 무비카메라로 현장이 잡히자, K교수는 "왜 내 자유를 침해하느냐, 국가보안법에 위배되든 말든 상관 말라, 고발하려면 하라."라고 오히려 으름장을 놓았다.

덕성여대의 학내 분규 기사가 실린 노동신문 복사본이 덕성여대 교내에서 발견된 것과 관련해, 경찰은 신고를 받은 다음날인 7일, 공안상의 혐의점이 없어 수사를 종결한다고 밝혔다. 노동신문 기사 복사본은 전 성균관대 이명영 교수가 덕성여대 전 재단 이사장의 요청에 따라 법인 사무국에 보낸 것이며, 이 씨가 합법적으로 노동신문을 구독하고 있고, 이를 유포할 의사도 없었기 때문에 수사를 종결한다는 것이다. 그야말로 용공 사건에 대한 경찰의 대응 또한 '법대로'가 아닌 '멋대로'였다.

교수협의회는 학교가 교수와 학생들의 농성과 수업거부를 북한의 지령을 받는 불순한 행동으로 몰아가기 위해 재단으로부터 팩스로 받은 내용을 복사해 교내에 뿌렸다고 판단하고, 11일 박원국 이사장과 권순경 총장 직무대리를 국가보안법 위반과 명예훼손 혐의로 고소하였다. 학생 500여 명도 명예훼손 혐의로 서울지검 북부지청에 고소장을 제출했다.

이 건에 대해서도 경찰은 불기소 처리했다. 처리 사유를 보면, 국가보안법에 해당하는 범죄로 수사했는데 북한 노동신문은 이적표현물이라고 볼 수 없고, 동 신문기사의 출처가 분명하며, 피의자들이 교내에 살포하지 않았다고 주장하고 증거도 없으므로 불기소의 의견으로 송치했다는 것이다.

노동신문 살포 사건은 재단 관계자들이 복사 시 송수신자의 번호 부분을 철저히 지우지 못해 완전범죄에 실패했기에 망정이지, 그렇지 않았다면 민주화를 요구하며 교내에서 농성중인 교수, 직원, 학생들이 불순세력으로 몰리는 끔찍한 결과를 가져올 뻔했다. 용공조작의 가능성은 이사장 최측근 인사의 발언을 통해서도 확인된다.

"혼란이 있는 곳에는 불순세력이 개입하기 마련입니다. 드러나지 않았을 뿐이지 농성하는 교수들과 학생들의 배후에는 불순세력이 있을 것입니다. 노동신문에 기사가 났다는 사실은 확실히 문제가 있습니다. 교수와 학생들이 남한 사회에 혼란을 조장하려는 북한의 음모에 놀아난 꼴이 됐기 때문입니다."

이사장이 노동신문을 교내에 반입·살포하도록 지시해 용공몰이를 시도한 까닭은 두 가지 목적을 달성하기 위해서였다.

하나는 10월 10일 이사장직에서 해임되어 실추된 명예를 회복할 목적이었다. 해임당한 이사장은 덕성여대 분규가 자신의 전횡 때문이 아니라, 외부 불순세력이 학내에 침투해 파괴공작과 선전선동을 일삼은 결과라고 말하고 싶었을 것이다. 그는 자신의 주관적 생각을 객관적 사실인 것처럼 드러내기 위해 노동신문을 교내에 살포하라고 지시한 것이다.

　다른 하나는 당시 학내에서 거세게 일고있는 민주화운동의 열기를 단숨에 잠재우려는 목적이었다. 2학기에 들어 교수와 학생, 직원, 조교들이 지금까지의 굴종과 침묵을 깨고 분연히 일어나 이사장의 전횡에 맞서 싸웠다. 그 결과 이사장은 해임되고 학내에서의 입지도 뚜렷이 약해졌다. 이사장은 위기 국면을 일거에 반전시킬 수 있는 가장 효과적인 수단이 용공몰이라고 생각했다. 학내의 저항세력을 용공분자로 몰아붙임으로써 자신의 불법 비리 행위에 대한 면죄부를 얻을 수 있다고 본 것이다.

7

땅에서 넘어진 사람,
땅을 짚고 일어서야 한다

5월 총공세

1997년 5월 24일, '한국역사연구회(한역연)' 회의실에서 중대한 논의가 있었다. 추진위원회 12차 대책회의인 이날 모임이 내 복직투쟁의 흐름을 결정적으로 바꾸는 계기가 되었다. 왜 그런지를 설명하려면, 앞서 있었던 일을 이야기하지 않으면 안 된다.

내가 해직된 직후인 3월 8일, 종로 계동에 있는 '학술단체 협의회(학단협)' 사무실에서 한역연 초대 회장 안병욱(가톨릭대)·2대 회장 안병우(한신대)·4대 회장 김인걸(서울대)·당시 회장 박종기(국민대) 교수와 이세영(한신대)·이영호(인하대) 교수, 학단협 대회협력위원장 김성민(현재 건국대, 철학) 교수 등이 모여 '덕성여대 한상권 교수재임용탈락처분철회 추진위원회(추진위원회)'를 결성하고 내 복직 방안을 논의했다. 1975년 교수 재임용제가 도입된 이래 수백 명의 교수가 재임용에서 탈락됐지만 학계가 발 벗고 나선 적은 없었다. 전망이 보이지 않는 길고 험난한 싸움에 한역연이 선뜻 나서 준 데 대해 이루 말할 수 없이 고마웠다. 그리고 역사 연구자로서의 자부심도 새삼 느꼈다.

첫 회의에서는 '무엇'을 목표로 '어떻게' 싸울지를 집중 논의했다. 목표는 최소한으로 잡기로 했다. 모두가 재임용탈락 처분을 무효화시킨다는 것이 불가능에 가깝다는 사실을 잘 알고 있기 때문이었다. 재임용탈락 처분을 철회시키는 것이 현실적으로 불가능하므로, 비리사학이 재임용제를 악용하였다는 점을 부각시켜 공분公憤을 불러일으키는 선에서 만족하기로 했다. 복직은 불가능하므로 억울함을 알리는 신원伸寃을 목표로 삼은 것이다. 그리고 앞으로의 투쟁 상황을 점검하기 위해 매주 토요일에 대책회의를 갖기로 했다. 12차 대책회의가 열릴 때까지 두 달 반 동안 많은 일이 있었는데, 주목할 만한 활동은 크게 세 가지였다.

하나는 역사학계를 중심으로 출범한 추진위원회가 진보학계를 총망라하는 조직으로 확대 개편된 것이다. 추진위원회의 활동목표를 둘러싼 논의 끝에, 내 해직을 계기로 교수재임용제도가 악법임을 널리 알려야 한다는 의견이 우세하여, 4월 19일 '덕성여대 한상권 교수 재임용탈락처분철회 및 교수재임용제 개선 추진위원회(추진위원회)'가 새롭게 탄생하였다. 추진위원회의 성격이 내 복직운동에서 교육악법 철폐투쟁으로 바뀐 것이다. 그리고 김상곤(한신대, '민주화를 위한 전국교수협의회' 공동의장. 이후 유초하 충북대 교수로, 다시 권광식 방송대 교수로 바뀜)·박진도(충남대, '학술단체협의회' 상임공동대표)·이재윤(중앙대, '전국사립대학교수협의회 연합회' 회장) 교수 등이 상임공동대표를, 강정구(동국대)·김대환(인하대) · 김진균(서울대) · 박종기(국민대) · 안병욱(가톨릭대) · 이이화(역사문제연구소 전 소장) · 이종수(광주대) · 하일민(부산대) 교수 등이 공동대표를 맡았다. 덕성민주화운동 승리에 견인차 역할을 한 추진위원회는 이후로도 계속 조직을 확대 강화해, 박원순 변호사(참여연대 사무처장), 이석태 변호사('민주사회를 위한 변호사모임' 전 사무처장), 장운(대학노조 위원장) 등 시민 · 사회 · 교육 단체 대표들이 추가로 공동대표를 맡았다.

다른 하나는 한 달 가량 진행된 전국 교수 서명운동의 열기를 모아 기자회견을 한 것이다. 추진위원회는 당시 장안의 이목을 집중시킨 한보 청문회가 끝난 직후인 5월 7일, 폭우가 쏟아지는 가운데 정동에 있는 대한성공회 서울대성당 강당에서 첫 기자회견을 가졌다. 이 자리에서 전국 80여 개 대학 2,500여 명의 교수와 연구자들이 내 복직 서명운동에 동참하였음을 밝히며, ①한상권 교수 재임용탈락처분의 즉각 철회, ②덕성여대 비리 의혹에 대한 교육부 전면 감사, ③교수 재임용제의 합리적인 개선 등 3개 항을 촉구했다. 며칠 전 〈추적60분〉에서 교수 재임용제의 문제점이 방영된 데 이어, 추진위원회가 전국 교수들의 목소리를 모아 기자회견을 하자 파급력이 생각보다 컸다. 교육부가 문제의 심각성을 깨닫고 교수 재임용제의 대폭 개선을 약속할 정도였다.

세 번째 주목할 만한 활동은 투쟁백서 발간이다. 5월 7일 첫 기자회견에 맞추어 그동안의 활동 자료를 모은 『덕성여대 한상권 교수 재임용탈락 처분철회 투쟁백서(I)』을 발간하였다. 백서란 특정 사안이나 주제에 대해서 조사 · 활동한 결과를 정리해 보고하는 문건이므로, 투쟁을 마무리하면서 발간하는 것이 관행에 비추어 볼 때 맞다. 하지만 백서 발간이 투쟁을 승리로 이끄는 데 꼭 필요한 작업이라는 주장이 우세해, 결국 중간 시점에 백서를 발간하기로 하였다. 1,000부를 인쇄한 투쟁백서(1)은 얼마 안 돼 다 떨어져 다시 찍어야 할 만큼 인기가 높았다. 각종 성명서, 언론 보도, 국회나 교육부에 제출된 문서, 인터넷에 올라온 의견 등 관련 자료를 총망라해 만든 백서는 투쟁의 흐름을 종합적으로 파악하는 데 많은 도움을 주었다. 백서의 발간은 복직 운동의 새로운 지평을 열었다는 좋은 평가를 받았다. 투쟁백서를 읽고 문제의 심각성을 새삼 느끼게 되었다며, 지속적으로 관심을 갖고 기사를 쓰겠다는 기자도 있었다. 이후로도 투쟁백서는 계속 나와, 내가 복직되는 1999년까지 총 다섯 권이 발간되었다.

추진위원회는 1997년 5월 7일 첫 기자회견에 맞추어, 그동안의 활동 자료를 모은 『덕성여대 한상권 교수 재임용탈락 처분철회 투쟁백서(1)』을 발간하였다.

꿈쩍도 하지 않는 학교

추진위원회가 전국 대학교수 서명운동, 기자회견, 투쟁백서 발간, 가두시위와 교육부 항의방문 등 '5월 총공세'를 펼쳤으나 학교는 조금도 동요하지 않았다. 두 가지 면에서 자신이 있었기 때문이다.

하나는 재임용달락처분이 법률적으로 하자가 없다는 점이다. 절차와 내규를 무시한 채 이루어진 재임용탈락처분에 대해 '부당'하다고 항의할 수는 있지만 아무튼 '불법'은 아니었다. 5월 8일, 내가 덕성학원 이사장을 상대로 낸 재심 청구를 교육부 징계재심위원회가 각하하자, 학교 당국은 "한상권 전 교수의 재임용 제외는 학교 당국의 적법 절차에 따라 취해진 결과이고, 교육부 교원징계재심위원회에서도 한 전 교수의 재심 청구를 각하함으로써 그 적법성을 인정받았다."라며 처분의 정당성을 선전하는 호재로 삼았다. 구 재단을 지지하는 교수들도 "우리는 한상권 전 교수에 대한 조치가 학교가 규정하는 적법한 절차에 따라 정해진 것임을 재확인한다."라며 학교 당국을 거들고 나섰다. 재임용탈락처분이 합법적인 행위이므로 감독관청인 교육부가 어떤 압력도 행사할 수 없을 것이라는 게 학교 당국의 생각이었다.

다른 하나는 학내 분위기가 유리하게 돌아가고 있다는 점이다. 당시 총학생회장, 자연대 학생회장이 한낮에 경찰에 연행되고, 편집권을 침해당한 학교신문은 제작이 중단되었다. 4월 10일 '사학과 재학생 비상대책위원회'가 출범하였으나, 19일 열린 비상 총회에서 수업거부·시험거부·복직투쟁이 부결되었다. 학내에는 패배주의와 냉소

주의가 팽배했으며 사학과 학생들끼리는 마주쳐도 인사도 안 하고 본체만체했다. 학교 당국은 학내의 조용함이 학교 처분의 정당함을 반증하는 것이라며 기고만장해 있었다. 조금만 있으면 여름방학이었다. 학교는 싸움을 마무리할 준비까지 하고 있었다. 총무과에서 우리 집으로 5월 30일까지 연구실을 비워 달라는 요청서를 내용증명으로 보낸 것이다. 그리고 "기한 내 비워 주시지 않을 경우 (귀하의 소유물을) 부득이 별도 보관코자 한다."라고 했다. 연구실을 강제 반환하도록 해 내 흔적을 학교에서 깨끗이 지워 버리겠다는 심산이었다.

출근투쟁, 할 것인가 말 것인가

5월 24일 12차 대책회의는 이런 상황에서 열렸다. 두 달 반 동안 외부에서 할 수 있는 일은 다 했으니 이제는 내가 출근투쟁을 해 학내 분위기를 반전시킬 필요가 있지 않겠느냐는 의견이 조심스럽게 제기되었다. 그러자 출근투쟁은 무모한 짓이라는 반론이 나왔다. 4불가론이었다.

첫째, 시기상 너무 늦었다. 이제 두 주만 지나면 학기가 끝나고 기말시험으로 들어가며 여름방학이 시작된다. 그러니 1학기 투쟁은 일단 여기서 접고, 새 학기에 다시 본격적으로 싸우자.

둘째, 한 교수가 학교에 들어가면 집중적으로 공격을 받게 될 것이다. 지금까지 한 교수가 외부에서 활동했기 때문에 학교에서 손을 쓰지 못했지만 출근투쟁을 시작하면 일거수일투족이 노출되면서 각종 비방과 공격에 시달리게 될 것이다. 여기서 무너지면 복직투쟁은 물거품이 된다.

셋째, 투쟁의 동력이 떨어질 것이다. 한 교수가 외부에 있으면서 성명서 작성, 단체와의 연대, 언론사 연락 등 여러 방면으로 활동했는데 학교로 들어가면 그런 활동이 사실상 어렵게 될 것이다. 그렇게 되면 추진위원회 활동도 사연히 위축될 수밖에 없다.

넷째, 학내 분위기가 침체되어 있고 학생들도 호의적이지 않아 승산이 없다. 공안 탄압으로 총학생회는 와해되었고 사학과 학생들은 아무 일 없는 듯 수업을 잘 받고 있다. 한 교수가 출근투쟁을 한다고 학교 분위기가 극적으로 반전될 가능성은 거의 없다.

결론적으로 학교에 들어가려는 마음을 먹었으면 되돌아 나올 때도 생각해야 한다는 것이었다. 출근투쟁을 시작했다가 곧 방학이 돼 아무 소득도 없이 걸어 나오면 그 자체가 패배라서 2학기 투쟁까지 어려워진다. 그렇다고 1학기 투쟁을 이대로 접을 수는 없으니 추진위원회가 나서서 5월 29일부터 학교 앞에서 항의시위를 하겠다고 했다.

1학기도 거의 다 끝나가므로 투쟁의 새로운 돌파구를 만들어야 한다는 데는 이견이 없었지만 방식을 둘러싸고는 의견이 분분했다. 최종 결정은 출근투쟁을 감당할 내가 내려야만 했다. 추진위원회가 덕성여대 앞에서 항의시위를 하겠다는 말이 고맙기는 하지만, 서울 변두리인 쌍문동까지 시위하러 온다는 것이 쉽지 않은 일이었다. 그리고 방학 중에 전열을 가다듬고 2학기에 다시 싸운다는 것도 만만찮을 것 같았다. 투쟁의 열기가 한창 고조됐을 때 승부수를 던져야 한다고 판단한 나는 현장 투쟁을 위해 그 다음 주 월요일인 5월 26일부터 출근투쟁을 하겠다고 선언했다.

출근투쟁을 하려면 여러 장비가 필요했다. 먼저 문서 작성을 위해 컴퓨터와 프린터가 필요했는데, 이것은 대책회의에 참석한 졸업생이 가져오기로 했다. 또 연구실 전화가 도청될 테니까 안전한 통신수단이 필요했다. 마침 이동통신이 유행하기 시작하던 때라 새로운 통신수단들이 등장했는데, 걸 수만 있고 받을 수는 없는 시티폰과 메시지를 받기만 하는 삐삐가 있었다. 이 둘의 기능을 결합한 휴대전화도 막 선보였는데, 100만 원이 넘는 고가품인데다 크기도 엄청나서 '벽돌폰', '냉장고폰'이라고 불렸다. 세 가지 중에서 고민하다가 중고 휴대전화를 새 것의 절반 값에 구입하기로 했다. 내가 이렇게 해서 1997년 5월 27일부터 휴대전화를 쓰기 시작했으니, 아마 역사 연구자 가운데 휴대전화를 가장 먼저 쓴 사람이 아닐까 싶다. 1999년에 복직되고 나서 바로 해지하긴 했지만 말이다.

앞으로 매일 학교에 나오겠습니다

호기롭게 출근투쟁을 하겠다고 선언했지만 생각만큼 쉬운 일이 아니었다. 막상 교문 앞에 오니 숨이 턱 막혔다. 시계를 보니 10시였다. 아무도 반기지 않는 출근투쟁을 하자니 여간 무리가 아니었다. 해직된 전교조 교사들이 출근투쟁을 하는 장면을 신문에서 본 적이 있었다. 꽉 닫힌 교문을 사이에 두고 학생과 교사가 서로 마주 보며 손을 내미는 극적인 장면이었다.

덕성여대 교문은 훤히 열렸으나 나를 반기는 학생이 없고 알아보는 이도 없었다(그때 나는 아무에게도 알리지 않고 출근투쟁을 시작했다. 토요일에 열린 대책회의에서 출근투쟁을 결정했기 때문에 학생들에게 알리고 싶어도 알릴 수가 없었다). 교문 안으로 들어서려니 영 발걸음이 떨어지지 않았다. 심호흡을 한번 하고 나 자신에게 최면을 걸었다.

나는 서명교수 2,500명의 염원을 실현하러 덕성여대에 왔다. 나는 개인이 아니다. 자존심과 체면 따위는 사치스러운 것이다. 과감히 잊어 버려야 한다.

이렇게 굳게 마음먹고 종종걸음으로 교문을 통과해 연구실로 들어가려는데, 누군가가 인문사회관 게시판에 한겨레신문 기사를 오려 붙여 놓은 것이 눈에 띄었다. 그날 한겨레에는 「교수 재임용제도 개선 절실하다」는 사설과 함께 「비판적 교수 '괘씸죄' 탈락 악용 많아 ― 한상권 교수 탈락 계기 교수재임용제 개선 여론」이라는 기사에 내 사진이 실렸다.

압정 하나로 게시판에 비스듬히 붙어 있는 신문기사를 보자 오 헨리의 단편소설 「마지막 잎새」가 떠올랐다. 잠시 멈춰 게시물을 바라보며 '아직도 나를 기억하고, 내가 돌아오기를 바라는 학생이 있구나. 나를 믿는 학생들에게 실망을 주지 않기 위해서라도 좀 더 씩씩하게 행동해야지.'라는 생각을 했다.

연구실에서 총장 비서실에 전화를 걸어 총장 면담 신청을 하니 11시 30분쯤 오라고 했다. 잠시 후 내가 학교에 나왔다는 소식을 든고 손효진, 김민정, 정금희, 박문선, 박혜영, 유길자, 이범정, 조혜진, 곽혜은, 김성희, 홍재현, 김미라 등 사학과 학생들이 연구실로 찾아왔다. 그리고 국문과를 졸업하고 교양과에서 조교를 하는 김성재도 찾아왔다. 연구실로 찾아온 학생들에게 앞으로 출근투쟁을 할 것이며, 매일 10시까지 학교에 나올 것이라고 했다. 그리고 사학과 김용자 교수를 비롯해 평소 친하게 지내던 교수들을 만나 반갑게 인사했다.

김용래 총장을 면담하면서 전날 작성한 성명서를 드리고 "앞으로 매일 학교에 나오겠습니다."라고 하자, 총장은 학생들이 동요하니 곤란하다며 "여름방학이나 되면 나오세요."라고 했다. "방학이 되면 뭐하러 학교에 나옵니까?"라고 퉁명스럽게 쏘아붙이고 총장실을 나와 시계를 보니 11시 50분이었다. 참으로 긴 20분이었다.

땅에서 넘어진 사람, 땅을 짚고 일어서야 한다

김용래 총장에게 건넨 문서는 내가 왜 연구실로 돌아와 출근투쟁을 하는지를 밝힌 글이었다. 나는 출근투쟁의 당위성을 고려 불교를 중흥시킨 보조국사의 법어 '땅에서 넘어진 사람은 그 땅을 짚고 일어서야 한다'에서 찾아냈다. 사실 내가 이 말이 보조국사의 법어인 줄 알은 것은 한참 뒤였다. 어쨌든 출근투쟁을 시작하기 바로 전날 성명서를 작성하면서 퍼뜩 이 말이 떠올랐다. 그야말로 돈오頓悟였다. 나한테 일어난 문제는 내가 주체가 되어 해결해야 하며, 문제의 본질을 직시하고 현장을 떠나지 않고 정직하게 맞설 때 해답도 찾을 수 있다는 말이다. 주체적인 삶과 현장 투쟁의 중요성을 이보다 더 적실하게 표현한 말은 없지 싶었다. 나는 이 말을 주제어로 삼아 성명서를 써 내려갔다.

나는 왜 연구실로 돌아와 복직투쟁을 하는가?

존경하는 김용래 총장님, 그리고 교수님 여러분, 저의 문제에 깊은 관심을 갖고 염려해 주신 교직원 여러분, 제가 학교로 다시 돌아올 수 있도록 노력해 주는 덕성여대 학생 여러분!

저는 5월 26일(월)부터 학교에서 재임용탈락처분 철회투쟁을 벌이기 위해 연구실로 돌아왔습니다. 이에 그간의 경위와 까닭을 간단히 말씀드리겠습니다. 제가 학교 측으로부터 재임용탈락 통보서를 받은 것은 개강 하루 전날인 3월 1일 아침이었습니다. 떨리는 손으로 해직 통보서를 받아 들고 저는 다음 두 가지 다짐을 하였습니다. '나와 같은 불행한 사람이 다시는 생기지 않도록 악법인 교수재임용제도를 개정하도록 한다. 악법을 악용한 덕성여대의 재임용탈락처분을 철회시키고 학교로 다시 돌아간다.'

저는 3월 초부터 지금까지 학교 밖에서 교수재임용제도의 악법성을 널리 알리고 이를 개정하는 노력을 해 왔습니다. 그 과정은 험난하였지만 엄청나게 많은 분들의 도움을 받아 어려움을 무난히 극복할 수 있었습니다. 역사학계의 동료·선배 교수분들이 '덕성여대 한상권 교수 재임용탈락처분 철회 추진위원회'를 결성하고, 원로 교수님들이 대표를 맡아 주셨습니다.

그 결과 전국 역사학과 교수님들의 80퍼센트 이상이 저의 복직과 교수재임용제의 개선을 촉구하는 성명서에 서명하는 놀라운 성과를 거두었습니다. 또한 '민주화를 위한 전국교수협의회'와 '학술단체협의회'에서도 성명서를 발표하고 서명 작업에 동참하여, 현재까지 전국 80여 개 대학의 2,500여명의 교수와 연구자들이 서명에 동참하였습니다. 여기에 '사립대학교수협의회연합회'까지 합세하여, 대학 교육의 민주화를 염원하는 조직이 거의 망라되다시피 하였습니다. 한 개인의 재임용탈락에 이처럼 영향력 있는 단체와 교수님, 그리고 연구자들이 관심을 가지고 성원한 것은 전례에 없던 일입니다. 이분들은 격려 전화, 성명서, 서명, 성금, 기자회견, 더 나아가서는 거리시위까지 벌이면서 교수재임용제도의 개정과 저의 복직을 위해 노력해주었습니다.

이러한 노력은 결실을 맺어, 교육부는 올 하반기부터 교수재임용제를 대폭 개선하기로 공표하였습니다. 재임용의 기준·절차를 법으로 명시해 '악용'을 방지하기로 한 것입니다(한겨레신문, 1997. 5. 22.). 그간의 교수재임용제도 운영이 잘못되었음을 정부도 시인한 셈입니다. 교수재임용제도의 개선이 약속된 이상, 남는 문제는 잘못된 법에 의해 박탈당한 저의 권리를 되찾는 일입니다. 격언에 '땅에서 넘어진 자는 땅을 짚고 일어서야 한다'는 말이 있습니다. 저를 내친 것은 덕성여대이므로, 덕성여대에 들어가 저의 권리를 회복하기 위해 노력하는 것은 당연한 이치입니다. 많은 분들이 '다른 대학도 많은데 싫다고 내쫓은 대학에 왜 굳이 돌아가려 하느냐'는 질문을 합니다. 그에 대한 저의 대답은 간단합니다. '제가 덕성여대로 돌아가는 것이 옳다'고 생각하였기 때문입니다. 이제 덕성여대는 저의 재임용탈락처분을 철회하는 결단을 내려야 할 것입니다. 그 이유는 다음 두 가지입니다.

첫째, 덕성여대 측은 악법인 재임용 제도를 악용하여 저를 재임용탈락시켰기 때문입니다. 재임용 제도가 아무리 악법이라 할지라도, '임기 만료'라는 사유 하나만으로 재임용탈락시킨 대학은 전국에 단 한 군데도 없습니다.

둘째, 정부도 기존의 교수재임용제도가 악법임을 시인하고 개정을 약속하였기 때문입니다. 덕성여대는 이제 '악법도 법이다'라는 궁색한 변명조차 할 수 없게 되었습니다. 저의 주장에도 불구하고 만일 덕성여대 측이 재임용 탈락처분의 정당성을 계속 고수하고자 한다면 공개 토론회를 개최하여 시시비비를 가릴 것을 제안합니다. 만일 덕성여대 측이 저의 충고와 제안을 거절한 채 차일피일 시간만 끌면 분노가 저절로 가라앉을 것으로 안이하게 생각한다면 학내외적으로 엄청난 반발에 직면할 것입니다. 그 이후 발생하는 사태의 책임은 '결자해지結者解之'의 원칙을 저버린 학교 당국에 있음을 밝혀 두는 바입니다.

—1997년 5월 26일 한상권 드림

한 교수님, 사필귀정입니다

출근투쟁 이틀째인 5월 27일 이른 새벽, 집 전화벨이 울렸다. 잠이 덜 깬 상태에서 전화를 받았는데, 목소리의 주인공은 뜻밖에도 김용래 총장이었다. 김 총장은 전날 내가 총장실에 찾아갔을 때 공연히 힘 빠지는 소리를 해서 미안하다면서, 주위의 감시와 도청이 심해 마음에도 없는 소리를 했노라고 했다. 그러고는 "한 교수님, 사필귀정입니다."라며 열심히 싸우라는 격려의 말까지 하고 전화를 끊었다. 전날의 냉랭함과는 너무나 다른 태도여서 어안이 벙벙하지 않을 수 없었다. 나중에 안 일이지만 내가 출근할 시점에 총장과 이사장의 관계는 극도로 악화되어 있었다.

총무처 장관, 서울시장 등을 맡으며 33년간 봉직하던 관계官界를 떠나 경희대학교 산업정보대학원 원장으로 재직하고 있던 김 총장은 1997년 덕성여자대학교 총장 공채에 응모해 4대 총장으로 부임했다. 그는 총장으로 부임한 지 얼마 되지 않아 덕성여대가 너무도 비정상적이고 파행적으로 운영되는 현실에 깜짝 놀랐다.

　이사장은 대학 학사행정에 제도적·관행적 간섭을 했다. 실례로 이사장은 신임 교수의 연구실 배정에까지 간여했다. 1996년도 2학기 신임 교수실 배정은 총장이 결재한 뒤, 결재 서류를 법인에 전송해 이사장의 지침에 따라 일부 교수실을 변경하고, 이에 따라 다시 총장이 결재한 뒤, 이사장의 결제를 받아 시행했다. 신입생 예비 교육도 이사장이 간여했다. 1997년 신입생 오리엔테이션 시행 계획을 수립할 때 총장이 결재한 서류를 법인에 송부하고, 이사장으로부터 설명을 요청받아 설명 자료를 제출한 뒤, 이사장이 보았다고 첫 장과 마지막 장에 서명한 계획안을 송부받고 나서야 당초 계획대로 실행했다. 김 총장이 대학 학사행정에 관한 총장의 고유 권한을 침해한다고 반발하자, 이사장은 갖가지 방식으로 모욕을 주었다. 그 하나의 사례로 신라호텔에서 회의를 주재하면서 총장이 이사장과 다른 의견을 말하면, 다수결로 의사 결정을 한다며 총장 의견과 자기 의견을 앞에 적어 놓고 보직 교수들에게 거수하도록 했다. 총장 의견에 손을 드는 교수는 당연히 한 명도 없었다. 이런 일이 몇 차례 반복되자 총장은 아예 발언을 하지 않았다. 그러자 이사장은 총장이 학교 운영에 대해 왜 아무 말도 하지 않느냐고 닦달했다. 이사장은 교직원 보직 임용에서도 총장의 제청권 행사가 무색할 정도로 제청을 철저히 무시했다. 학장,

처·실장은 말할 것도 없고 학과장, 연구소장, 학보 주간, 전공 주임 심지어 촉탁, 임시 직원, 수위, 청소반장에 이르기까지 임명권은 물론이고 전보·파견·겸임도 이사장이 결정했다.

김 총장이 내 복직에 호의적이라는 사실이 확인되자, 이사장은 전·현직 보직 교수들로 하여금 총장 퇴진 서명운동을 벌이도록 지시했다. "한상권 전 교수의 문제에 대해 김용래 총장은 취임 전 충분히 인지하고 있었던 사실임에도 불구하고 '자신이 취임하기 전에 일어난 사안이기 때문에 책임이 없다.'라고 강변하는 등 무책임한 태도를 보이면서 (……) 재임용 제외 조치된 한상권 전 교수의 신규 임용을 주장하는 일부 교수들의 서명운동을 촉발하고 선동하였다."라는 것이 김 총장이 퇴진 해야 할 사유였다.

7월 27일 이후 일부 전·현직 보직 교수들이 주동한 총장 퇴진 서명작업, 전·현직 보직 교수들이 두 차례 총장실에 난입하여 벌인 사퇴 요구, 이사장이 주도한 이사회에서의 세 차례 해임 기도, 제삼자를 통한 총장직 사퇴 회유 등을 견디지 못한 김 총장은 마침내 9월 30일 자진 사퇴했다.

여기는 '한상권 교수님 연구실'입니다

5월 27일 아침 10시, 학교에 도착해 연구실 문을 열려고 했는데 열리지 않았다. 전날 밤 학교에서 연구실 자물쇠를 바꿨기 때문이다. 전혀 예상하지 못한 일에 무척 당황했다.

'연구실이 폐쇄되었으니 어디로 간다?' 아무리 생각해도 묘안이 떠오르지 않았다. 일단 시간을 벌어야겠다고 생각하고 전날 찾아간 교수들 연구실 문을 두드렸지만 아무런 응답이 없었다. 이른 시간이라 아무도 학교에 나오지 않은 것이다. 시간을 벌기위해 본부 총무과에 찾아가서 항의했다. 담당자는 상부 지시로 전날 저녁 6시 30분 연구실을 폐쇄했다고 말할 뿐 더는 말상대를 하지 않고 자기 일만 보았다. 시계를 보니 10시 30분이었다. 하는 수 없이 물러났다. 다시 인문사회관으로 돌아와 연구실 문에다 "저는 연구실이 폐쇄되어 인문사회관 로비 휴게실에 있습니다."라고 써 붙여 놓고 염치없이 로비에 있는 소파에 주저앉았다. 인문사회관 로비는 학생들 휴게실이었다. 여학생들 틈에 끼어 앉는다는 것은 여간 얼굴이 두껍지 않고서는 할 수 없는 일이다. 이른 아침인데도 그곳에는 학생들이 제법 많이 앉아 있었다. 학생들은 자기들 틈에 앉아 있는 내가 누구인지 아랑곳하지 않고 쉴 새 없이 재잘거렸다. 참으로 힘들고도 긴 시간이 흘렀다.

그렇게 한 시간 반가량 지나자 전날 연구실에 왔던 성재가 "어머 선생님, 여기 계시네요."하고 찾아왔다. 구세주라도 만난 것처럼 반가웠다. 교양과 조교인 성재는 나와 점심을 같이하려고 연구실로 찾아갔다가 메모를 보고 로비 휴게실로 왔다고 했다. 성재와 함께 점심을 먹으러 교문을 나오면서 마음이 착잡했다. 연구실이 폐쇄되었으니 앞으로 갈 곳이 막막했다.

전교조 해직교사들처럼 여러 명이 아니라 혼자서 하는 출근투쟁이 그렇게 힘든 줄 미처 몰랐다. 괜히 학교에 나왔다는 후회감이 들었다. 일단 시작했으니 중단할 수도 없는 문제였다. 그래서 성재한테

내가 출근투쟁을 시작하면서 연구실이 폐쇄되자 학생들이 인문사회관
로비 휴게실에 임시연구실을 마련해 주었다.

"한 일주일 동안 나와 보고 별다른 반응이 없으면 짐 가지고 아주 학
교를 떠날란다."라고 말했다.

점심을 먹고 다시 로비 휴게실로 돌아오니 사학과 학생들이 몰려
왔다. 사학과 학생들은 소파에 앉아있는 학생들에게 양해를 구한
뒤 로비에 놓인 알림판 칸막이를 옮겨 임시 연구실을 마련해 주었
다. 그리고 칸막이에 "여기는 '한상권 교수님 연구실'입니다."라고
써붙였다. 바로 곁에 자신들의 출근투쟁본부도 설치했다. 임시 연구
실이 마련되자 인문사회관 로비가 부쩍 활기를 띠기 시작했다. 평소
친하게 지내던 교수들이 다녀가고 학생들의 지지방문이 이어졌다. 학
생들은 내 출근투쟁 성명서 「나는 왜 연구실로 돌아와 복직투쟁을
하는가」와 예선이가 어버이날 보낸 편지를 대자보로 써서 인문사회
관 로비 곳곳에 붙였다.

그러자 임시 연구실이 훌륭한 투쟁 공간이 되었다. 우선 이동 인구가 많아 로비에 앉아 있는 것만으로도 저절로 시위 효과가 있었다. 곳곳에 대자보가 붙어 있어 투쟁 분위기도 살아났다. 휴대전화를 장만했기 때문에 연락에도 아무 불편이 없었다.

내가 학교에 나온다는 소식을 듣고 졸업생들도 학교에 찾아오기 시작했다. 학교에서 연구실을 폐쇄해 준 덕분에 '출근투쟁'이 자연스레 '장외투쟁'으로 발전할 수 있었다. 그야말로 전화위복이었다. 게다가 해직교수가 로비 휴게실에서 출근투쟁을 한다는 것은 훌륭한 뉴스감이 되었다. 임시 연구실로 기자들이 찾아왔다.

반면, 로비 휴게실에 앉아 있는 나를 피하기에 급급한 교수도 많았다. 로비 휴게실 바로 옆이 화장실이었다. 교수들은 나와 눈이 마주칠까 봐 화장실에도 가지 못했다. 점심 먹으러 갈 때도 죄지은 사람처럼 고개를 푹 숙이고 로비를 지나갔다. 이들은 학교 본부에 전화를 걸어 한상권 교수가 연구실에 가만히 앉아 있도록 놔둘 것이지 왜 연구실을 폐쇄해서 자신들을 불편하게 만드냐고 항의했다고 한다.

대자보와 방명록에 남긴 글

내 출근투쟁 이후 학생들의 움직임이 활기를 되찾고 선전 작업도 활발해졌다. 현장투쟁이 시작되자 학생과 졸업생들의 진솔한 심정을 담은 글들이 대자보와 방명록에 등장하기 시작하였다. 글쓴이 별로 한 편씩 소개하여 당시 현장 분위기를 전달한다.

1) 대자보

한상권 교수님의 출근투쟁을 바라보면서

진리 탐구의 장인 대학에서 나는 오늘 진리가 문 밖으로 밀려나는 것을 보았다. 나는 덕성여자대학교에 입학해서 지금에 이르기까지 단 한 번도 내가 덕성여자대학생임을 창피해하거나 부끄러워 한 적이 없었다. 그것은 남다른 수재들이 다니기 때문은 아니었다. 한 번의 패배를 맛보고 선택한 이대학에서 나는 다른 것을 보았기 때문이다. 덕성여자대학만이 갖고 있는 기질, 북한산의 정기를 품고 있는 듯한 기질, 그것은 교과서로 두뇌만 키운 아이들과는 본질적으로 다른 강한 무엇이었다.그리고 강의 시간에 만나는 몇 안 되는 양심적인, 학자적인 선생님들…… 그것이 나로 하여금 덕성여자대학인임을 떳떳하게 하였던 것이다.

그러나 오늘 나는 부끄럽다

이사장은 돈을 억대로 횡령하고, 양심적인 교수님은 강단에서 쫓겨나신다. 이 모든 사실이 언론매체에서 거론되고…… 그러므로 나는 부끄럽다, 자존심이 상한다. 이러고 있을 수만은 없다. 양심적인 사람들은 벌써부터 덕성여자대학의 이러한 비리와 범법 행위에 대항하고 있다.

나는 무엇을 할 것인가?

나는 덕성의 자존심을 위해, 덕성의 진정한 양심적인 교수님들과 나를 위해 무엇을 할 것인가? 나는 약하다. 평범하다. 그러나 나는 약한 대로 평범한 대로 무엇을 하고 싶다. 왜냐하면 나는 이마에 덕성인이 새겨진 영원한

학생들이 내가 출근투쟁을 시작하면서 작성한 성명서 「나는 왜 연구실로 돌아와 복직투쟁을 하는가」를 대자보로 만들어 붙이고 있다.

덕성인이므로.

오늘 나처럼 약하고 평범한 덕성인에게 나는 말한다. 일하는 사학과 학우들. 일하는 또 어떤 학우들…… 그들에게 용기를 주고 따뜻한 시선을 보내자고. 항의 방문 때 서서 격려의 박수라도 보내자고. 그리고 교수님께 인사라도 하자고.

— 덕성여자대학을 진정 사랑하는 한 학우가

2) 방명록

(1) 재학생

예선이의 글을 읽고 눈물이 날 뻔했습니다. 아직 나이 어린 소견임에도 그리 당당한 생각을 가지고 있던 순수함이 느껴졌습니다. 그렇게 가르치신 선생님이 계시기에 선생님에 대해서는 두말할 것 없겠지요. 처음 선생님이 출근투쟁을 전개하신 순간부터는 무척 든든하고 이제야 숨통이 트이는 가뿐함이 있었는데 날이 갈수록 선생님을 뵙는 게 왜 그리 죄스러운지. 이제 겨우 사흘째인데 자꾸 약한 소리만 하는 것 같아 그게 정말 싫은거지요. 아이들 사정이 이러하고, 학생회 사정이 이러하다는 이야기들이 다 군색한 변명 같고. 그러지 말아야지. 그러지 말아야지. 그렇게 다짐하고 다짐합니다.

그저 한 가지 더 말씀드리고 싶네요. 선생님은 지금 온몸으로 '역사'를 가르치고 계신 거라구요. 강단 밖의 진짜 강의! 선생님만이 가능하지요. 열심히 하겠습니다.

(2) 졸업생

졸업하고 10년이 흘렀는데, 세상은 그때보다 많이 좋아졌다고들 하는데 아직도 '괘씸죄(?)'가 존재하는 걸 보면 세상은 계속 '투쟁할 그 무엇'이 있는, 살아갈 가치(?)와 의미(?)가 있는 곳이지요. 그리고 무엇보다 10년 전보다 더욱 강건하신 교수님을 뵈니 학교에 들어오기 전보다 힘이 납니다. 작은 힘들이 모여 세상을 변화시키는 큰 힘이 됨을 믿습니다. 이 시점에서 다시 한 번 심호흡을 크게 하며 외치고 싶습니다. 교수님. 그리고 진리가 끝내 승리한다고 믿는 모든 분들 힘내세요!

— 5월 31일 83학번 한수정

↑

한수정은 현재 5개월 된 아기를 배 속에 품고 있는 2인분입니다. 태아도 엄마의 바람을 알아듣고 한상권 선생님의 복직을 기원할 것입니다. (한수정이를 옆에서 본 선배가 씀)

(3) 외부 인사

正義는 반드시 승리하며 기필코 쟁취되어야 합니다. 한상권 교수의 승리는 곧 정의의 승리입니다.

— 1997년 6월 5일 이헌창(고려대 경제학과)

힘찬 교수님 모습 뵙고, 일찍 찾지 못함에 부끄러움을 느낍니다. 이 싸움에서 꼭 이기실 것이라는 믿음이 생깁니다. 치열한 삶, 열정을 배우고 갑니다. 덕성의 부도덕한 이사장이 물러날 때까지, 진정 존경받는 교수님들이 모두 복직할 때까지 힘찬 걸음 멈추지 마십시오.

— 1997년 6월 13일 (금) 전교조 서울 초등지회 역사기행 동호회 올림

8

감히 이사장님의 이름을 거명하다니

이곳은 '여전히' 한 교수님 연구실입니다

내가 출근투쟁을 시작하기 며칠 전까지만 해도 학교는 학생 지도에 공을 세운 교수에게 포상 휴가를 줄 정도로 느긋했다. 그러나 여름 방학을 불과 2주일 앞두고 전혀 예상치 못한 출근투쟁이 벌어지자 당황하는 기색이 분명했다. 방학만 시작되면 골치 아픈 상황이 다 끝날 것이라는 꿈에 부푼 기대가 한순간에 물거품이 되고 말았기 때문이다.

학교가 가장 크게 부담으로 느낀 점은 풀이 죽었던 학생들이 다시 움직이기 시작한다는 사실이었다. 5월 29일 재학생과 졸업생 등 70여 명이 '학교 측의 재임용탈락에 대한 공청회 요구'와 '연구실 무단 폐쇄에 대한 공개사과' 등을 담은 「우리의 요구안」을 들고 행정동을 항의방문한 뒤 그 결과를 '학술단체협의회'가 나우누리 CUG에 개설한 「덕성여대 한상권교수 지지란」에 올렸다.

속보!!

"이렇게 모이지 말아라?"

"한상권 교수님을 돌려 달라!"

"기만적인 학사행정 규탄한다!"

여럿이 몰려온 데 놀란 학교 측의 학생처장과 학생 측 대표 3인이 면담을 가졌습니다. 학생처장은 일단, 요구 사항을 전달 받고 '의논'해서 6월 2일(월)까지 답을 주겠다고 하면서 거듭해서 '이렇게 몰려오지 말라'고 강조하였습니다. 이름난 안하무인 재단이라도 다수의 단결된 힘은 두려운가 봅니다. 한상권 교수님의 출근투쟁으로 더욱 많은 학생들이 힘을 얻어 모이고 있으며, 교수님들도 지지 방문을 오시고 계십니다. 고지가 멀지 않았습니다. 승리를 위해, 투쟁!!!

　학생들 움직임이 부쩍 활발해지자 학교는 대책 마련에 부심했다. 그리고 투쟁의 근거지인 임시 연구실을 철거해 발등의 불부터 꺼야겠다고 생각했다. 토요일이던 5월 31일 미명, 당국은 한총련 출범식으로 학내에 있던 학생들이 학교를 빠져나간 틈을 타, 출근투쟁본부인 임시 연구실을 철거하고 임시 연구실로 꾸민 시설물과 선전물을 하나도 남김없이 깨끗이 치워 버렸다. 임시 연구실 철거 소식을 듣고 학생들은 비열하고 야만적인 작태라며 분노했다. 학생들은 토요일인데도 학교에 나와 다시 칸막이를 옮겨 임시 연구실을 만들고 대자보에 이렇게 써서 붙여 놓았다.

여기는 한상권 교수님 연구실입니다.

한상권 교수님 출근투쟁이 오늘(31일)로 6일째입니다. 그동안 '흔사람들'에서는 밤늦게까지 연구실을 지키며, 호시탐탐 연구실 폐쇄를 노리는 학교에 맞섰습니다. 그러나 기어이 오늘(31일) 새벽 학교는 한 교수님 연구실 침탈을 자행하여 선전물을 압수하고 시설물을 파손하였습니다. 그러나 이곳은 여전히 한 교수님 연구실이며 '흔사람들'은 교수님이 복직되시는 날까지 끝내 싸울 것입니다.

학생들은 주말인데도 학교에 모여 월요일부터 불붙을 더욱 강도 높은 투쟁을 준비했다. 졸업생들도 "덕성여대 70년의 역사는 부당함에 한 치도 타협하지 않는 투쟁과 사회와 끊임없이 호흡하는 실천의 역사였습니다. 그것을 결코 알지 못하는 재단에게 우리는 행동으로 깨우쳐 줄 것입니다."라며 전의를 북돋았다. 6월 2일 월요일 오후 1시, 학생들이 또다시 행정동으로 몰려가 임시 연구실 철거와 현수막 절단에 항의했다. 계속 이런 식으로 무단으로 현수막을 철거하는 등 학생 활동을 방해한다면 가만있지 않겠다고 따진 끝에 현수막을 돌려받을 수 있었다.

나는 왜, 무엇을 위해 싸우는가

임시 연구실 철거가 괜히 학생들만 자극하고 별다른 효과가 없다는 판단이 들자 학교는 새로운 대책 마련에 나섰다. 학교는 출근투쟁이 끼치는 해교 행위, 즉 학내 질서를 문란케 해 면학 분위기를 방해한다는 점을 부각시키기로 했다. 내가 목적 달성을 위해 수단·방법을 가리지 않고 출근투쟁을 해 교원으로서 사표가 될 품성과 인격에 현저한 결함이 있음이 여실히 드러났다고 선전하기로 한 것이다. 출근투쟁을 시작한 지 보름가량 되는 6월 10일, 학교법인 덕성학원은 「허위 사실 날조, 선동 행위에 대하여」라는 문건을 교내에 배포했다.

> 우리 대학 교수로서의 임기가 만료되어 신분 관계가 종료된 이후에도 학내에 무단 출입하여 학교 시설물을 불법 점거, 공개 강의를 하는 등 학생들을 선동하였고, 우리 대학과 무관한 사회단체와 연계하여 시위꾼들을 동원, 대학 점거를 시도하며 업무를 방해하였으며, 작금에는 과거의 교수 파벌 조직을 움직여 허위 사실을 날조·유포하는 문건을 배포·선동하여 대학 구성원들 간 불신을 조장하고, 조직을 분열시켜 대학을 파괴하려고 시도하고 있는 사실이 그의 비교육자적 인격적 품성을 여실히 나타내고 있는 것입니다.

여기서 덕성학원이 적시한 '공개 강의를 통한 학생 선동'이란, 내가 6월 3일과 4일 학생회관 로비에서 재임용제도에 관해 발언한 것을 말한다. 이 공개 강연은 사학과 재학생대책위인 '흔사람들'이 인문대 학생회에 요청해 마련된 자리였다.

인문대 학생회는 '그동안 교수님이 출근투쟁을 벌여 오면서 많은 이들의 지지와 격려가 빗발쳐, 이참에 선생님의 강의 한번 들어 보자는 문의가 많았기에 강연회 자리를 마련하였다'고 학생들에게 알렸다. 내가 출근투쟁을 하면서 '지지와 격려가 빗발쳤다'는 인문대 학생회의 주장은 사실 조금 과장된 것이었다. 출근투쟁을 했다 하여 학교 분위기가 크게 바뀐 것은 없었다. '한 교수가 출근투쟁을 한다고 학교 분위기가 극적으로 반전될 가능성은 거의 없을 것'이라던 추진위원회의 판단이 틀리지 않았다. 인문사회관 로비에 마련된 임시 연구실을 지키면서 남긴 한 학생의 글이 이를 잘 말해 준다.

처음 선생님이 출근투쟁을 전개하신 순간부터는 무척 든든하고 이제야 숨통이 트이는 가뿐함이 있었는데 날이 갈수록 선생님을 뵙는 게 왜 그리 죄스러운지 이제 겨우 사흘째인데 자꾸 약한 소리만 하는 것 같아 그게 정말 싫은 거지요. 아이들 사정이 이러하고, 학생회 사정이 이러하다는 이야기들이 다 궁색한 변명 같고, 그러지 말아야지, 그러지 말아야지, 그렇게 다짐하고 다짐합니다.

사학과 비상 총회에서 수업거부·시험거부·복직투쟁이 부결된 위력은 대단했다. 그날 이후로 한국사 강의는 차질없이 잘 진행되고 있었다. 내 출근투쟁으로 복직투쟁을 지지하는 학생들이 활기를 되찾았지만, 그 수는 많아야 20~30명으로 사학과에서 여전히 소수였다. 복직투쟁에 반대표를 던진 학생들은 나를 슬슬 피하고 근처에도 오지 않았다. 심지어 복직투쟁에 동참하는 학생들을 고자질하고 해코지까지 했다.

문제는 그 학생들이 내가 해직되기 전에는 나를 따르고 수업에도 열심인 학생들이었다는 데 있었다. 한국사강독처럼 따분한 한문강독 수업도 꼬박꼬박 예습해 오고 강의실 맨 앞자리에 앉아서 열심히 들으며 발표도 도맡아 하던 학생들이다. 수업이 끝나면 강의실 밖까지 쫓아 나와 질문을 해서 내가 유달리 아끼던 학생들이다. 당연히 성적도 좋은 학생들이다. 그 학생들이 사학과 여론을 주도했다. 공부를 잘하는 만큼 영향력도 컸다. 복직투쟁에 동참하지 않는 자신을 정당화하기 위해 갖가지 주장을 늘어놓아 다른 학생들을 헷갈리게 했다. 인문대 학생회는 이처럼 열악한 상황을 타개하는 고육지책으로 공개 강연회를 마련한 것이었다. 즉 사학과가 분열되고 복직투쟁에 동참한 학생들이 소수로 몰려 힘을 못 쓰게 되자, 다른 과에서 학생들을 보충해 투쟁 대오를 건설하려고 마련한 자리였다.

나는 6월 3일 인문대와 사회대, 4일 자연대와 예대·약대·동아리 학생들을 대상으로 학생회관 로비에서 두 차례 공개 강연을 했다. 강연회 장소에 모인 학생은 약 40명이었으며 대부분 사학과 학생이었다(이 40명이 끝까지 투쟁해 내 복직투쟁을 승리로 이끈 핵심 세력이다). 강연 제목은 '나는 왜, 무엇을 위해 싸우는가?'였다. 출근투쟁을 시작한 직후라 덕성여대 교수들, 재학생과 사학과 졸업생, 그리고 한역연, 학단협, 민교협, 부추련 등에서 연일 지지방문을 하고 한겨레신문, 교수신문 기자들이 취재차 농성장에 들렀기 때문에 농성장은 북적거렸다.

강연을 준비할 시간 여유가 없었기 때문에 즉흥적으로 연설할 수밖에 없었다. 메모를 남기지 않아서 그때 무슨 말을 했는지 지금 기억할 리가 없다. 그런데 뜻하지 않게 당시 발언한 내용을 다시 볼 기회가 생겼다. 내 복직 논의가 한창 무르익을 무렵인 1998년 8월 17일, 교양학부 K교수가 나를 서울지검 북부지청에 고발했다(그는 1997

년 11월 북한 노동당 기관지 노동신문을 대량으로 복사한 장본인이기도 하다).

"1997년 2월 28일 자로 재임용탈락된 사학과 한상권 교수가 출근투쟁을 전개해 건조물 무단 침입, 불법 강의 및 학생 선동으로 교내 질서를 어지럽힌다."라는 것이 고발 요지였다. K교수는 고발 내용에 대한 입증 자료로 학생처 학생과에서 작성한 「일일 보고서」를 제출했다. 학교에서 작성한 일일 보고서가 어떻게 평교수인 그의 손에 들어갔는지 알 수 없다. 다만 학생처장이 자료 전달을 극구 부인한 점을 보면 정상적이지 않은 방법으로 유출된 것임이 분명하다. K교수가 제출한 일일 보고서에는 내 하루 동정이 빽빽이 적혀 있었다. 그리고 내가 발언했다는 내용도 있었다.

"덕성여대를 나가야 할 사람은 내가 아니라 재단 이사장 박원국이다."

"재단이 나를 내쫓아도 반드시 학교로 돌아오고 말 것이다."

"학생 여러분은 나 한상권을 위해 싸우지 말고(자신을 희생하지 말고) 학습권을 얻기 위해 싸워라."

"나를 재임용탈락시킨 이사장을 이사장직에서 재임용탈락시키고자 나는 이 자리에 왔다."

K교수가 나를 고발해 준 덕분에 다행히도 당시의 발언을 복원할 수 있게 되었다. 어제의 불행에 오늘의 행운이 잉태되어 있었다.

너희가 폭력으로 맞선다면, 우리는 단결로 싸울 것이다

내가 교육자로서 부적격한 품성을 지녔다는 증거로 덕성학원이 앞서 말한 「허위 사실 날조, 선동 행위에 대하여」에서 내건 두 번째 사유는 '대학과 무관한 사회단체와 연계하여 시위꾼들을 동원, 대학 점거를 시도하며 업무를 방해'했다는 것이다. 시위꾼을 동원한 대학 점거란 교육·시민·사회 단체가 농성장을 지지방문하고 학교 앞에서 집회를 개최한 것을 말한다.

6월 2일 오전, 추진위원회 소속 교수들이 「덕성여대 박원국 이사장은 즉각 사퇴하라」라는 성명서를 발표하고 덕성여대를 항의방문했다. 이 성명서는 그때까지 발표된 것과는 제목부터가 달랐다. 기왕의 성명서가 내 복직에 초점을 맞춘 반면, 이 성명서는 '박원국 이사장 즉각 사퇴'를 제목으로 뽑았다. 논조도 사뭇 달랐다. 성명서는 교수의 교육권·학생의 학습권·직원의 노동권 등 구성원의 기본권을 유린하는 박원국 이사장이 교육자로서 자격이 없다고 선언했다. 이어 "이제 한상권 교수 재임용탈락처분은 단순히 한상권 교수의 복직 차원을 넘어 덕성여대를 정상화할 수 있는 절호의 계기로 전환되고 있다."라고 해, 덕성 투쟁이 단순히 해직교수 복직이 아닌 학원민주화 실현에 있음을 천명했다. 그리고 이를 위해서는 반드시 이사장이 퇴진해야 한다고 결론지었다. 추진위원회의 성명서가 이사장 퇴진 운동의 물꼬를 튼 것이다. 내 출근투쟁을 계기로 투쟁 목표가 이사장 퇴진으로 옮겨 가고 있었는데, 이는 폭압적인 이사장 지배 치하에서 신음하는 덕성 구성원들과의 연대를 염두에 둔 선언이기도 했다.

추진위원회가 시민단체와 연대하여 학교 앞에서 집회를 개최한 것은 6월 5일이었다. 이날은 공청회를 열기로 한 날이었다. 학생들이 학교측에 공청회를 요청한 것은 일주일 전이었다. 재학생대책위가 중심이 되어 공청회 개최를 요구하는 「우리의 요구안」을 들고 행정동을 항의방문했다. 이 문건에는 "우리는 한상권 교수님 재임용탈락 조치에 대한 인사위원회의 심사기준과 학교 측의 입장에 심히 의문을 느끼는 바, 만약 학교 당국이 이에 대해 당당하다면 덕성 오천 학우와 교수님들이 참여할 수 있는 공개된 자리에서 공청회를 가질 것을 요구하는 바입니다."라며, "만일 위와 같은 과정을 이행하지 않거나 불성실한 태도로 나온다면, 우리는 오천 덕성 학우를 중심으로 물리적인 실력 행사도 불사할 것입니다."라고 했다. 70여 명이나 되는 학생들이 몰려가자 화들짝 놀란 학생처장은 일단 요구 사항을 전달받은 뒤, 의논해서 그 다음 주 월요일인 6월 2일까지 답변을 주겠다며 학생들을 돌려보냈다.

6월 2일 오후 1시 학생 대표가 공청회 요구에 대한 학교 측 답변을 듣기 위해 학생처장을 만났다. 이 자리에서 학생처장은 "비대위가 어떤 조직이며 어떤 위상 및 구성을 가지고 있는지를 알아야 공청회를 고려할 수 있다."라며, 오히려 비대위의 조직 구성표 및 명단 제출을 요구했다. 이에 학생들이 "한상권 교수님 재임용탈락 문제에 대한 공청회에 비대위 명단이 왜 필요하냐."고 따지자, 학생처장은 "학생들의 활동을 지도하는 것이 학교의 의무"라고 응수했다.

학교가 끝내 공청회에 응하지 않자 학교 측의 무성의한 태도에 분노한 학생들이 5일 오후 2시 행정동 앞에서 규탄 집회를 가졌다. 학교 측이 전원을 차단해 마이크를 쓸 수 없는 상태에서 진행된 이날 집회에서 심한 몸싸움이 벌어졌다. 비대위가 이날 집회 상황을 '학술단체협의회' 게시판에 올렸다.

> 6월 5일 목요일 2시경, '사학과 한상권 교수님 재임용탈락 철회와 학내 민주화'를 위한 공청회를 학교 측에 요구하며, 재단 전입금 유용 및 비리에 관련하여 항의 차 방문한 부정부패추방시민연합, 한국역사연구회 등 여러 교수님들과 함께 학교를 방문하려 하였으나, 학교 측은 교직원은 물론 교수들까지 동원하여 교문을 닫아걸고, 몸으로 막고 저지하였습니다. 이에 외부에서 오신 교수님들과 졸업생이 항의하며 학교 안으로 들어오려 하자, 교직원들이 폭력을 행사하여 몸싸움을 일으키며 '우리 대학이 재단의 사유지'라는, 참으로 한심한 주장으로 일관하였습니다. 심지어 한 졸업생에게는 "덕성여대 사학과 졸업한 게 그렇게도 자랑스럽냐?"라는 폭언도 서슴지 않았습니다. 한 시간에 걸친 몸싸움 끝에 200여 명의 재학생과 졸업생, 교수님, 시민단체 모두가 결합하여 행정동 앞에서 집회를 벌이며 더욱 단결된 힘으로 맞섰습니다. (교직원들은 집회 내내 주위를 어슬렁거리며 위협적인 분위기를 연출하였음. 형사처럼 보이는 정체불명의 남자는 '학생회는 불법 단체' 운운하며 위협을 가하기도 하였음.)

학생과는 이날 집회에서 내가 발언한 내용을 사찰 보고서에 기록해 놓았다.

> 전 한상권 교수는 "나를 따르는 사람이 열 명만 있어도 나는 승리한다. 그런

데 지금 보니 120여 명이 모였다. 교육의 주체를 쟁취하고 완성화 시키기 위해서 이 싸움은 대학민주화를 위한 기틀이 반드시 될 것이다."라고 함.

학교는 외부 교육·시민·사회 단체가 학교 앞에서 여는 규탄 집회에 학생들이 가세하는 것을 막기 위해 교수들을 총동원했다. 이날 집회 현장에 나온 교수들은 학생들로부터 심한 야유와 질타를 들어야만 했다.

학생을 막고 서 계시는 교수님들……!

지금 무엇을 막기 위해 나오셨습니까? 학생들이 잘못하고 있다고 말하고 싶으십니까? 막으러 나오길 잘했다고 생각하십니까? 학원의 주인은 학생·교수·교직원입니다. 주인 된 권리를 찾으러 나온 학생들이 잘못되었다고는 말하실 수 없을 겁니다. 부디, 교수님도 주인 된 권리를 찾으십시오. 그리고 학원의 민주화를 막지 마십시오. 같이 투쟁합시다. 그러지 못하신다면 학생들의 올바른 행동을 막지 마십시오. 부탁입니다. 그러나 다음엔 가만있지 않겠습니다.

내가 만일 교수라면 이런 불의에 항거하겠습니다

내 출근투쟁으로 학생들의 동요가 날로 심해지자 학교는 특단의 조치를 강구해야만 했다. 이사장이 마침내 비장의 카드를 꺼냈다. 교수들을 총동원해 출근투쟁을 원천 봉쇄하기로 한 것이다. 이사장은

'한상권 교수 재임용탈락은 적법한 것'이며 '학교를 혼란에 빠뜨리는 출근투쟁에 반대한다'는 내용의 성명서를 발표하고, 전 교수들의 서명을 받도록 지시했다. 학교 측 입장을 지지하는 교수 숫자가 압도적이라는 점을 내세워 학내에서 고조되는 투쟁 열기를 잠재우려고 한 것이다. 이사장의 지시에 따라 6월 5일 「최근의 사태에 관한 덕성여대 교수들의 입장」이라는 성명서가 발표되었다.

> 한상권 전 교수의 재임용 제외는 학교 당국의 적법 절차에 따라 취해진 결과이고, 교육부 교원징계재심위원회에서도 한 전 교수의 재심 청구를 각하함으로써 그 적법성을 인정받았다. 그럼에도 불구하고 한 전 교수가 무단으로 학교에 출근하여 공개 강의를 하는 등 학생들을 부추기는 언동을 하고 있어, 우리는 학생들에게 미치는 비교육적인 영향을 심히 우려하는 바이다.

이 성명서에 덕성여대 교수 130여 명 중 95명이 서명했다. 그 가운데는 외국인 교수도 있었다. 학교는 성명서와 서명교수 명단을 모든 건물 출입문에 붙여 놓았다. 그러자 어떤 학생이 성명서 하단에 "지금 사정을 알지도 못하는 외국인 교수님들도 적어 놓은 이 글이 무슨 의미가 될 수 있는가? 혹시 이들 또한 비리를 감추기 위한 수단으로 이 성명서를 발표한 것은 아닐까?"라고 써 놓았다.

전체 교수 중 3분의 2가량이 찬성하는 성명서가 발표되자, 이사장의 바람과는 달리 역풍이 거세게 불었다. 서명한 교수들에 대한 학생들의 실망과 비난이 그칠 줄 모르고 터져 나왔다. 사학과 졸업생인 85학번 김미라가 '학술단체협의회' 게시판에 올린 다음 글이 이를 잘 말해준다.

우왕좌왕의 와중에도 적반하장격인 주장을 내세우고 있는 재단 측은 마침내 지난 주말을 이용하여, 나머지 재직 교수들에게 압력을 가하여 '학교 당국을 무조건 지지한다'는 내용의, 참으로 가관인 성명을 발표했습니다. 지금 덕성여대 캠퍼스 곳곳에 붙은 학교 측의 성명서는 순식간에 비판의 글들로 가득 메워져 소신을 지키지 못한 많은 교수님들이 차마 얼굴을 들고 다니기 힘들 지경입니다.

학교 측 입장에 동조한 교수들 체면이 말이 아니었다. 학생들은 교수들의 서명을 외압에 굴복해 양심을 저버린 행위라고 비난했으며, 도대체 무엇을 위해 학문을 배우고 가르치는지 모르겠다고 했다. 진정한 교육자의 자세가 무엇인지 생각해 달라는 학생이 있는가 하면, 교수들의 어용적인 행태를 꼬집으며 비난하는 학생도 있었다.

난 예전에 교수라는 직업, 지위에 대해서 꽤나 큰 존경심을 가졌다. 이제는 불쌍하다는 생각이 든다. 교수 자리를 지키기 위해 프라이드를 다 버리고 무조건 재단 측에 서는 수많은 교수님들!

소신 없는 교수들의 태도를 꾸짖는 학생까지 있었다.

학교 측의 입장에 동의하신 교수님들! 당신들이 교육자라면, 진정 학교를 위한다면 지금 당장 양심선언 하십시오! 하늘이 두렵지, 부끄럽지 않습니까!

학교의 입장을 지지한 교수들에게 학생들은 한 목소리로 진리의 편에 서서 양심의 소리에 귀 기울이라고 호소했다.

진실함, 진리 그런 것들은 다수가 만드는 것이 아닙니다

당초 이사장의 계획은 교수 전원의 서명을 받는 것이었다. 그래야 만 내부적으로는 동요하는 교수들의 분위기를 다잡고 외부적으로는 내 출근투쟁을 비난할 수 있기 때문이다. '동토의 왕국'이라 불릴 만큼 살벌한 학교 분위기에 비추어 볼 때 이사장의 계획이 무모한 것만은 아니었다. 교수 서명이 이사장이 마음먹은 대로 진행되지 못한 데는 교수들의 또 다른 움직임이 있었기 때문이다.

6월 5일, 학교 입장을 지지하는 성명서가 공개될 즈음 정반대의 성명서가 교수 열세 명의 이름으로 발표되었다(그 뒤 성명서에 동의한 교수가 한 명 늘어 14명이 되었다).

현금 학내사태에 대한 우리의 견해

우리 교수들은 학교 당국의 파행적 학교 운영과 그로 인해 누적된 숱한 문제들을 직시하면서, 다음과 같이 우리의 견해를 밝히고자 한다. (중략)

1. 한상권 교수는 즉각 복직되어야 한다.

한상권 교수에 대한 재임용탈락 조치는 원천적으로 무효이다. 왜냐하면 한상권 교수는 재임용에서 탈락될 만한 아무런 이유가 없기 때문이다. 한상권 교수는 한국 사학계에서 중요한 업적을 쌓아 가고 있는 탁월한 학자이며, 이는 전국 대학의 2,500여 명의 교수가 한상권 교수의 복직운동에 동참하여 서명했다는 사실이 웅변적으로 말해 준다.(중략)

2. 박원국 이사장은 즉각 퇴진해야 한다.

우리 교수들은 한상권 교수의 복직과 아울러 박원국 이사장의 즉각적인 퇴진을 요구한다. 박원국 이사장은 우리 덕성여자대학교를 침체의 늪에 빠뜨린 장본인이다.

박원국 이사장은 아무 결격 사유가 없는 우수한 교수들을 부당하게 탈락시켰고, 이에 항의하는 교수들을 비롯해 많은 교수들을 승진 심사에서 누락시켰으며, 대학 예산의 편성과 집행 등 모든 학교 행정에 대해 일일이 간섭·지시해 왔고, 교양 과정 교과목을 마음대로 신설, 변경 또는 폐지하는 월권 행위를 저질러 왔다. 대학의 자율성을 억압하는 박원국 이사장의 이러한 행위는 교수들의 교권을 여지없이 유린하는 것이며, 동시에 학생들의 학습권을 심각히 침해하는 것이다.

박원국 이사장은 또한 숱한 재정 비리를 저질러 왔다. 박원국 이사장은 건물 신축 등 재단이 부담해야 하는 사업에 학생들의 등록금을 적립하여 사용하였으며, 수년 전 매각한 상계동 토지 대금 700여 억 원이 있음에도 재단 전입금을 거의 내놓지 않아 왔다. 우리 덕성여자대학교의 운영비 중 인건비가 차지하는 비율은 타 대학에 비해 부끄러울 정도로 턱없이 낮은 수준이다.

박원국 이사장은 또 해외(미국, 일본, 유럽 등)에 장기 체류하거나 외국을 여행하면서 엄청난 돈을 낭비하여 검찰에 의해 해외 과소비범으로 적발되기까지 했다. 이처럼 박원국 이사장은 각종 비리와 월권 행위로 우리 덕성여자대학교의 명예를 실추시키고 학교를 사상 최대의 위기에 처하도록 하였다. 이제 박원국 이사장은 덕성여자대학교 운영자로서의 자격을 완전히 상실하였다. 박원국 이사장은 즉각 퇴진해야 한다. (이하생략)

— 1997. 6.

교수들이 양심을 담은 성명서를 발표한 직후 학생들 지지의 글이 봇물처럼 터져 나와 학내 분위기가 한껏 고조되었다. 학생들은 학교 측 성명서에 동참한 교수들을 거세게 비난하는 반면, 교수성명서에 동참한 교수들에 대해서는 학과별로 존경심을 담은 대자보를 내붙였다. "진실함, 진리, 그런 것들은 다수가 만드는 것이 아닙니다. 사람이 많다고 정의고, 사람이 적다고 불의는 아니지요. 소수의 사람이라도 신념과 믿음이 있다면 정의는 승리합니다."라는 글귀를 비롯해, 덕성여대의 고질적 병폐인 재단 이사장의 전횡을 교수직을 내걸고 고발한 양심과 용기를 적극 지지한다는 내용의 대자보와 소자보가 학내에 무수히 나붙었다. 한편 서명교수들은 성명서를 발표한 직후인 6월 7일 '덕성여대 정상화를 위한 비상대책위원회(교수비대위)'를 구성하고 동료 교수들의 동참을 호소했다.

감히 이사장님의 이름을 거명하다니

덕성여대 교수들의 양심선언이라고도 할 수 있는 이 성명서에서 눈여겨봐야 할 점은 두 가지다. 하나는 교수들이 '박원국 이사장 즉각 퇴진'을 공개적으로 요구했다는 사실이며, 다른 하나는 해직을 각오하고 양심선언을 한 교수가 열 명이 넘는다는 사실이다. 먼저 박원국 이사장 퇴진 주장의 의미부터 살펴보자.

교수들이 이사장 퇴진을 공개적으로 주장한 것은 덕성여대 역사상 이번이 처음이었다. 박원국 이사장은 1977년 학교법인 덕성학원 5대 이사장으로 취임한 이래 20년 동안 교수들의 저항을 한 번도 받지 않았다. 1990년 교수 해직 당시에도 이사장 퇴진 구호는 나오지 않았다. 당시 복직운동을 주도한 평교수협의회(평협)는 교수 해직의 책임을 인사위원과 총장에게만 물었다. 평협은 실무 책임자들에게는 교수직 사퇴, 총장직 사임 등 강도 높은 요구를 하면서도, 정작 실질적·법률적 최고·최종 책임자인 이사장에게는 '즉각 사태 수습에 나서 덕성학원이 파국으로 치닫는 것을 미연에 방지하라'며, 사태 해결자 구실을 부여했을 뿐이지, 해직사태를 야기한 책임은 묻지 않았다.

그 뒤 평협은 철야농성에 돌입하면서도 이사장에 대해서는 해직 교수에 대해 즉각적인 복직 조치를 취하라고 요구하였을 뿐 역시 사태의 책임을 묻지 않았다. 57일간 처절하게 이어진 철야농성을 마무리하면서도 "학교 당국과 여러 차례 진지한 대화를 나눈 결과 우리는 복직 문제가 원만하게 타결되리라는 확신을 갖게 되었다. 우리는 학교 당국이 조속한 복직을 위하여 적극 노력하리라 믿는다."라면서 주관적으로 복직을 확신할 뿐, 아무런 객관적 보장도 받지 못한 채 서둘러 투쟁을 종결했다. 이는 지도부의 뼈아픈 실책이었다.

1990년 임시국회에서 민자당이 날치기 통과시킨 개악된 사립학교법은 재단에게 총장 이하 전 교직원의 임면권을 부여함으로써 교직

원에 대한 생사여탈권을 장악하게 했다. 따라서 교수 해직의 실질적
·법률적 책임은 이사장에게 있는 것이다. 해직사태를 야기한 최고·
최종 책임자에게 엄중 책임을 묻지 않고 조정자로서 예우를 해 줬으
니 1990년 투쟁은 승리할 수 없었다. 철야농성을 포함해 78일간 항
의농성을 이어 간 학원민주화투쟁이 이사장의 약속 불이행 탓에 실
패로 끝난 뒤 평협 교수들은 온갖 종류의 교권 침해와 인간적 수모를
겪으면서 굴욕스러운 학교생활을 해야 했다.

그 뒤 덕성 구성원들에게는 이사장에 대한 공포가 철저히 내면화
되었다. 이사장의 지시에 고분고분하지 않으면 살아남을 수가 없었
다. 이사장은 성역이었다. 적어도 덕성여대에서 이사장은 살아 있는
신이었다. 이름을 부르는 것만도 불경스러운 일이었다. 피뢰침이라는
아이디로 박소정이 학술단체협의회 게시판에 올린 「감히 이사장님
의 이름을 거명하다니!!??」라는 글이 이를 잘 말해 준다.

> 학교 측은 지난 토요일(5. 31.), 임시 연구실 철거에 뒤이어 "덕성여대 박원
> 국 이사장은 즉각 사퇴하고 한상권 교수 재임용탈락처분을 철회하라!"라
> 는 글귀로 행정동 앞에 붙인 현수막을 무단 철거하는 비상식적 처사를 자
> 행하였습니다.
>
> 임시 연구실 철거와 현수막 절단에 대한 학교 측의 공개 사과를 듣기 위해
> 오후 1시경 학생 대표 2인이 학생처장을 만났습니다. 임시 연구실을 철거
> 한 사실에 대해서는 '잘 모르겠다, 일하는 사람들이 청소를 한 것 같다'며
> 발뺌을 하였고, 당일(6. 2.) 아침에 절취해 간 현수막은 '감히 학교 설립자
> 분의 이름을 함부로 거명했기 때문이었다'며, 학교가 개인 재산이라는 저

열한 인식을 부끄러운 줄도 모르고 드러내었습니다.

1997년 덕성학원 민주화투쟁은 1990년 투쟁의 과오에 대한 철저한 반성에서 시작했다. 그래서 이사장 퇴진을 전면에 내걸고 투쟁에 돌입할 수 있었다. 마침내 민주 세력의 창끝이 이사장을 겨눈 것이다. 침묵과 굴종으로 점철된 '동토의 왕국'에서 제왕처럼 군림하던 박원국 이사장은 절체절명의 위기에 처하게 되었다.

이사장 퇴진을 주장하는 교수성명서가 발표되자 학교가 발칵 뒤집혔다. 학교는 즉각 반격에 나섰다. 6월 7일, 총장 이하 전·현직 교학부장 이상의 보직자로 구성된 대책위원 일동 명의로 「13명 교수들의 선동적 성명서 발표에 대한 우리의 입장」이라는 성명서가 발표되었다. 교수들이 즉각적인 이사장 퇴진을 요구하는 것은 운영권에 대한 중대한 도전이며 교수들의 본분을 망각한, 세계 그 어느 나라에서도 유례를 찾아볼 수 없는 상식 이하의 행동이라고 했다. 학교는 이사장 퇴진 요구를 경영권 탈취를 위한 체제전복 기도로 몰아붙였다. 그래도 성이 안 찼는지 며칠 후에 학교법인 덕성학원 이름으로 성명서를 또 발표했다. 오늘의 덕성학원과 덕성여자대학교를 만들기까지 가정이나 사생활도 없이 한평생을 불철주야 학교를 위해 노력한 이사장의 공로를 찬양하고, 대학 발전에 동참하지는 못할망정 이사장을 중상모략하고 급기야 퇴진을 요구하는 지경에까지 이르러 참담한 심정을 금할 수 없다는 내용이었다. 그리고 이사장 퇴진 주장은 이사장을 중상모략해 대학과 재단을 혼란에 빠뜨리려는 선동적인 행위라며, "대학의 교수 이전에 조직의 구성원으로서 그 조직에 불만이 있다면 대표의 퇴진을 요구하기보다는 조직을 떠나는 것이 마땅할 것"이라는 충고까지 덧붙였다. 이사장의 애정 어린 보살핌과 자상한 지도에 힘입어 덕성여대는 꾸준히 발전하고 있으니, 절이 싫으면 중이 떠나라는 것이었다.

저도 양심이 있는 사람입니다

6월 5일에 발표된 교수성명서에서 또 하나 눈여겨봐야 할 점은 이사장 퇴진을 공개적으로 주장하는 교수들이 열 명을 넘는다는 사실이다. 덕성여대에서 이사장 퇴진을 주장한다는 것은 해직을 뜻했다. 이 점을 서명교수들도 잘 알고 있었다. 그래서 「교수님들께 드리는 호소문」에서 "마침내 교수직을 내걸고 한상권 교수의 복직과 박원국 이사장의 퇴진을 위한 서명운동을 시작했다."라고 한 것이다. 해직을 각오하고 자신에게 맞서는 교수가 열 명이 넘는다는 사실을 이사장은 도저히 믿을 수 없었을 것이다. 치밀한 성격의 소유자인 이사장은 나를 해직시키기 몇 달 전부터 머릿속으로 갖가지 경우의 수를 헤아려 보았다.

먼저 한상권 교수를 해직시키면 몇 명의 교수가 저항할지를 점검했다. 1990년 교수 해직사태에서 교수 20여 명이 똘똘 뭉쳐 저항해 홍역을 치른 탓에 이 점을 신경 쓰지 않을 수 없었다. 저항이 있다면 시국선언에 참여한 교수들이 주도할 것이다. 1986~1987년 덕성여대에서 세 차례 시국선언이 있었는데, 여기 모두 참여한 교수가 여덟 명이다. 이들을 핵심 저항세력으로 볼 수 있다. 그러나 10년 동안 변화가 많았다. 이 가운데 한 명은 곧 해직될 테고, 세 명은 다른 대학으로 이직했으며, 한 명은 전향했으니까 남는 교수는 세 명뿐이다. 평협은 1993년 3월에 자진 해산했고, 한때 평협 활동을 하던 교수들은 대부분 전향했기 때문에 위협 세력이 되지 못한다. 그리고 1990년 이후로는 교수 공채를 하면서 집안 배경과 출신 성분을 철저히 검증했으니 그들이 들고일어나지는 않을 것이다. 이사장은 나를 해직시켜도 교수 저항이 일어나지 않을 것이며, 설사 일어난다고 해도 많아야 대여섯 명 정도의 저항일 것이라고 보았다. 그렇다면 크게 염려할 일은 아니었다.

두 번째는 사학과 김용자 교수가 행동으로 나설 것인가 하는 점이었다. 김 교수의 움직임이 중요한 까닭은 사학과 학생들의 동요 여부를 판가름하는 잣대가 되기 때문이었다. 세 명의 사학과 교수 가운데 다른 한 명은 해직에 동의했으니 학생들이 반발하면 적극적으로 나서서 막을 것이다. 문제는 김 교수의 움직임이다. 이사장은 김 교수가 강직하지만 조용한 성품이라서 속으로야 반발해도 행동으로까지 나서지는 않을 것이라고 판단했다. 실제로 김 교수는 6월 5일 교수 서명이 있기 전까지 사학과 학생들이 찾아가도 면담을 피하고 침묵으로 일관했다. 김 교수는 교수직과 양심 사이의 심한 갈등 때문에 대상포진까지 걸렸다(이 병은 교수 서명을 한 뒤로 가라앉았다고 한다). 최근 김 교수는 그때 심경을 다음과 같이 토로했다.

1997년 3월 3일 출근 준비를 하던 중 재임용탈락 통지를 받았다는 한 교수의 전화를 받고, 나는 놀란 마음을 진정시키지 못하고 만나는 사람마다 한 교수 소식을 들었느냐고 물었다. "며칠 전 연수회에서 방학 잘 보냈느냐고 한 선생님이 여러 교수들에게 인사하는 것 듣고 우리가 그랬어요. '어머 저 선생님 자기가 재임용에서 탈락된 줄 모르시나 봐.'라고 했어요." 인사위원회에 참석했던 어떤 교수가 하는 말이다.

학기 초는 매우 암담하였다. 4월 중순 사학과 학생들의 비상 총회에도 참석하지 못하고 마음만 끓었다. 5월 말경 한 교수가 출근투쟁을 시작하자 나의 갈등은 더욱 커졌다. 인문사회관 로비에 학생들이 마련해 준 임시 연구실에서 한 교수가 다른 교수들과 모여 이야기할 때 나는 그 곳을 피해 다니다시피 하였다.

사학과 교수가 세 명이고 그중 하나가 다른 하나의 재임용탈락을 적극적으로 주장하고 있는 상황인데 나는 무엇을 해야 하나? '내가 가만히 있을 경우 한 젊은 학자를 죽이겠구나.' 하는 생각이 머리를 떠나지 않았다. 그래서 6월 초 '한상권 교수의 복직과 박원국 이사장 즉각 퇴진'을 촉구하는 서명에 참여해 달라는 연락을 받고 주저 없이 그런 모임을 만들어 주어 고맙다고 하면서 찬성하였다.

성명서를 준비하기 위해서 우이동 골짜기 음식점에 모여 의논할 때 나는 박원국 이사장의 이름을 거론하는 데 주저하여 반대하였으나 다른 교수들이 그렇게 가야만 한다고 주장하여 동의하였다. 덕성여대에서 십여 년 근무하면서 그만큼 자기 검열이 커진 탓이리라.

이상 두 가지 점에 미루어 볼 때, 이사장은 나를 재임용에서 탈락시켜도 저항은 크지 않을 것이며 설사 저항이 일어난다 할지라도 쉽게 제압할 수 있다고 보고 해직 조치를 감행한 것이다. 그런데 자신의 퇴진을 요구하는 성명서에 목숨을 걸고 서명한 교수가 전체의 10퍼센트가 넘는 열네 명이나 되다니……. 도저히 덕성에는 있을 수 없고 또 있어서도 안 되는 수치였다. 누군가가 이름을 도용했을 것이라고 생각했다. 그래서 평소 성향으로 볼 때 민주화운동에 가담하지 않을 것으로 보이는 서명교수에게 전화를 걸어 이름이 도용되었다는 사실을 알려주라고 교무처장에게 지시했다. 그런데 교무처장의 보고는 전혀 뜻밖이었다.

> 저도 교무처장님과 마찬가지로 천주교 신자입니다. 양심이 있는 사람입니다. 한상권 교수 복직에 전국에서 2,500여 명의 교수가 서명했는데, 정작 덕성여대 교수로서 침묵을 지키고 있었다는 데 신자로서 양심의 가책을 느꼈습니다. 학회에 나가 보니, 다른 대학 교수들이 "우리도 서명했는데 덕성여대 교수들은 도대체 뭐하고 있는 거냐."라는 핀잔 소리를 듣고, 얼굴이 화끈거려 몸 둘 바를 몰랐습니다. 저는 천주교 신자로서 양심을 걸고 서명을 했습니다.

이사장은 내부에서 일어나고 있는 저항의 움직임을 전혀 눈치 채지 못했던 것이다. 내부 저항의 진원지는 김용래 총장이었다. 김 총장은 학교 측이 발표한 6월 5일과 7일 자 성명서에 모두 서명했다. 외부에서 볼 때 김 총장은 분명히 이사장과 같은 운명의 배를 타고 있었다. 그런데 교수성명서에도 김 총장이 등장한다.

이상에서 진술된 우리의 요구를 관철하기 위해, 우리 교수들은 총장님 이하 전 교수들 교직원들 학생들 그리고 덕성 동문들과 연대하고, 민주적 사회단체, 학술 단체, 관계 기관 등과 힘을 합쳐 싸워 나갈 것을 다짐한다.

위 내용에 발끈한 학교는 7일 자 성명서에서 반박했다.

우리는 이들 교수들이 마치 '총장님 이하 전 교수들 교직원들 학생들 그리고 덕성 동문'이 연대한 것처럼 고의적으로 선동하고 있는 것에 대해 엄중하게 항의한다. 총장님 이하 전·현직 교학부장 이상의 보직자로 구성된 우리 대책위원 일동은 더 이상 소수의 의견을 다수의 의견으로 왜곡시키지 말기를 촉구한다.

김 총장이 이중적 태도를 보이는 바람에 서로 총장이 자기편이라고 주장하는 우스꽝스러운 일이 벌어진 것이다. 김 총장은 그전부터 몇몇 교수들을 만나 내 복직운동을 독려하고 있었다. 그리고 6월 5일 발표된 교수성명서에 대해, 대학 학사행정 전 분야를 근본적·제도적으로 개혁할 것이며 한상권 교수 복직 문제도 긍정적으로 검토하겠다고 화답했다. 총장의 변심을 뒤늦게 알아차린 이사장은 보직 교수들에게 총장 퇴진 서명운동을 지시했다. 나를 복직시키라고 주장하는 일부 교수들의 서명운동을 독려하고 선동했다는것이 김총장이 퇴진해야할 이유였다. 박원국 이사장은 덕성사태의 본질을 '김용래 총장의 학교 탈취 음모'라고 규정했다.

지난 2년간 야기된 덕성여대 분규는 사학과 조교수 한상권의 재임용탈락을
계기로 정부와 대학의 교육 개혁에 신분상 불안을 느낀 일부 교수와 자신의
욕망 달성에 급급한 전 총장 김용래가 야합하여 민주 세력임을 가장하고 한
총련, 재야 정치 단체의 지원을 받아 한 점의 부정도 없이 교육과 재정이 건
실한 덕성학원 및 대학의 체제를 타도하고 탈취하기 위한 것이었습니다.

—「참고자료(요약)」, 1999. 9. 10.

해직을 각오한 교수 열네 명의 양심선언이 교수 사회에 균열을 만
들었다. 중도파 교수들의 활동 공간이 자연스럽게 마련되었다. 서명
교수와 중도파 교수, 두 세력이 합쳐 1997년 10월 1일에 교수협의회
를 출범시켰다. 교수협의회에 가입한 교수는 모두 42명이었다. 교수협
의회는 '한상권 교수 복직'과 '박원국 이사장 퇴진'을 내걸고 6월 7일
출범한 교수비대위를 확대 개편해 새롭게 결성한 대중조직이었다.

9

주인과 머슴이 싸우면 누가 이기는가

교육부, 드디어 움직이다

1997년 6월 9일 오전 10시, 덕성여대에 교육부 감사반이 들이닥쳤다. 교육부 기습 감사로 행정동에 초비상이 걸렸다. 다음 날 인문대 학생회가 이 사실을 속보로 알렸다. 학생들은 교육부 감사에 꽤 큰 기대를 걸었다. 그때까지 숱하게 입에서 입으로 거론되던 재단 비리와 학교 행정의 비민주성, 이사장의 비교육적 행각 등 각종 비리가 감사를 통해 낱낱이 드러날 것으로 보았기 때문이다. 학내 사태가 언론에 보도되면서 덕성여대는 속된 말로 '망신살 뻗친' 학교가 되어, 애꿎게도 학생들이 수치와 모욕을 고스란히 다 받고 있었다. 누가 내 삶의 공간인 덕성을 이다지도 만신창이로 만들었는지, 그 책임 소재를 분명히 밝힘으로써 땅에 떨어진 명예를 회복하겠다는 각오가 대자보에 절절히 배어 있었다.

교육부 감사는 전혀 예기치 못한 일이었다. 이사장은 외부에서 아무리 떠들어 봤자 교육부가 덕성사태에 개입할 여지는 없을 것으로 보았다. 3월 28일 교육부 고등교육실장을 면담한 자리에서, 나는 재임용탈락 과정에서 덕성여대가 교육부 행정지침을 어겼다는 점을 여러 차례 강조했다. 그러나 고등교육실장은 교육부에서도 법적 검토를 했지만 구제 방법이 없다는 말만 되풀이했다. 게다가 이사장은 1996년 10월 교육부로부터 임기 5년의 임원 취임 승인까지 받았다. 사립학교법에 정해진 임원 취임 승인의 취소 사유가 발생하지 않는 한 2001년 10월까지 이사장 자리는 보장된 것이나 다름없었다. 더욱 고무적인 사실은 1996년 5월 종합감사를 통해 덕성학원과 덕성여대가 교육부로부터 면죄부를 받았다는 점이다. 앞으로 5년 동안 덕성학원을 통치하는 데 걸림돌이 전혀 없었다. 앞길은 탄탄대로였으며 운세는 욱일승천이었다. 이사장이 나를 해임한 배경에는 이런 자신감이 작용했다.

그런데 이 모든 예상을 뒤엎고 교육부 감사반이 급습해서 모든 서류에 빨간 테이프를 붙이고 아무도 건드리지 못하게 했다. 덕성여대가 2년 연속 교육부 감사를 받게 된 것이다. 1996년 감사가 정기적으로 실시하는 '종합감사'인 반면, 1997년 감사는 사회적으로 물의를 일으키는 비리·분규 사학에 대해 실시하는 '특별감사'였다. 스스로 '오로지 학교를 위한다는 일념에서 지나치게 정도正道를 걸어왔다.'라고 생각하는 이사장은 교육부의 특별감사 소식에 분노했다. 경영권 탈취를 위한 정치적 음모로 보았기 때문이다.

이사장의 불만은 두 가지였다. 하나는 1996년 종합감사에서 재정 운영이 투명한 것으로 확인된 대학에 교육부가 부당하게 특별감사를 실시한다는 것이며, 다른 하나는 김용래 총장이 운동권세력과 결탁해 교육부 특별감사를 불러들였다는 것이다. 이러한 이사장의 주장이 과연 사실일까?

특별사업 적립금 312억은 재정 비리나 낭비 없이 경비를 절약하여 운영한 결과입니다.

먼저 종합감사 내용부터 알아보자. 교육부는 1996년 5월 14일부터 23일까지 열흘간 감사 인원 여덟 명을 파견해 학교법인 덕성학원과 덕성여대에 대해 종합감사를 실시했다. 그 결과 법인 운영과 관련해, 법인세 환급금 9억 3,000여 만 원의 부당 전출, 수익용 기본 재산에서 생긴 수익 8,300여 만 원을 학교 운영 경비에 충당해야 함에도 내놓지 않은 일, 이사장 직무대행으로 지정받지 않은 이사가 2년간 9회에 걸쳐 이사회를 소집한 일 등 위법·부당한 사례 6건 등을 적발했다. 그리고 대학 운영과 관련해서는, 입시관리에서 4건, 수업·학사 관리에서 3건, 교직원 인사관리에서 2건, 연구비·장학금·회계 관리에서 8건, 시설·기자재 관리에서 5건 등을 적발했다.

재단과 대학에서 총 28건의 비리가 적발되었는데도 이사장이 부정과 비리가 전혀 없었다고 주장한 까닭은 무엇일까? 그것은 교육부가 비리를 적발하고서도 이사장과 총장 등 책임자에게 '경고'나 '주의' 등 미온적인 조치를 취했기 때문이다. 즉 드러난 처벌이 없었기 때문에 이사장이 '부정과 비리가 전혀 없었다'고 떳떳하게 말할 수 있었던 것이다.

그러나 학교법인 덕성학원이 1994~1995년에 학교비 회계의 환급금 9억 3,000여 만 원을 유용했다는 사실이 덕성사태가 발발한 1997년 뒤늦게 언론에 보도되었다. 법인에서 마땅히 대학에 돌려줘야 할 환급금을 재단 전입금으로 둔갑시켰다는 것이다. 게다가 덕성학원은 재단 전입금을 터무니없이 부족하게 냈다. 이 비리는 1997년 특별감사에서 적발되었다. 이에 대해 덕성학원은 일간지에 「덕성학원 사태의 진실을 밝힙니다」라는 광고를 통해 이렇게 해명했다.

> 덕성학원에서는 토지 수용 대금 약 600억 원의 2년간 이자 수입 190억 원이 1996년에 입금되어 그 80퍼센트에 해당하는 금액에서 이미 전출한 금액을 공제한 잔액 128억 원을 1998년 2월 말까지 전출하면 되는 것인데, 마침 교육부 감사에서 지적하여 이를 즉시 전출하였던 것이며, 이를 유용하였다는 것은 악의로 왜곡 선전하는 것입니다.

과연 광고에서 해명한 대로, 덕성학원은 128억 원이나 되는 천문학적인 돈을 자발적으로 대학에 전출할 뜻이 있었는데 다만 시기만 미루고 있었을까? 나는 그렇지 않다고 본다. 그 이유는 두 가지다.

하나는 교육부 특별감사가 시작되기 전까지만 해도 덕성학원은 이 돈을 대학에 전출할 필요가 없다고 주장했기 때문이다. 6월 5일 서명교수들이 성명서를 통해 이사장의 재정 비리를 지적하자, 덕성학원은 교수들의 주장이 허위 사실 날조이자 선동 행위라고 몰아붙이며 즉각 반격에 나섰다. 대학 재정이 충분히 적립되어 있으므로 사립학교법 및 학교법인의 학교 경영 재산 기준령을 법인이 지키지 않아도 된다는 주장을 편 것이다. 이처럼 덕성학원은 특별감사 전까지만 해도 법인 수익금의 80퍼센트를 대학에 전출할 필요가 없다고 강변하다가, 교육부가 128억을 대학에 전출하지 않으면 이사장을 해임시키겠디 는 감사 처분서를 내려 보내자 부랴부랴 전출했다.

다른 하나는 이사장이 교육부를 기망欺罔하면서 특별사업비를 지나치게 많이 적립했다는 사실이다. 교육부는 1996년 종합감사에서 특별사업비의 과다 적립을 지적하면서 재원 배분을 적절히 하라고 '주의'를 주었다. 이에 대해 덕성학원은 "앞으로는 이러한 사례가 없도록 재원 배분에 적정을 기하겠다."라고 교육부에 보고했다. 그러나 1997년 특별감사결과, 1996년에는 전년도보다 무려 42억 2,041만 3,000원이 더 많은 51억 5,076만 1,000원을 또다시 적립했다는 사실이 드러났다. 앞으로 당분간 교육부 감사가 없을 것으로 보고, 전년도에 적립한 9억 3,034만 8,000원에 비해 무려 여섯 배가량 되는 돈을 또다시 적립한 것이다. 이사장이 조성한 특별사업비는 인건비, 학비 감면(장학금), 학생 실험실습비, 기자재 구입비, 시설비 등 학교 운영에 필수 불가결한 예산을 집행하지 않고 적립한 돈이라는 것이 특별감사를 통해 확인되었다. 이사장은 1983년부터 1996년까지 결산 잔액을 다음 연도에 이월하여 사용하지 않고 따로 모아 대학 특별사업 적립금 명목으로 312억 원을 조성했다.

10여 년간 이사장은 교수와 직원을 전국 사립대학 평균 수준 이하로 채용하고, 그나마 있는 교수와 직원의 월급을 전국 대학 평균 이하로 책정하고, 학생들의 실험·실습을 소홀히 하도록 하고, 교육에 필요한 기자재를 구입하지 않고, 시설 투자를 제대로 하지 않고, 심지어 학생들의 장학금마저 덜 지급하면서 특별사업비를 적립한 것이다. 과도한 특별사업 적립금 조성으로 학교는 비정상적·비효율적으로 운영되었으며, 교육의 질은 날로 떨어질 수밖에 없었다. 학생들에게 양질의 교육을 제공할 책임과 의무를 방기한 채 무리하게 조성한 특별사업 적립금에는 교직원의 한숨과 눈물, 학생들의 회한과 분노가 배어 있었다. 한마디로 지나친 특별사업비 적립이 덕성 황폐화의 주범이었던 것이다. 그러나 이사장은 앞으로는 재원의 배분에 적정을 기한다는 「종합감사 결과 처분조치 보고서」를 교육부에 제출한 후, 보고서의 잉크가 채 마르기도 전에 무려 50억 원이 넘는 돈을 다시 특별사업비로 과다 적립했다.

이렇게 교육부를 기망하면서까지 적립한 특별사업비 128억 원을 이사장이 자발적으로 대학에 전출할 것이라고 보기는 상식적으로 어렵다. 이사장은 특별사업 적립금을 과도하게 조성함으로써 덕성여대를 침체의 늪에 빠뜨린 잘못을 조금도 반성하지 않았다. 오히려 특별사업 적립금이 자신의 청렴결백을 입증한다고 주장했다.

> 대학 회계 적립금 312억 원은 그동안 재정 비리나 낭비 없이 경비를 절약하여 운영한 결과이며, 이 자금을 대학의 시설 확충, 교직원 처우 개선, 연구 기금, 장학 기금 등에 투자하기 위하여 대학 회계에 적립되어 있으므로 착복 운운함은 전혀 거짓이며, 무고입니다.

전국 최저 수준의 교직원 확보율, 평균 수준 이하의 월급, 직급별 한계호봉제, 교육 기자재 미비, 장학금 감축 등을 미안해하기는커녕 오히려 '낭비 없는 알뜰 경영'이라고 강변하고 있으니, 이쯤 되면 분노에 앞서 인간적인 연민을 느끼지 않을 수 없다.

실무자로부터 보고를 받은 후 조치를 취하겠습니다

김용래 총장이 운동권세력과 손을 잡고 정치권에 줄을 대 교육부 특별감사를 불러들였다는 이사장의 주장이 사실인지도 따져 보자. 교육부가 「감사 결과보고서」에서 밝혔듯이, 1997년 특별감사는 '덕성여대 한상권 교수 재임용탈락처분 철회 및 교수재임용제 개선 추진위원회(추진위원회)'의 감사 요청에 따른 것이었다. 추진위원회가 교육부 감사를 이끌어 내기 위해 어떻게 백방으로 노력했는지를 밝힘으로써, 이제는 고인이 된 김 총장의 억울함을 조금이나마 벗겨드리고자 한다.

내가 재임용에서 탈락한 뒤 교육부는 사면초가에 처해 있었다. 교육부의 지도·감독을 받아야 할 사학이 행정지침을 어겼는데도 아무런 제재 조치를 취하지 않은 채 수수방관했기 때문이다. 덕성여대는 나를 재임용에서 탈락시키면서 1993년 교육부의 「교수재임용제 개선 지침」에 따라 자신이 만든 내규상의 절차조차 지키지 않았다. 학계·언론·정치권 등에서 직무를 유기하는 교육부를 질타하고 비리 사학과의 유착에 의혹의 눈길을 보냈다. 학단협 공동대표였던 춘난대 박진도 교수가 교수신문에 기고한 글도 그중 하나였다.

> 악덕 사학 법인이 전횡을 저지르는 일차적인 책임은 감독 기관인 교육부의
> 직무 유기에 있다. 그동안 교육부 징계재심위원회는 재심 신청에 대해 각하
> 결정으로 일관해 왔다. 교육부는 우선 덕성여대 법인에 대해 교육부의 행정
> 지침을 위반한 책임을 물어 시정 명령을 촉구해야 하고, 나아가 덕성여대 전
> 횡에 대한 감사를 실시해야 할 것이다.
>
> ─「도대체 누구더러 강단을 지키라는 것인가」, 교수신문 1997년 3월 31일

추진위원회는 〈추적60분〉에서 교수재임용제의 문제점을 다룬 직
후인 5월 7일, 재단의 비리와 전횡을 비판하는 교수를 강단에서 축
출하는 수단으로 교수재임용제를 악용한 덕성여대에 대해 교육부 감
사를 촉구하는 기자회견을 열었다.

5월 22일에는 "덕성여대가 교수재임용제의 근본정신을 무시하고
재량권을 남용하고 있음에도, 사학을 감독할 책임과 권한이 있는 교
육부가 아무런 시정조치도 취하지 않는 것에 대해 우리는 의아하게
생각한다."라며, 감사원·교육부·청와대 민정수석실·국민고충처리
위원회·정부합동민원실 등 정부 기관에 「덕성학원 비리 감사 요청에
관한 진정서」를 접수했다.

이 밖에도 추진위원회는 대통령 비서실·국무총리실·검찰청 등에
민원을 제기하는 한편, 끈질기게 장관 면담을 신청하며 교육부를 압
박했다. 국회 교육위원회 소속이던 설훈 의원은 안병영 교육부 장관
에게 직접 전화를 걸어 항의를 하여, "실무자로부터 보고를 받은 후

조치를 취하겠습니다."라는 장관 답변을 받아 내기도 했다. 이렇게 학계·언론·정치권 등이 다방면에서 압박하자 교육부가 더는 버티지 못하고 특별감사에 착수한 것이다. 1997년 7월 16일 교육부가 학교 법인 덕성학원 및 덕성여자대학교 감사결과를 발표하였다. 여기서 교육부는 동 법인과 대학에 대해 감사를 실시하게 된 경위를 다음과 같이 밝혔다.

> "'이사장이 대학 학사행정에 간섭하여 총장의 권한을 침해하고, 동 대학 한상권 교수를 재임용하는 과정에서 부당하게 탈락시켰으며, 학사·재정상 비리가 있다.'라는 민원이 제기되어 감사를 실시하였다."

교육부가 특별감사를 시작하게 된 계기로 지목한 '민원'이란 추진위원회가 5월 22일 정부기관에 접수시킨 「덕성학원 비리감사 요청에 관한 진정서」를 말한다.

교육 마피아와 부지부지 장관

막 여름방학에 들어가려는 참에 교육부 특별감사가 시작되었으므로 일단 기선을 제압할 수 있었다. 그때부터는 교육부가 감사를 철저히 하도록 끊임없이 감시하고 압박하는 일이 중요했다. 교육부를 견인하지 못하면 1996년 종합감사처럼 면죄부 감사가 될 수도 있기 때문이었다. 그렇게 된다면 공든 탑이 무너져 그때까지 기울인 노력이 수포로 돌아가게 된다. 교육부의 분규 사학 처리 과정을 보면, 지나치게 미온적이고 재단 우호적이어서 문제가 해결되기는커녕 미궁에 빠지는 경우가 많았다. 그래서 교육부와 비리 사학의 유착설이 끊임없이 나돌았다.

지금은 고인이 된 이수인 의원은 비리 사학의 뒤를 봐주는 교육부의 일부 수구적 관료를 '교육 마피아'라 불렀다. 재단의 학교공금 횡령 및 회계 부정, 교수임용 및 재임용 부정, 입시 및 편입학 부정, 재단의 전횡과 부당한 학사행정 간섭, 총장 선임을 둘러싼 학내 분규 등 수많은 사학 문제가 그대로 방치되는 까닭은, 비리 사학과 교육 마피아의 유착 때문이라는 것이다. 이수인 의원의 주장에 따르면, 교육부의 비리 사학에 대한 '면죄부 발급의 악순환'은 다섯 단계로 진행된다.

제1단계는 '수수방관의 단계'이다. 사립대학에서 말썽이 나면, 교육부는 일단 팔짱을 끼고 관망한다. 말썽이 그대로 수그러드는지 커지는지 지켜보는 것이다.

제2단계는 '면죄부 감사의 단계'이다. 교수와 학생들의 항의 강도에 따라 말썽이 커지고 사회적 관심이 높아지면 교육부는 감사를 한다. 그러나 이때는 중요하지 않은 몇 가지만 지적함으로써 여론을 잠재운다. 이 제2단계의 감사는 교수와 학생들의 항의, 여론의 비판에 따라 위기에 빠진 수구 부패 재단을 단죄하는 듯 보이지만, 사실은 그들에게 구원의 밧줄을 던져 주는 단계다. 대학의 개혁을 부르짖어 온 교수·학생·학부형·시민 들은 순진하게도 이 단계에서 교육 마피아에 철저히 속고 만다.

제3단계는 '관선 이사 파견 단계'다. 첫 감사에서 여론을 잠재웠는데도 교수와 학생, 어떤 경우에는 학부모까지 가세하면서 항의의 강도와 요구의 수준이 높아지면 여론의 비판이 다시 거세진다. 재차 감사가 시작되고 이때 교육부 마피아는 아무리

유착되어 있는 사학 재단일지라도 돌볼 수 없게 되어 어쩔 수 없이 관선 이사진을 파견한다. 자신들의 존립까지 위태롭기 때문이다. 그러나 '관선 이사진' 구성이 문제 해결의 절대적·최종적 처방은 아니라는 데 교육 마피아의 유능함과 교활함이 함께 발휘되는 것이다.

그리하여 제4단계는 교육부의 관료나 관료 출신 인사를 한 사람 이상, 그리고 구 재단이나 교육부와 밀착한 그럴듯한 경력의 인사들을 과반수 정도 새 이사진에 채워 넣는다. 새 관선 이사진은 결국 교육부와 문제 재단의 마피아에 새로운 형식으로 장악되는 것이다.

제5단계는 '관선 이사진 흔들기 단계'이다. 교육부 관계자와 구 재단의 실력자들은 그들의 하수인들을 동원하여 새로운 이사진을 처음부터 흔들기 시작한다. 교수·학생 들의 개혁 요구를 수렴한 학교 당국의 개혁 프로그램을 사사건건 방해하고 거부한다. 새로운 이사진에 개혁적 인사들이 포함되어 있다면 그들에게 입에 담지 못할 폭언, 투서, 위협 등 여러 가지 방법의 압박을 가한다. 대구대학의 경우 개혁적인 새 이사장과 이사들에게 심지어 가족 몰살의 위협까지 한 것이 그 전형적인 예이다. 그럼에도 불구하고 새로운 개혁 이사진이 끄떡없으면, 교육부 마피아는 구 재단 마피아의 진정 등의 형식을 빌려 그들이 선임한 관선 이사진 붕괴를 위한 최종적 감사까지 하게 되는 것이다.

이 제5단계의 감사는 제2단계와는 달리 현 이사진을 붕괴시키려는 목적으로 진행되는 특징을 갖는다. 그들은 여론에 밀린 척하면서 자신들이 구성한 이사진을 스스로 무너뜨리는데, 가장 주목할 점은 악당의 본색을 드러내지 않고 정의의 가면(!)을 쓴다는 것이다. 이러한 '면죄부 발급의 악순환'은 검은 자금을 주고받은 대구대학 재단 관계자와 교육부 관계자가 검찰에 구속된 사례에서 널리 알려졌다. 또한 지난 해 그토록 말썽을 빚은 덕성여대에 새 이사진이 구성되었지만, 교수와 학생들의 핵심 요구 사항이었던 한상권 교수의 복직 문제가 해를 넘겨도 실마리를 찾지 못하다가 올해에야 겨우 해결된 것도 모두 이 때문이다.

— 이수인, 「교육개혁전쟁에서 어떻게 승리할 것인가」, 『창작과비평』 1999년 여름호.

사학 비리를 잘 보여 주는 것이 이른바 '모영기 사건'이다. 모영기 사건이란, 1991년 교육부 대학정책실장으로 있던 모영기 씨가 학내 분규로 계속 물의를 빚던 김문기 상지대 재단 이사장과 2억 6000만 원대 토지 거래를 한 일이다. 대학을 감독하고 지도해야 할 직위에 있는 모 씨가 오히려 비리 대학과 거래를 한 것이다. 1993년 김문기 이사장에 대한 검찰 수사 과정에서 이런 사실이 밝혀지자 모 씨는 사표를 제출하고 해외로 도피했다. 모영기 사건은 돈으로 맺어진 관·학 부패 고리의 전형을 보여 준다.

「한겨레21」 이용인 기자가 폭로한 사학 비리 실태는 더욱 구체적이다.

사립대 문제를 꺼내면 교육부 관료들은 '그것은 고공 플레이'라는 말을 하곤 한다. 이들이 말하는 고공이란 정치인, 특히 국회의원을 말한다. 정치인에 대해 좀 더 깊이 물어보면 '다 아는 사실인데 뭘 물어보냐'고 반문한다. 전직 교육부 고위 관료도 '여·야 가릴 것 없이 국회의원들이 로비에 의해 움직이는 게 가끔 눈에 보인다. 그럴 때는 정말 외로웠다'고 회고한다. '악성 사립 재단'의 보호막 구실을 하는 정치인들이 사학 문제를 해결하는 데 커다란 걸림돌로 작용하고 있다. 상지대의 경우 김문기 이사장 본인이 민자당 국회의원이었으며, 그 뒤로도 친밀한 관계인 ㅎ국회의원이 계속 뒤를 봐주고 있다고 한다.

현재 분규가 진행 중인 대학도 거의 예외 없이 배후에 정치인이 있다는 소문이 끊이지 않는다. 서원대의 경우 ㄱ의원과 ㅂ의원이 바람막이가 돼 주고 있다는 소문이 파다하다. 실제로 최완배 이사장은 '빽'을 자랑하며 다닌다고 한다. 계명대는 ㄱ의원이, 청주대의 경우도 또 다른 ㄱ의원이 뒤를 봐주고 있다고 한다. 경주대는 설립자인 ㄱ의원이 '학교를 말아 먹고 있다'는 이야기까지 나오고 있다.

사학 재단의 로비스트로 전락한 여야 국회의원들의 눈부신 활약은 지난 1990년 사립학교법 '개악' 때도 드러났다. 당시 중앙대 학생들의 폭로로 세상에 알려진 '한국대학법인협의회' 공문에는 국회 문공위원과 여야 당직자들에 대한 사학 재단의 개인별 교섭 배치표가 고스란히 담겨 있다. 비교적 깨끗하다고 알려진 ㅇ의원, ㅂ의원과 중진이었던 ㅈ의원 등도 사학 재단 로비에 굴복하고, ㄱ의원 등은 앞장서서 사학 재단의 입장을 대변했다고 한다. 재단 이사장에게 무소불위의 권한을 부여했던 사립학교법은 현재까지 교육계에서 '악법 중의 악법', '만병의 근원'으로 질타를 받고 있다.

— 「우리 앞에 교육 개혁이란 없다」, 『한겨레21』 214호, 1998. 7. 2.

이어 교육부 관료가 장관을 길들이는 방법에 대해서도 실감나게 설명했다.

교육부 안에서 '부지부지不知不知 장관'이란 말이 유행한 적이 있다. 자신이 무엇을 모르는지조차 모르는 장관이란 빈정거림이다. 한 전직 교육부 장관에게 붙여진 이 별명은 교육부 안에서 관료들의 힘을 상징하는 말로도 통한다. 리더십과 판단력이 부족할 경우 장관은 쉽사리 '부지부지 장관'이 돼 버린다. 장관이 새로 취임하면 관료들은 '장관 길들이기'에 나선다. 세 가지 함정을 파는 것이다.

첫 번째가 스케줄 함정. 아침부터 저녁까지 장관의 스케줄을 관리하며 '뺑뺑이'를 돌린다. 정책 사안에 대해 제대로 숙고할 시간을 주지 않는 것이다. 이렇게 정신없는 상황에서 관료들은 자신들의 손에서 1~2주 정도 붙잡고 있던 정책을 갑자기 내밀며 결재를 요구한다. '청와대 보고 시간이 촉박하다'는 말과 함께. 이렇게 두 달을 보내고 나면 장관의 입에서는 "가만있어 보자. 내일 스케줄은 어떻게 되지?"라는 말이 저절로 나오게 된다. 이때가 첫 번째 함정에 빠지는 순간이다. 장관이 스스로 할 일을 챙기지 못하고 관료들에게 의존하게 되는 것이다. 이 때문에 외부 자문이나 충분히 여론을 청취할 시간을 갖지 못하고 정책을 발표했다가 언론이나 다른 장관들에게 '난타'를 당하기도 한다. 물론 어쩔 수 없이 보고가 늦어지는 경우도 많지만.

두 번째는 방문객 함정이다. 장관실에는 숱한 방문객이 찾아온다. 물론 장관이 필요에 의해 부르는 방문객도 있지만 '예고 없이' 찾아오는 경우가 대부분이다. 방문객 대다수는 교총을 비롯한 관변 교육 단체의 장, 관변 학자, 정당 관계자 등이다. 이들은 대개가 장관의 단점이나 정책상의 문제점을 지적하기보다는 듣기 좋은 미사여구만 늘어놓는다. 반면, 쓴소리를 해 줄 방문객은 부르기 전에는 절대 찾아오지 않는다. 결국 찾아오는 방문객들의 면담에 쫓기다 보면 한쪽 얘기만 듣게 되고 어느새 두 번째 함정에 빠지게 된다.

세 번째 함정은 자기도취 함정이다. 바쁜 스케줄에다 쉴 새 없이 찾아오는 방문객을 맞이하다 보면 장관은 스스로 '열심히 잘하고 있다'고 생각하게 된다. 그리고 자신에 대해 비판적인 사람들에 대해서는 자기도 모르게 적대감을 가지게 된다. '이거 해 보니 별 것 아니야.' 하는 자만심도 싹트게 된다. 세 번째 함정에 빠진 것이다. 교육부에 정통한 한 관계자는 "입각할 때는 장관들이 누구나 호기를 부린다. 하지만 떠날 때가 돼서야 함정에 빠진 것을 알고 후회하게 된다."라고 말한다.

— 「우리 앞에 교육 개혁이란 없다」, 『한겨레21』 214호, 1998. 7. 2.

그렇습니다. 우리는 이미 이긴 것입니다.

교육부 감사가 시작된 다음 날인 6월 10일, 추진위원회가 교육부 기자실에서 기자회견을 열어 교육부를 압박할 계획을 세웠다. 그러나 공보과장이 기자회견실 출입을 차단하고, 교육부 출입 기자들도 "추진위원회를 만나기 싫고 자료도 필요 없다."라고 문전박대하는 바람에 기자회견 계획은 불발로 끝났다. 하는 수 없이 교육부 앞에서 항의 집회를 열어 이사장이 대학의 자율성을 침해하고 각종 위법 행위를 자행한 일들을 철저히 감사하라고 촉구했다. 그리고 이사장이 월권과 선횡을 일삼아 총장의 권한을 침해했다는 내용의 진정서를 청와대와 교육부에 제출했다.

이에 맞서 이사장 측근 세력인 '전·현직 교학부장 이상의 보직자를 중심으로 구성된 대책위원회(보직자대책위)'에서도 이사장이 총장의 권한을 침해한 사실이 전혀 없다는 내용의 진정서를 교육부에 제출했다. 덕성여대는 총장 중심으로 자율적 운영이 잘 되고 있으며, 대학의 효율적인 운영과 일관성 있는 비전을 제시하기 위해 이사장이 총장과 의견을 교환했을 뿐, 총장의 권한을 침해한 사실은 없다는 내용의 반론서였다.

그 다음 날에는 학내에서 집회가 열렸다. 6월 11일 오후 2시, '한상권 교수님 복직과 박원국 이사장 퇴진을 위한 학내 민주화 덕성 총궐기대회'가 200여 명의 학생이 운집한 가운데 행정동 앞에서 열었다. 종강을 하고 기말고사를 앞둔 시점에서 학생이 200여 명이나 모인 것은 6월 5일에 나온 교수성명서 때문이었다. 서명교수들이 속한 학과를 중심으로 분임 토론이 활발하게 진행됨에 따라 투쟁의 외연이 확대될 수 있었다.

이날 집회에 참가한 학생들의 사기는 충천해 있었다. 학술단체협의회 게시판에 올라온 집회 소식의 제목은 '출근투쟁 17일째, 이사장 퇴진, 학내 민주화의 함성 온 덕성을 메우다!!'였으며, "그렇습니다. 우리는 이미 이긴 것입니다. 이제 누가 이 싸움의 끝매듭을 짓느냐가 남았을 뿐입니다!"라는 말로 글이 마무리되었다. 반면, 학교 측은 사기가 땅에 떨어졌다. 그 전 주에 있었던 집회에서는 직원과 교수들이 와서 학생들이 모이는 것을 사납게 막고 위협했는데, 이번 집회 때는 확실히 기가 한풀 꺾였는지 동원된 인원수도 적은데다, 하나같이 축 처진 어깨를 하고 학생들 눈길을 피하기에 급급했다.

절반의 승리, 교육부 감사

1997년 7월 10일, 교육부 감사결과 발표를 며칠 앞두고 국회 교육위원회 상임위원회가 열렸다. 안병영 교육부 장관을 출석시킨 이 자리에서 국민회의 배종무 위원이 덕성여대 사태와 관련해, 교수재임용제와 관련된 내 복직과 박원국 이사장 임원 승인취소 두 가지를 질의했다. 먼저 교수재임용제를 둘러싼 질의 답변부터 알아보자.

배 위원이 "덕성여자대학교 전 조교수 한상권을 1997년 2월 28일 자로 재임용에서 제외시킨 일은 부당한 처사로서 복직시켜야 한다."라고 본다며 이에 대한 장관의 견해를 묻자, 안 장관은 한상권 교수가 재임용 심사기준에 비춰 문제점이 없었는데도 임기 만료자로 재임용에서 탈락됐다고 답변했다. 그리고 일주일뒤 교육부가 발표한 「감사결과 처분서」에서도 이사장이 총장·교무처장과 여러 차례 사전 공모한 끝에 한상권 교수를 해직시켰다고 하였다.

> 1997년 2월 28일 임기만료자인 "한상권"의 처리과정을 보면, 1997년 초부터 재임용대상자에 대한 심사 자료를 준비하는 과정에서 이사장, 총장, 교무처장이 여러 차례 협의를 거쳐 임기만료자로 처리하기로 내부방침을 정하고, 동인을 교원임기만료 대상자로 의안을 작성하여 1997년 2월 25일 교원인사위원회에 상정하였으며, 의안을 심의하는 과정에서 동인은 1991년 7월 31일 자로 교내 질서를 문란케 한 사유로 3개월 정직의 중징계를 받았으나 이후 계속 반성 및 개전의 뜻을 보이지 않으며 근무태도가 성실하지 않아 재임용대상자로 부적절하다는 이유로 재임용 대상자에서 제외하면서 소명 기회를 부여하지 않고 임기만료자로 심사·동의 한 사실이 있음.

이사장이 내 재임용 제외를 사전에 결정하고, 교원인사위원회는 거수기 노릇을 했을 뿐이라는 교육부 감사결과는 그때까지의 학교 측 주장을 180도 뒤집는 것이었다. 세간에 내 해직에 대한 비난이 거세게 일자, 덕성여대는 그 책임을 교원인사위원회에 전가했다. 그러나 감사 결과 새빨간 거짓말이었음이 드러났다. 인사비리는 내 해직에만 있었던 것이 아니었다. 특별감사 결과, 1996년 1학기 회계학과의 신임 교수 채용 시 서류 접수 시한을 넘겨 후보 자격이 없고(절차상의 하자), 학과 평가 점수가 12명 중 11위로 2차 심사 대상인 5배수에 들지도 못한(내용상의 하자) 지원자를 교수로 채용한 사실이 드러났다. 교수비대위가 교육부에 진정한, "교원, 사무직을 불문하고 모든 인사는 이사장이 먼저 독단으로 후보를 선정하여 모든 서류를 갖추게 한 후에, 소위 면접회의라 하여 이사장이 주재하고 총장과 교무위원(인사위원은 전원 교무위원을 겸하고 있음)들이 참석한 회의에서 면접을 하게 되는 바, 발언의 대부분을 이사장이 독점하고 발언이 끝나면 참석자들이 거수로 찬, 반 의견을 표시하게 되며 전원찬성의 형식을 거쳐 인사위원회에 회부됩니다."라는 주장이 명백한 사실이었다.

이날 상임위원회에서 안 장관은 내 복직에 대해서도 입장을 밝혔다. 재임용탈락이 부당하기는 하지만 불법은 아니므로, 교육부가 재임용하도록 행정상의 조치를 취하기는 어렵다는 것이다. 교수재임용제의 법률적인 문제점 때문에 교육부가 직접 관여하기에는 한계가 있으므로, 최종 처리는 사학 재단의 양식에 맡길 수밖에 없다는 입장이었다. 결국 재임용탈락에 대한 판단은 당사자나 제삼자가 할 수 있는 게 아니라, 임용권 행사 기관인 대학 교원인사위원회, 총장, 법인 이사회의 재량 행위라는 덕성학원의 주장을 교육부가 수용한 셈이었다.

교육부 특별감사로 내가 부당하게 재임용에서 탈락되었다는 사실이 밝혀졌으나, 재임용탈락처분이 불법이 아니므로 현행법으로는 복직이 불가능하다는 사실도 확인되었다. 절반의 승리였다. 이에 대해 교수비대위는 "한상권 교수에 대한 재임용탈락 조치는 박원국 이사장의 학사행정 간섭 사례 중에서도 가장 악랄한 폭거인데도, 교육부가 재단에서 무기로 사용하고 있는 교수재임용제의 모순을 인정하면서도 행정상 조치를 내리기 어렵다는 결정을 내린 데 대해 유감스럽게 생각한다."라고 하였다.

지금 이사장이 제 정신인가

7월 10일 열린 국회 교육위원회 상임위원회에서, 배종무 위원은 박원국 이사장의 거취 문제에 대해서도 장관에게 질의하였다. 이사장이 학사행정 전 분야에 부당하게 간섭해 총장의 권한을 침해하였기 때문이었다. 교육부 감사 결과, 이사장이 입학전형 계획, 학기별 개설 교과목, 대학 내 각종 위원회 위원 임명, 교원 연구비 등 교무행정 전반에 걸쳐 지시·결정하고, 심지어 '한문' 담당 교수에게 '한자'만 가르치라고 지시하여 교수방법까지 간섭하였음이 드러났다. 이사장이 교양 과정 교과목까지 마음대로 신설·변경 또는 폐지하고, 담당 교수의 강의내용, 강의방법, 교재, 학습반 구성까지 일일이 지시한 것이다.

배 위원의 질의에 대해 안 장관은, "'대학 학사행정 전 분야에 관한 이사장 간섭 배제 종합 시정방안'을 7월 29일까지 마련하지 않을 경우, 이사장의 임원 취임 승인취소 등 강력한 행정조치를 취할 계획이다."라고 답변했다. 그러나 이사장은 교육부의 시정 요구를 순순히 받아들일 생각이 없었다. 이사장이 교육부 지시에 정면으로 맞설 각오를 한 데는 나름대로 믿는 구석이 있기 때문이었다. 그때까지 사립학교법 20조 2의 2호에 규정된 회계부정, 즉 현저한 재정 비리로 이사장이 해임된 사례는 여러 건 있지만, 3호에 규정된 "학사행정에 관하여 당해 학교의 장의 권한을 침해"하여 해임된 사례는 없었다. 교육부가 지금까지 한 번도 적용해 본 적이 없는 법률에 의거해, 오로지 학교를 위한다는 일념에서 지나치게 정도를 걸어온 자신을 해임할 수는 없을 것으로 이사장은 판단하였다. 경리나 회계 부정이 없는 청렴결백한 자신을, 학교의 장인 총장의 권한을 침해하였다는 이유로 해임하는 것은 천부당만부당하다는 것이다.

이와 같은 생각을 잘 보여주는 것이, 7월 15일 이사장이 모든 이사들에게 보낸 「교육부 감사결과 처분사항에 대하여 드리는 말씀」이다. 이 문건 말미에는 다음 내용이 적혀 있었다.

> 별첨 지적사항을 보시면, 경리나 회계부정 사실은 전혀 없으며, 학사행정 등 총장의 권한에 속하는 사항에 대한 이사장의 간섭이 주된 지적사항이나, 그동안 학교를 위한 일념에서 이사장 본인의 선의의 노력을 왜곡 해석하여 간섭으로 지적하고 시정을 요구한 것은 대단히 유감스러운 처사로서 앞으로 법률가의 자문을 받아 적절하고 신중하게 대처할 예정이오니 지도 편달하여 주시기 바랍니다.

재정비리가 없으니 자신은 떳떳하며, 교육부의 부당한 압력은 법적으로 대응하겠다는 것이다. 교육부가 해임 카드까지 꺼내 들고 압박하였지만 이사장은 일전도 불사하겠다며 각오를 단단히 하였다.

이사장은 결사항전할 수 있는 체제를 갖추기 위해 신속히 움직였다. 움직임은 두 방향으로 나타났다. 하나는 지지세력이 동요하지 않도록 대학을 다잡는 것이며, 다른 하나는 김용래 총장을 쫓아내는 일이었다. 결사항전을 하려면 대학을 장악해야 했다. 이사장은 교육부의 요구와는 정반대로 움직였다. 7월 25일 이사회를 긴급 소집해, 총장의 권한을 더욱 축소하고 이사장의 교무행정에 대한 간섭 소지를 확대한「학교법인 덕성학원 정관 시행 세칙」을 제정했다. 총장의 권한을 무력화하기 위해, 정관 시행 세칙에 '기본적인 제 규정의 제정 및 개폐에 관한 사항(각급 학교의 기구, 위원회 및 직제, 교직원 인사, 보수, 복무, 징계, 회계, 재산 관리에 관한 규정)'을 학교의 경영에 관한 중요 사항으로 규정함으로써, 이사장이 대학을 장악할 수 있는 근거를 마련한 것이다. 박원국 이사장이 총장을 보좌·자문하는 각종 위원회의 규정까지도 이사회의 심의·결정 사항으로 바꿔 버리자, 김용래 총장은 강력히 반발했다. 사립학교법에 규정된 '학교 경영에 관한 중요 사항'을 확대 해석함으로써 총장의 권한을 축소해, 교육부의 감사결과 처분 요구를 무시했기 때문이다.

게다가 박원국 이사장은 교직원 인사권도 장악했다. 정관 시행 세칙에 "대학교의 모든 보직은 총장의 제청으로 이사장이 임면한다."라고 규정해, 보직 임면권을 장악했다. 이에 맞서 김용래 총장은 처·실장, 학부장, 학과장 등 정관에 규정되지 않은 보직의 임면권을 다른 대학처럼 총장에게 위임해 달라고 요구했다. 그러나 이사장은 관례적으로 총장이 행사하던 임시직원 임면까지도 자신의 권한으로 규정했다. 대부분의 대학에서 하위직 직원 임면권 및 보직 임용권을 총장에게 위임하는 상식적인 관행을 무시한 처사였다.

그뿐만이 아니었다. 이사장은 8월 13일 소집된 이사회에서 정관을 또 개정해, 종전에 인사위원회의 위원 임명은 총장의 권한으로 되어 있던 것을 학장 등 보직자가 당연직 인사위원이 되도록 함으로써, 총장의 보직 임면권을 더 축소했다. 이는 교육부의 예규인 학교 법인 정관(준칙) 제53조(인사위원회의 조직)에도 위반될 뿐 아니라, 우리나라의 어느 대학에서도 볼 수 없는 조치였다. 특히 이런 조치들이 교육부의 감사 처분 이행 기간 중에 자행되었다는 것은 교육부 지시에 대한 정면도전이라고 볼 수밖에 없었다.

이에 대해 김용래 총장이 헌법에 보장된 대학의 자율성을 최대한 보호하려는 법률의 취지에 반하는 정관 시행 세칙을 도저히 납득할 수 없다며 시행 보류를 요구했다. 그러나 이사장은 "정관 시행 세칙은 7월 25일 제정하여 20일도 안되었고, 아직 한 번 시행하지도 않은 것을 잘못되었으니 재개정하라고 요구하는 것은 잘못"이라며, 총장의 요청을 받아들이지 않았다.

이사장은 정관 개정에 이어 김용래 총장을 쫓아내려 했다. 7월 27일에 전·현직 교무위원 10여 명을 자기 숙소인 신라호텔로 불러 모아 총장 퇴진을 요구하는 서명운동을 모의한 것이다. 총장 퇴진 명분으로 내세운 것은 교수 선동, 사학 자율성 침해, 자유민주주의 위배, 설립자의 권한 침해 등 네 가지였다. 박원국 이사장은 교육부에 폐지하겠다고 약속한 '신라호텔 회의'를 변함없이 주재하며 보직 교수들에게 일일이 지침·지시를 내리고 사전·사후 보고를 받고 있었다.

이사장을 지지하는 전·현직 일부 교무위원들은 일반 교수들을 설득하기 위해 이사장과 총장의 싸움을 주인과 머슴의 싸움으로 비유했다. '이사장은 주인이고 총장은 머슴이다. 주인과 머슴이 싸우면 누가 이기겠는가? 그러니 이사장을 도와야 한다'는 것이었다.

이사장이 감사결과에 정면으로 맞서면서 계고 시한인 7월 29일에 총장과 합의한 각서를 제출하지 못하자, 교육부는 이행 기한을 8월 16일로 2주 더 연장해 주었다. 이렇게 교육부가 이사장의 반발에 밀려 우물쭈물하는 사이 교육부 장관이 교체되었다. 이사장의 행태를 전해들은 교육부 사무관이 "이사장이 제정신인가?"라고 했다는데, 판세는 '죽을 각오를 하면 산다[必死卽生]'며 결사항전의 길을 택한 이사장 쪽으로 기울고 있었다.

나는 장관 교체 소식을 8월 5일(화) 오후 5시쯤 투쟁 백서(Ⅱ) 편집을 맡기러 가는 택시 안에서 뉴스 속보로 들었다. 이사장은 장관이 경질됐다는 소식을 듣고 버티기를 잘했다며 만세를 불렀다고 한다. 싸움이 원점으로 돌아갔다. 길고도 험난한 싸움을 처음부터 다시 시작해야 했다.

10

그 어떤 시기도 덕성에서 보낸
7개월 만큼 길고 힘들지는 않았습니다

사퇴요구가 이사장님과 관련어 있다고 생각해도 좋습니다

1997년 8월 5일 학생처장, 교무처장, 인문대학장, 사회대 C교수, 예술대 K교수 등 다섯 명이 총장실에 들이닥쳐 출입문을 닫고 총장 사퇴를 요구했다. 이 자리에서 약대교수인 학생처장은 "사퇴 요구가 이사장님과 관련이 있다고 생각해도 좋습니다."라며, 학교 발전을 위해 사퇴해 달라고 했다. 총장이 임명한 보직 교수들, 총장의 참모 구실을 해야 할 그들이 총장 사퇴를 요구하는 희귀한 사태가 벌어진 것이다. 수많은 사학이 부정·부패·비리로 말썽을 빚는데, 그 대부분은 재단을 등에 업은 총장과 개혁파 교수들 간의 갈등, 학생과 학교 간의 분쟁이다. 그런 면에서 볼 때 덕성여대 사태는 특이한 경우라 할 수 있다.

이틀 뒤인 7일 오전 10시 40분, 다시 교수 네 명이 총장실을 방문해 퇴진을 요구하는 성명서와 서명교수 명단을 전달했다. 그 성명서에는 "전·현직 보직자 16명 외 교수 50명 일동"이라고 명기되어 있었다. 그러나 보직 교수들은 서명교수 50명의 명단을 밝히지 않았다. 교수신문에서 취재한 결과, 많은 교수들이 서명 과정에서 압력을 받았다는 사실이 밝혀졌다. 김 모 교수는 "새벽에도 전화를 걸어 서명을 종용하는 바람에 여간 스트레스를 받은 게 아니다. 특히 신분이 불안한 여교수, (아직 정식으로 임명되지 않은) 시보 교수들을 집중 공략했다."라고 밝혔다. 한편 서명한 것으로 알려진 교수들은 한결같이 인터뷰를 꺼렸다. 심지어 서명을 주도한 학생처장조차 기자에게 "왜 내게 전화를 했느냐. 나는 할 말이 없다."라며 신경질적 반응을 보였다. 그들은 성명서에서 김용래 총장이 학사 업무와 현안 문제 수습을 등한시하고 직무 수행에 태만하다는 점이 퇴진해야 할 이유라고 주장했다. 그러면서도 같은 내용을 제 입으로 말하는 것은 꺼렸다.

학내에는 총장이 곧 해임될 것이라는 소문이 파다했다. 이사회가 열리는 8월 13일, 교무위원들이 총장이 소집한 교무회의에 일방적으로 불참하고 이사장이 소집한 신라호텔 모임에 몰려갔다. 이날 이사회 정경을 취재한 교수신문의 보도에 따르면, 이사회가 마무리될 때쯤 교무처장과 학생처장이 회의실에 들어가 하염없이 눈물을 흘리면서 총장을 해임해 달라고 호소했다고 한다. 그러나 이날 총장 해임요구는 이사들의 반대로 무산되었다. 그 뒤에도 교무위원 등 일부 보직 교수들은 총장이 소집한 교수회의에 참석하지 않았다. 이들은 총장이 "교수회의를 교수 사회를 분열시키고 대학의 운영을 독점과 전횡으로 몰고 가기 위한 하나의 도구로 삼으려 들고 있다."라면서 "김용래 총장이 획책하는 어떠한 정치적 힘이나 물리적 횡포에도 당당히 대처해 나갈 것"이라고 공개적으로 선언했다. 당연히 그들의 배후에는 이사장이 있었다.

모든 것은 추후에 밝히겠다. 지금은 아무 말도 할 것이 없다

하지만 총장의 반격도 만만찮았다. 교육부의 감사결과 시정조치 마감기한을 일주일 앞둔 7월 21일, 총장으로서 실질적 권한을 되찾겠다고 결심한 김 총장이 인사제도 개혁을 촉구하는 문건을 박 이사장에게 보냈다. 교육부 감사에서 지적된 이사장 전횡을 방지하기 위해 총장의 인사권이 확대되어야 한다는 입장이었다.

그 다음 날에는 중도파 교수를 중심으로 "한상권 교수를 어떠한 형식이든 교단에 다시 설 수 있도록 대학 당국의 결단이 있기를 촉구한다."라는 내용의 서명운동이 전개되었다. 서명은 빠른 속도로 확산되어 이틀 만에 참여 교수가 40명을 넘었다. 사태가 급박하게 돌아가자 이사장은 총장의 진의를 타진하기 위해 인문대학장을 밀사로 파견해 적당한 선에서 화해하자고 요청했다. 그러나 김 총장이 총장으로서의 권한을 찾겠다는 당초 입장을 고수해 협상이 결렬되었다.

이사장파 교수들이 총장실에 찾아가 서명 결과를 들이밀면서 사퇴를 요구하자, 총장은 교수회의 소집으로 맞섰다. 방학 중인 8월인데도 교수회의가 잇달아 세 차례나 열렸다. 8월 4일에 열린 1차 교수회의는 보직 교수들이 총장실에 난입한 날 긴급 소집되었기 때문에 전체 교수의 약 3분의 1가량인 44명만 참석했다. 그 회의에서 '전체 교수가 모일 수 있도록 가까운 시일 내에 전체 교수회의를 개최해 줄 것'을 요구하는 긴급동의가 있어서 18일에 다시 교수회의가 열렸다. 56명이 참석한 2차 교수회의에서는 교육부에서 8월 16일까지 보고하도록 한 감사 처분 지시사항에 대한 학교와 법인 간의 견해 차이, 그리고 당시 학내에서 벌어지던 총장 퇴진운동에 대한 총장의 설명이 있었다. 총장의 보고를 들은 교수들은 '두 차례의 교수회의에 총장과 의견을 달리하는 보직 교수들이 참여해 자신들의 입장을 밝히지 않는 것은 보직 교수로서의 책임 회피'니, '다시 한 번 총장이 전체 교수를 소집하기를 요청하며 그 자리에는 반드시 보직 교수가 참석해 현재 학교의 사태에 대한 보직 교수들의 입장을 밝혀 주기를 바란다'는 긴급동의를 참석자 전원의 찬성으로 채택했다. 3차 교수회의는 일정을 전체 교수의 연구실과 가정으로 통지하고 8월 22일 열렸다. 특히 1, 2차 교수회의에 불참한 보직 교수들에게 등기 속달로 회의 일정을 알리고 교내 지정 게시판에 회의 소집 공고문을 게시했다.

총장이 3차 교수회의 소집을 통보하자, 그 이튿날 이사장이 이사회 소집 통지서를 내보냈다. 이사회 안건에는 '덕성여자대학교 총장에 관한 건'이 상정되어 있었다. 조만간 총장을 해임할 테니 교수들은 동요하지 말라는 무언의 메시지였다. 3차 교수회의가 열리는 날, 이사장의 심중을 읽은 교수들이 올림피아호텔 뷔페식당에 따로 모였다.

학교에서 교수회의가 열리는 같은 시각, 올림피아호텔 뷔페 홀에서 또 다른 교수 모임이 있었다. 이른바 이사장파 교수들이 모인 것이다. 교무처장은 이 모임을 '단순히 개강을 맞아 교수들끼리 회식한 것'이라 밝혔지만 납득하기가 쉽지 않다. 이날 모임은 김 총장의 전체 교수회의에 맞서 세 과시 겸 향후 대책을 논의하는 자리로 알려졌다. 그런데도 교무처장은 애써 의미를 감추고, 또다시 "모든 것은 추후에 밝히겠다. 지금은 아무 말도 할 게 없다."라는 말로 일관했다. 이 자리엔 40여 명의 교수들이 참석했다, 호텔 측은 학생처장의 이름으로 65석이 예약됐음을 확인해 주었다.

— 교수신문, 1997. 9. 1.

총장이 소집한 3차 교수회의에는 53명이 참석했고 위임한 교수가 3명이었다. 참석한 교수들은 두 가지를 의결했다. 하나는 교육부의 감사 처분 지시에 대해 총장이 마련한 '학교 측 안'을 바탕으로 이사장과 종합 시정 방안에 합의할 것이며, 다른 하나는 총장 퇴진을 주도한 보직 교수 중 교무처장이나 학생처장 등 교무위원의 경우에는 보직을 해임하라는 것이었다. 교수회의에 참석한 교수들은 이 의결 내용을 이사장 및 총장에게 서면으로 보고하고 전체 교수들에게도 서면 통지하기로 했다.

응모의 기회를 준다는 것이 무슨 합의 사항이 될 수 있단 말인가

총장 퇴진과 해임 압력이 가중되는 가운데 9월 1일 총장과 이사장이 덕성여대 정상화 방안에 대해 합의하고, 합의 각서가 교육부에 제출되었다. 양자 간의 합의는, '대학 학사행정 전 분야에 관한 이사장 간섭 배제 종합 시정 방안'을 공동 작성해 공증하고 교직원에게 공표 후 교육부에 제출한다, 재임용에서 탈락한 한상권 교수에게 신규 교원 모집 시 응모 기회를 부여한다, 감사 처분 시 경고 조치된 교무위원 네 명 및 총장 퇴진 운동을 주도한 교무위원 여섯 명의 보직을 교체한다는 것 등을 포함해 다섯 개의 항을 담고 있었다. 합의 각서는 총장의 퇴진이 없이는 어떤 합의도 할 수 없다는 이사장의 완강한 태도 때문에 김 총장의 사퇴를 담보로 하고서야 마련된 것이었다.

합의 각서의 내용이 알려지자, 덕성여대 비대위 교수들이 합의 각서는 '이사장의 정치적 쇼'에 불과하다며 강하게 반발했다. 교수들은 "합의 내용은 말도 안 되는 것들이다. 그걸 합의안이라고 발표한 교육부도 문제다. 특히 한상권 교수 문제는 구체적 구제 방안이 절실한 데도 고작 응모 기회라니, 응모는 자격만 갖춘다면 누구나 할 수 있는 것 아닌가. 응모를 하고 안 하고는 한 교수의 권한이지 총장과 이사장이 마치 큰 시혜를 베푸는 것처럼 요란을 떨 일이 아니다."라며 분노했다. 추진위원회도 즉각 반박 성명서를 발표했다. 무엇보다 먼저 합의 각서 작성 절차의 부당성을 지적했다.

> 합의란 분쟁 당사자 간에 하는 것이다. 당사자 조정 원칙에서 볼 때, 한상권 교수 재임용탈락 문제는 피해자인 한상권 교수와 가해자인 박원국 이사장 간에 합의할 사항이지, 아무런 위임도 받지 않은 제3자인 총장이 나설 문제가 아니다. 당사자를 배제한 채 총장과 이사장 간에 이루어진 합의가 무슨 효력과 구속력이 있단 말인가? 우리는 한상권 교수 복직문제와 관련한 총장과 이사장 간 합의는 원천적으로 무효임을 선언한다.

이어 합의 내용의 문제점을 지적했다.

도대체 응모의 기회를 준다는 것이 무슨 합의 사항이 될 수 있단 말인가? 응모의 기회는 이사장이나 총장이 베푸는 특별한 '은전'이 아니라, 대한민국 국민으로서 교원 임용에 결격 사유가 없는 사람이면 누구나 행사할 수 있는 고유한 권리이다. 이처럼 하나마나한 소리가 무슨 합의 내용이 될 수 있단 말인가?

마지막으로 교육부의 무성의한 태도를 질타했다.

우리는 이러한 수준 이하의 합의문을 접수하고도 학교 정상화 방안이라고 발표한 교육부에 대해서도 준엄히 묻지 않을 수 없다. 우리가 지난 8월 30일 교육부 앞에서 항의 집회를 마치고 담당자를 방문하였을 때, 교육부는 한상권 교수, 김용래 총장, 박원국 이사장, 삼자 모두를 살릴 수 있는 합리적인 방안을 조만간 마련하겠다고 답하였다. 교육부가 생각한 삼자 모두를 살리는 방안이 고작 한상권 교수에게 신규 교원 모집 시 응모의 기회를 준다는 것인가? 누가 보더라도 이 합의문은 삼자 모두를 살리기 위한 방안이 아니라, 한상권 교수를 죽이고 박원국 이사장을 살리는 내용이다.

합의 각서로 야기된 학내 사태를 논의하기 위해 9월 11일에 4차 교수회의가 열렸다. 이날 교수회의에 참석한 교수들은 위임장을 제출한 두 명을 포함해 71명이었다. 처음으로 과반수가 참석한 교수회의가 열린 것이다. 4차 교수회의에서 교수들은 '현행 학부제 즉각 중단, 한상권 교수 즉각 복직, 교수들의 의견이 수렴되지 않은 총장·이사장 간에 작성된 이행 각서 무효'의 세 개 항을 의결했다. 이날 교수회의 결의로 총장과 이사장 사이에 작성된 합의 각서는 폐기된 것이나 마찬가지였다.

그러나 교수회의의 이행각서 무효결의에도 불구하고 이사장은 신문에 한국사 전공 교수 초빙 공고를 내 교수 초빙 절차를 강행했다. 김 총장이 "합의 각서에 '공개 채용 시 응모의 기회를 준다.'라고 되어 있으나, 채용의 보장이 없는 '응모의 기회 부여'가 무슨 의미가 있습니까? 이러한 합의는 저의 큰 잘못이며 어떠한 질책도 달게 받겠습니다."라며 뒤늦게 항의해도 아무 소용이 없었다.

총장이 반대하는데도 이사장이 교수 초빙 절차를 강행한 까닭은 나름대로 계산이 있었기 때문이다. 먼저 나를 복직시키라는 사회적 압력을 모면할 수 있는 이점이 있었다. 10월 10일 교육부 공보관실에서 가진 기자회견에서 박원국 이사장은 내 복직에 대해 묻는 기자들의 질문에 "한상권 담당인 한국사 교수를 공모 중이므로 응모하면 공정하게 처리하겠다."라고 답변하며 예봉을 피했다. 그 뒤로도 이사장은 내 복직을 거부할 때마다 '교수 초빙 공개모집에 불응'했다는 점을 그 이유로 들었다.

또한 상대세력을 교란시킬 수 있다는 이점도 있었다. 실제로 나한테 공채에 응하라고 충고하는 분들이 있었다. 학교가 한국사 교수를 충원하면 복직은 불가능해지며, 기회를 줬는데도 응하지 않으면 막무가내로 싸움만 하는 과격한 사람으로 보일 수 있다는 것이었다. 교육부 중재로 공채 공고가 난 이상 학교가 채용하지 않고는 못 배길 테니 일단 응모하고, 최악의 경우 복직이 안 되면 그때 다시 싸우라는 선의의 충고였다. 그러나 이 제안은 '학교 측의 신규 임용 절차에 응하면 부당한 재임용탈락 조치를 인정하는 셈이 되므로 절대 응해서는 안 된다'는 반론에 부딪쳐 곧 폐기되었다.

동토의 대학에서 나는 정말 외로웠다

9월 29일 김용래 총장이 전격 사퇴했다. 5만여 서울시 공무원을 총괄하며 복잡다단한 시정을 이끌던 행정가가 학생을 포함해 구성원이 5,000여 명인 조직의 운영에 좌절을 겪고 사표를 던진 것이다. 8월 13일과, 28일, 9월 4일 세 차례에 걸쳐 총장 해임을 기도한 이사장은 김용래 총장이 극렬 교수들과 야합해 덕성학원을 탈취하려다 뜻을 이루지 못하자 사퇴한 것이라고 주장했다. 반면, 막 출범한 교수협의회는 '이사장의 독단과 횡포에 항의하는 사퇴이며, 동시에 그것을 학내·외에 고발하는 사퇴'라고 주장했다. 갑자기 사퇴 의사를 밝힌 이유를 묻는 교수신문 기자의 질문에 김용래 총장은 이렇게 답했다.

갑자기 이런 결정을 내린 것은 아니다. 나는 지난 30여 년 동안 공직자의 길을 걸어왔다. 하지만 그 어떤 시기도 덕성여대에서 보낸 7개월처럼 괴롭지는 않았다. 더 이상 내가 덕성여대에서 할 수 있는 일이 아무것도 없다. 사표 제출이라는 극단적인 결정을 내리고 싶지는 않았지만 이런 결단을 내리지 않고서는 덕성여대 정상화가 불가능하다는 결론에 도달했다. 우리 대학을 위기에서 구출하기 위한 유일한 선택이었다고 나는 확신한다. 내 희생이 학교 정상화의 큰 계기가 되기를 바란다.

그는 총장으로 부임한 지 얼마 되지 않았을 때 학교가 너무 비정상적, 파행적으로 운영되는 현실에 놀랐으며, 덕성여대에서 보낸 처음 한 달 동안 이상한 걸 느꼈다고 했다.

덕성여대에는 교수들의 바둑, 테니스 모임 같은 게 없을뿐더러 회식조차 잘 안 한다. 알고 보니, 모임에서 학교 당국에 비판적인 말을 조금이라도 했다 간 즉각 불이익을 받아, 교수들이 기피하기 때문이었다. 교수 사회에 감시와 고발이 자리 잡고 있다는 게 말이 되는가. 덕성여대 밖에서는 아무도 이 얘기를 믿으려 하지 않는다.

김용래 총장은 상상을 초월하는 이사장의 간섭으로 인해 덕성여대 교수 사회는 교권은커녕 인권마저 유린당하고 있다고 증언했다.

덕성여대에서 박원국 이사장은 곧 법률이오, 명령이며, 정관 그 자체였다. 심지어 임시직원의 채용마저도 박 이사장에게 직접 결재를 받아야 했다. 그 동토의 대학에서 나는 정말 외로웠다. 박 이사장은 내 하루 일정과 만나는 사람까지도 직원을 시켜 보고하도록 했다. 내가 누구를 만나는지 누구와 통화를 하는지 감시받고 있다는 생각을 하니 소름이 끼쳤다. 이건 교권을 떠나 인권 문제다.

이렇게 비정상적인 덕성여대의 현실을 목도하고, 김 총장은 6월의 교육부 특별감사를 계기로 이사장의 위법·부당 사례의 재발을 방지할 수 있는 '제도적 장치'를 마련해야겠다는 결심을 했다. 그가 말하는 제도적 장치란, 대학교의 자율성을 신장하는 방향으로 덕성학원의 정관, 정관 시행 세칙, 관련 규정 등을 제정 또는 개정하자는 지극히 상식적인 내용이었다. 그러나 재단에 힘을 실어 주는 사립학교법 때문에 그마저도 실현하기가 힘들었다. 김 총장은 총장 시절 7개월 동안 얻은 게 있다면, 단순한 구호인 줄 알았던 민주화가 사실은 절절한 염원이라는 깨달음이라고 했다. 그는 덕성여대를 떠나는 처연한 심정을 사퇴 성명에서 이렇게 토로했다.

존경하는 덕성 가족 여러분!

제가 사회생활에 발을 들여 놓은 지 어언 40년, 공직에서 33년, 교직에서 7년을 보냈습니다.

그러나 40년간의 기나긴 여정 중에 덕성여자대학교에서 보낸 7개월만큼 길고 힘든 시간은 없었습니다.

기나긴 여름방학 동안 단 하루도 쉬지 못하고 출퇴근하던 직장입니다. "미운 정, 고운 정 다 들었다."라는 말이 있듯이 저도 어찌 정이 들지 않았겠습니까? 쌀쌀하지만 봄바람도 감도는 3월 초, 그래도 저 나름대로의 포부와 구상을 가지고 학교 문을 들어섰는데, 포부를 펴 보기는커녕 별로 해 놓은 일도 없이 가을이 깊어 가는 9월 말에 학교 문을 나서자니 만감이 교차함을 억누를 길 없습니다.

나는 왜 이 학교에 들어왔는가?

나는 이 학교에 와서 무슨 일을 하였는가?

무엇을 남겨 놓고 가는가?

왜 나는 지금 떠나야 하는가?

허공을 향하여 소리쳐 보고도 싶고, 넓은 바닷가에 가서 목 놓아 울어 보고도 싶은 심정입니다.

덕성 가족 여러분!

여러분이 꾸짖지 않으신다면 저에게도 조그만 소망은 있습니다. '김용래 총장은 우리 대학에서 오랫동안 굳게 닫혀 있던 자유의 문을 열기 위해 두드리고 또 두드리며 혼신의 힘을 다하다가 홀연히 떠난 사람'이라고 기억해 주실 수 있는지요?

김용래 총장은 덕성여대의 파행적인 학교 운영을 사회에 고발하려고 사퇴했다. 그의 사퇴는 총장으로 있으면서 이사장과 적극적으로 맞설 수 없으므로 학교 밖으로 나가 본격적으로 싸우겠다는 투쟁 의지의 표현이기도 했다.

'머슴 총장'을 거부한다

김용래 총장이 재단 이사회에 사표를 제출한 다음 날인 9월 30일 세종호텔에서 이사회가 열렸다. 총장이 사직원을 제출해 총장직무대리에 약학대학 권순경 교수를 임명하고자 한다고 재단 사무국장이 보고하자, 박원국 이사장이 "권순경 교수는 부총장을 지낸 바 있어 학사행정을 원활히 수행해 낼 수 있을 것으로 여겨져 총장직무대리에 임명코자 한다."라고 발언하고 모든 이사가 동의했다.

총장직무대리가 된 권순경 교수는 담화문을 통해, "학내 질서와 면학 분위기가 극도로 문란해지는 등 현안 문제가 산적해 있는 어려운 상황에 우리 대학의 위기 상황을 극복하고 학교를 진정으로 발전시키는 데 일조하겠다는 순수한 충정으로 10월 1일 자로 총장 직무대행의 무거운 짐을 맡게 되었다."라며, "우리 대학의 빠른 안정을 위해 최선을 다할 것을 약속드리며 별첨과 같은 개선책을 일차적으로 마련했다."라고 했다. 총장직무대리는 교수·직원의 불만 사항인 봉급 및 처우, 승진 및 재임용, 학부제 등에 관한 개선책을 공표하면서 '대승적 차원에서 심기일전하여 우리 대학을 다 같이 가꾸어 가는 데 힘을 모아 줄 것'을 당부했다.

권순경 총장직무대리가 발표한 처우 개선책이 획기적인 내용을 담고 있었는데도 교수 사회의 반응은 냉랭했다. 교수협의회는 즉각 항의 농성에 돌입하면서 "권순경 교수는 최근에 김용래 총장 퇴진 서명운동을 주동했을 뿐만 아니라, 지난 1990년에는 인사위원장으로서 성낙돈 교수의 재임용탈락에 결정적인 역할을 한 장본인이다. 우리 교수들은 권순경 총장직무대리 체제를 결코 인정할 수 없다."라며 자진 사퇴를 요구했다. 교수협의회는 덕성의 자존심을 지키기 위해, 그리고 대학의 자율성을 지키기 위해, 박원국 이사장의 머슴을 자처한 권순경 교수를 총장직무대리로 결코 받아들일 수 없으며 끝까지 퇴진 운동을 벌이겠다고 선언했다.

서로가 서로를 선동한 것입니다

김용래 총장의 전격사퇴를 계기로, 내 재임용탈락으로 촉발된 덕성여대사태가 새로운 전기를 맞이하였다. 변화된 모습은 크게 네 부문에서 나타났다. 하나는 교수들의 움직임이다. 10월 1일 오후 5시, 여름 방학 중에 열린 교수회의에 참석한 교수들을 중심으로 '교수협의회'가 결성되었다. 평교수협의회가 외압에 의해 1993년 와해된 지 4년 만의 일이었다. 교수협의회는 발기문에서 "우리가 원하는 것은 오직 하나입니다. 덕성여대를 사람답게, 교수답게 살 수 있는 곳으로 만드는 것입니다."라며 동료 교수들의 참여를 호소하였다. 다른 하나는 폭발적으로 증가한 학생들의 참여이다. 1학기에는 인문대를 중심으로 하는 단과대 수준의 투쟁이었으므로 학생들 참여가 아무리 많아도 200-300명을 넘지 못했다. 그러나 2학기 들어 총학생회가 투쟁의 중심에 서면서 참여 학생이 1,000명 단위를 넘기 시작했다. 세 번째로 학생 대중이 참여하면서 달라진 요구사항이다. 1학기에는 한상권 교수의 복직이 요구의 핵심이었던 반면, 2학기 투쟁에는 학생 공동의 관심사인 학부제 폐지가 중심으로 자리 잡게 되었다. 네 번째로 학생들의 참여가 1,000명 단위를 넘어서면서 바뀐 집회 장소이다. 학생들이 학내가 아니라 종묘공원에서 집회를 끝내고 교통이 통제된 종로 거리를 활보하여 명동까지 진출하는 모습은 2학기 들어 다반사로 보는 풍경이 되었다.

이 모든 변화를 가능케 한 사건이 10월 1일에 일어났다. 김용래 총장의 사퇴소식이 전해진 10월 1일, 총학생회 주최로 2차 비상 총회가 열렸다. 이날 무려 3,000여 명의 학생들이 비상 총회에 몰려들어 보는 이를 깜짝 놀라게 했다.

개교 이래 최대 인파가 모인 것을 보고, 총학생회는 이 비상 총회가 감동의 시간이었으며, 덕성인들이 얼마나 무서운지, 교수와 학생들이 얼마나 덕성을 사랑하고 아끼는지 온몸으로 보여 준 시간이었다며 감격했다. 이튿날에는 비상 총회 광경이 학교 인터넷에 올라왔다.

> 제2차 비상 총회가 어제 10월 1일 수요일 늦은 2시에 민주동산에서 열렸습니다. 이 자리에 오신 분들은 모두 그 열기와 의지에 놀랐을 것입니다. 지난 1차 비상 총회와의 비교가 무색하게 2,800명이라는 인원이 모여 비상 총회를 성사시켰습니다. 몇 년 동안 덕성에서는 보기 힘든 모습이었습니다. 비대위 교수님들과 함께한 자리에서 우리 덕성인의 함성과 박수 소리는 승리를 예견케 했습니다. 교수님들이 발언을 하시고, 학생 간부들의 발언이 진행되고…… 학우들은 어서 빨리 비상 총회의 안건을 통과시키라고 요구했습니다.

당초 총학생회가 준비한 비상 총회 안건은 그 다음 주 화요일 하루임시 총파업이었다. 그러나 이에 대해 많은 학생들이 반발하자 총학생회 간부들은 무척 당혹스러워 했다. 아무도 학생들의 그런 의지를 예상하지 못했기 때문이다. 자유발언대가 마련되자 학생들이 너나없이 자기 의견을 피력하면서 다른 학생들을 부추겼다. 서로가 서로를 선동한 것이다.

"하루 임시 총파업이라면 굳이 우리가 수업거부를 할 필요도, 이 자리에 모일 필요도 없다. 우리가 원하는 것은 이사장 퇴진을 위한 무기한 총파업이다."

그 자리에 모인 학생들이 외친 말이다.

결국 비상 총회의 안건인 수업거부는 무기한 총파업으로 바뀌었고, 투표를 실시한 결과 총 투표인원 3,141명에 찬성 3,093명으로 수업거부가 결의됐다. 투표를 마친 후 1,500여 명의 학생들이 수유역에서 홍보 활동을 하기 위해 교문을 나서자, 전투경찰 200여 명이 학교 입구에서 막았다.

학생들은 힘을 모아 전투경찰의 방어선을 뚫으려고 했다. 뒤에서는 학생들이 밀고 앞에서는 전투경찰이 방패로 제지하는 바람에 학생 한 명이 실신해 쓰러져 병원으로 실려 갔으며, 많은 학생들이 부상을 입고 신발을 비롯해 소지품을 잃었다. 빈 강의실에서 교수협의회의 창립총회를 진행하고 있던 교수들이 이 소식을 듣고 회의를 중단하고 뛰쳐나가 학생들의 앞에 섰다. 정말 감동적인 모습이었다.

그래. 오늘은 2차 비상총회 날이었다. 전공 수업을 빼 주지 않는 관계로 3시쯤이나 되어서…… 어슬렁…… 민주동산으로…… 하지만 따가운 뙤약볕에 신문지를 머리에 쓰고 앉아 있는 수많은 우리 덕성인들…… 괜히 눈물이 나올락 말락했다. 우리 모두의 사랑을 받고 있는 박병완 교수님을

10월 1일 비상 총회에 모인 3,000여 명의 학생들.

비상 총회를 마친 학생들이 교문 밖으로 진출하자 전투경찰이 학교 입구에서 막았다.
교수협의회 교수들이 전투경찰 앞에 스크럼을 짜고 서 있다.

비롯하여…… 머리를 길게 기르신 예술대 서양화과의 멋쟁이 이반 교수님…… 등등…… 여러 분의 교수님이 앞에서 연설을 하고 계셨다. 그토록 많은 덕성인들이 모여서…… 그토록 열심히 경청을 하다니…… 놀라웠다. 비상 총회를 마치고…… 수유역까지 선전전을 하기 위해 나갔다. 아…… 그런데 이게 웬일인가. 이미 학교 앞에 좌-악 깔려 있는 전경들…… 게다가 백골단까지? 오호라…… 우릴 두들겨 패겠다구? 우리 교수님 찾겠다는 나를 패겠다고? 오기가 생겼다. 앞으로 걸어 나갔다. 스크럼을 짰다……. 앞에서 스크럼을 짤 사람이 필요했기 때문이다. 아이들이 전경의 방패와 곧장 맞닿으면 다치기 때문에…… 혼자는 무섭고…… 그래서 친구를 두엇 꼬여서…… 함께 나갔다.

하지만…… 이건 또 무슨 일인가…… 연설을 하셨던 교수님들이 우릴 밀치시더니…… 전경 앞을 막으시는 게 아닌가? 너무 놀랐다. '교수님과 함께 스크럼을 짜자고???' 충격이었다. 교수님들도 몸을 내던질 만큼…… 지금 상황은 이렇게 심각한 거구나……. 앞에 있었던 친구들은…… 모두 다 울었다. 굳이 울려고 하지 않아도 눈물이 줄줄 흘렀다.

내가 전경 앞에서 왜 울었을까…… 바보처럼…… 열심히 일하시는 교수님들 앞에서 왜 눈물을 보였을까…… 더 씩씩한 모습을 보였어야 하는 건데…… 우리 학교…… 앞으로 잘 될 거다. 이토록 멋지고 씩씩한 교수님들이 앞장을 서시는데 안 될 리가 없다. 난 믿는다.

—nowdsu2

오후 6시쯤 학생들은 대오를 돌려 행정동 2층에 있는 이사장실을 점거했다. 학생 500여 명이 이사장실과 회의실, 2층 복도, 계단을 점

학교로 되돌아 온 학생들이 이사장실이 있는 행정동 2층 벽면에 갖가지 요구사항을 적어 붙이고 있다.

거하고 시위 구호를 외치고 노래를 불렀다. 학생들은 단대별로 투쟁과 총파업에 대한 결의 대회를 진행하고 다음 날 투쟁을 다짐한 뒤 7시 30분쯤 해산했다. 학생들이 빠져나간 행정동은 분사형 페인트 냄새가 진동했으며 2층 벽면에는 박원국 이사장에 대한 분노를 담은 글들이 빼곡했다.

행정동 점거만으로 성이 안 찬 몇몇 학생들은 공사장으로 몰려가 학교 안에 옮겨 짓고 있던 박원국 이사장의 생가를 부쉈다. 기왓장을 부수고, 유리창을 부수고……. 저녁 8시쯤 되어 앞으로 있을 투쟁을 기약하며 자리를 정리했다.

자신이 김일성인가? 아니면…… 이순신쯤 되는 건가? 어떻게 학교에 자신의 생가를 옮겨 지을 생각을 다 할 수 있는 건가…… 오늘 처음으로 박원국이란 사람의 생가를 보았다. 우리 학교 대강의동만 한 빨간 건물…… 누가 그걸 개인의 집이라고 생각할 수 있겠는가…… 방이 서른 개쯤은 들어갈 듯한 커다랗고 화려한 건물…… 기가 막혔다. 그걸 부수러 갔었다. 그래…… 그놈의 생가…… 기물파손죄로 콩밥을 먹더라도 부숴 보자…… 하고. 그 건물은 불법 건축물로…… 공사가 중단된 채 있다. 그래서 선배들이…… 위험하다고…… 들어가질 못하게 했었다. 생각 같아선 불을 지르고 싶었지만…… 다른 인가들이 너무 붙어 있어서…… 그럴 수가 없었다. 내일은 도끼를 들고 가 볼까? 정말이지…… 박원국이란 사람…… 제 정신일까?

— nowdsu2

11

하늘이 통곡할 일이에요

총학생회와 재대위

 총파업 투쟁 첫날인 10월 2일, 아침부터 민주마당에 수많은 학생들이 모여 2차 비상총회 보고와 총파업 사수를 위한 결의대회를 교수협의회 교수들과 함께 열었다. 학생들은 '박원국 이사장 즉각 퇴진, 학원을 구성하는 세 주체의 참여를 보장하는 민주적 협외체 긴설, 전면 학부제 철폐, 한상권 교수 즉각 복직, 1994년부터 부당 적립한 312억을 학교 발전에 사용, 박원국 이사장이 임명한 권순경 총장 직무대리 사퇴'의 여섯 가지 요구안이 관철될 때까지 총파업 투쟁을 사수하기로 결의하고, 교육부를 항의방문하기 위해 교문을 나섰다. 그러나 전투경찰과 백골단이 세종문화회관에서 길을 가로막는 바람에 더 나아갈 수가 없었다. 팽팽한 긴장감이 감도는 대치 상태에서, 경찰이 "10분 안에 해산하지 않으면 최루탄을 발사하겠다."라고 경고 방송을 했지만 학생들은 물러서지 않았다.

경찰의 원천봉쇄로 학생들은 광화문 거리에서 시민들을 향해 홍보 활동을 하는 수밖에 없었다. 거리 홍보가 끝난 뒤 단과대학별로 정리집회를 열려고 하자 무장한 전경과 백골단이 또다시 학생들을 에워싸고 위협했다. 집회장소를 이사장의 숙소인 신라호텔 근처의 동국대로 옮겨 진행하려고 했으나, 그것도 경찰이 지하철역에서 불심검문을 하면서 가로막아 다음 투쟁을 결의하고 해산할 수밖에 없었다.

10월 3일은 연휴 첫날이었다. 그래도 학생들은 아침 10시부터 민주동산으로 하나 둘씩 모였다. 그리고 단대별 분임 토론과 간단한 결의대회를 마치고 200여 명의 학생들이 이사장이 머물고 있던 신라호텔로 향했다. 이때도 경찰이 호텔 주변 지하철역의 출구를 막고 검문검색을 강화했을 뿐만 아니라, 헤아릴 수도 없이 많은 전경들이 호텔을 둘러싸고 위압적인 분위기를 연출했다. 심지어 사복 체포조와 전경들이 귀가하는 학생들을 겹겹이 둘러싸고 폭력적인 언사를 구사하면서 연행하려고 해 여학생들을 공포에 떨게 했다. 국민의 세금으로 운영되며 국민을 위해 봉사해야 할 경찰이 이사장의 안위를 위해 고용된 사병私兵처럼 행동했다. 그렇게 삼엄한 경찰의 경비를 뚫고 선봉대가 이사장에게 전달할 항의 서한을 가지고 호텔에 진입하는 데 성공했다. 그러나 이사장을 채 만나기도 전에 호텔 지배인에게 항의 서한을 뺏기고 말았다.

이에 추진위원회가 성명서를 발표해 "평화적으로 자신의 의사를 전달하려는 연약한 여학생들을 상대로 수많은 전경과 백골단을 동원하여 공포 분위기를 조성하는 것이 문민정부하의 경찰이 할 수 있

종묘집회를 마친 뒤 명동을 향해 거리 행진을 하고 있는 학생들

는 태도인지 묻지 않을 수 없다."라며, 내무부 장관과 경찰청장에게 책임자 문책과 재발 방지를 촉구했다. 이날 학생들의 항의방문 뒤로 이사장은 호텔측의 권유로 숙소를 다른 곳으로 옮겨야 했다.

10월 4일부터는 총학생회가 집회 장소를 아예 학교 밖에 잡았다. 학생들이 쌍문동 교정까지 왔다가 다시 시내로 나가는 수고를 덜기 위해서였다. 첫 외부 집회 장소는 종묘공원이었다. 오후 2시, 덕성여대 교수와 학생, 시민단체 회원 등 1,000여 명이 종묘공원에 모여 학교 상황을 시민들에게 알렸다.

한편 종묘공원 집회가 열리기 직전인 오후 1시, 학교에서는 또 다른 투쟁이 벌어지고 있었다. 학생 40여 명이 정문이 굳게 잠긴 행정동 2층 담벼락을 타고 창문을 통해 총장실을 기습 점거한 것이다. 학생들은 총장실 점거농성을 시작하면서 '한상권 교수 즉각적인 원상 복직, 어용 교수 퇴진, 이사장 퇴진, 어용 이사 퇴진과 관선 이사 파견, 이사장을 비호하는 교육부 장관 퇴진' 등을 요구했다.

이날 점거는 '비리주범 재단 이사장 퇴진과 덕성학원 정상화를 위한 재학생 비상대책위원회(재대위)'가 주도했다. 사학과와 영문과가 주축이 되어 결성한 재대위는 1학기 동안 활동한 '재학생 비상대책위원회'를 2학기 시작과 함께 새롭게 확대 개편한 조직이었다. 재대위는 9월 5일에 열린 출범식에서 5,000학우가 당당한 주체로 나서서 이사장 퇴진과 어용 교수 징계, 한상권 교수 복직 등을 통해 덕성학원의 정상화와 민주화를 이루어 나가겠다고 선언했다.

재대위는 총학생회와 투쟁 노선이 달랐다. 총학생회가 9월 4일에 1997년 하반기 학원자주화 투쟁 결의대회를 열자 재대위가 바로 그 다음 날에 출범식을 개최한 점, 총학생회가 '학원자주화 투쟁'이라고 부른 학내 투쟁을 재대위는 '학원민주화 투쟁'이라고 한 점 등에서 양자 간의 미묘한 차이를 읽을 수 있다. 좀 더 구체적으로 말하면, 총학생회가 '학부제 폐지'와 '민주적 협의체 건설'을 목표로 삼은 반면, 재대위는 '한상권 교수 복직'과 '관선 이사 파견'을 목표로 했다.

전면 학부제 실시, 덕성을 망하게 하는 지름길입니다.

총학생회가 투쟁의 무게중심을 학부제 폐지에 둔 까닭은 덕성여대의 학부제가 비인기 전공에 대한 대책이나 강의 책임시간 확보의 문제 등을 전혀 고려하지 않은 채 도입·시행된 데 있었다. 덕성의 학부제는 교육 현장에 있는 교수와 학생의 의견은 철저히 배제한 채 학교 당국과 법인이 일방적으로 추진한 것이라서 교육 주체와 갈등을 빚을 수밖에 없었다. 즉 그동안 학부제 시행을 둘러싼 불만이 수면 아래에 잠재해 있다가 1997년 학원자주화 투쟁을 계기로 불거져 나온 것이다.

총학생회는 전국의 모든 대학이 학부제의 폐해 때문에 학부제 확대를 주저하는데 유독 덕성만이 검증되지 않은 전면 학부제 실시를 고집하고 있다고 비판하면서, 학문적 성격을 고려하지 않고 인문대와 사회대 그리고 자연대를 전부 통합해서 하나로 묶는 전면 학부제는 덕성을 망하게 하는 지름길이라고 주장했다. 그리고 누가 봐도 우스꽝스럽게 학부를 통합한 덕성여대를 왜 교육부가 교육개혁 추진 우수대학으로 선정했는지 참으로 의심스럽다고 했다. 또 학교 당국과 재단이 전면 학부제를 실시하는 것은 덕성을 대학다운 대학으로 만들겠다는 것이 아니라, 덕성을 돈주머니로 생각하고 있음을 그대로 보여 주는 것이라고 했다.

총학생회는 전문적 연구와 강의로 교육의 질을 높여야 할 교수들의 강의가 교양과목처럼 대형 강의로 전환되고 학과가 없어짐에 따라 가뜩이나 적은 교수들이 더욱 줄어들 수밖에 없으며, 학생들은 자기 전공도 없이 고등학교 때처럼 종일 대형 강의나 들으러 다니며 방황하는 모습이 바로 전면 학부제를 실시하는 덕성의 모습이라고 주장했다. 이어 학교 당국과 재단이 자신들 말고는 아무도 덕성 발전에 대해 언급하지 못하게 하고, 자신들이 그려 놓은 덕성의 전망에 방해가 되는 세력은 가차 없이 자르려고 하는데, 그 단적인 예가 하상권 교수 재임용탈락이라고 했다. 총학생회가 학원자주화투쟁 결의대회에서 '학부제 폐지'와 '민주적 협의체 건설'을 목표로 내세운 것은 이러한 문제의식의 발로였다.

한상권 교수님의 복직이 모든 사안을 꿰뚫어 갈 수 있는 핵심사안입니다

반면, 재대위는 박원국 이사장 지배체제가 완전히 종결되지 않으면 학부제 철폐는 그림의 떡이 되고, 언제든 바람이 불면 날아갈 모래 위의 집과 같다고 주장했다. 이사장 체제의 종식을 뜻하는 한상권 교수의 복직이 이루어지지 않는 한 덕성의 민주화는 신기루일 뿐이라는 것이었다.

당시 실제로 전개된 덕성의 상황을 살펴보면 양자 가운데 어느 쪽 판단이 더 정확했는지 알 수 있다. 전면 학부제 실시에 대한 반발을 매개로 교수와 학생이 연대하자, 덕성학원은 10월 14일에 이사회를 열어 학부제 실시의 유보를 의결했다. 이에 따라 대학에서도 학부제를 전면 폐지하고 1998년 신입생은 학과 단위로 선발한다고 공지했다. 그리고 무기한 수업거부를 결의한 학생들의 수업 복귀를 위해 모든 노력을 기울였다. 학교 당국은 투쟁세력 간에 존재하는 미묘한 차이를 간파하고, 학교신문을 앞장세워 그 폭을 최대한 벌리려고 안간힘을 썼다.

현재 학내 사태는 '한상권 교수 복직'을 제외한 거의 모든 요구안이 수용된 상태다. 따라서 비대위(교수비상대책위원회)와 재대위(재학생대책위원회)는 '한상권 교수 복직'을 외치며 재단 퇴진 투쟁을 계속 전개해 나갈 것으로 보이며, 학부제 폐지와 이사진 개편, 민주적 협의체 구성 등의 성과를 얻은 총학생회는 수업 정상화로 학원자주화 투쟁을 일단락 지을 것으로 예상된다.

— 덕성여대신문 403호, 1997. 11. 3.

학교 당국이 학부제 철폐 방침을 밝혔으므로, 교수협의회 교수들은 신분 보장이 되었고 총학생회도 학원자주화 투쟁의 목표가 달성되었기에 양자는 투쟁을 접을 것이며, '한상권 교수 복직'을 내건 교수비대위와 재대위만 남아서 계속 투쟁할 것이라는 내용이다. 즉 학생을 대표하는 총학생회와 교수를 대표하는 교수협의회는 자신들이 목표로 내건 성과를 다 얻어 투쟁을 정리하려고 하는데, 일부 극단적인 교수비대위 소속 교수와 재대위를 이끄는 학생들이 수업 복귀를 막고 있다는 주장이었다.

학교신문의 기사 내용에 대해 재대위가 명백한 '악의적 분열 조장'이라며 비판하고 나섰다. 재대위는 신문기사의 결론이 '그래서 한상권 교수님 복직 운동을 하지 말자'로밖에 보이지 않는데, '한 교수님 복직이 이루어지지 않은 학내 민주화는 허구일 뿐'이라고 반박했다.

"이것은 단지 싸우는 주체들을 분열시키는 의도뿐만 아니라 한상권 교수님 복직 투쟁을 심각히 평가절하 하고 있어 더 큰 문제입니다.(중략)

한상권 교수님의 복직이 이하 모든 사안을 꿰뚫어 갈 수 있는 핵심 사안임을 몰라도 너무 모르는 소리인 것입니다. 한상권 교수님이 복직한다는 것은 끝까지 이를 막아가며 재기하려는 박원국과 반민주 세력의 완전한 청산을 의미하는 것입니다. 학교구조를 재단에서 분리시키고 민주화시킨 다음에야 학부제 철폐도 확정적일 것이며 민주적 협의체도 그제야 의미 있는 것입니다."

재대위는 내가 복직되지 않는 것은 박원국 이사장이 어용 이사들과 학내 어용 교수들을 배후에서 조종한다는 확실한 물증이라고 했다. 따라서 이사장 지배체제의 종식을 뜻하는 내 복직이 이루어지지 않는 한 애초 결의한 총파업의 의미는 계속 살아 있다고 주장했다.

한편 덕성여대가 이사회 결의에 따라 1998년부터 학부제에서 학과제로 전환하겠다고 교육부에 보고하자, 이번에는 교육부가 제동을 걸고 나섰다. 교육부는 "1998년도에는 우선 현행대로 학부제로 시행하고, 학과 전환에 대해서는 대학의 정상화가 이루어진 다음에 충분한 의견을 수렴한 후 그 대책을 강구하기 바란다."라고 학교에 통보했다. 학교 측은 교육부가 받아들이기 힘든 전면 학과제를 고집함으로써 예상대로 교육부의 반대를 이끌어 내었고, 결과적으로 전면 학부제를 유지하는 데 성공했다. 결국 교육부의 반대로 학부제 폐지 투쟁은 아무 성과도 없이 원점으로 돌아가고 말았다.

임원 취임의 승인(이사겸 이사장)을 취소합니다

학생들의 무기한 수업거부가 결의된 다음 날인 10월 2일, 교육부가

「학교 운영상의 위법 부당 사항에 대한 시정 요구 공문」을 덕성학원에 보냈다. 여기서 교육부가 10월 8일까지 시정을 요구한 사항은 이사장 책임하에 학교 운영을 정상화할 것, 대학의 총장이 합리적으로 학교를 운영할 수 있도록 '대학 학사행정 전 분야에 관한 이사장 간섭배제 종합 시정방안'을 제출하고 이를 담보할 수 있는 조치를 강구할 것, 전 조교수 한상권의 재임용탈락으로 비롯된 교원 신규 채용 계획을 구체적으로 작성해 제출할 것의 세 가지였다.

이 가운데 첫 번째와 두 번째는 교육부가 이전부터 덕성학원에 요구해 온 내용이었다. 따라서 이 공문에서 주목할 부분은 교원 신규채용 계획을 작성, 제출하라는 세 번째 항목이다. 이 내용이 새로 추가된 이유는 바로 전날 있었던 국정감사에 있었다.

교육부 국정감사 첫날인 10월 1일, 국민회의 설훈 의원이 덕성여대 사태에 대해 질의했다.

오늘 신문에도 났습니다마는 덕성여대 김용래 총장이 사퇴를 했다는 것이 보도에 나와 있습니다. 재단 이사장은 박원국 이사장입니다. 재단 측에 교권 보장 등을 촉구하는 성명을 내고 사퇴한 것으로 되어 있는데 덕성여대 한상권 교수 건은 전임 총장 때부터 이 문제 해결을 요구했고 전임 장관께서는 덕성여대 문제에 대해서 대단한 관심을 가지고 의지를 가지고 문제 해결을 위해서 애를 썼는데 이명현 장관으로 바뀌면서 또 재단 측에서 문제 해결을 안 하려고 문제를 복잡하게 끌고 가고 있습니다.

이어 설훈 의원은 박원국 이사장을 국정감사 증인으로 채택할 것을 제안했다.

그래서 우리가 좀 논의를 해야 되겠습니다마는 덕성여대 이사장을 교육위원회 국감장에 불러 가지고 왜 이렇게 자꾸 복잡하게 학교를 끌고 나가고 있는지 이것은 들어야 할 필요가 있다고 생각합니다. 제 개인적인 의견입니다마는 증인으로 불러 가지고 이사장이 이렇게 나오고 있는 이유가 뭔지, 자신의 할 얘기가 무엇인지, 왜 이렇게 계속해서 덕성여대 문제가 안 풀리는지 증인으로 불러야 할 필요가 있다고 생각하는데 우선 장관께서 덕성여대 문제에 대해서 입장을 분명히 밝혀 주시기 부탁하겠습니다.

이에 대해 교육부 고등교육실장은 "신규 모집 공고가 9월 11일에 나가 현재 접수 중에 있으므로, 우리 부로서는 한상권 교수의 복직을 위하여 학교와 법인과 긴밀하게 협의를 지속해 나가겠다."라고 답변했다.

교육부 확인 감사일인 10월 17일까지 교육부는 덕성학원과 협의한 결과를 교육위원들에게 보고해야만 했다. 이에 교육부는 내 복직문제와 관련해 박원국 이사장이 직접 교육부에 나와 기자회견을 통해 공개적으로 입장을 밝히라고 요구했다. 좀처럼 내 복직을 확답하지 않는 이사장을 기자들 앞에 세워 일종의 공증을 받으려는 전략이었다.

10일, 교육부 공보관실에서 박원국 이사장의 기자회견이 있었다. 이 자리에서 이사장이 "한 교수는 (1990년 성낙돈 교수 재임용탈락 사태 때) 교수평의회 의장으로서 수업거부를 선동하는 등 학내 분규를 일으키고서도 최근까지 이에 대한 개전의 정을 전혀 나타내지 않았기 때문에 재임용시키지 않은 것"이라고 답했다. 이 소식을 들은 교육부 장관은 이사장이 학내 분규의 원인이 된 재임용탈락 문제 해결에 대한 의지가 없다고 판단하고 사립학교법 20조 2의 3호에 의거해 임원 취임 승인취소 결정을 내리고, 그 결과를 재단에 통보했다.

교육부가 '학사행정 개입'과 '학내 분규의 장기화'에 대한 책임을 물어 이사장 해임 조치를 취하자, 박원국 이사장은 '이와 같은 사유는 조작된 억지에 불과하고, 실제 해임 사유는 강요로 이루어진 10월 10일 공개 기자회견에서 재임용에서 탈락한 한상권의 복직을 약속하지 않았다는 것'이라며 강하게 반발했다. 그리고 일주일 뒤인 17일, 교육부 장관을 상대로 이사장 취임 승인취소 처분을 취소해 달라는 행정소송을 서울고등법원에 냈다.

학사 간섭에 따른 학내 분규를 조장한 이유로 사립대 재단 이사장의 임원 취임 승인이 취소된 경우는 이것이 처음이었다. 사학의 분규와 소요는 대부분 학교의 부실 운영과 비리가 원인이고, 그 책임은 예외 없이 학교나 재단 측에 있었다. 그런데도 부실·비리의 책임 당사자인 학교나 재단이 엄중히 문책되기는커녕 특별한 경우가 아니고서는 오히려 면죄부를 받는 방식으로 흐지부지되고 말았다. 사학을 지도·감독하는 기관인 교육부의 무기력한 태도 탓이었다. 웬만하면 학원 분규에 개입하지 않으려 할 뿐만 아니라, 설사 개입을 해도 형식적인 간여로 일관해 사태의 본질을 흐리는 것이 그동안 교육 당국이 보여 준 행태였다.

따라서 교육부가 문제의 장본인인 재단 이사장을 퇴출시키는 갖경 처방을 내린 것은 사학의 파행 운영을 불러온 재단 측에 책임을 물은 것으로서 주목할 만한 조치였다. 교육부의 박원국 이사장 해임은 이런 의미가 있기 때문에 여러 신문에서 앞다투어 보도했다.

한국일보는 "박 이사장이 법망을 피하며 시간 끌기로 나서자 이날 (교육부가) 박 이사장을 불러 이번 사태의 발단이 된 한상권 교수에 대한 복직 의사가 없는 점을 최종 확인, 전격적으로 강경 조치를 내렸다."라고 했으며, 문화일보는 "해결의 관건은 역시 한韓 교수의 재임용 탈락 문제로, 이에 대한 재단 측의 조치에 따라 사태의 악화 여부가 결정될 전망"이라고 했다. 또 한겨레신문은 이 조치가 재단이 학사행정에 간섭하는 관행에 쐐기를 박았다는 의미가 있다고 했다. 그동안 다소 가벼운 문제로 치부되던 사립대 재단의 학사행정 간섭과 관련해 이사장 해임이라는, 일종의 '극약 처방'을 내렸다는 점, 이사진이나 재단 전체가 아닌 실질적인 소유주인 재단 이사장에게 단독으로 직접 책임을 물었다는 점 등에서 아주 이례적이라고 할 수 있다는 것이다.

박원국 이사장이 해임된 1997년 10월 10일은 덕성여대에 바닥 그림이 완성된 날이기도 했다. 예술대 학생회가 9일을 덕성의 문화 혁명의 날로 잡고 학생과 교수가 민주마당 주변에 바닥그림 그리기 작업을 함께 했다. 여의주를 입에 문 두 마리의 용이 민주마당을 감싼 채용트림하는 모습을 그렸는데, 수호 동물이라 할 수 있는 용이 덕성 민주의 상징인 민주마당을 지켜 주길 바라는 염원이 담겨 있었다. 9일에 예술대 학생들이 밑그림을 그리고 10일에는 학생들과 교수들이 붓을 잡고 색을 칠했는데, 바닥그림이 완성될 즈음 저녁 뉴스를 통해 이사장이 해임되었다는 소식이 전해졌다.

덕성 구성원들은 덕성민주화운동을 용이 지켜 주기를 바라며
여의주를 입에 문 두 마리의 용을 민주마당에 그렸다.

하늘이 통곡할 일이에요

10월 17일 교육부 확인 감사에서 덕성여대 사태가 쟁점 사안으로 부각되었다. 이날 국정감사는 박원국 이사장을 해임한 교육부 장관을 추궁하는 데 거의 대부분의 시간을 보냈다. 자민련의 안택수 의원이 박원국 이사장의 임원 취임 승인취소는 '하늘이 통곡할 일'이라며 교육부를 맹렬히 공격했다. 안 의원은 박원국 이사장이 10일 기자회견에서 보여준 모습이 전혀 문제가 없다거나 기자들을 충분히 납득시켰다고 말하기는 어렵지만, 한 법인의 이사장이라는 사람이 교육부가 지시한 시정 요구를 성실히 받아들여서 고치겠다는 뜻을 충분히 전달했는데도, 교육부가 기자회견을 한 지 겨우 네 시간 만에 느닷없이 임원 취임 승인취소 결정을 법인에 통지한 것은 외부 기관의 압력이 있었기 때문이라고 주장했다.

이런 식으로 사학을 마구 짓밟고 이사장을 작살내기 시작하면 어떤 정신 나간 사람이 이 나라에 사학을 짓고 학교를 만들고 후진 양성을 하겠느냐 말이에요. 그리고 총장과 이사장 간의 싸움박질에 교육부가 뛰어드는 것이 아니에요. 지금 교원 임명권을 볼 때 전국 대학의 29.5퍼센트 정도가 총장한테 위임되어 있어요. 그러면 나머지는 무엇입니까? 70.5퍼센트는 이사장한테 있다는 것이 그대로 실증되고 있는 것 아닙니까? 또한 교원 보직 임용권에 있어서도 총장 권한은 전국 일선 대학의 실태를 보면 38퍼센트밖에 없어요. 그러면 나머지 62퍼센트는 이사장한테 있는 것 아닙니까? 이럼에도 불구하고 이사장과 총장 간의 싸움박질을 더욱 부채질하고 촉진시켜 가지고 결국은 이해할 수 없는 엉뚱한 짓을 저질러 놓았어요. 이것이 교육개혁위원회 출신의 장관이 하실 일입니까?

교육부가 사립학교법 20조 2의 3호에 규정된 "학사행정에 관하여 당해 학교의 장의 권한을 침해"하였다 하여 이사장을 해임한 행정처분은 사학의 명예와 자존심을 짓밟은 짓으로서 잘못되어도 한참 잘못되었다는 주장이다. 임원 취임 승인의 취소는 사립학교법 20조 2의 2호에 규정된 회계 부정과 뚜렷한 재정 비리가 있을 때만 해야 한다는 것이 안 의원의 생각이었다.

그러나 이사장의 총장 권한 침해야말로 대학의 자율적 운영을 멋대로 일거에 무너뜨리는 비리 중의 비리다. 총장의 임면권은 이사장에게 있으므로 총장의 권한을 법률적·제도적으로 보장해 주지 않으면, 대학은 인사·재정·경영권을 한 손에 거머쥔 이사회의 종속물이 될 수밖에 없다. 이 때문에 대학의 자율성을 보장하기 위해 사립 학교법 20조 2의 3호 규정을 마련한 것이다.

사학에 법적 근거를 주기 위해 사립학교법이 제정된 것이 1963년 이다. 사립학교법이 제정됨으로써 학교법인이 이사회를 통해 독자적 인 법인격을 갖는 지배 구조가 만들어졌다. 그 뒤 사립학교법은 크 게 세 차례 바뀐다. 그런데 놀랍게도 그중 1981년 전두환 정권이 개정 한 사립학교법을 오늘날까지도 민주 교육 진영이 전범典範으로 여기 고 있다. 대학을 단순히 법인의 피조물로만 보지 않고 운영 근거를 제 공했기 때문이다. 더 구체적으로 말하면, 대학 총장이 교수와 직원에 대한 인사권 등 상당한 권한을 갖게 되었다는 것이다.

이 사립학교법이 개악된 것이 민주화가 한창이던 1990년이다. 1990 년 개악된 사립학교법은 이사회에 교직원 임면에 대한 절대권한을 부 여함으로써 사학의 공익성과 교육의 자율성을 철저히 유린한 악법이 다. 그 결과 대부분 사립대학에서 재단의 학사행정 부당 간섭은 고질 적 병폐 중 하나가 되었다. 일부 사립대학의 교수임용을 둘러싼 추악 한 소문도 재단의 학사행정 간섭에서 비롯한 것이었다. 그런데도 이 러한 문제들이 가볍게 취급되어 재단 이사장의 개인 비리나 내부 권 한 분쟁으로 인한 재단 이사진의 임원 승인취소는 있어도 학사행정 간섭에 대한 제재는 없었다. 1988년 영남대를 비롯해 1993년 상지대, 1994년 대구대, 1997년 광운대·광주예술대 등에 관선 이사가 파견 되었지만 학사행정 간섭과 관련해 재단 이사장의 취임 승인이 취소 된 것은 아니었다. 이런 사립대학의 역사를 생각해 볼 때 교육부가 박 원국 이사장을 전격 해임한 것은, 재단의 학사행정 간섭이 사학의 고 질적인 병폐로 작용하는데도 자금 횡령이나 권한 분쟁 등 사학 재단

의 다른 문제에 비해 가벼운 문제로 취급하던 관행을 더는 묵과하지
않겠다는 의지의 표현이었다.

12

이제 저는 떳떳한 F학점을 받겠습니다

사학과 임시 학생회도 무기한 수업거부 투쟁을 하겠습니다

 2학기에 들어서면서 1학기 동안 학내 문제에 소홀하던 총학생회가 학원자주화 투쟁(학자 투쟁)을 앞장서서 이끌어 나갔다. 총학생회가 1학기에 학자 투쟁에 전념하지 못한 것은 극심한 공안 탄압 때문이었다. 정부는 한총련을 이적 단체로 규정하고 총학생회장과 인문대 학생회상을 구속했다. 덩달아 학교 당국도 총학생회를 자치 기구로 인정하지 않았다. 총학생회는 1학기 내내 학생회비를 지급받지 못해 재정이 바닥나 있었다. 대자보 작업이나 복사를 할 비용조차 없어서 개인 돈을 꾸어서 하는 형편이었다.

 9월 4일, '현 덕성 학내 사태와 1997년 하반기 학원자주화 투쟁에 대한 13대 총학생회 입장'을 밝히는 개강 집회가 학생 300명가량이 참여한 가운데 열렸다. 개강 첫 주에는 휴강하는 수업이 많아 학

생들이 많지 않다는 점을 감안할 때, 300명 안팎의 학생들이 모인 것은 학원자주화에 대한 열망이 한결같다는 증거였다. 각 학과에서 자발적으로 써 붙인 대자보가 교정에 넘치고, '퇴진 박원국 이사장'·'복직 한상권 교수'라고 쓰인 리본을 가슴에 단 학생과 교수들을 강의실을 비롯해 교정 어디에서든 볼 수 있었다. 요구를 관철시키기 위해 학생들 사이에서 스스럼없이 '수업거부' 의견이 나왔다. 집회를 마친 학생들은 자연스럽게 행정동에 있는 이사장실로 항의방문을 갔다. 굳게 닫힌 이사장실 문이 좀처럼 열리지 않자, 학생들은 다시 박원국 이사장의 숙소인 '신라호텔'을 연달아 외쳤다(학생들의 잇따른 항의방문으로 10월 초 박원국 이사장은 숙소를 신라호텔에서 리츠칼튼호텔로 옮겨야만 했다).

9월 26일에는 학원자주화 투쟁 1차 비상 총회가 열렸다. 이날 집회는 학생들과 교수비대위 소속교수들과 덕성의 민주화 투쟁을 지지하는 교육·시민 단체가 함께하는 연합 집회였다. 억수 같은 장대비가 교정을 뒤덮었고, 수업이 적은 금요일인데다, 학부제로 들어온 1학년들을 모으는 데 한계가 있는데도 800명이 넘는 학생들이 학생회관에 모였다. 27개 학과가 각자의 학과 깃발을 휘날리며 한자리에 모인 것은 4·19마라톤 뒤로 처음이었다. 이날 비상 총회는 여느 집회와 달리 4학년인 94학번이 가장 많고 새내기인 97학번이 가장 적다는 점이 이채로웠다. 하지만 사정을 알고 보면 당연한 일이었다. 새내기들은 인문사회과학부나 자연과학부 같은 학부의 학생일뿐, 소속된 학과가 없기 때문에 어떤 학과의 깃발 아래로 갈 처지가 못 되었다.

이렇게 2학기 들어 학자 투쟁 분위기가 고조되자, 많은 사학과 학생들이 사학과 학생회도 학자 투쟁과 한상권 교수 복직 문제에 동참하라고 요구했다. 하지만 사학과 학생회는 1학기 비상 총회의 결정을 들어 내 복직에 분명히 반대한다고 했다. 10월 1일, 2차 비상 총회에서 전교생이 모여 총파업을 결의하고 무기한 수업거부에 돌입해도 사학과 학생회 간부와 몇몇 학생들은 아랑곳하지 않고 계속 수업에 참석했다. 앞서 말한 것처럼, 4월 19일에 열린 사학과 비상 총회에서 수업거부·시험거부·복직투쟁이 부결되면서 학생회가 내 문제에 더는 관여하지 않기로 결의했기 때문이다.

학자 투쟁을 결의한 사학과 일반 학생들이 사학과 학생회 간부들의 행동에 분노하고 항의했다. 그러자 사학과 학생회 간부들은 학생들의 수업거부 요구를 받아들일 수 없다면서, 10월 6일에 열린 학번 모임에서 사퇴성명서를 나눠 주고 자진 사퇴했다. 10일에 그동안 의견 조정을 시도하던 과운영위원회가 학과 비상 총회를 열어 공개적인 대화 자리를 마련했으나, 학생회 간부를 비롯해 수업에 참석하고 있던 학생들은 나타나지 않았다. 결국 비상 총회에서 95학번 손효진을 임시 학생회장으로 하는 사학과 임시 학생회가 구성되었다. 새로 구성된 사학과 임시 학생회는 사학과 내부의 갈등에 대해 다른과 학생들에게 미안하게 생각한다며, 학과 내부의 복직과 관선 이사 파견이 실현될 때까지 5,000 덕성인과 함께 무기한 수업거부 투쟁을 하겠다고 밝혔다.

사회적 정의를 획득하는데 희생이 필요하다면
기꺼이 감수할 수밖에 없습니다

　10월 15일, 한국사 수강신청을 한 4학년 학생들이 나한테 졸업논문 지도를 받겠다며 인문사회관 농성장으로 찾아왔다. 학생들은 졸업논문을 담보로 싸우겠다면서, 자신들의 결연한 의지를 벌써 서신으로 교육부 장관에게도 알렸다고 했다.

교육부 장관님께

　저희들은 덕성여대 사학과 재학 중이며 졸업을 앞둔 4학년들 중에서 특히 이번 졸업논문으로 한국사를 신청한 학생들입니다.

　아시다시피 2월 28일 자 저희 스승님이신 한상권 교수님께서 갑작스레 재임용탈락되신 경위로 인하여 저희들은 전공 수업에 있어 말할 수 없는 손실을 입었습니다. 구체적으로 말씀드리자면, 첫째 급조된 시간강사는 이제까지 한 교수님에게서 배워 오면서 3년을 예비해 둔 커리큘럼의 기본 틀을 뒤엎은 강의 계획 및 진행으로 학생들에게 많은 혼란을 주었으며, 둘째는 이 역시 여기서 파생된 문제로 시간강사에 의해 논문 지도를 받아야 한다는 사실에 상당한 의구심을 가질 수밖에 없었습니다.

　그러나 저희들은 어찌됐든 간에 2학기에도 한국사를 신청하였는데, 거기엔 상황의 극적인 변화들, 특히나 교육부의 대응 방안에 주목해 왔기에 2학기를 기대한 것이었지만, 역시나 문제의 근본이 풀리지 않고서는 저희가 졸업하기 전에 우리 교수님을 다시 강의실에 뵙는 것은 힘든 일이라는 것을 뼈저리게 깨달았습니다. 그래서 저희들은 과감히 한국사를 폐강할 수밖에 없었고 그리하여 결론적으로 지금 이렇게 청원을 올리게 된 사태가 나게 된 것입니다. 그것은 강의를 폐강시킴으로 인해 신청해 놓은 논문에 대한 지도 문제로서 현재 사학과에서는 이 문제를 책임 있게 담당할 전공자가 없다는 것입니다. 때문에 저희가 청원코자 하는 것은 다름이 아니라 7개월 동안 강단을 떠나 계신 한상권 교수님에 대한 더 이상의 모독과 고통을 그만케 하고 교수님이 이곳 덕성여대에서의 14년이 그러하셨던 것처럼 교육자로서 본연의 자리로 돌아올 수 있도록 하는 교육부의 특단의 조치를 촉구코자 하는 것입니다. 혹자는 이렇게 말할 것입니다. 지금 덕성의 사태에서 그깟 강의와 논문지도 문제가 그리 큰 문제냐고. 또한 어떤 이는 그러기에 어쨌든 다른 좋은 교수 초빙해 오면 될 것 아니냐고들 말입니다.

그러나 장관님!

장관님 역시 대학이란 공간에서 학문을 하시면서 대학 사회 공동체가 어떻게 이루어지는지를 누구보다 잘 아시리라 믿습니다. 배우는 제자는 단지 4년간의 통과의례로서 대학을 바라보는 것이 아니라, 졸업하고 나서도 평생을 잇는 끈이 되는 교수와 학생이 하나 되는 지적 토양으로서의 대학을 바라보는 것입니다. 그것을 학풍이라고 얘기한다면 누구 하나의 일방적인 강요와 주입으로서 되는 것이 아니라 교수는 학생을 사랑하면서 아낌없이 앎을 베풀고, 학생은 학생대로 교수님을 믿기에 원 없이 지식에의 갈증을 풀어 나가는 것입니다.

즉 저희 과에서 흐르는 지적인 교류는 한상권 교수님의 학자적 능력과 사랑, 그리고 제자들인 저희와 역대 선배님들이 가진 무한한 존경심이 있었기에 가능한 것입니다. 저희 덕성여대 사학과는 그것이 힘이자 정체성이었습니다. 그런데 이것이 그 누구 하나의 합의도 없이 졸지에 훼손당한 지금에 와서는 아예 상황의 몰염치와 잔인함에 저희들의 맥이 풀렸던 것도 사실입니다.

그러나 이제 저희들은 더 이상 주저하지 않을 것입니다. 우리 교수님에 대한 몰인정한 매도를 불식시키고 한상권 교수님의 교수다움을 증거하기 위해 앞으로도 많은 노력을 기울일 것입니다. 또한 그러한 기만과 허위로 무장하여 한상권 교수님을 지금의 상황으로 몰아간 주범들에 대하여 그 책임을 철저히 물으려 노력할 것입니다. (……) 저희들은 되도록 평온히 이 사태가 마무리되길 바랍니다. 그러나 이 사회적 정의를 획득하는 데 있어 희생이 필요하다면 기꺼이 감수할 수밖에 없습니다. 아무쪼록 더 늦어지기 전에 용단을 내려 주시길 진심으로 청원드립니다. 바쁘신 중에 읽어 주셔서 감사합니다.

1997년 9월 30일,

덕성 여대 사학과 4학년 한국사 수강신청자 일동

김보림 김수아 김윤정 김은주 민희영 박문선 박정민 이범정 이수정

이은경 정금희 조혜진 차호연 추주연 추희 황미정

나에게 무한한 신뢰와 존경심을 보여 준 학생들의 글을 읽고 눈물이 핑 돌았다. 한편 졸업을 눈앞에 두고 취직 걱정이 태산 같은 4학년 학생들이 내 문제로 속병을 앓고 있다고 생각하니 정말 미안했다.

우리의 수업권에 대하여

10월 1일 비상 총회에 3,000여 명이 모이자, 학생들은 이렇게 많은 덕성인들이 원하며 이렇게 많은 덕성인들이 뜻을 같이하면 학원민주화는 어렵지 않게 이룰 것이라고 생각하였다. 아무리 길어도 2주일 정도면 사태가 해결될 것으로 보았다. 학생들은 이사장이 묵고 있는 신라호텔로 또는 이사장을 비호하는 교육부로 항의방문을 가고, 과나 단대별로 시내 중심인 종묘공원·마로니에공원·명동 등에서 집회를 열고 홍보 활동을 펼쳐 이사장과 교육부를 궁지에 몰아넣었다.

학생들은 시민을 만나면서 덕성의 상황을 알리는 한편, 이사장을 비호하는 교육부 장관의 퇴진을 요구하는 서명운동을 발바닥에 불이 나고 입에 침이 마르도록 열정적으로 해냈다. 지하철에서도 시민들에게 상황을 열심히 알렸으며, 교육부와 국회에 덕성인의 바람을 알리는 엽서 보내기 운동도 벌였다. 행정동을 점거하고 철야농성을 했으며 거의 매일 학교에서 수유역까지 가두시위를 겸한 홍보 활동을 했다. 학생들이 가는 곳이면 어디나 수많은 전경과 백골단이 완전 무장을 하고 나타나 평화적으로 하는 집회를 가로막았다. 학생들은 전경과 백골단의 모습을 보고 처음에는 기겁하다가 차츰 익숙해졌다.

그러다 10월 10일에 박원국 이사장이 해임되자 투쟁 구호가 '관선 이사 파견', '한상권 교수님 복직'으로 바뀌었다. 학생들은 과별 분임 토론을 통해 관선 이사 파견 투쟁의 필요성을 논의하고 그 결과를 대자보로 알렸다.

처음 우리의 목표는 박원국 이사장 퇴진과 한상권 교수님 즉각 복직이었습니다. 이사장 퇴진을 외쳤던 것은 덕성의 발전을 저해한 장본인이기 때문이었습니다. 그러나 이사장이 퇴진한 지금 덕성에서 달라진 게 아무것도 없습니다. 왜냐하면 현 이사진들이 퇴진한 이사장의 친인척으로 구성되었고 이러한 상황에선 우리가 싸워 왔던 게 아무 소용이 없게 됩니다.

이사진들은 이사회를 열어 그 자리에서 또 다른 이사장을 세우려 할 것입니다. 우리의 요구가 하나도 이루어지지 않았음에도 불구하고 박원국 이사장과 똑같은 사람으로 바꿔치기하려 합니다. 우리의 요구를 무시하는 이사진 전원을 몰아내고 민주적인 관선 이사를 파견하여 덕성을 다시 대학다운 대학으로 세워야 합니다. 박원국 이사장의 허수아비인 어용 총장을 퇴진시키고 한상권 교수님은 다시 교단에 서야 합니다. 교육의 주체인 교수·학생들의 참여 보장 없는, 덕성의 현실에 맞지 않는 학부제를 철회시켜야만 합니다. 이러한 우리의 요구가 관철될 때까지 우리는 계속할 것입니다.

— 통계학과

10월 17일에는 종묘공원에서 17개 시민단체, 교수협의회 소속 교수, 학생 1,500여 명이 참석한 가운데 한상권 교수 복직과 관선 이사 파견을 요구하는 비상집회를 열고 명동까지 행진했다.

학생들은 거리 행진 내내 '덕성진군가'를 부르고, 덕성의 요구 사항을 구호와 현수막으로 알렸다. 덕성여대 노래패 솔바람이 작사·작곡한 덕성진군가는 학자 투쟁 기간 동안 학생들이 가장 많이 부른 노래였다.

10월 17일 덕성여대 학생 1,500여 명은 종묘공원에서 비상집회를 열고 명동까지 가두행진을 하였다.

푸르른 백운대 바라보며 의리와 패기 긍지 삼아
시대의 어둠 불 밝히고서 당당하게 서리라
역사와 민중 앞에 언제나 부끄러움이 없는지
소리 높여 지르는 함성 소리로 투쟁의 선봉 지켜내리라
진구하여라 나의 사랑 덕성이여
그대와 손잡고 나갈 또 다른 새날 위하여 노래하리라
터지는 시대의 양심으로
이 산하 푸른 하늘 밑 해방 세상 위하여

이날 목표대로 명동성당 안으로까지 들어가지는 못했지만 시민들
에게 덕성이 처한 상황을 효과적으로 알릴 수 있었다. 학생들은 차량
통행이 완전히 차단된 종로 거리를 행진하면서 해방감을 만끽하면서

도 한편으로는 수업거부가 장기화되는 것에 대해 불안해 했다. 총파업 투쟁이 2주일을 넘기면서 학생들 사이에서 "총파업을 언제까지 하는 거야?", "이러다 유급되는 거 아니야?"라는 말이 나왔다. 시간이 갈수록 학원자주화 투쟁이 쉬운 일이 아니라는 사실을 새삼 느꼈다.

중간고사가 다가오자 수업을 강행하려는 학교 측 교수들의 움직임도 빨라졌다. '학생들을 아끼는 교수들' 명의로 「이제는 수업을 할 때입니다!!!」라는 유인물이 학내에 나돌았다. 학생들이 요구한대로 이 사장이 해임됐으니, 이제는 4학년의 취업과 학교 이미지, 대학종합평가 등을 생각해서라도 하루빨리 수업을 시작해야 한다는 내용이었다. 이 유인물에 많은 학생들이 동요했다. 특히 새내기들은 교수들에게 개별적으로 위협을 받았고, 수업에 들어가지 않으면 학교에 못 다니게 되는 줄 알았다. 불안한 심정을 자유게시판에 토로한 학생도 있었다.

정말 어케야 할는지.

총파업 이후 투쟁에만 열을 올리던 혜수기, 강의실 근처는 가 보지도 않았는데 교양이 문제네요. 우째야 할는지. 솔직히 한 번도 생각해 보지 않았어요. 당연히 셈은 없을 꺼라 자신했는데. 아래 글 보니까 걱정이 되네요. 물론 그 어떤 출석 체크도 무효라는 얘기는 많이 들었지만…… 그래도 걱정이 되네요. (이하 생략)

— 1997. 10. 17. habae

중간고사 첫날인 10월 20일, 교수협의회 교수와 학생 1,000여 명이 민주마당에 모여 중간고사 철회와 관선 이사 파견을 위한 집회를 열었다. 중간고사가 다가오자 교양과목 담당 교수 몇 명이 과제물 제출일과 시험 날짜를 공고하고 수업을 들으라고 요구했다. 이에 맞서 이날 집회에서 참가자들은 '총파업 기세를 무너뜨리기 위해 실시하는 중간고사를 단호히 거부한다'며 투쟁 결의를 다졌다.

중간고사 기간에 총학생회의 수업거부 투쟁을 비난하는 대자보가 학내에 붙었다. 수업을 듣는 사학과 4학년 학생들 명의로 쓰인 것이었다.

우리의 수업권에 대하여

여러분들이 내건 이사장 퇴진, 한상권 교수님 복직, 관선 이사 파견 등의 모든 구호에 동의하진 않지만 주장하는 의도는 알겠습니다. 그러나 연례행사처럼 일어나는 수업거부의 사태는 대체 얼마나 더 반복될 것인지 알고 싶습니다. (중략)

무엇보다도 수업권은 학우 간에 담합 거래할 수 있는 그런 종류의 권리가 아닙니다. 이것은 강좌 개설 교수와 학생 개개인 간의 지극히 개별적인 계약이며 동시에 권리이고 교수에겐 의무입니다. 그럼에도 불구하고 여러분들 중에는 우리의 이 권리를 포기시키려 하면서 그 방법마저도 치졸하기 짝이 없는 행동을 하는 분이 있습니다. 집단 논리와 상황 논리로 우리를 위협하지 마십시오. 약속과 계약을 우습게 여기고 과정의 적법성, 합법성을 무시하고서 어떻게 덕성인임을 자랑스럽게 여길 수 있겠습니까? 최소한 자신의 권리로 남의 권리를 짓밟으려 하지 마십시오. 혹자는 '무지몽매한 학구열'이라 비아냥거리던데, 학구열씩이나로 봐 주실 것도 없습니다, 기본권입니다

저희를 압박하는 분들의 구호 속엔 민주·자주 같은 피상적 이상적 권리에 대한 주장도 많던데 목적에 경도된 하나의 권리가 또 다른 권리를 침해하는 '과정'의 비민주성에 대해서는 왜 눈감고 입 다무는지…… 정말 모르겠습니다. 제발 서로의 목소리를 존중합시다. 우리가 표면적 소수라고 해서 힘으로 누른다면 그대들이 박정희, 전두환과 다를 것은 무엇입니까?

— 史 94. 수업 듣는 학생들

학생의 기본 권리인 수업권을 적법성과 합법성을 무시하고 집단 논리와 상황 논리를 동원해 포기하도록 강요하는 것은 남의 권리를 짓밟으려는 짓이라서 결코 받아들일 수 없다는 내용의 이 대자보는 학교 사태의 진원지인 사학과에서 공개적으로 수업권을 주장한 글이기 때문에 파급 효과가 아주 컸다. 학내에 불법적인 폭력이 난무하고 교수협의회 교수들의 의도적인 강의 불참으로 수업권을 침해받고 있다는 4학년 '수업 듣는 학생들'의 주장에 대해, 후배인 2학년이 나서서 반론을 폈다.

정말 부끄럽습니다

먼저, 그토록 듣고 싶었던 소수의 의견을 듣게 되어 너무나 반가웠습니다. 앞으로도 많은 대화의 장이 열렸으면 합니다. 그러나 사실과, 혹은 다수의 의도와 맞지 않은 논리가 있기에 이렇게 반박합니다.

수업거부가 왜 연례행사처럼 보이고 일어나게 되었는지 생각해 보셨습니까? 요즘과 같은 덕성의 큰 투쟁이 일어나기 전까지 우리의 요구(4년을 덕성에서 지내 오신 분들이니 충분히 아시리라 믿습니다.)들은 철저히 무시되어

왔기에 우리 학생들은 총파업이라는 최대이자 최후의 무기를 가지고 맞설 수밖에 없었던 것입니다. 단순히 매년 일어나는 행사가 아니라 덕성을 지키기 위한 소중한 우리들의 투쟁이었던 것입니다.(중략)

이러한 권리와 계약을 먼저 파기한 것은 학교 측이지, 스스로 포기한 것도, 다른 이들에게 포기를 강요한 것도 아닙니다. 학기 초 우리는 한상권 교수님의 한국사 수업을 듣기로 당신들이 말하는 소위 계약을 맺었습니다. 그러나 그것을 깬 것은 학교 측이었지, 교수님들도, 학생들도 아니었습니다.(1997년도 1학기 강의 계획서 참조.)

집단 논리와 행동으로 위협했다고 하시는데, 우리의 행동이 치졸하고 위협적으로 보일 수 있음에도 불구하고 모든 이에게 동등한 수업권을 소수만이 챙겨 이후 생길 수 있는 다수의 피해를 막기 위함에 피치 못할 수단이었습니다. 우리는 그 소수의 수업권을 결코 포기한 것이 아니라 제대로 된 수업을 받기 위해 잠시 유보한 것뿐입니다.

민주·자주 같은 것이 피상적, 이상적 권리라면 도대체 우리 사회에서 현실적으로 적용되는 권리는 무엇입니까? 우리의 요구안 8가지가 어떻게 피상적이고 이상적이며 목적에 경도된 것입니까? 여기에 과정의 비민주성이라 운운함은 더 이상 덕성인도 아니며 학교에 대한 무관심을 표현하는 것에 불과합니다.

제발 서로의 목소리를 존중할 수 있도록 정당한 비판과 대안을 제시해 주셨으면 합니다. 더 이상 그와 같은 궤변으로 서로 피곤해지는 일이 없었으면 하는 바람입니다. 또한 사학인으로서 공부하신 분들이 어찌 박정희·전두환과 같은 환경으로 이 상황을 설명하시렵니까? 정말 부끄럽습니다.

— 사학과 96학번

2학년 학생들은 '학기 초 한국사 수업을 듣기로 한 계약을 깬 것은 학교측이었지 교수님들도 학생들도 아니었다'고 반론을 폈다. 그리고 지금의 수업거부는 '수업권을 포기한 것이 아니라 제대로 된 수업을 받기 위해 잠시 유보한 것뿐'이라고 반박했다.

덕성의 한 사람으로서 그때 당신은 무엇을 했소

투쟁이 길어지고 주위의 관심도 시들해지자, 학생들은 점점 더 지치고 불안해 했다. 특히 함께 하던 친구들이 점점 줄어들자 불안은 더욱 커져갔다. 그러나 갈수록 힘들어지는 상황에도 학생들은 자신의 목표와 요구에 대해 고민하는 토론을 진행하고, 끝까지 싸우겠다는 의지를 높이는 결의 대회를 열었다. 학생들은 누군가가 "1997년 10월, 덕성의 한 사람으로서 그때 당신은 무엇을 했소?" 하고 물을 때, 당당히 큰 목소리로 "덕성의 민주화를 위해 한몫했다."라고 답하기 위해 노력했다. 다른 누구의 일이 아닌 자기 자신의 일이라고 생각했기 때문에 외면하지 않고 끝을 보겠다는 각오로 집회에 꾸준히 참여했다.

10월 29일에는 '덕성 민주화를 위한 대토론회'가 학생회관 112호에서 열렸다. 학생 500여 명이 청중으로 모였고, 작성한 질문지에 대해 교수협의회 교수들과 총학생회 중앙운영위 학생들이 답하는 형식으로 진행되었다. 이 토론회에서는 관선 이사 파견에 대한 의견과 함께 학생들 사이에 불거지고 있던 문제인 유급에 대한 이야기를 나누었다.

한편 이날 오전에는 경실련과 참여연대가 공동으로 마련한 '덕성여대 사태 해결을 위한 각계 원로 기자회견'이 있었다. 강만길(고려대 사학과 교수), 김성수(전 성공회 대주교), 김윤환(고려대 명예교수, 경실련 공동대표), 김중배(전 한겨레신문사 대표, 참여연대 공동대표), 김창국(전 서울지방 변호사회장, 참여연대 공동대표), 박상증(전 기독교 사회문제연구원장, 참여연대 공동대표), 유현석(변호사, 경실련공동대표), 이설조(불국사 주지스님, 경실련 공동대표), 주종환(동국대 명예교수) 등 각계 원로들이 기자회견을 통해 덕성 사람들에게 힘을 보태주었다.

다음 날인 30일에는 직원노동조합이 총파업에 돌입했다. 노동조합은 이날 10시 30분 민주동산에서 총파업 선언식을 열었다. '관선 이사 파견'이라고 적힌 어깨띠와 '쟁취'라고 쓰인 머리 끈을 동여맨 조합원들은 구호와 노래를 소리 높여 외치면서 학교 안을 행진한 뒤 행정동 3층 대회의실에서 본격적인 쟁의를 개시했다. 이로써 학내의 모든 행정 업무가 마비되었다. 드디어 덕성의 교수, 학생, 직원 등 세 주체가 덕성 민주화 투쟁에서 본격적으로 행동을 같이하기 시작했다.

10월의 마지막인 31일에는 학생 1,000여 명이 광화문에 모였다. 이 집회는 서로 큰 힘을 주고받는 자리였다. 총파업이 한 달째 이어진데다 날씨까지 추웠는데도 식지 않은 덕성인의 열기 덕에 따뜻함을 느낄 수 있었기 때문이다. 오후 2시 광화문 동화빌딩 앞, 정말 쌀쌀한 날씨에 모두 땅바닥에 앉아 바들바들 떨면서도 구호 하나, 주먹질 하나 소홀히 하지 않고 집회에 집중했다.

거리로 뛰쳐나온 덕성여대생들에게 시민들은 호기심 어린 눈길을 보냈다. 그리고 사태가 해결되지 않은 것을 안타까워 했다 교수협의회 대표와 총학생회 대표가 항의방문단을 결성하고 교육부에 들어가 박원국 이사장의 임원 취임 승인을 취소한 뒤 남은 이사들에 대한 경고가 어떻게 처리됐는지 묻고, 교육부의 무책임한 태도에 대한 구성원의 분노를 전하고 돌아왔다. 항의방문단이 교육부와 면담한 결과를 보고하자 힘을 받은 덕성인들은 교육부와 광화문을 향해 함성을 질렀다. 그 뒤를 이어 '민주화를 위한 전국교수협의회' 공동의장 유초하 교수(충북대)가 격려 발언을 했을 때는 바쁜 일정 속에서도 덕성여대를 위해 발 벗고 나서 주는데 대해 크나큰 고마움을 느꼈다.

어느덧 10월도 가고 있었다. 학생들의 열기가 식은 교정은 을씨년스러웠다. 과대표들이 과별 토론회를 마친 뒤, 학교에 나오지 않는 학생들에게 편지를 썼다. 그중 하나를 보자.

어느덧 무기한 총파업이 시작된 지 30일이 되었습니다.
그동안 300일을 산 것처럼 힘들었습니다. 많은 실천 투쟁과
교내·외 집회를 가지면서 많은 친구들이 지쳐 갔습니다.
그러나 그간 우리가 함께하는 모습 속에서 박원국 이사장의
승인취소, 전면 학부제 철폐, 이사진의 개편 등 수 많은
성과들을 얻어 냈습니다. 그런 성과들 중에서 무엇보다 큰 것은
학자(학원자주화 운동)를 하면서 덕성에 대한 자부심과 전산인,
덕성인의 하나됨이었습니다. 때때로 괴문서가 날아오고
어용이라 불리는 교수님의 협박이 있어도 굴하지 않고 정말로
옳은 길을 가야 한다는 믿음으로 함께하는 전산 친구들의 모습.
그 모습들은 정말로 자랑스러웠습니다.

아직 가야 할 길은 남아 있습니다. 많은 친구들이 지쳐 가면서
학교에 나오지 않는 친구들의 모습 속에서 많은 실망을 합니다.
하지만 우리는 압니다. 학교에 나오지 않더라도
그 친구들이 언제나 우리를 지지한다는 것을.
우리는 끝까지 갈 것입니다.
교수님을 그리고 옆의 친구를 믿기에……
수업을 받고 싶어하는 친구들이 많습니다. 하지만 우리는 그런
마음들이 크면 클수록 더욱더 열심히 할 것입니다.
그 길에 언제나 함께하는 전산인 친구들이 되었으면 합니다.

전산학과 학생회장 94학번 김수예

이제 저는 떳떳한 F학점을 받겠습니다

11월에 접어들면서 더 많은 학생들이 '수업을 계속 거부하면 학사
경고나 F를 받게 되지 않을까?' 하며 불안해 하고 지쳐 갔다. 일부 교
수들은 F학점을 운운하면서 보강도 못해 주겠다며 학생들을 겁먹
게 했다. 총학생회와 과 학생회가 나서서 "F는 12월 말에 주게 되는
데 조금 있으면 학교가 정상화된다. 학교가 정상화되면 양심적인 이
사장과 총장이 오게 될 것이고, 오는 즉시 수업 보충에 필요한 정상
화 지침을 마련할 것이다.", "덕성여대가 지금까지 수업거부를 많이
했고 최고 40일까지 한 적도 있지만 수업에 참가하지 않은 학생들이
F를 받은 적이 한 번도 없다. 이는 다른 대학에서도 마찬가지다."라고

설득해도 불안감을 가라앉히지는 못했다. 다시 수업을 듣는 것이, 수업을 들으면서 투쟁하는 것이 어떻겠느냐는 말이 나오고 있었고, 몇몇 학과는 벌써 수업에 복귀했다는 소문도 들렸다. 결국 학생들은 학년별로 모여 토론을 통해 수업거부 강행 여부를 결정했다. 그리고 수업거부를 이어 가기로 결의한 경우에는 그 결과를 학교 인터넷에 올렸다.

우리 의상학과 96학번은 오늘 아침 10시부터 모여서 5시 넘게까지 회의 끝에 투표 결과가…… 계속 투쟁하기로 했습니다. 우리 학과에서는 지금 우리 학번만이 계속 수업을 거부하기로 나와서 지금 아주 어려운 상황이 되었지만…… 그래도 오늘 서로 많은 얘기 끝에 나온 결정입니다.

지금 서로 정말 힘들고 그렇지만 지금까지 싸워 온 이유를 생각하면 지금에 와서 관둘 수가 없기 때문입니다. 앞으로 힘들겠지만 함께 투쟁하는 덕성인 여러분들과 함께할 것입니다. 예대인 여러분 지금 정말 가장 힘든 시기에 있다는 거 압니다. 저희 과도 그렇고요. 하지만 지금 우리가 흔들린다면 다른 단대들 매우 힘들 것입니다.

예대인들 누가 그러더군요. 진정한 미를 만들어 내기 위해서는 진과 선이 함께 어우러져야 한다고요. 전 그 말에 동감합니다. 우리 지금 매우 힘들고 막막하지만 서로 조금만 힘내고 함께했으면 좋겠습니다. 예대인 여러분, 우리 힘내서 덕성인으로서 함께 이 일 헤쳐 나가면 좋겠습니다.

―with성원

사학과는 10월 13일 임시 학생회에서 무기한 수업거부를 결의했지만, 수업을 강행하려는 교수와 들으려는 학생들이 있었기 때문에 강의가 진행되고 있었다. 사학과 학생 중 대다수가 수업 진행에 대해 강력히 반발했지만, 임시 학생회는 수업참가자들의 의견을 존중했다. 시간이 지남에 따라 출석점검 등 무언의 압력이 수업을 거부하는 학생들을 위협했다. 사학과 학생들은, 이런 상황은 명백히 소수인 수업참가자가 다수인 수업거부자들의 수업권을 박탈하는 것이라면서, 수업 진행을 막으려고 했다. 한국사강독의 경우 수업거부자가 소수였기 때문에 위기감이 컸다. 이때 동요하는 학생들을 다잡기 위해 임시 학생회장 손효진이 자신의 입장을 밝히고 단식에 돌입했다.

이제 저는 떳떳한 F학점을 받겠습니다!!!

그동안 힘든 상황 속에서도 열심히 투쟁하시는 사학인 여러분! 저는 지금 지난 3월 한상권 교수님께서 재임용탈락되면서 시작된 우리의 투쟁을 한 번 되돌아보았습니다. 저희 사학과가 다른 과보다 더 힘든 상황이라는 것을 여러분들은 잘 알고 계실 것입니다. 총파업을 시작하기 전부터 우리는 정말 외로운 싸움을 하고 있었습니다. 그런데 총파업을 시작하면서 우리 과는 또 하나의 커다란 벽에 부딪쳤습니다. 바로 수업에 들어가는 학생들, 수업을 강행하는 교수라는 벽입니다.

95학번의 경우 동양사와 한국사강독은 이미 수업이 진행되고 있습니다. 게다가 동양사의 경우 보충 수업이 없다는 말까지 들은 상태입니다. 이제 총파업을 결의하고 있는 사학과 95학번의 경우 동양사라는 과목은 수업에 들어가 학점을 따느냐 아니면 끝까지 양심을 지켜 F학점을 받느냐 하는 선택밖에는 남지 않은 상태입니다. 한상권 교수님의 복직을 위해

5,000 덕성인과 함께 총파업을 결의하였고, 이제 우리가 그토록 간절히 바라던 한 교수님의 복직을 눈앞에 두고 있는 이때, 95학번들은 자신의 양심과 싸움을 하고 있습니다.

보충수업은 하지 않을 것이므로 자신이 저지른 일에 책임을 지라고 하며 수업을 강행하시는 교수님 앞에서 우리는 눈물을 머금고 수업에 들어가야만 하는 것인가, 아니면 내 양심에 부끄러움이 없이 더욱 힘차게 투쟁해야 하는 것인가?

저도 공부하는 학생이기에 이 고민에서 자유로울 수 없었습니다. 그래서 이제 저는 제 뜻을 밝히고자 합니다. 제가 수업에 들어간다면 당장의 이익을 얻을 수는 있습니다. 하지만 그로 인해 저는 평생 '그때 왜 나는 나의 양심과 도덕성을 저버리면서까지 학점을 받았을까.'라는 후회를 할 것입니다. 부끄러운 A를 받기보다는 떳떳한 F를 받겠습니다.

(……)

협박이나 타협에 의해서 억지로 들어간 수업에서 제가 배울 수 있는 것은 아무것도 없습니다. 저는 강의실 밖에서 책에서 배울 수 없었던 많은 것을 배웠습니다. 함께하는 사람들과의 믿음, 사랑 그리고 인간에 대한 소중함을 말입니다. 지금 당장 F를 받는다 해도 저는 후회하지 않습니다. 조금만 있으면 우리가 승리로 이끈 멋진 학교에서 지금 함께한 많은 사람들과 즐겁게 공부할 수 있기 때문입니다.

저희가 가는 길은 역사입니다. 항상 처음의 마음으로 옆에서 힘들어하는 동지를 생각하며 끝까지 함께합시다!

1997년 11월 5일
한 교수님 복직, 이사진 개편, 민주적 협의체 건설을 위한 단식 2일째 날
사학과 임시 학생회장 손효진

분노에 가까운 우려를 표시하지 않을 수 없다

다시 한 달이 지나 한 해를 마감하는 12월이 되었다. 60여 일의 수업거부 투쟁을 전개하면서, 눈에 보이는 투쟁 대오가 날이 갈수록 줄어드는 것을 보면서 학생들이 지쳐 갔다. 많은 말들이 나왔다. "총파업 투쟁, 시험거부, 리포트 거부, 점거농성, 단식 투쟁, 쉼 없는 실천 투쟁 등 할 수 있는 것은 다했다. 더 무엇을 할 수 있느냐!", "이젠 수업에 들어가고 싶다."

수업을 듣지 못하다 보니 불안감이 더해 갔고, 끝이 안 보이는 투쟁에 힘겨워했다. 학원자주화 투쟁이 생각보다 길어지자, 투쟁의 정당성은 인정하지만 쉬고 싶다는 생각이 학생들 모두에게 절실했다. 북한 노동신문 살포를 통한 용공 조작을 비롯해 끊임없는 학교 측의 방해·와해 공작이 학생들을 더욱 지치고 힘들게 하고 있었다.

이때 총학생회가 "이번 한 주 죽기 아니면 까무러치기로 정말 목숨 걸고 투쟁합시다. 그래도 재단이, 교육부가 변화하지 않는다면 자퇴도 불사하고 투쟁하겠다는 결의를 세워 봅시다." 하고 학생들을 독려했다. 조교협의회도 성명서를 통해 후배들과 함께 끝까지 투쟁할 것이라며 거들고 나섰다. 조교협의회는 10월 7일에 조교들이 모여 '졸업생으로서, 그리고 학교에 몸담고 있는 조교로서 우리는 학교의 사태를 보면서 침통함과 안타까움을 금할 수 없다'며 결성한 조직이다.

학원자주화 투쟁 기간에 조교협의회는 총학생회와 교수협의회의 오류를 지적하고 고쳐야 할 점을 지적해 주었다. 여러 가지 구호를 외치기보다는 '복직'이라는 분명한 요구를 담은 구호로 정리할 필요가 있으며, 특수한 문제를 지나치게 보편화하려는 전략을 시급히 수정해야 한다고 충고했다. 즉 '복직투쟁'을 사립학교법 철폐나 김영삼 정권 퇴진 운동으로 비약하는 것은 잘못이며, 교육부는 어디까지나 우리의 견제 대상일 뿐이므로 적으로 돌려서는 안 된다는 것이었다. 또 교수협의회에는 공식적으로 결정된 사항이 아니라면 학생들 앞에서 함부로 언급하지 말 것, 투쟁 종결시한에 대해 성급히 언급하지 말 것, 학생도 투쟁의 기본 주체임을 분명히 인식할 것 등을 주문했다.

교수협의회는 유급 시한이 다가옴에 따라 교육부가 전대미문의 대규모 유급 사태를 막기 위해 이사진 구성에 마지막 박차를 가하고 있다고 하면서, "만약 학생들이 유급되는 불행한 사태가 발생한다면 전원 교수직을 사퇴하겠다."라는 비장한 각오를 담은 성명서를 발표하고, 12월 1일 아침부터 교문 앞에 집결해 침묵시위를 벌였다.

일반 학생들도 학교 이름을 부끄러워하는 덕성인이 아니라, 떳떳이 자랑할 수 있는 덕성인이 되려면 수업을 받을 수 없다면서 마지막까지 버텼다. 학생들은 덕성을 민주적이고 대학다운 대학으로 만드는 것이 바로 우리 사회의 정의를 지키는 길이고, 이 땅에 올바른 교육을 세우는 발판이 된다고 했다. 총파업 투쟁은 교육권을 확보하기 위한 또 다른 형태의 창조적인 교육이 될 수 있다며 서로 독려했다.

무기한 총파업 투쟁을 결의한 지 64일째 되는 12월 4일, 마침내 이사진이 교체되었다. 새로 선임된 이사는 김용준(70), 김계수(70, 전 외대 대학원장), 박승서(66, 전 서울변협 회장), 이태수(53, 서울대 교수), 이행원(58, 한국일보 논설위원), 최영철(63, 변호사) 등 6인이었다. 언론은 이사진 전면 교체로 덕성여대 사태 해결 전망이 보인다며 덕성 사태의 전망을 낙관했다. 총학생회도 그간 투쟁 상황을 학생들에게 보고하면서, 박원국 전 이사장이 드디어 5,000 덕성인에게 무릎을 꿇었으며, 이는 두 달이 넘도록 끊임없이 피어올랐던 5,000 덕성의 불꽃이 있었기에 가능했다며, 승리감에 도취되어 흥분을 감추지 못했다.

그러나 박원국 전 이사장은 백기 투항하지 않았다. 앞서 안병영 교육부 장관의 해임 압력에 맞서 정면 승부한 데서 보았듯이, 박원국 이사장은 그리 호락호락한 사람이 아니었다. 개편된 이사진은 민주적인 인사 세 명, 중립적인 인사 한 명, 구 재단 성향 인사 세 명으로 구성되었다. 개편된 이사회에 여전히 구세력이 반 수 포진하고 있었다. 박원국 이사장은 60여 일간의 총파업투쟁을 겪으면서도 이사회 의결권을 지켜내며 선방했다. 이는 교육부가 사학 재단의 편을 들었기 때문에 가능한 일이었다. 그럼에도 박원국 이사장은 이사진 개편을 중재한 교육부에 대해 강한 적개심을 드러냈다.

교육부의 덕성학원에 대한 압박과 후임 이사 문제로 약 두 달간 교육부와 실랑이하는 동안 격렬한 운동권의 악랄한 폭거로 덕성여대가 해방대학화되고, 무법 상태가 된 학원의 안정을 위해 교육부가 추천한 3인의 이사를 수용할 수밖에 없었으나 본인과 이사회의 자유의사는 아니었음.

그간 교육부는 불법한 분규 중심 세력이며 임의단체인 교수협의회와 이사 선임에 대하여 협의하여 사학 법인의 독립성과 헌법에 보장된 교육의 정치적 중립성을 위반하고 사학 법인의 정통성을 침해하였음.

또한 교육부의 이와 같은 행위는 국가의 법질서와 학원의 질서를 보호하여야 할 교육부에서 반대로 반국가 단체인 한총련 중심의 운동권세력을 지원하여 정통성이 있는 덕성학원을 보호하지 않고 자유민주국가인 대한민국에 대한 반국가적 탈법 행위를 하였고 감독청으로서의 의무를 배임하는 행위를 한 것임.

— 전 덕성학원 이사장 박원국, 「덕성여대 분규에 따른 이문영 이사장 등 이사진 선임 경위」,

1999. 10. 14.

학생들은 구세력의 저항이 만만찮음을 강의실에서 실감할 수 있었다. 12월 8일, 학생들이 68일간의 수업거부 투쟁을 마무리하고 수업에 복귀했다. 그러나 그동안 강의를 진행한 구 재단 측 교수들이 보강수업을 못하겠다고 버텼고, 학생들은 수업권 요구가 정당하다며 반발했다.

교수협의회 교수들은 박 전 이사장이 얼마나 집요한지를 이사회 개최 소식을 통해 알았다. 12월 12일, 신임 이사진이 1차 이사회를 열어 새 이사장으로 한국외국어대학교 초대 민교협 회장인 김계수 전 교수를 선출했다. 첫 이사회가 열리는 날, 박 전 이사장이 회의실 옆방에서 대기하고 있다가 새로 선출된 이사장 및 이사들과 점심을 함께 했다. 이 자리에서 그는 권순경 총장직무대리를 이사들에게 소개하며, 자신은 개혁을 하려다 쫓겨 났으며 재정 비리는 없었다고 거듭 강조했다. 교수협의회 교수들이 뒤늦게 이 소식을 듣고 분노했다.

우리 교수들은 신임 이사장과 이사들의 처신에 대해 분노에 가까운 우려를 표시하지 않을 수 없다. 학사행정에의 지나친 간여로 인해 교육부로부터 해임당한, 따라서 학교법인 덕성학원의 전임 관리자일 뿐 이제 덕성학원과는 아무 관계가 없는 박원국씨가 신임 관리자인 김계수 이사장 이하 이사들과 회동했다는 사실을 우리 교수들은 도저히 납득할 수 없다. 신임 김계수 이사장은 특히 이 점에 대해 분명히 해명해야 할 것이다.

— 「새 이사진에 바란다 – 새 이사들은 학내 사태의 본질을 직시해야 한다」, 1997. 12. 26.

이사장을 선출한 신임 이사진은 12월 22일에 다시 모여 총장 선출 문제에 대한 원칙을 논의하기로 했다. 험난했던 1997년이 총장 선출 이라는 새 과제를 앞에 둔 채 저물고 있었다.

13

재임용탈락 교수의 '장외 수업'

반성도 사과도 없는 구 재단세력

1997년 12월 22일, 총장 선출 문제를 논의하기 위해 두 번째 이사회가 열렸다. 안건 논의에 앞서 김계수 이사장이 그동안 교무위원회, 교수협의회, 총학생회, 직원 노동조합 대표들과 면담한 결과를 보고했다. 김계수 이사장은 덕성여대의 특수성을 교무위원회와 교수협의회의 갈등, 교수회의의 무기력화, 신임 이사진에 대한 큰 기대, 총장 선출에 대한 지대한 관심 등 네 가지로 요약했다. 그러나 이는 덕성사태의 본질이 아니었다. 그는 덕성민주화운동의 의미를 정확히 파악하지 못하고 있었다. 덕성에서 1997년 한 해 동안 일어난 일련의 움직임을 권위주의적 통치의 억압에 대한 민주세력의 저항운동으로 보는 것이 아니라, 단순히 교수들 간의 세력다툼 정도로 이해했기 때문이다.

신임 이사장의 한계는 총장 선출 과정에서 여실히 드러났다. 새 이사진은 총장이 덕성여대 분규 수습과 발전에 핵심적인 구실을 할 인물이므로 교수, 학생, 직원, 동문 모두가 납득하고 사회적으로 존경받을 수 있는 인사가 선출되어야 한다고 생각했다. 그러기 위해 구성원들의 의견을 반영하는 '총장 후보 추천위원회'를 구성하는 것이 좋을 것 같다고 판단했다. '총장 후보 추천위원회'는 총장 후보자를 자율적으로 공정하게 선정하자는 목적으로 구성하는 위원회였다. 어떤 절차로 후보자를 선정하여 이사회에 총장 후보로 추천할지를 협의하는 와중에, '총장 후보 추천위원회'를 구성해서 대화를 나누다 보면 그동안 쌓였던 앙금도 사라지고 학내 문제도 원만히 해결되지 않겠냐는 의견이 있어 결정된 사항이었다. 이에 따라 학교법인 덕성학원 이사장 명의로 일간지에 총장 초빙 공고를 냈다.

이때까지만 해도 새 이사회는 1998년 1월 중으로 총장을 선출할 수 있을 것이라고 낙관했다. 김계수 이사장은 '학교 운영에 관한 모든 권한은 총장에게 부여할 것이며, 이사회 권한은 장기적으로 축소해 학원의 경영에 관한 사안만 책임을 지겠다'고 구성원들에게 말했다. 확실히 그는 박원국 전 이사장과는 다른 태도를 보였다. 그는 교수·학생·직원들을 아무런 격식 없이 허심탄회하게 만났고, 분명히 대학을 민주적으로 운영하겠다는 의지를 나타냈다. 그는 덕성 구성원과 만난 자리에서 학원민주화 투쟁 기간에 요구한 사안, 즉 민주적 협의체 건설과 적립금 312억 원의 사용, 한상권 교수 복직 등은 모두 새 총장을 통해 해결할 수 있다고 했다. 구성원들이 내 복직을 한 목소리로 요구하자, 이사회가 나서서 대학에 강요하면 총장의 권한을 침해하는 것이므로 새 총장이 제청하도록 하겠다고 약속했다.

이사장의 이런 판단이 원칙적으로는 옳지만 덕성의 현실에는 맞지 않았다. 사태의 심각성을 외면한 채 지나치게 낙관하는 새 이사장과 이사진에 대해 교수협의회가 우려의 목소리를 내기 시작했다. 교수협의회는 이사진 개편 이후 20여 일이 지나도록 학교의 정상화를 위한 가시적 조치가 전혀 없을 뿐만 아니라, 거의 모든 학사행정이 과거를 답습하고 있어서 학교의 장래가 심히 우려된다며, 새 이사들은 학내 사태의 본질을 직시해야 한다고 충고했다.

그러나 교수협의회의 충고에도 아랑곳하지 않고, 김 이사장은 학내 분규를 야기한 권순경 총장직무대리와 보직 교수들을 그대로 유임시킨 채, 덕성의 문제를 오로지 신임 총장 선출로만 해결하려는 태도를 고수했다. 그런데 문제는 새 이사진이 파견되기 전까지 덕성여대가 정상적으로 운영된 대학이 아니라는 점이다. 박 전 이사장이 임명한 총장직무대리와 보직 교수, 재단 사무국장 등이 학교를 계속 파행적으로 운영하고 있었다.

구체적으로 설명해 보겠다. 권순경 총장직무대리는 새 이사진이 파견되기 직전인 1997년 11월 초, 교수협의회 공동대표와 홍보 책임자 등 교수 세 명을 업무방해죄로 북부지청에 고발했다. 10월 1일 학생 집회에서 수업거부를 선동하고, 교수 휴게실을 불법 점거하고, 총장실을 무단 점거했다는 것이 업무방해의 내용이었다. 12월 초 이사회가 전면 개편된 뒤에도 권순경 총장직무대리는 교비로 변호사를 선임하는 등 이 문제에 집요하게 매달렸다. 마침내 이듬해 2월, 세 교수가 기소되자 이를 기반으로 학내 징계 절차를 밟기 위해 북부지청에 기소 사실 확인을 요청하는 공문을 발송했다. 권순경 총장직무대리는 "형사사건으로 기소된 자에게는 교원 직위를 주지 않을 수 있다."라는 사립학교법 58조를 근거로, 김 이사장에게 해당 교수들에 대한 직위 해제를 끈질기게 요구했다. 검찰의 기소 사실이 알려지자 총학생회는 덕성의 민주화에 앞장선 세 교수를 위해 전교생을 대상으로 무죄 탄원 서명운동을 벌여 나갔다. 그리고 1학기 수강신청을 거부했다. 교수협의회도 덕성의 민주화운동을 탄압하기 위해 동료 교수들을 법정에 세우려는 총장직무대리에 대한 직위 해제를 요구했다. 이런 사실을 볼 때, 새로 출범한 이사회가 총장 선출 문제를 올바로 풀려면 먼저 학내 사태를 악화시키는 권순경 총장직무대리부터 해임하고 중립적인 인사에게 학교 운영을 맡겼어야 했다.

총장직무대리의 수족인 보직 교수들도 비민주적인 학사행정으로 학생들이 두 달 넘게 수업을 거부하도록 만든 장본인이었다. 그런데도 새 이사진이 계속 보직 교수들의 의견을 듣는다는 것은 학교 문제를 해결하기는커녕 악화시키는 일이었다. 대학을 정상화하려면 이들이 학사행정의 요직에 있어서는 안 되었다. 새 이사진은 당연히 보직 교수도 전면 교체했어야 했다.

재단 사무국장도 박 전 이사장과 긴밀한 관계에 있는 사람이었다. 뿐만 아니라 재단 고문, 이사장 비서실장도 박 전 이사장의 충실한 수족이었다. 이들이 재단을 장악하고 있으니, 박 전 이사장은 변함없이 이사회에 영향력을 행사할 수 있었다.

덕성여대와 비슷한 시기에 관선 이사가 파견된 한성대의 경우, 총장과 보직 교수가 교체되었고 재단 사무국장이 사표를 제출했다. 반면, 덕성여대는 이사진 개편 뒤에도 누구 하나 반성이나 사과 한 번

하지 않고 어엿하게 권력을 행사하고 있었다. 구세력은 여전히 큰소리 땅땅 치면서 기존 지위와 인적 연결망을 이용해 이사회와 대학을 쥐락펴락했다. 김 이사장이 새로 선임되었어도 그를 이사장으로 여기는 보직 교수나 직원은 거의 없었다.

교수와 학생들은 이사진이 개편되었어도 상황이 전혀 달라지지 않았다는 사실을 피부로 느꼈고 허탈해 했다. 이들이 해직과 유급을 무릅쓰고 65일간 수업거부 투쟁을 벌인 것은 박 전 이사장의 영향력에서 벗어난 인사들로 이사진을 꾸리고, 민주적인 인물로 새 총장을 뽑아 덕성을 정상화시키겠다는 염원 때문이었다. 하지만 새로 개편된 이사진이 이런 기대에 부응하기에는 역량이 턱없이 부족했다.

구 세력의 지연작전에 꼼짝없이 놀아난 이사회

1998년 1월 10일, 5대 총장 후보의 서류 제출이 마감되었다. 총 열일곱 명이 지원했다. 이사회는 「제5대 총장 후보 추천 규정」을 대학에 전달하면서 '총장 후보 추천위원회'를 구성해 1월 21일까지 총장 후보 다섯 명을 선출하고 명단을 올리라고 요청했다. 학내 구성원들의 참여하에 민주적 절차에 따라 새 총장을 선출하려고 한 요청이었다.

그러나 이사회의 바람과 달리, 권순경 총장직무대리와 교무위원들이 학내 구성원들을 소외시키고 자신들에게 일방적으로 유리한 시행 세칙을 밀실에서 제정해 민주적 총장 선출을 원천적으로 불가능하게 만들었다. 권순경 총장직무대리는 이사회가 대학에 보내 추천 규정 공문을 총장 후보 추천 마감 시한인 1월 20일까지 학내의 어떤 단체에도 공개하지 않았다. 그리고 비밀리에 교무위원회에서 '총장 후보 추천 규정 시행 세칙'을 만들도록 지시했다. 그와 교무위원들이 만든 '시행 세칙'은 두 가지 면에서 비상식과 부도덕의 결작이었다.

하나는 시행 세칙을 만든 주체가 권순경 총장직무대리와 보직 교수들이라는 점이다. 이렇게 만든 시행 세칙은 민주성과 공정성을 확보할 수 없는 데다 총장 후보로 등록한 권순경 총장직무대리 자신이 작성했으니 당사자 배제 원칙에도 어긋나는 것이었다.

다른 하나는 총장 후보 추천위원회를 구성하는 과정에서 민주 세력을 철저히 배제했다는 점이다. 대학 구성원 모두가 참여하는 총장 후보 추천인단 구성을 통한 5대 총장 선출이 전보다 진일보한 방식인 점은 분명했다. 문제는 이사회에서 규정한 총장 후보 추천위원회 구성 방안에서, 덕성의 민주화를 가로막고 박 전 이사장의 지시를 맹목적으로 수행하는 구세력을 지나치게 배려했다는 점이다. 총장후보 추천위원 총 19인 가운데 몇 명 안 되는 법인 직원대표 1인, 비 노조 직원대표 1인, 회장단의 어용성이 줄곧 문제시 되었던 총동창회대표 2인 등 구세력 대표로 총 4인을 배정하였다. 반면 두 달 넘게 수업거부 투쟁을 벌이면서 민주화운동을 이끈 총학생회는 대표 2인, 무노동 무임금의 불이익을 감수하면서 파업투쟁을 벌인 직원노조는 대표 1인으로, 민주세력 대표는 3인에 불과했다. 12인이 할당된 교수의 경우에도 대표 구성이 형평성과 대표성의 기준에 크게 어긋난다는 문제점을 지니고 있었다. 이사회가 다섯 개 단과대학과 교양학부에 똑같이 2인씩 배정한 결과, 교수 수가 다른 단과대학의 3분의 1내지 4분의 1에 불과한 예대와 약대도 동일하게 교수 대표 2인을 선출했기 때문이다. 이것도 모자라 권순경 총장직무대리는 박원국 전 이사장이 임명한 단과대 학장들을 당연직으로 교수 대표가 되게 했다. 교수에게 할당된 총장후보 추천위원 12인 가운데 6인은 구 재단세력으로 채우겠다는 심산이었다.

학생들이 기말고사와 과제물 작성으로 정신이 없는 틈을 타 자신들의 입맛에 맞는 총장을 선출하기 위해 총장직무대리와 보직 교수들은 비상식적인 일들을 끊임없이 저질렀다. 그런데도 이사회는 '대화'와 '화합'만 외칠 뿐, 비상식적인 행동에 대한 제재는 전혀 없었다. 이런 사태에 대해 교수협의회가 강력히 반발했지만, 총장직무대리와 보직 교수들은 교수협의회의 주장을 묵살하고 '시행 세칙'의 적법성만 강조했다.

급기야 김계수 이사장이 중재에 나섰다. 교수협의회 교수들과 보직자들을 한자리에 불러 놓고 2월 2일까지 양측이 만나 협의하도록 한 것이다. 그러나 보직자들이 아무 연락도 없이 약속을 파기해, 협의 과정을 지켜보려고 학교를 방문한 이사장을 헛걸음치게 했다. 결국 이사장은 이사회를 열어 대학이 올린 「총장 후보자 추천 시행 세칙(안)」의 문제점을 적시하고, 2월 13일까지 학내 구성원의 의사를 수렴해 시행 세칙을 다시 제정하고 보고하도록 했다. 그러나 이때도 총장직무대리는 민주적인 의견 수렴 절차를 거치지 않고, 이사회에서 거부된 시행 세칙을 그대로 다시 이사회에 보고했다. 새 총장 선출을 지연시키려는 명백한 태업이며, 이사회에 대한 능멸이었다.

이 모든 행동의 배후에는 당연히 박원국 전 이사장이 있었다. 이사진 개편 이후 학교에 대한 그의 간섭은 더욱 노골적이고 집요해졌다. 교수협의회는 총장직무대리와 보직 교수들이 박 전 이사장의 지시에 따라 학사행정을 처리하고 있다고 폭로했다. 그들이 전과 다름없이 박 전 이사장이 투숙하는 호텔에서 회의를 하고 크고 작은 업무에 대해 일일이 지시받는 것은 학내에서 공공연한 비밀이라고 했다.

그러나 대학에서 어떤 잘못을 저질러도 이사회는 묵묵부답이었다. 폐기된 문건을 다시 올린 총장직무대리에게 달랑 경고장 한 장을 보냈을 뿐이다. 이사회는 구성원 모두의 권익을 보호한다는 원칙하에 중립을 표방했지만, 실상은 부도덕한 세력을 변호하고 있었다. 중립을 내세우면서 학내 갈등을 수수방관하는 이사진의 태도는 결국 박 전 이사장의 학사행정 개입을 용인하는 것이었다. 무기력한 이사회의 모습을 본 교수협의회와 총학생회, 직원 노조 등은 자신들이 무엇을 위해 치열하게 싸웠는지 반문하지 않을 수 없었다. 해직과 유급을 각오한 65일간의 총파업 투쟁은 아무런 정당성도 인정받지 못했다. 오히려 탄압만 있었다.

폐기된 시행 세칙이 거듭 올라오자, 보다 못해 이사회가 「총장 후보자 추천 규정 및 총장 후보자 추천 시행 세칙」을 제정해 대학에 보냈다. 그리고 이 규정에 따라 2월 말에 가서야 총장 선거를 치렀다. 이사회의 우유부단한 태도 때문에 늦어도 1월 말이면 끝났을 총장 선출이 한 달이나 지연된 셈이다.

덕성이 외대 식민지냐

1998년 2월 26일, 5대 총장을 선임하기 위해 이사회가 열렸다. 격론 끝에 총장 후보자 추천인단에서 추천한 다섯 후보 가운데 이강혁 전 한국외대 총장을 선임했다. 이사장도 외대, 총장도 외대 출신이었다. '덕성이 외대 식민지냐'는 불만이 일각에서 터져 나왔다.

이강혁 총장은 박 전 이사장이 주도한 총장 초빙 공고에 응모한 후보였다. 1997년 10월 박 전 이사장이 교육부를 방문했을 때 대학 교육정책관이 "덕성학원의 이사 진용이 너무 연로해서 재단 일에 적극적으로 활동하지 못하므로 50대로 교체하는 것이 좋겠고, 권순경 총장직무대리는 전부터 알고 있었으나 학교 분규를 해결할 능력이 없다고 판단되므로 유능한 총장을 공모해 문제 교수에 단호히 대처하십시오. 그러면 교육부에서도 강력히 뒷받침하겠습니다."라고 충고했다. 박 전 이사장이 이사회에 교육부의 이런 뜻을 전하고 총장 선임 절차를 밟았다. 10월 9일 일간지에 총장 초빙 공고를 내고 한 달 뒤인 11월 7일 마감한 결과, 응모자가 열 명이었다. 그러나 이때는 박 이사장이 해임된 뒤였으며, 교수협의회·총학생회·노조·조교협의회 등 민주세력이 총장 선출을 강력히 반대하고 나선 터라 이사회가 총장 선임 절차를 진행할 수 없었다.

12월 초에 새로 개편된 이사진이 총장 선임 절차를 진행하려고 하자 교수협의회 등 학내 네 단체는 박원국 이사장이 낸 총장 초빙 공고에 응모한 후보자를 배제해 달라고 이사회에 건의했다. 온갖 전횡을 저지르다 쫓겨난 박원국 씨가 공모하는 데 응한 인사를 총장으로 선임하는 것을 민주세력으로서 도저히 인정할 수 없었기 때문이었다.

김계수 이사장이 이 문제에 대한 논의를 이사회에 요청하자, 공고의 신뢰성 및 이사회의 공신력도 고려해야 하기 때문에 기존 응모자를 배제하는 것은 문제가 있다고 했다. 결국 기존 응모자 열 명과 추가 공고에 응한 인사를 함께 심사하기로 했다. 이에 교수협의회 등 학내 네 단체가 다시 공동 성명서를 내고 박원국 씨가 주도한 총장 공채에 응모한 사람들 중에서 총장을 선출하지 않기를 바란다고 간곡히 요청했다. 하지만 이사회는 이에 아랑곳하지 않고 이강혁을 총장으로 선임했다.

'조 총장'

총장 선거를 둘러싼 3개월의 진통 끝에 구 재단 측 인사가 신임 총장으로 선출되자, 가장 크게 반발한 세력은 학생들이었다. 졸업식이 열린 2월 27일, 재대위가 '우리의 투쟁이 무위로 돌아가려는 순간'이라며 다급한 목소리로 총장 선출 사실을 학생들에게 알렸다. 그리고 겨울방학 동안 느슨하게 진행했던 총장실 점거농성을 한창 강화해, 앞으로는 총장실을 반드시 사수해야 한다고 주장했다.

재대위 학생들이 총장실 점거농성에 돌입한 것이 앞서 말한 것처럼 1997년 10월 4일이다. 그로부터 약 일주일 뒤인 10일 박원국 이사장이 해임되자, 이튿날 교수협의회가 긴급 총회를 열어, '한상권 교수 즉각 복직, 관선이사 파견, 권순경 총장직무대리 퇴진, 학부제 폐지' 등 네 가지를 요구 조건으로 내걸고, 농성 장소를 인문사회관 로비에서 총장실로 옮겼다. 교수들의 총장실 밤샘 농성은 이사진이 교체되는 12월 4일까지 이어졌다. 이사진이 교체된 다음 날인 5일 교수들이 농성 장소를 다시 교수 휴게실로 옮기자, 1층 행정동에서 밤샘 농성 중이던 학생들이 2층 총장실로 올라가 점거농성을 이어 갔다. 총학생회는 반민주 어용 총장이 선출되는 것을 막기 위해 겨울방학 동안에도 총장실 점거농성을 계속할 것이라고 선언했다. 그러나 방학 중 밤샘 농성이 말처럼 쉽지 않았다. 65일간의 총파업 투쟁을 끝내고 수업에 복귀한 학생들은 보충수업을 받느라 정신이 없었다. 학생들의 총장실 발길이 자연 뜸해졌다. 이처럼 열악한 상황에서 총장실 밤샘농성을 도맡아 한 학생이 사학과 4학년 조혜진이다. 그는 재대위 결성에 주도적인 역할을 했으며, 10월 4일 총장실을 점거할 때도 선봉장으로 나섰다.

총장실에서 밤샘 농성을 하는 학생이 한 명뿐이라는 정보를 입수한 학교가 조혜진 학생을 쫓아내기 위해 한밤중에 남자 직원들을 총장실로 올려 보냈다. 직원들이 총장실로 몰려오자, 조혜진 학생은 총장실 베란다 난간 위로 올라가 여차하면 뛰어내릴 태세를 취했다. 자칫 대형 사고로 이어질 수 있는 아찔한 순간이었다. 당황한 직원들이 기겁하고 물러서는 바람에 다행히 불상사는 일어나지 않았다. 이 사건 이후로 조혜진 학생의 별명이 '조 총장'이 되었다. 그 뒤로도 '조 총장' 혼자 밤샘농성을 했으나 직원들이 몰려오는 일은 없었다. 졸업식 전날인 2월 26일에도 조혜진 학생 혼자서 총장실을 지켰다. 그리고 자신이 졸업하더라도 계속 총장실 점거를 강화해야 한다는 주장을 담은 재대위 문건을 밤새 만들었다.

> 신임 총장에 이강혁 전 외대 총장이 임명되었다고 합니다. 이 인간, 지난 10
> 월 박원국이 낸 공채 공고에 응모하여 우리의 투쟁을 힘들게 만들었고, 박원
> 국 일당의 엄호지지 하에 결국 총장직을 거머쥐었습니다.
> 우리의 대안! 총장실 점거농성을 강화해야 합니다!!
> 지금처럼의 수준으로는 안 됩니다. 우리의 요구가 관철될 때까지 총장실 점
> 거를-특히나 토~일요일에는 더더욱-지속적으로 사수할 것이며, 우리는,
> '한상권 교수님의 복직', '총학생회 인정-학생회비 일괄납부 부활! etc', '어
> 용보직교수 해임', '학부제 철폐' 등등을 걸어 위 요구가 관철될 때까지 총장
> 실 점거농성을 절대 사수해야 합니다.

졸업식 전날까지 총장실에서 밤샘농성을 한 조혜진 학생과 '떳떳
한 F학점을 받겠다'며 동요하는 학생들을 다독거려 끝까지 수업거부
를 이끌고 간 손효진 학생을 교수협의회 교수들은 '좌혜진 우효진'이
라고 했다.

총장 결재는 학교 밖에서

1998년 새 학기가 시작되자 총장실 점거농성을 총학생회가 이어
받았다. '조 총장'의 주장대로 총학생회가 방어벽을 치고 총장실 점
거농성을 한층 강화하는 바람에 새로 선임된 이강혁 총장은 총장실

에서 업무를 볼 수 없었다. 이강혁 총장은 총학생회 중앙운영위원회와 만난 자리에서 '총장 집무실이 없어서 업무를 볼 수 없고, 따라서 한상권 교수 복직 문제를 비롯해 여타 학생들의 요구 사항들을 당장 처리할 수 없다'고 했다. 그는 학생들의 총장실 점거농성으로 일할 곳이 없다며 일주일 넘게 출근도 하지 않았다. 그 뒤로도 학교 밖에서만 맴돌았는데, 이 사실이 언론에 포착됐다.

총장 결재는 학교 밖에서

덕성여대 이강혁李康爀(63) 신임 총장이 지난해 2월 재임용에서 탈락한 한상권韓相權 전 사학과 교수의 복직을 요구하는 학생들의 총장실 점거농성으로 취임한 지 보름이 지나도록 학교에 출근하지 않고 있다. 학교 관계자들에 따르면 10일 취임한 이 총장은 처음에는 인문대 대학원장실을 임시 사무실로 정해 출근하나 15일부터는 오전은 청량리에 있는 개인 연구실에서 업무를 처리하고 오후에는 학교 인근 다방 등에서 교직원을 만나 농성 사태 등을 논의하고 있다. 이 때문에 직원들이 결재 서류를 학교 밖으로 들고 나가는 진풍경이 벌어지고 있으며 1998년도 교수 공채, 대학 평가서 제출 등 주요 정책 결정 업무는 공백 상태다. 학생들은 한 교수의 복직을 요구하며 117일째 총장실 점거농성을 하고 있다.

—한국일보, 1998. 4. 2.

언론 보도로 망신살이 뻗친 이 총장은 운니동 교정에 총장실을 만들도록 지시하고 그곳으로 출근하기 시작했다.

재임용탈락 교수의 '장외 수업'

1998년 개강일인 3월 2일, 나는 제자들의 환영과 축복 속에 학교에 출근하는 것이 아니라, 주위의 따가운 눈총을 받아 가며 인문사회관 학생 휴게실에서 다시 투쟁을 시작하기 위해 집을 나섰다. 이사진이 개편될 때만 해도 나는 곧 복직될 꿈에 부풀어 있었다. 학생들의 수업거부 투쟁으로 이사진이 교체되면서 내 복직을 둘러싼 사회적 공감대가 형성되었기 때문이다. 게다가 12월 19일 김대중 후보가 이회창 후보와의 치열한 접전 끝에 대통령으로 당선했다. IMF의 구제금융을 받는 혹독한 경제 한파 속에서 이룬 50년 만의 평화적 정권교체라서 변화와 개혁에 대한 국민의 기대가 그 어느 때보다 높았다. 나는 이런 역사의 흐름에서 대학도 예외일 수는 없다고 낙관했다.

그러나 새로 선임된 김계수 이사장은 총장이 선출되지 않아서 제청권이 없기 때문에 내 복직 절차를 밟을 수 없다고 했다. 이사회에 교수 임면권이 있으니까 총장직무대리에게 복직 제청을 지시할 수도 있었다. 그런데도 이사회가 내 문제를 중요한 의제로 다루지 않았기 때문에 복직은 총장 선출 뒤로 미뤄질 수 밖에 없었다. 그렇게 3개월 간 우여곡절을 겪었는데 총장 선거에서 민주세력이 패하는 바람에 모든 것이 수포로 돌아갔다. 1997년 8월, 복직을 눈앞에 두고 교육부 장관이 교체된 데 이어 두 번째로 공든 탑이 무너진 것이다. 또 다시 원점에서 시작해야 했다. 참으로 참담한 심정이었다.

한국사 강의는 외부 강사에게 배정되었으며 연구실은 폐쇄된 상태였다. 복직의 조짐은 전혀 보이지 않았다. 나는 사회적 합의가 이행되지 않았다는 사실을 알리기 위해 다시 출근투쟁에 나서야 했다. 이사진 교체로 복직이 가시화되었는데도 강의 노트 대신 성명서 한 장 달랑 들고 출근투쟁을 해야 하는 힘든 처지에 놓여 있었다.

김계수 이사장은 새 총장이 선출되면 내 문제를 해결하겠다고 학내 구성원들에게 여러 번 약속했다. 그러나 구 재단이 지지한 이강혁 총장이 선출되면서 그 약속의 이행은 멀어져 갔다. 박 전 이사장의 지원과 구세력의 지지로 선임된 이 총장이 내 복직에 우호적일 리 만무했기 때문이다.

총학생회의 주장에 따르면, 이 총장은 2월 26일 이사회에서 총장으로 선임된 이후 3월 10일 취임식까지, 중앙운영위원회와 세 차례 면담할 때마다 말을 바꾸었다. 처음에는 자신이 '준비되지 않은 총장'이라며 "아무것도 모른다, 준비되지 않았다, 시간을 달라."라고 했다. 두 번째 만남에서는 "복직과 관련해서는 상반된 의견이 있어 사태를 파악하기가 어렵다, 한 교수를 만나 보면 될 것 같다."라고 했으며, 마지막에는 "해직의 부당함은 인정한다. 그러나 인사권은 이사회에 있으므로 이사회의 의중이 중요하다."라고 했다. 그러다가 취임한 뒤에는 총학생회의 면담 신청에 단 한 번도 응하지 않았다.

내가 강단으로 돌아오기를 고대하던 사학과 학생들은 또다시 상처를 안고 새 학기를 맞았다. 기대가 무너지자 허탈해 하던 학생들은 곧 분노했다. 학생들은 정의가 패하는 모습을 앉아서 보고 있지만은 않았다. 불의와 거짓이 대학을 지배하는 현실을 온몸으로 거부했다. 그들은 '힘이 정의'가 아니라 '정의가 힘'이라는 역사적 진리를 믿고 있었다.

4학년이 된 95학번 학생들은 복직 문제가 새 학기에도 해결되지 않고 한국사 강의가 외부 강사에게 배정되자, 수업권 쟁취 투쟁을 본격적으로 벌이기로 결의했다. 학생들은 "사회적으로 합의된 약속을 자의적으로 파기해 오늘의 이런 상황을 초래한 학교 당국을 규탄하며, 우리 스스로 한상권 교수님의 복직을 선언하고자 한다."라며 '강의 투쟁'에 돌입한다고 선언했다. 학생들은 강의 투쟁을 '양심을 지키다가 불행을 당하고도 의연한 선생님을 본받아 제자로서 부끄럽지 않게 살겠다는 의지의 표현'이며, '진정한 덕성의 민주화, 나아가서는 사회의 발전과 역사의 발전을 위해 노력하겠다는 사학도로서 신념의 표시'라고 했다.

자발적으로 장외 수업을 받겠다는 학생들의 결의가 갸륵하기도 하고, 불이익을 감수하면서 강의를 듣겠다는 각오가 대견하기도 했다. 학생들의 결연한 목소리에서 비장함을 느낄 수도 있었다. 그러나 강의 투쟁은 쉽게 결정할 문제가 아니었다. 강의하려는 교수와 들으려는 학생 모두가 절대 물러서지 않겠다는 확고한 결의가 필요한 싸움이었다. 나는 1990년에 해직교수의 강의를 들은 학생들이 모두 불이익을 당한 선례를 들어 가며 학생들과 이 문제에 대해 장시간 논의했다. 결국 우리는 강의 투쟁이 교육권을 쟁취하는 데 의미 있는 싸움이라는 점에 뜻을 같이했다. 학생들에게는 '수업권'을 되찾는 투쟁이며, 해직교수에게는 '교수권'을 되찾는 투쟁이 된다는 결론이었다. 우리는 수업권과 교수권을 통합해 '교육권'이라고 부르기로 했다. 우리의 강의 투쟁은 교육의 두 주체인 교수와 학생이 함께 권리를 쟁취하는 과정이며, 그 종착지는 교육권 확보다. 나는 교육권 확보 투쟁에서 교수와 학생은 저마다 자신의 권리를 찾는 주체가 되어야 한다는 점을 이전부터 누누이 강조해 왔다. 그리고 우리가 합의한 내용을 문서로 명확히 하자고 제안했다. 학생들은 "우리는 강사의 수업을 거부하고 한 교수님의 수업을 듣고자 한다. 이는 정당한 우리의 학습권이며 학교 당국은 이 수업을 인정해야 한다."라고 권리 선언을 했다.

강의 투쟁이라는 새로운 투쟁 방식의 물꼬를 튼 95학번 학생들은 홍재현, 손효진, 황진경, 전향연, 임채리, 문지현, 여방글, 강민정으로 여덟 명이다. 그리고 내 '장외 강의' 소식을 나중에야 들은 학생들이 몰려오는 바람에 한국최근세사 수강생은 스무 명이 넘어 정규 수업을 듣는 학생 수보다 많아졌다.

나도 강의 투쟁에 임하는 마음가짐을 공식적으로 밝혔다.

나의 강의를 들으려는 학생들에게

본인의 복직을 간절히 염원하며 지난 1년 동안 열심히 노력해 주신 덕성여대 학생 여러분!

본인은 사학과 학생들의 요청을 받아들여, 1998년 3월 10일부터 강의를 시작하기로 결심하였습니다. 먼저 본인이 강의를 시작하기로 한 경위를 말씀드리겠습니다. 박원국 이사장은 1997년 2월 본인을 재임용에서 탈락시켰습니다. 교육부 감사결과에 따르면, 재임용 심사 기준인 연구 실적, 교육 실적, 근무 실적, 봉사 실적 등에서 별다른 문제점이 없음에도 박원국 이사장이 주영숙 총장, 임숙자 교무처장 등과 저를 임기 만료자로 처리하기로 내부방침을 정하고 소명의 기회도 부여하지 아니한 채, 1997년 2월 28일 자 재임용에서 탈락시켰습니다. 이에 전국 80여 개 대학 3,000여 명의 교수와 연구자들이 부당하게 재임용탈락된 저를 즉각 원상 복직시키라고 촉구하였습니다. 그럼에도 박원국 이사장은 제 복직을 끝내 거부하다, 마침내 학내·외 민주세력의 거센 저항에 부딪쳐 1997년 10월 10일 이사장의 지위에서 전격 해임되었고, 그에 동조하던 구 이사진도 1997년 12월 3일 교체되었습니다. 박원국 이사장 해임 및 이사진 교체는 부당한 재임용탈락 처분에서 연유한 것이므로, 이사진 교체 이후 조만간 복직될 것이라 생각한 본인은 출근투쟁을 중지하고 밀린 연구에 몰두해 왔습니다.

그러나 신임 이사진은 총장이 선출되지 않아 복직 절차를 밟기 어렵다는 이유를 들어, 본인의 복직 문제를 총장 선출 이후로 미루었습니다. 그리고 총장이 선출된 지금은 약속대로 복직 절차를 밟는 것이 아니라, 재임용탈락 진상 조사를 하겠다고 한답니다. 본인의 재임용탈락 처분의 부당성은 작년 교육부 감사를 통해 이미 명명백백히 밝혀졌습니다. 만일 본인의 재임용탈락이 정당하였다면 교육부가 왜 박원국 이사장을 해임하였겠습니까? 본인의 복직을 완강히 거부하는 구 이사진을 무엇 때문에 갈아 치웠겠습니까? 본인의 복직은 이사진 개편과 동시에 합의된 '사회적 약속'입니다. 새로 선임된 이사진이 저의 '원상 복직'이라는 '사회적 약속'을 새 학기가 시작된 지금까지 이행하지 않은 것은 유감입니다. 본인의 복직은 우리 사회의 모든 양심 세력이 굳게 단결하여 지난 1년간 싸워 얻어 낸 '정당한 권리'이기 때문입니다. 학생들 또한 더 이상 학교 측의 조치를 앉아서 기다릴 수만은 없다면서 본인에게 강의를 시작해 달라고 요청하였으며, 본인은 심사숙고 끝에 강의를 시작하기로 결심하였습니다.

본인의 강의를 들으려는 학생들에게 말합니다. 본인은 아직 정식으로 복직된 것이 아닙니다. 따라서 본인의 강의를 듣는 학생들은 학교 측으로부터 불이익을 받을 수도 있습니다. 다음 두 가지가 옳다고 생각하는 학생은 수강신청을 하지 말아 주십시오.

첫째, 학교 측의 한상권 교수 재임용탈락 처분은 정당하다.

둘째, 한상권 교수 강의는 불법이므로 학교 측의 학점 불인정은 정당하다.

그러나 다음 두 가지가 옳다고 생각하는 학생은 수강신청을 해도 좋습니다.

첫째, 학교 측의 한상권 교수 재임용탈락 처분은 부당하다.

둘째, 한상권 교수의 강의는 정당하므로 학교 측은 우리의 학점을 반드시 인정해야 한다. 우리는 단순히 강의를 듣는 데 그치는 것이 아니라, 학교 측으로부터 학점을 인정받기 위해 끝까지 싸울 것이다.

이제 본인의 강의를 듣고자 하는 학생들과 더불어 1998년 1학기 한국사 과목 강의를 시작합니다. 열심히 노력하겠습니다. 감사합니다.

— 1998년 3월 10일

'장외 강의' 시간은, 정규 수업과 똑같이 한다는 뜻에서, 외부 강사가 진행하는 정규 수업 시간에 맞추었다.

어떻게 이런 일이 일어날 수 있는가

관선 이사 파견을 요구하며 2개월이 넘는 기간 동안 총파업을 한 총학생회가 1997년 12월 초에 새 이사진을 받아들이기로 한 것은, 그들이 민주적이고 양심적인 인사이며, 빠른 시일 안에 나를 복직시키고 덕성의 민주화를 도와줄 것이라고 교육부와 교수협의회 교수들이 설득했기 때문이다. 그러나 이사진 취임 이후 4개월의 행동을 보면서, 학생들은 과연 새 이사진이 민주적이고 양심적인가라는 의문을 가졌다. 새 이사진이 덕성의 민주화를 위해 아무 노력도 기울이지 않는다고 판단했기 때문이다. 특히 총장 후보 추천위원회에서 민주세력이 지원하는 후보와 구 재단세력이 지원하는 후보가 똑같이 아홉 표를 받았는데도 이사회가 구 재단 성향의 인사를 총장으로 선임하자, 교수협의회와 총학생회는 망연자실했다.

더욱 놀라운 점은 새 이사진이 3월 18일에 임기 만료된 민주 성향 이사의 후임으로 박 전 이사장의 둘째 동생인 박원택 전 덕성여고 교장을 선임했다는 사실이다. 1997년 12월 초 박 전 이사장 측근 인사와 민주적인 인사의 비율이 3 대 3으로 출발한 이사회가 6개월이 채 안 되어 4 대 2로 바뀌게 되었다. 박씨 일가가 또다시 이사회 의결권을 장악할 판이었다. 이사회에 벌써 박 전 이사장의 첫째 동생이 들어가 있는데 둘째 동생까지 이사로 선임되었다는 사실은 박씨 일가가 다시 이사회를 장악했다는 증거이고, 조만간 박 전 이사장이 다시 덕성으로 돌아온다는 증거가 아닌가? 어떻게 민주적이고 양심적이라는 인사들이 그런 어처구니없는 일을 저지를 수 있는가?

1997년 12월 이사진 개편 당시, 교육부는 새 이사진이 관선이사에 버금가는 민주적이고 양심적인 인사로 구성되어 있다고 설득했고 덕성 구성원도 그 말을 받아들였다. 그러나 새 이사진의 행태를 보면 박 전 이사장의 하수인이던 구 이사진과 하나도 다를 바가 없었다. 그렇다면 우리나라 교육 행정을 담당한 교육부가 교수와 학생을 속인 셈이 아닌가? 새 이사진의 양심과 지성을 믿은 교수협의회 교수와 학생들은 '어떻게 이런 일이 일어날 수 있는가.' 하며 허탈해 했다.

1998년 3월 30일, 학교법인 덕성학원 이사회에서 박원택 씨를 만장일치로 이사로 선임하고 교육부에 임원 취임 승인을 신청했다. 그러나 교육부가 "귀 법인의 원만한 운영을 위하여 현재 우리 부에서 신중히 검토하고 있음을 알린다."라는 회신을 보낸 뒤, 이사 승인을 계속 미뤘다. 그러자 이번에는 박 전 이사장이 '어떻게 이런 일이 일어날 수 있는가.'라며 분노했다.

> 직간접적으로 박원택 이사 승인을 재촉하였으나, 한상권 전 교수 재임용탈락에 대한 교원징계재심위원회 재심 청구가 당연 퇴직 사유로 각하된 바 있고, 한상권의 재임용탈락이 법적으로 하자가 없다는 교육부의 공식 견해 발표에도 불구하고, 덕성여대 분규의 중심 인물이며 합법적으로 재임용탈락된 한상권 교수의 특채를 박원택 이사 취임 승인의 조건으로 내세워 감독청 스스로가 사학 법인의 인사권을 침해하는 행위를 하였음.
>
> — 전 덕성학원 이사장 박원국, 「덕성여대 분규에 따른 이문영 이사장 등 이사진 선임 경위」,
>
> 1999. 10. 14.

박원국 전 이사장이 지적한 것처럼 교육부가 내 복직을 조건으로 내걸면서 10개월 넘게 박원택 이사의 임원 취임 승인을 유보한 데에는 나름대로 이유가 있었다. 1998년 3월 3일 김대중 대통령이 초대 교육부 장관으로 이해찬 의원을 임명했다. 그런데 이해찬 신임 교육부 장관은 일찍이 덕성 민주화운동과 인연이 있었다. 야인 시절인 1990년, 덕성여대에서 열린 문화제에 참석해 성낙돈 교수 원상 복직의 당위성과 사학 비리 척결을 역설해 그 자리에 모인 민주세력의 투쟁 의지를 북돋아 주고 공동 투쟁결의문까지 채택한 장본인이었다. 이렇게 덕성 사태를 꿰뚫고 있는 사람이 교육부 장관으로 임명되었기 때문에, 교육부가 제동을 걸어 이사회 의결권이 또다시 박씨 일가에게 넘어가는 최악의 상황은 모면할 수 있었다. 참으로 어처구니없는 일이었다.

14

"한상권 교수 복직"

선생님, 물러서지 마세요 Ⅱ

1998년 3월 초 새 학기가 시작되면서 학원민주화 투쟁은 모두 끝난 듯했다(덕성에서 있었던 구 재단 퇴진 투쟁을 총학생회는 '학원자주화 투쟁'이라 부르기도 했지만 여기서는 '학원민주화 투쟁'으로 통일해서 쓰도록 하겠다). 학내 분위기는 침체되었고 지난해의 투쟁 열기는 어디서도 찾아보기 힘들었다. 어찌 보면 당연했다. 유급을 각오하고 수업거부 투쟁을 벌였는데도 투쟁의 성과로 남은 것이 아무것도 없었기 때문이다. 투쟁이 치열했던만큼 패배의식도 컸다. 다른 학교에서 학원민주화 투쟁을 벌이면서 '덕성처럼은 되지 말자'는 말을 할 정도로 후유증이 컸다. 학원민주화 투쟁의 맨 앞에 서서 힘든 싸움을 벌이며 모든 대학의 모범이 되었던 덕성이 왜 그런 소리를 들어야 하는가.

덕성인들이 지치기는 했으나 투쟁을 포기한 것은 아니었다. 다시 힘을 모을 계기가 필요할 뿐이었다. 침체된 분위기를 쇄신하고 학원 민주화 투쟁의 불길을 새로 지피기 위해 총학생회와 민주동문회가 문화제 공연을 기획했다. 공연 제목은 1990년 해직교수의 복직을 위해 열린 '선생님, 물러서지 마세요'를 이어받아 '선생님, 물러서지 마세요Ⅱ'로 하기로 했다.

1990년의 공연은 학생과 시민들이 만 명 가까이 참석해 성황리에 열렸다. 그러나 앞에서 말한 것처럼 박 전 이사장의 기만적인 약속에 속아 해직교수 복직은 물거품이 되고 투쟁에 참여한 교수와 학생들은 징계를 당하고 말았다. 실패는 한 번으로 족했다.

학생들은 내 복직을 가로막고 있는 세력과 당시 해직교수의 복직을 막은 세력이 같다고 보았다. 그들에게 우리가 과거의 좌절을 절대 잊지 않는다는 것을 보여 주기 위해 공연 제목을 이어받은 것이다. 8년 전의 뼈아픈 실책을 반성하고 다시는 속아 넘어가지 않겠다는 각오의 표시였으며, 8년간 이어지고 있는 싸움을 이번에는 반드시 끝내 덕성의 완전한 정상화를 이루겠다는 의지의 표현이기도 했다.

그런데 공연을 한창 준비 중이던 4월 26일, 뜻밖의 불상사가 일어났다. 일요일인 이날 오후 6시에 이수미 총학생회장(도서관학과 4학년)이 학교 앞에서 불법 연행되어 남대문경찰서에 구속된 것이다. 공연을 불과 사흘 앞두고 생긴 일이었다. 학생들은 총학생회장 연행에 틀림없이 배후가 있을 것이라며, 학교 당국에 의심의 눈길을 보냈다. 그 근거는 세 가지였다.

하나는 총학생회장을 구속한 시점이다. 1998년 2월 25일 김대중 대통령을 수반으로 하는 국민의 정부가 출범했다. 많은 이들이 '3·

13 특별 사면·복권' 시 대승적 차원에서 구속 학생들을 대거 석방해 새 정부와 함께 새로 출발할 수 있기를 기대했다. 그러나 현실은 정반대였다. 국민의 정부가 들어섰는데도 한총련과 관련된 총학생회 임원들을 연행하는 과정에서 인권 유린 사례가 자주 발생했다. 영장 없이 불법으로 대학생을 연행하거나 지난 시기의 활동이나 지극히 자의적인 판단을 근거로 각 대학의 총학생회장을 마구잡이로 연행해, 50여 명이 구속된 상태였다. 정부가 대학생들을 무리하게 강제 연행하고 구속한 것은 이적단체로 규정된 한총련 대의원대회를 무산시키기 위해서였다. 그러나 덕성여대 총학생회장은 한총련 계열이 아니었다. 검찰은, 수사 과정 중 총학생회장이 한총련 관련 혐의가 없음이 밝혀졌는데도, 과거에 불기소 처분을 받은 사안까지 들먹이면서 국가보안법 위반 혐의를 적용해 구속했다. 이것은 덕성에서 다시 일어날 준비를 하는 민주화운동의 열기를 사전에 차단하려는 조치라고 볼 수밖에 없었다.

다른 하나는 총학생회장을 구속한 사유다. 경찰은 총학생회장이 국가보안법을 위반했기 때문에 연행했다고 밝혔다. 하지만 경찰이 국가보안법을 위반했다며 제시한 증거자료가 그전 해의 새터 자료집, 간부수련회 자료집이어서 누가 봐도 설득력이 떨어졌다. 오히려 경찰이 비중 있게 따지는 사안은 1997년 수업거부 투쟁 때 저질렀다는 불법집회죄, 교통방해죄, 건조물침입죄, 업무방해죄 등이었다. 그런데 업무방해죄와 건조물침입죄는 통상적으로 피해자의 고소가 있어야 수사를 하는데, 그렇다면 총학생회장을 구속시키기 위해 학교 당국이 모종의 조치를 취했다는 것이 된다. 부직 교수들이 총학생회 중앙

운영위원회와 만난 자리에서 "총장실 점거를 오래 계속한다면 총학생회장은 나오기 힘들다. 이렇게 총장실을 점거한다면 중앙운영위원회 모두에게 사법 절차를 밟겠다."라고 한 발언도 같은 맥락에서 이해할 수 있었다. 즉 경찰이 공안 분위기에 편승해 총학생회장을 국가보안법 위반으로 연행했지만 실제로는 학원민주화 투쟁에 대한 보복이라는 것이다.

마지막으로 총학생회장을 체포한 시점이다. 이강혁 총장이 3월 30일 「담화문」을 통해 한상권 교수 복직을 논의할 기구인 '덕성여자대학교 학원 정상화 추진위원회(정추위)'를 만들겠다고 선언했다. 그러나 정추위 발족이 내 복직 등 덕성 문제 해결을 지연시키기 위한 술책임을 간파한 총학생회가 회의 참여를 끝까지 거부했다. 총학생회는 교수 복직의 권한과 책임은 총장에게 있으니 하루빨리 한상권 교수 복직을 제청하라고 촉구하면서 총장실 점거농성을 계속했다. 총학의 불참으로 곤란에 빠진 총장이 4월 23일 정추위 회의 개최 연기를 선언했다. 그리고 그로부터 사흘 뒤인 26일, 총학생회장이 연행되었다. 덕성인이 4·29문화제 공연을 기점으로 다시 일어서고자 하였으므로, 민주화 투쟁을 사전에 차단하기 위해 총학생회장을 구속시켜야만 했다.

5월 11일, '한국기독교교회협의회(KNCC)'의 정의와인권위원회가 국민의 정부가 들어선 이후 처음으로 회의를 열었다. 그리고 새 정부가 들어선 뒤 한총련 관련 총학생회 학생들을 연행하는 과정에 인권유린 사례가 있으며, 법을 무리하게 적용해 가며 많은 학생을 구속하는 것에 대해 우려한다고 했다. 이어 덕성여대 문제를 언급했다.

또한 한총련으로부터 자진 탈퇴한 덕성여대 총학생회장(이수미)의 경우 한총련 탈퇴 이전에 소지한 문건(1997년 9월 불기소 처분까지 받음.)을 새삼 문제 삼고 학내 문제와 관련한 집회에 대해서도 학교 측이 처벌 의사가 없음에도 이를 문제 삼아 국가보안법 위반 혐의로 구속한 것은 시기적으로나 사안의 내용으로 보아 부적절하고 온당치 못한 처벌이라 할 것이다.

이런 성명서가 나오자, 서울지검 북부지청이 이수미 총학생회장을 폭력행위 등 처벌에 관한 법률 위반, 업무방해, 집회 및 시위에 관한 법률 위반 등 학내 문제로만 기소했다. 검찰의 공소사실을 보면 '이적물을 소지·취득·배포하여 국가보안법을 위반'했다는 총학생회장 체포 당시 제출된 영장의 내용이 얼마나 터무니없는지를 바로 알 수 있다. 총학생회장의 강제 연행과 구속 조치의 배후에 구체적으로 어떤 힘이 작용했는지 알 수는 없다. 다만 덕성의 민주화운동을 탄압하는 데 공권력이 부당하게 사용되었다는 점만은 분명하다.

대법원 판례 위에 '덕성여대 판례'를 만들겠습니다

4월 29일 수요일 오후 6시, 공안 탄압을 뚫고 학생과 졸업생 500여 명이 모인 가운데 '선생님, 물러서지 마세요Ⅱ'의 막이 올랐다. 덕성여대 총학생회와 민주동문회가 공동 주최한 문화제 공연에 '민주사회를 위한 변호사모임', '민주화를 위한 전국교수협의회', '전국교직원노동조합', '전국대학노동조합연맹', '전국사립대학교 교수협의회연

1998년 4월 29일 덕성여대 영근터에서 '선생님, 물러서지 마세요 Ⅱ'의 막이 올랐다.

합회', '참교육을 위한 전국학부모회', '참여민주사회를 위한 시민연대', '학술단체협의회', '한국역사연구회' 등 아홉 개 교육·시민·사회 단체가 후원 단체로 참가했다. 늘 푸른 꿈이 알차게 영글어 가는 사색의 이름인 영근터교정에서 열린 문화제 공연에 교수협의회 교수들을 비롯해 진정한 학문의 발전과 학원민주화를 위해 연대투쟁을 아끼지 않았던 많은 교육계 민주인사들이 자리를 함께했다.

당시 민교협 공동의장 김진균 교수(서울대 사회학과)는 격려사에서 '철옹성 같던 박원국 이사장 체제가 무너진 것은 여러분과 선배들의 힘'이라며 학생들의 노고를 치하했다. 무대는 사회학과 88학번 졸업생으로서 여러 민주 집회에서 빼어난 진행 솜씨를 인정받은 최광기의 재치있는 사회와 가수 최도은, 안치환 등의 노래로 뜨겁게 달아올랐다. 이정열, 서울지역 노래패 연합 '삶의 소리', 서울지역 대학총학생회 연합 노래패 '조국과 청춘' 등의 공연이 많은 관중의 호응을 얻었다.

이 문화제에서 가장 돋보인 것은 영상물이었다. 1990~1997년의 덕성 민주화 투쟁이 지나온 길을 심리학과 85학번 졸업생인 한금선과 학교 방송국에서 제작한 슬라이드로 보면서 장내 분위기가 숙연해졌다. 이날 문화제는 '덕성 투쟁 승리'라는 글자가 뜨거운 불길을 일으키며 타오르는 가운데 모든 사람이 강강술래를 하는 것으로 네 시간 만에 막을 내렸다.

4·29 문화제 공연은 학생들이 다시 한 번 힘을 얻고 일어서겠다고 다짐하는 장이었다. 결의를 밝히는 자리에서 나는 학교 측의 요구로 중단했던 한국사 강의를 다시 하겠다고 선언했다.

어떠한 속임도 없는 투명성, 어떠한 야합이나 담합도 하지 않는 비타협, 어떠한 부당한 압력에도 굴하지 않는 불복종의 정신에 따라, 부당한 재임용탈락 조치를 철회시키고 대법원 판례 위에 '덕성여대 판례'를 만들겠습니다.

사람이 꽃보다 아름다워

4·29 문화제 공연에 참석한 청중 500여 명은, 1997년 2학기 투쟁에 매 집회마다 1,000여 명씩 모인 것을 떠올려 보면 분명히 적은 숫자다. 또 학원민주화 투쟁을 이끌면서 투쟁의 동력을 결집시킬 간부 학생들이 목소리를 들을 수 없었던 것도 아쉬움으로 남았다. 모두

가 총학생회장 구속으로 나타난 문제였다.

그러나 많은 학생이 참여하지는 않았어도 공연의 열기는 뜨거웠다. 문화제 공연에 참석한 새내기 서지형 학생의 글이 교지 『근맥』(34·35집, 1998)에 실렸다. 그 글을 보면 문화제 공연이 학생들에게 어떤 영향을 주었는지 잘 알 수 있다.

"'선생님, 물러서지 마세요' 3탄은 없습니다." 단상에 서신 성낙돈 교수님은 목이 메이셨는지 얼마간의 침묵 끝에 말씀을 시작하셨다. 교수님의 이 한마디에 온 장내가 숙연해진다. 이미 어둑해져 버린 영근터에는 서로의 숨소리만이 그곳을 가득 메우는 가운데 나는 앞서 지나갔던 학원자주화 슬라이드와 사진 자료에 온통 마음을 빼앗기고 있었다. 1990년, 벌써 8년이란 세월이 지난 지금, 빛바랜 사진들과 낡은 비디오테이프들이 이토록 생생하게 느껴지는 것은 무슨 까닭에서일까……. 그때의 문제가 바로 지금 우리가 부딪쳐야 할 현실로 다가왔기 때문일 것이다. 그만큼 덕성은 오랜 투쟁의 길을 걸어왔다. 매 해 학원자주화를 위한 크고 작은 궐기는 끊임없이 일어났고, 그것이 전국적인 학생운동과 맥을 같이하면서 우리는 오늘까지 숨 가쁘게 달려왔다.

이제야 대학 문화의 한 귀퉁이에 발을 내디딘 새내기인 나로서는 가슴 한쪽이 버거워질 만큼 힘든 현실이었다. 남들이 보기에 우리 학교는 결코 평범하지 못한 학교다. 쌈닭이라 불릴 만큼 대가 세고 끈질긴 성향이 일반인들에게는 무척 신기하게 여겨졌나 보다. 사실 나도 입학하기 전까지만 해도 그러한 느낌들을 가지고 있었으니까. 그러나 막상 이곳에 오게 된 나는 이렇게 이야기하고 싶다. 덕성을 지배하고 있는 것은 상식일 뿐이라고, 우리가 싸우는 이유는 우리의 성향이 독특해서가 아니라, 상식에 배치되는 힘 앞에 굴하지 않는 것뿐이라고 말이다. 이러한 생각들과 함께, 한 선배의 권유에 따라 나는 자원봉사단에 참여했고, 분주한 손놀림 속에서도 싱긋이 웃어 가며 일하는 선배들의 여유가 한없이 푸근하게만 느껴졌다. 너무도 당당하고도 의젓한 모습들이다. 아마도 그들은 자기 자신을, 아니 우리 모두를 밑바닥에서부터 긍정해 주고 있나 보다. 갑자기 문화제가 자신 있어진다. 스트로에 비틀어 매단 풍선 색깔만큼 영근터가 싱그러워진다. 누가 그랬더라, 자신감은 미모를 돋보이게 해 준다고…….

문화제는 처음엔 일반 학우들의 춤과 노래로 꾸며졌고 나중에는 외부 학생들과 민중가요를 부르는 이들로 채워졌다. 각 학교들의 지원과 인사말들은 학내 문제가 우리만의 것이 아니라는 사실들을 일깨워 주었다. 알게 모르게 수많은 사람들이 우리의 문제를 인식하고 있으며 동참하고 있는 것이다. 그래, 우리는 혼자가 아니다. 그리고 절대 물러서지도 않는다. 문화제는 서총련 노래패와 안치환의 공연에 이르러 거의 절정에 다다른다. 특히 서총련 노래패는 그 구성원들이 젊은 만큼 강한 이미지를 남겨 준다. 그들이 무대에 올라서자마자 관객석에서는 "예뻐졌어요.", "살 빠졌어요." 등의 친근한 인사말들이 터져 나왔다. 이처럼 중간 중간에 벌어지는 공연들은 구호를 힘 있게 해 주고 일체감을 더해 준다. 너무 밤이 늦었다는 이유로 부근에 사는 한 주민의 과격한 항의 때문에 공연이 일시 중단되기도 했지만 나름대로의 진지한 분위기를 계속 이끌어 갔다.

맨 마지막으로 사회자는 한상권 교수님을 무대 위로 모셨다. 그리고 한 교수님의 복직을 도우셨던 다른 교수님들과 함께. 내 옆에는 복직 투쟁에 앞장섰던 선배가 서 있었다. 선배는 교수님이 단상에 서시자 조용히 눈물을 흘렸

다. 그토록 존경하는 교수님을 문화제를 하면서 뵈니 그 느낌이 각별했을 것
이다. 교수님께서는 간단하면서도 힘 있게 말씀하신다. 어떤 타협과 비굴함
도 있을 순 없다고 말이다. 그 단단함과 여유로움…… 충분히 존경받을 만
한 분이라는 생각이 들었다. 저분한테 사사를 받을 수 있다면…… 복직에
대한 열망이 더 간절해졌다.

새내기가 되어 처음 경험한 문화제, 다른 문화제와는 매우 성격이 다르다.
우리에게는 여러 사람들의 공연보다 의식과 격려가 더 중요했다. 내가 없어
지고 우리가 되어 부르는 노래가 끊이지 않기를 소망한다. 갑자기 안치환의
노래가 귓전을 울린다. '사람이 꽃보다 아름다워……'

외국에 1년 나갔다 오세요

문화제 공연에서 한 약속대로 나는 5월 4일 월요일부터 장외 강의
를 다시 시작했다. 중단된 지 두 달 만에 하는 것이었다. 권혜은, 김경
선, 김수정, 김은영, 김혜원, 문지현, 박옥생, 손고은, 손효진, 여민경,
유민하, 이상분, 이은영, 임성미, 전향연, 정유진, 최윤정, 한상이, 홍재
현, 황진경. 사학과 3학년 학생 스무 명이 환영의 뜻을 밝히고 강의에
동참했다. 학생들은 민주화를 이루어 평화로운 덕성에서 열심히 공
부하고 싶으며 그날이 올 때까지 투쟁하겠다고 다짐했다. 그들은 내
복직투쟁을 정의를 실현하는 과정으로 인식하고 있었다.

내가 장외 강의를 다시 시작하자 교무처장으로부터 만나자는 연
락이 왔다. 교무처장은 당시 상황을 타개하기 위해, '한상권 교수는

조만간 이강혁 총장을 면담한다. 교무처장은 이강혁 총장에게 건의해 인사위원회 개최 일정을 잡도록 한다'는 두 가지 사항을 교수협의회 회장단과 합의했다고 알려 주었다.

이 합의에 따라 6일, 운니동 교정을 방문해 이 총장을 만났다. 그 자리에서 이 총장은 2학기에 복직시켜 주겠다며 조건을 제시했다. 내가 복직되면 해직을 주도한 교수들에 대한 보복으로 학교가 시끄러워진다면서, 복직을 반대하는 교수들이 있으니 학교가 조용해질 때까지 1년 동안 외국에 나가 있으라는 것이었다. 그동안 밀린 연구도 있을 테니, 학문에 깊이 천착할 수 있는 귀중한 시간이 될 것이라고 했다. 가고 싶은 대학 이름만 알려 주면 서류 수속은 학교가 알아서 하겠다고 했다. 복직과 함께 안식년까지 주겠다니, 참으로 솔깃한 제안이 아닐 수 없었다. 당시 덕성에 안식년제가 없었다는 점을 생각한다면 상당히 파격적인 제안이었다.

하지만 내 복직을 반대하는 구 재단 측 교수들의 도움으로 당선된 총장이 하는 말을 액면 그대로 믿기는 어려웠다. 자신이 출범시킨 '학원 정상화 추진위원회'의 일정을 임의로 중단시킨 것만 보더라도 그 말을 신뢰하기가 힘들었다. 게다가 총학생회장 구속에 필요한 학교 자료를 검찰에 넘기는 과정에 총장의 지시가 있었다는 의혹까지 제기된 마당이었다.

며칠 후 다시 만난 자리에서 나는 총장의 제안을 거절했다. 그리고 갖가지 떠도는 이야기, 즉 내 불법적인 행동과 무리한 요구 때문에 학내 사태가 풀리지 않는다는 소문에 대해, 내 입장을 다섯 가지로 정리해서 구두로 밝혔다.

첫째, 현재 한국최근세사를 듣고 있는 3학년 학생과 한국사연습을 듣고 있는 4학년 학생들을 반드시 내 손으로 졸업시킨 후, 안식년을 신청하거나 대학을 옮기는 문제 등은 그때 가서 결정할 것임.

둘째, 내가 학교로 돌아오면 나를 재임용에서 탈락시킨 보직 교수들에게 복수할 것이며 그 때문에 학교가 더욱 시끄러워진다는 말은 터무니없는 주장임. 나는 복직된 후, 부당한 위해가 가해지지 않는 한, 교수의 본분인 강의와 연구 그리고 학생 지도에 전념할 것임.

셋째, 현재 나의 강의를 듣는 학생들이 불이익을 받지 않도록 총장님께서 특단의 조치를 해 주시기 바람.

넷째, 인사위원회 소집 등 복직 절차와 관련된 추후 일정표를 명확히 제시해 주시기 바람.

다섯째, 현행법상 원직 복직이 아니라 신규 임용 형식으로 복직이 될 수밖에 없다면, 나는 복직된 이후에도 사법부에 제소하여 잘못된 재임용 제도를 바꾸고 불이익 반환 소송을 하여 피해 보상을 받도록 노력할 것임.

나는 이 총장이 제시한 복직을 위한 조건이 복직투쟁의 상징성과 도덕성을 흠집 내려고 내건 미끼라고 보았기 때문에 거절했다. 총장은 내 복직을 개인적인 문제로 축소하려고 했다. 그러나 내 복직투쟁은 이미 개인 차원의 문제를 넘어 덕성 전체의, 더 나아가 전국 대학 교수들의 교권 확립과 교육 민주화의 수준을 가늠하는 상징적인 싸움이 되었다. 서명교수들은 내 복직투쟁을 전체 교수를 대표해 재단 권력에 맞서는 싸움으로 승화시키기를 바라고 있었다. 문제의 핵심은 복직 여부가 아니라 복직 방식이었다. 타협이나 뒷거래가 없는 명예롭고 떳떳한 복직만이 덕성의 민주화와 사학 발전의 초석이 될 수 있었다.

복직투쟁의 의미가 이러할진대, 내가 복직 조건을 받아들인다면 투쟁의 상징성은 퇴색하고 도덕성도 치명적인 타격을 입을 수밖에 없었다. 외국에 나가라는 요구는 내 복직을 위해 싸운 학생들을 뒤로 하고 숨어 지내라는 말과 같았다. 그것은 온갖 협박과 압력을 받아 가며 장외 강의를 듣는 학생들을 저버리는 짓이었다. 장외 강의를 듣는 학생들은 책에서 배울 수 없었던 많은 것, 즉 함께하는 사람들과의 믿음과 사랑 그리고 인간의 소중함을 강의실 밖에서 배웠다고 했다. 나는 학생들의 순수한 영혼을 지켜 줘야 했다. 나는 복직투쟁을 시작하면서 학생들에게 서로가 주체가 되는 싸움을 하자고 했다. 그런 내가 총장이 제시한 조건을 받아들인다면, 학생들과의 신뢰관계는 하루아침에 무너질 것이다.

내가 총장의 복직 제안을 거부한 사실이 알려지자, 협상에 기대를 걸었던 많은 교수들이 상당히 실망했다. 일단 제안을 받아들여 복직한 뒤, 정 외국에 나가기 싫으면 규장각에 가 있는 방안도 있지 않겠느냐며, 어렵사리 마련된 복직 기회가 무산된 것을 무척 아쉬워했다. 반면, 소수이지만 내 입장을 지지해 주는 교수도 있었다.

오영희 교수는 「부당하게 재임용에서 탈락된 한상권 교수는 즉시, 그리고 명예롭게 복직되어야 합니다.」라는 글을 통해, "한 교수가 명예롭게 복직되지 않으면 1년 뒤 박원국 전 이사장은 돌아올 것이고 우리 대학은 다시 옛날로 돌아갈 것"이라며, 긴장의 고삐를 늦추지 말 것을 당부했다. 오 교수는 홀로 님아 언론에 보도자료를 보내는가

하면 농성 중인 학생들을 찾아가 위로하며 외롭게 싸웠다. 당찬 그 모습을 보고, 학생들은 한 교수 재임용탈락의 불똥이 튈까 많이 걱정했다. 하지만 오 교수는 개의치 않는 눈치였다.

"진실한 싸움이기에 어떤 어려움이 따르더라도 감수할 각오가 되어 있습니다."

한상권 교수의 복직은 이강혁 총장 퇴진으로부터

일요일이던 5월 24일 저녁, 이강혁 총장이 본부 처·실장과 만난 자리에서 한상권 교수 문제는 신문 공고에 의한 '공개 채용' 형식으로 처리하라고 지시했다. 3월 24일 이후로 이사회 분위기가 바뀌었다고 하면서, 이사회의 특채 결정을 뒤집고 신규 공채 절차를 추진하라고 지시했다. 게다가 운니동 교정의 평생교육원장실에서 열린 간부 회의에서, 학생들을 상대로 장외 강의를 벌인 나를 처·실장 명의로 사법 당국에 고소하라고 다그치기까지 하였다.

그러자 내 복직에 우호적인 태도를 견지해 온 교무처장과 학생처장, 기획실장이 총장의 지시에 반발해, 5월 27일에 「한상권 교수의 복직은 이강혁 총장의 즉각 퇴진으로부터」라는 성명서를 발표하고 김계수 이사장에게 보직 사표를 제출했다. 이들은 사퇴성명을 통해, "이강혁 총장에게 4월 30일까지 한 교수 복직 조처를 취하도록 촉구하였으나 계속 미루면서 복직을 시키지 않을 뿐 아니라, 교무위원 인선을 별다른 이유 없이 미루고 교무위원회도 열지 않는 등 학교를 파행적으로 운영해, 이강혁 총장의 즉각 퇴진을 요구하며 보직을 사퇴한다."라고 했다. 이어 "이 총장이 한 교수의 복직 문제를 진심으로 해결할 의지가 없으며 덕성여대가 요구하는 시대적 소명을 완수해낼 능력과 자격이 없다는 것이 명백하게 입증되었다. 구 재단과 이어진 고리를 끊지 못해 학교가 한 발도 앞으로 나아가지 못하게 하는 걸림돌인 이강혁 총장은 준엄한 심판을 받아야 한다."라고 주장했다. 보직 교수들의 양심선언으로, 그동안 나를 복직시키겠다던 이 총장의 말이 그냥 시간을 끌기 위한 전술이라는 게 드러났다. 특히 한국사 교수를 공채로 뽑겠다는 총장의 발언은 보직 교수는 물론이고 교수협의회 교수들과 학생들의 분노를 촉발했다. 과거 박 전 이사장이 나를 복직시키지 않고 위기에서 벗어나려고 쓴 방법과 똑같기 때문이었다.

이 총장에게 일말의 기대를 걸고 있던 교수협의회 교수들도 총장이 앞에서는 복직 운운하면서 뒤에서는 은밀히 고소고발을 획책하는 부도덕한 일을 지시했다는 폭로에 경악했다. 교수협의회는 비상총회를 개최해, 그때까지 진행한 협상 노력이 아무 성과도 없었다고 선언하고, 6월 1일부터 다시 항의농성에 돌입하는 한편 매일 아침 정문 앞에서 침묵시위를 벌이기로 했다. 그리고 일촉즉발의 상황에서 분규를 수습할 유일한 길은 한 교수를 '특채'하는 것이라고 주장했다. 교수협의회는 "한 교수 복직은 덕성 정상화와 화합의 시작이며, 그것이 실현된다면 교수와 학생이 모두 열심히 연구하고 공부하는 본연의 자세로 돌아가 화합할 것"이라고 했다.

복직보다 소중한 원칙

이강혁 총장의 최후통첩성 공채 발언을 전해 듣고, 나도 적극적으로 항의해야겠다고 생각했다. 곰곰이 생각한 끝에 학교 앞에서 천막 농성을 하기로 결심했다. 공개된 장소에서 천막 농성을 하면 힘은 들겠지만, 많은 이들의 시선을 집중시켜 긴장감을 극대화하는 효과가 있을 것이라고 판단했기 때문이다. 총학생회도 내 천막 농성장 옆에서 학생들을 상대로 이강혁 총장 퇴진 서명운동을 재개하기로 했다.

5월 27일 정오, 교문 안쪽 민주광장. 나는 자신이 문서로 약속한 사안마저 뒤집고 이사회의 요구를 무시하면서까지 내 복직을 가로막은 이 총장의 비상식적이고 무법적인 행태에 항의하는 성명서를 읽고 천막 농성에 돌입했다.

내 천막 농성 소식을 인권운동사랑방에서 취재해 「인권하루소식」(1134호, 1998. 5. 28.)에 실어 주었다.

복직보다 소중한 건 원칙

덕성여대 교문을 들어서면 하얀 천막과 그 아래 앉아 있는 한 사람이 눈에 들어온다. 따가운 햇볕 아래서 서명을 받고 있는 학생에게 "지영아, 그늘에 서 있어라." 하고 자상하게 말을 건네는 그는 지난 1997년 2월 부당하게 재임용에서 탈락된 이후 지금까지 복직투쟁을 하고 있는 한상권 교수다. (……) 지난 5월 24일 이강혁 총장의 '공채 발언' 이후, 27일부터 덕성여대 민주광장에서 천막 농성에 돌입한 한상권 교수는 '복직 그 자체도 중요하지만 도덕성을 견지하면서 복직되는 것이 무엇보다 중요하다'고 말한다. 그는 '총장의 공채 발언은 복직을 원천적으로 봉쇄하면서 나에게 책임을 떠넘기려는 의도'로밖에 볼 수 없다며, '원칙을 훼손시키면서 복직되는 것은 오랫동안 투쟁을 해 온 학생들에 대한 배신'이라고 밝혔다. 어떠한 속임수도 없는 투명성, 어떠한 야합이나 담합도 하지 않는 비타협, 어떠한 부당한 압력에도 굴하지 않는 불복종의 정신에 따라, 부당한 재임용탈락 조치를 철회시키고 '덕성여대 판례'를 만들겠다고 학생들 앞에 약속했다는 한 교수는 현재 자신의 장외 강의를 듣고 있는 사학과 3·4학년 학생들을 반드시 자신의 손으로 졸업시키겠다고 한다.

한여름 뙤약볕 아래에 종일 앉아서 하는 천막 농성은 생각보다 훨

"교단에 서고싶다" 1일 오전 서울 덕성여대 정문 안쪽에서 지난해 2월 재임용에서 탈락한 뒤 1년 4개월째 교단으로 돌아가지 못하고 있는 한상권 전 교수(왼쪽에서 두번째)가 동료 교수들과 함께 복직을 요구하며 농성하고 있다.
김봉규 기자

1998년 5월 27일부터 덕성여대 정문 앞 민주광장에서 진행한 천막농성에 교수협의회 교수들이 지지방문해 주었다.

씬 힘들었다. 그래도 6월 1일부터는 교협 교수들이 교문 앞에서 침묵 시위를 한 뒤에 농성장을 방문해 줘서 한결 수월했다.

그러다 천막 농성 닷새째인 6월 2일에 비가 왔다. 빗줄기가 거세지면서 빗물이 천막 안으로 스며들어 농성장 안이 구질구질해졌다. 학생들은 비 맞는 선생님의 모습이 안쓰러운지 계속 천막을 학생회관이나 행정동으로 옮기자고 했다. 하지만 나는 '농성이란 사회 부조리에 맞서 싸우는 것이므로 역경과 고통을 통해 시위 효과를 극대화할수 있다'며 계속 그 현장을 고집했다. 비 오는 날의 천막 농성은 특히 힘들었지만, 이날도 교수협의회 교수들이 농성장을 지지방문해 줘서 큰 어려움 없이 마칠 수 있었다.

양심의 승리입니다. 축하드립니다

학교 안팎에서 이강혁 총장이 퇴진해야 한다는 뜻이 모이는 가운데 6월 2일에 이사 간담회가 열렸다. 이 자리에서 이사들은 '특채 형식을 통한 복직'이라는 기존 방침을 거듭 확인했다. 처장과 실장의 보직 사표, 8일간 연 인원 120명이 참여할 만큼 뜨거웠던 '민주화를 위한 전국교수협의회'의 항의 농성, 교수협의회 교수들의 교문 앞 침묵 시위, 총학생회의 총장 퇴진 서명운동, 내가 한 천막 농성 등으로 사면초가에 빠진 이강혁 총장이 6월 8일 담화문을 통해 "한 교수 문제는 즉시 제청 절차를 진행시킬 것을 분명히 밝혀드린다."라며 특채 의사를 밝혔다.

10일, 총장이 소집한 인사위원회가 열렸다. 이 자리에서 나를 7월 1일 자로 특별채용한다는 결정에 참석 위원이 모두 찬성했다. 이 결정은 총장의 제청을 거쳐 16일에 열릴 이사회에서 최종 추인 절차를 밟도록 되어 있었다. 11일 아침, 이강혁 총장이 이사회에 복직 제청을 한 뒤 일본으로 떠났다. 김계수 이사장도 총장의 제청 서류를 받았다고 교수협의회 교수들에게 확인해 주었다. 내 복직이 가시화 됨에 따라 총학생회 또한 「247일 간의 총장실 점거투쟁을 정리하며」라는 성명서를 발표하고 1997년 10월 4일부터 247일간 이어진 총장실 점거 농성을 풀었다.

6월 10일 인사위원회에서 한상권 교수님의 복직이 결정되었습니다. 한상권 교수님의 복직은 덕성 투쟁의 정당성을 알리는 것이고 부당한 사립학교들의 만행에 대한 경고이기에 큰 의미가 있습니다. 6월 12일 중운위는 2처1실장님과의 협상을 통해 학부제연구소의 건설과 (학부제연구소에) 학생들이 건의하고 참관할 수 있는 자격을 약속받았고, 이후에도 학생들과의 논의를 계속 가져갈 것을 약속받으며 247일간이 총장실 점거를 풀었습니다. 그 외에 312억의 재단전입금 중에서 12억이 장학기금으로 되었습니다. 하지만 덕성이 이렇게 긴 투쟁 속에서 이룬 가장 큰 성과는 무엇보다도 학생들의 교육권이 점차 환기되고 있다는 것입니다. 작년까지 학교측은 학생들과 학교일에 대해 무슨 협상을 할 것이 있냐며, 학생들을 교육의 객체로 내몰기 일쑤였습니다. 하지만 덕성의 투쟁 과정에서 가장 큰 문제점-졸속적인 학부제, 한상권교수 재임용탈락-은 교육의 주체들을 제외하고 비민주적인 학사운영를 가서 긴 깃이었습니다. 교육의 주체를 인정하지 않는 총장의 교육관을 비판하며 퇴진을 요구한 덕성인이 2,320명이나 됩니다, 이 서명이 가능했던 것은 교육의 주체들을 인정하지 않는 교육이 얼마나 피폐화되는지 우리는 덕성의 모습에서 너무나 뼈저리게 보았기 때문입니다. 앞으로 덕성인들은 교육의 주체로서 당당하게 덕성의 교육에 대해 이야기할 수 있어야만 한다는 인식의 전환이 가장 큰 성과일 것입니다.

내 특별 임용을 종용한 이사회의 요청에 따라 인사위원회가 열렸고, 총장이 인사위원회의 결정이 내려지자마자 이사회에 특별 임용을 제청했기 때문에 언론을 비롯해 많은 이들이 이사회의 추인 절차가 이의 없이 진행될 것으로 전망했다. 학술단체협의회에서 '덕성여대 한상권 교수 지지란'에 내 복직 제청 사실을 알리자 많은 이들이 정말 기쁜 소식이라며 축하의 글을 올려 주었다. 지면 관계상 두 편만 소개한다.

정말 기쁜 소식입니다

절망과 탄식, 고통의 소리가 사회 곳곳에서 들려오는 지금, 가뭄에 단비를 만난 듯, 정말로 한 줄기 기쁨의 소식입니다. 한상권 선생님께 먼저 축하드린다는 말씀을 드리고 주변에서 알게 모르게 애를 쓴 모든 분들, 특히 덕성여대 조혜진님께도 고마운 마음을 전해야 할 것 같습니다.

이 소식이 단지 선생님만의 기쁨과 즐거움이 아니라 우리 사회 고통받는 사회적 약자들 모두에게도 꿈과 희망의 메시지로 다가갈 수 있었으면 더욱 좋겠습니다. 아무쪼록 한상권 선생님, 그동안 축난 몸 간추리실 수 있도록 며칠 푹 쉬시고, 앞으로 더욱 건강한 모습, 환한 얼굴로 만나 뵐 수 있기를 (가급

적이면 빠른 시일 내에) 기대합니다. 다시 한 번 축하드립니다.

조현연

축하드립니다.

 항상 이 난에 들어올 때마다 안타까움을 금할 수 없었습니다. 그러면서도 언젠가는 정의가 승리하는 모습을 보여 주시리라고 믿었습니다. 역사를 공부하는 사람으로서 이를 스스로 확인시켜 주신 선배님의 모습이 자랑스럽습니다. 저 스스로도 뿌듯합니다. 지난 1년 반이 참으로 길었지만 선배님과 저희에게 모두 의미 있는 시간이었다고 여겨집니다. 지방에 있는 몸이라 농성이나 시위에 동참하지 못했던 점을 이해해 주시리라 믿으면서 다시 한 번 축하드립니다. 그리고 형수님께도 축하를 드리고 싶습니다.

박찬승 드림.

15

애타는 강단 복귀, '뒷거래는 사절'

덕성여대 이사회가 열릴 수 있을까?

이강혁 총장의 복직제청이 끝나자 언론도 내 복직을 기정사실처럼 보도했다. 그러나 그것은 '오보'였다. 박원국 전 이사장은 포기를 모르는 사람이요 불굴의 투사였다. 그의 상상을 초월하는 기기묘묘한 발상에는 철학자도 혀를 내둘렀다. 당시 덕성여대 이사로 있었던 이태수 교수(서울대 철학과)는 박원국 전 이사장과의 머리싸움을 장기에 비유했다. 장군을 부르고 틀림없이 판이 끝났다고 확신해서 자리에서 일어서려는 순간마다 박 전 이사장이 기상천외한 묘수를 동원해 멍군하며 응수한다는 것이다. 그의 사전에 '외통수'는 없었다.

박원국 전 이사장의 불굴의 투지는 이번에도 유감없이 발휘되었다. 그가 내 복직을 막기 위해 생각해낸 묘수는 두 가지였다. 하나는 복직을 의결하지 못하도록 이사회를 유회시키는 것이고, 다른 하나는 나를 고소고발해 임용 결격자로 만드는 것이었다. 두 가지 모두 '지나치게 정도를 걷는' 사람이 생각해 냈다고 보기는 힘든 '묘수'였다.

먼저 총장의 복직제청 이후 이사회가 어떻게 잇달아 유회되었는지부터 말하겠다. 6월 11일에 총장이 복직을 제청했기에, 16일에 열리는 20차 이사회에서 내 복직이 결정될 거라고 기대했다. 그러나 이사회 안건에는 '해직교수 복직의 안'이 없었다. 이사회 소집 통보서를 인사위원회가 열리는 6월 10일 이전에 보냈기 때문이다. 20차 이사회는 김계수 이사장이 신병으로 불참했기 때문에 법인 정관을 준용해 연장자인 박승서 이사가 임시 의장을 맡아 진행했다. 이사회 요청에 따라 총장이 복직을 제청했기 때문에, 20차 이사회에서 내 복직 문제를 논의할 다음 이사회 날짜를 잡을 줄 알았다. 그러나 기대와 달리 21차 이사회 날짜가 잡히지 않았다는 소식에 많은 이들이 의아해 했다.

이상 기류는 이강혁 총장의 움직임에서도 감지되었다. 20차 이사회가 열리고 이틀 뒤인 18일, 이강혁 총장이 사의를 표명한 본부 처·실장의 보직 사표를 수리했다. 그리고 와병 중인 김계수 이사장 댁으로 찾아가 보직 인선에 대해 재가를 받았다. 새 보직 인선은 교수협의회 교수들을 철저히 배제하고 구 재단을 추종하는 교수들 위주로 짜여 있었다. 이강혁 총장은 내 복직을 제청한 뒤 담화문을 통해, "덕성의 발전과 번영을 위하여 지난날 뿌리 깊게 형성된 구성원들 간의 분열과 대립, 갈등과 불신을 일소하고 대화합의 장을 마련하자."라고 역설했다. 그러나 새 보직 인선은 대화합과 거리가 멀었다. '이번 인사는 총장의 인사가 아니라 박원국 씨의 인사'라는 말이 교내에 파다할 정도였다.

6월 19일, 김계수 이사장이 재단에 팩스를 보내 21차 이사회 날짜를 30일로 잡으라고 지시했다. 6월 중으로 내 복직 문제를 처리하겠다는 의지를 밝힌 것이다. 그러자 22일, '교수협의회 소속이 아닌 평교수 일동' 명의로「김계수 이사장 사퇴 촉구서」라는 괴문서가 뿌려졌다. 이들은 "이사장이 상식을 벗어난 월권 행위와 이사, 총장, 교수, 총동창회 등에 강제력을 행사해 한 교수를 복직시키려 하므로 자진 사퇴해야 한다." 라고 주장했다.

김계수 이사장은 3월 24일에 열린 이사 간담회에서 한상권 교수를 복직시키는 쪽으로 의견을 모았는데도, 두 달이 넘도록 복직 제청을 하지 않는 총장에게 제재 조치를 내리지 않았기 때문에, 내 복직 지연을 방조한다는 비난을 받고 있었다. 그런 이사장에 대해 괴문서는, "오래 전부터 한상권 교수와 투쟁의 동반자적 관계에 있었다." 라고 주장했다.

> 김계수 이사장님은 외대교수 재직 시절부터 한상권 전교수와 친분관계를 유지하면서 사회적, 정치적 이슈로 불법적 투쟁을 벌여 온 동지였습니다. 김 이사장님은 한 전교수와의 동지적 친분을 은폐한 채 덕성학원 재단 이사장에 취임한 것입니다. 이러한 인연으로 덕성학원에 부임하자마자 암암리에 한 전 교수에게 복직을 약속하는 위법적인 일을 저질렀습니다.

당시 김계수 이사장은 지병인 폐암이 재발해 투병 중이었다. 악의와 중상, 비방으로 가득 찬 괴문서가 생시의 갈림길에서 하루하루 휘든 투병 생활을 하고 있는 이사장에게 틀림없이 견디기 힘든 충격을 주었을 것이다.

투병 중인 김계수 이사장이 어렵사리 소집한 6월 30일 이사회는 의사 정족수 미달로 유회되었다. 덕성학원 이사회 이사 정수는 일곱 명이며 재적 이사는 여섯 명이었다(임기를 마친 김용준 이사 후임으로 박원택 전 덕성여고 교장을 선임해 교육부에 '임원 취임 승인을 신청했으나, 교육부가 승인을 보류하고 있었기 때문이다). 재적 이사 여섯 명 중에서도 한 명은 1년 가까이 중환자실에 입원 중이었으며, 김 이사장도 신병으로 거동조차 어려워 이사회에 참석할 처지가 못 되었다. 남은 이사 네 명 가운데 한 명만 불참해도 의사 정족수 미달이라 이사회는 유회될 수 밖에 없었다. 이런 상황에서 내 복직을 한사코 반대하는 최영철 이사가 불참해 이사회가 유회된 것이다. 이사장이 7월 15일 자로 이사회를 다시 소집했지만 결과는 마찬가지였다. 이처럼 이사회가 계속 유회되자, 이사장은 7월 28일 자택에서 이사회를 열어 내 복직 문제를 처리하려고 했다. 최영철 이사가 불참해도 자신까지 네 명이 참가하면 이사회를 열 수 있을 것이라 생각했기 때문이다. 그러나 행운의 여신은 내 복직을 끝내 외면했다. 이사회 개최를 불과 일 주일 앞둔 7월 22일, 투병 중이던 김계수 이사장이 별세한 것이다. 이사장 빈소에서 사모님이 내 손을 꼭 잡고 '복도 지지리 없는 사람'이라며 눈물을 흘렸다. 사모님은 남편이 투병 중에도 달력에 하루하루 동그라미를 그려 가며 "이제 며칠만 지나면 한 교수가 복직되겠다. 그러면 내가 한 시름 놓을 수 있겠다."라고 했다며, 내 복직이 무산된 것을 무척 아쉬워했다.

남은 이사 네 명이 8월 18일에 급히 이사회를 열어 박승서 이사를 이사장 직무대행으로 선출하고, 28일에는 후임 이사를 보선해 이사회를 정상화하기로 했다. 그러나 28일에 열린 이사회에서 첫 안건인 후임 이사 선임 문제를 논의하려고 하자마자, 내 복직에 반대하는 최영철 이사가 갑자기 '사표를 내겠다'며 퇴장하는 바람에 이사회가 또 유회되었다. 이렇게 이사회가 네 차례(6월 30일, 7월 15일, 7월 28일, 8월 28일)나 유회되는 바람에 어처구니없게도 1998년 2학기가 시작될 때까지도 나는 복직되지 않았다.

재단하고는 상관없이 저 개인적으로 고발했습니다

잇따른 이사회 유회로 복직이 기약 없이 미뤄지는 가운데 내 복직을 저지하려는 또 다른 움직임이 진행되고 있었다. 8월 17일, 교양학부 K교수가 재단 직원과 연명으로 나를 서울지검 북부지청에 고발한 것이다. 고발장의 요지는 재임용탈락된 사학과 한상권 교수가 1998년 3월부터 출근투쟁을 진개해 건조물 무단 침입, 불법 강의 및 학생 선동으로 교내 질서를 어지럽힌다는 것이었다. 같은 해 12월 16일, 북부지청 담당 검사가 방실침입과 퇴거불응이라는 죄목으로 나를 불구속 기소했다. 인문사회관 로비에 마련된 임시 연구실에 앉아 있었고, 빈 강의실에 들어가 학생들에게 강의한 게 죄였다.

학교를 대표하는 총장이 특별 임용을 제청한 상태에서 학교 운영의 책임자도 아닌 평교수가 동료 교수를 고발했다는 사실에 많은 이들이 의아해했다. 넘팅 검사도 마찬가지였다.

문 진술인은 재단의 위임을 받아 한상권을 고발한 것인가요?

답 아닙니다. 재단하고는 상관없이 저 개인적으로 고발을 하였습니다.

문 진술인은 대학 재단 측도 아닌데 같은 교수의 입장에서 한상권을 고발한 이유는 무엇인가요?

답 예. 저는 교수의 본분은 연구를 하면서 학생들을 올바르게 가르쳐야 된다고 생각을 하는데, 한상권 교수는 자기의 정치적 야심을 위하여 학생과 언론, 재야 단체 등을 끌어들여 현재 많은 학생과 교수, 재단 등이 막대한 피해를 당하고 있습니다. 그래서 제가 같은 교수의 입장에서 한상권 교수를 고발한 것입니다.

— 덕성여대 교양학부 K교수의 진술 조서, 1998. 10. 15.

K교수가 교육자의 사명감과 정의감 때문에 고발했다고 진술했지만 이 주장을 사실 그대로 믿기는 힘들다. K교수의 고발은 두 가지 의도가 있었다고 본다. 하나는 내 복직이 가시화되자 이를 저지하려는 것이었다. K교수는 두 차례에 걸친 검찰 조사에서 검사에게, "철저히 조사하여 법과 질서를 어기는 사람은 반드시 처벌을 받는다는 사실을 알려 주시기 바랍니다.", "피고인을 처벌하여 주시기 바랍니다."라며 일관되게 형사처벌을 요구했다. 그의 요구가 관철된다면, 총장이 복직을 제청해도 이사회에서 복직 의결을 할 수 없다. 덕성학원 정관에 형사사건으로 기소된 자는 임용 결격자라고 규정하고 있기 때문이다.

다른 하나는 박원국 전 이사장의 복귀를 돕는 것이었다. 박 전 이사장이 교육부를 상대로 제기한 '이사장 및 이사직 취임 승인 취소 처분 취소 청구 소송'의 선고 예정일이 9월 24일이었다. 박 전 이사장은 교육부를 상대로 한 행정소송에서 이겨 곧 복귀할 테니 후임 이사장 선임을 유보해 달라는 팩스를 모든 이사에게 보냈다. 그리고 박 전 이사장의 측근 교수들은 그가 틀림없이 복귀한다는 소문을 퍼뜨려 교수 사회를 동요시켰다. 그러나 교육부의 변론 재개 신청을 재판부가 받아들여 재판이 속행됨으로써, 박 전이사장의 행정소송 판결을 통한 복귀 전략은 차질을 빚게 되었다. 그러자 박 전 이사장은 K교수의 시아버지를 신임 이사장으로 선임해 달라고 이사들에게 요청하였다. 이 사실은 내가 복직된 뒤인 1999년 9월에 열린 징계위원회에서 밝혀졌다.

김종화 위원: 교수도 아니고 수익사업부 과장인 A과장과 왜 연합하여 고발을 했는가? A과장은 박원국 전 이사장과 빛과 그림자의 관계이다. 시아버지가 유OO 씨죠? 박원국 전 이사장과 친분이 두텁죠?

K교수: 사학 재단 이사장으로 있을 때 박원국 전 이사장이 부회장으로 있었는데, 이런 관계면 친하다고 하는가?

김종화 위원: 김계수 이사장 서거 이후, 박원국 전 이사장이 유OO 씨를 이사장에 추천하였는데 이사회에서 부결된 것을 아는가?

K교수: 처음엔 모르고 나중에 알았다.

김종화 위원: 박원국 전 이사장과 A씨와의 관계, 박원국 전 이사장과 유OO 씨와의 관계를 볼 때, K교수가 정의감에 의해 고발을 했다는 것은 말이 안 되며 분명 연계가 되어 있었다.

K교수: 시아버지가 이사장으로 추천되었다는 것은 교수협의회 교수를 통하여 알게 되었고, A씨와의 관계는 지난 번에 말씀드렸기 때문에 더 이상 말

씀드릴 것이 없다.

— 교원징계위원회 회의록(7차), 1999.9.10.

K교수가 A직원과 함께 나를 고소한 까닭은, 박원국 전 이사장이 K 교수의 시아버지인 유 아무개 씨를 이사장으로 선임해 달라고 이사 들에게 요구했기 때문이라는 것이다(재단 직원 A씨는 1997년 교육부 국정감 사에서 박원국 전 이사장의 해임을 '하늘이 통곡할 일'이라며 장관을 추궁한 자민련 안택수 의원의 사촌 동생이기도 했다).

언제까지 우리 학생들을 울게 할 것인가

교원 인사위원회에서 특별 임용이 만장일치로 통과되고, 총장이 이사회에 제청할 때까지만 해도 복직은 떼 놓은 당상이라고 여겼다. 그러나 구 재단 세력의 집요한 방해로 이사회가 계속 유회되면서 복 직 전망이 불투명해졌다. 2학기가 시작되도록 이사회에서 특채 결정 을 내리지 못하자, 많은 이들이 복직은 물 건너갔다고 했다. 언론의 관심도 뜸해졌다. 꺼져 가는 복직의 불씨를 되살리려면 2학기 강의 라도 맡아야 했다. 내 복직을 지지하는 이태수 이사가 총장이 한 교 수 특채를 제청한 이상 채용이 결정될 때까지 한 교수를 시간강사로 라도 발령내라고 요청했으나 이강혁 총장은 묵묵부답이었다. 이러한 가운데 사학과 조교가 강사 위촉 서류를 위조해 다른 사람이 한국사 강의를 맡는 어처구니없는 일이 생겼다.

사건의 전말은 이렇다. 2학기 한국사 강사를 위촉하는 「강사 위촉 요청 및 위촉 동의서」에 사학과 조교가 학과 교수 몰래 도장을 찍어서 본부에 제출했다. 강사 위촉 서류를 올릴 때는 학과 교수 전원의 동의가 있어야 한다. 그런데도 조교가 강사 위촉에 대한 언급조차 없이 조교실에 비치해 둔 교수 도장을 임의로 유용, 외부 강사 위촉 동의서에 날인해서 인문대학장에게 제출한 것이다. 조교가 동의서를 올린 날은 K교수가 나를 검찰에 고발한 8월 17일이었다. 이 사실을 뒤늦게 안 사학과 김용자 교수가 "한상권 교수의 복직 문제가 이미 지난 6월 인사위원회에서 특채를 하기로 만장일치로 통과되어 그 절차만이 남아 있는 상태이므로, 이번 학기 한국사 강의는 한 교수가 담당하는 것이 순리라고 생각되어 한상권 교수를 강사로 추천하고자 한다." 라는 내용이 적힌 「사유서」와 함께, 「한국사 강사 위촉 동의서」를 다시 작성해서 제출했다. 중문과 교수인 인문대학장도 앞서 제출된 서류가 무효라고 선언하고 김용자 교수의 의견서를 총장에게 다시 제출했다.

교수협의회 회장단이 이 문제를 협의하기 위해 총장 면담 신청을 해, 월요일인 8월 31일로 면담 약속을 받고 기다렸다. 그러나 이강혁 총장이 면담을 화요일로 미루겠다고 외부에서 알려 왔다. 화요일에도 총장은 다시 일방적으로 약속을 파기하며 역시 외부에서 비서를 통해 면담을 수요일로 미뤘고, 수요일에도 교수협의회 회장단을 만나지 않은 채, 조교가 올린 강사 위촉 동의서에 근거해 외부 강사 위촉을 결정했다.

이강혁 총장은 사학과 조교가 작성한 강사 위촉 동의서의 문제점을 알면서도, 김용자 교수와 인문대학장의 철회 요구, 내 강의를 원하는 사학과 학생회의 요구를 묵살하고 외부 강사에게 한국사 강의를 위촉했다. 불과 3개월 전 내 복직을 제청하면서 갈등과 불신을 걷어내고 대화합의 장을 마련하자고 역설했던 총장이 내린 결정이라고 믿기에는 너무 어처구니가 없었다. 결국 2학기부터는 내 강의를 들을 수 있을 것이라는 사학과 학생들의 기대는 산산조각 났다. 오영희 교수가 「언제까지 우리 학생들을 울게 할 것인가」라는 제목으로 학교 인터넷 자유게시판에 글을 올렸다.

> 사학과 학생들이 내 연구실로 찾아왔습니다. 눈들이 퉁퉁 부어 있어서 "웬일이냐?"라고 물었더니 "한상권 교수님이 복직되시는 줄 알고 한국사 관련 과목들을 신청했다가 선생님이 복직이 안 되어서 과목을 모두 취소하고는 하도 속상해서 울었어요."라고 얘기하는 것이었습니다. 정말 가슴이 미어졌습니다. 도대체 언제까지 이 아이들에게서 존경하는 선생님을 떼어 놓을 것입니까? 도대체 언제까지 이 아이들이 눈물을 흘리게 만들 것입니까?

아직도야……

이사회가 구 재단 세력에 질질 끌려 다니며 제구실을 못하는 바람에 나도 '양치기 소년'이 되어 버렸다. 신문에 '한상권 교수 복직'이라는 기사가 났는데 복직이 안 됐으니 할 말이 없었다. 영문을 모르는 사람들한테 복직 축하한다는 말을 들을 때마다 정말 곤혹스러웠다. 사학과 학생회 처지도 마찬가지였다. 학생들에게 내 소식을 전하려다 보면 한숨 소리부터 들리는 것 같다고 했다. '아직도야……' 구 재단 세력의 지연작전에 휘말려 모두가 지쳤을 때 손효진 사학과 학생회장이 학생들을 다독거렸다.

> 지난 9월 17일 졸업 사진을 찍었습니다. 아직 복직되지 않은 한상권 교수님을 모시고 찍었습니다. 언제까지 한 교수님은 교수가 아닌 교수여야 하고 언제까지 우리들은 제자가 아닌 제자여야 하는 건지……. 눈물이 나오려 했습니다. 하지만 우리들은 눈물을 참고 다시 입술을 물었습니다. 우리 교수님은 반드시 우리 곁으로 돌아오실 것입니다. 조만간 강단에서 힘찬 목소리로 우리를 가르치실 것입니다. 어떠한 모략과 술책과 탄압이 몰아쳐도 선생님과 저희의 마음을 바꿀 수는 없습니다. 저희는 알고 있습니다. 거짓은 결코 진실을 이길 수 없다는 것을. 그 평범한 진리가 통하는 그런 학교가 되었으면 합니다. 아직 싸움은 끝나지 않았습니다. 조금만 더 힘을 냅시다!

학술단체협의회 홈페이지의 '덕성여대 한상권 교수 지지란'도 썰렁하기는 마찬가지였다. 거의 두 달가량이나 새로운 소식이 올라오지 않았다. 시원한 소식이 없는 상태에서 학단협이 먼저 내게 근황을 묻기도 민망했기 때문이다. 교수협의회 역시 어떤 소식도 전할 수 없었다. 추진위원회는 사회의 관심을 되돌리기 위해, 2학기 시작과 함께 1년산의 활동자료를 모은 『덕성여대 한상권 교수 재임용탈락 처분철회 투쟁백서(Ⅲ)』을 간행하기로 했다. 백서 머리말에는 다음과 같이 쓰여 있었다.

> 우리는 당초 투쟁백서(Ⅲ)을 한상권 교수의 복직이 확정되는 순간 이를 기념하기 위해 발간할 계획이었다. 그러나 계속되는 이사회 유회로 한상권 교수의 복직이 3개월 이상이나 지연되기에 이러한 상황을 돌파하기 위해 서둘러 백서를 간행하기로 결정하였다. (……) 지난 1년간의 활동 경험을 통해 우리는 다음 세 가지를 확인할 수 있었다.
>
> 첫째, 기득권층은 끝까지 자신의 이익을 양보하지 않는다는 사실이다. 따라서 기득권층에 맞서는 민주세력도 강인한 인내심과 불굴의 투지를 가지고 끝까지 싸움을 해야만 한다. 그렇지 않으면 기득권층의 지연작전에 휘말려 그간 쟁취한 소중한 성과를 일거에 잃어버릴 가능성이 있다.
>
> 둘째, 반민주세력은 위기에 몰릴 때마다 싸움의 본질을 호도하기 위해 색깔 공세를 강화한다. 여기에 공권력이 공안 이데올로기를 내세우며 개입하는 것이 일반적인 패턴이므로 이에 대한 대비책을 적극 마련해야 한다.
>
> 셋째, 싸움을 승리로 이끌기 위해서는 잠재해 있는 민주역량들을 추동하여 조직화해야만 한다. 그러기 위해서는 우리 싸움의 정당성을 널리 알리고 여론화하는 작업을 소홀히 해서는 안 될 것이다.

그리고 "우리 싸움의 중요성이 더 많은 사람들로부터 공감을 얻을 수 있기를 기대하며 민주세력의 적극적인 관심과 동참을 거듭 당부 드린다."라는 요청으로 마무리 했다.

애타는 강단 복귀, '뒷거래는 사절'

1998년 11월 5일, 박승서 이사장 직무대행이 교수협의회 교수들과 만난 자리에서 국정감사가 끝나는 대로 교육부에 사표를 제출할 것이라고 했다. 이 소식을 전해 들은 교육부는 이사들이 사표를 제출하면 15일이라는 시간을 주고 그 안에 새 이사진을 구성하도록 할 것이며, 그래도 이사진이 구성되지 않으면 그들을 해임하고 관선이사를 파견하겠다고 했다.

교육부가 이런 방침을 밝히자, 한나라당 교육위원들이 '덕성학원 이사회를 너무 밀어붙이지 말라'며 제동을 걸고 나섰다. 양자 간의 갈등은 교육위원회 국정감사에서 폭발했다. 내 복직 문제를 둘러싸고 국정감사장에서 여야 의원 간 고함이 오가고 이해찬 교육부 장관까지 흥분하는 등 분위기가 험악했다. 소동의 발단은 한나라당 박승국 의원. 그가 "이해찬 장관이 덕성여대 한 모 교수를 복직시키기 위해 학교 측에 압력을 넣었다."라고 주장한 것이 도화선이 되었다. 이에 국민회의 설훈 의원이 어디서 그런 얼토당토않은 이야기를 하느냐고 큰 소리를 내자, 박 의원이 "젊은 사람이…… 가만있어!"라고 맞고함을 쳤다. 그러자 이 장관이 제대로 알고 이야기하라고 버럭 역정을 내며 소매를 걷어붙였고, 진정서가 있다는 박 의원과 그게 무슨 증거냐는 설 의원의 치고받기가 이어졌다.

한편 국정감사가 끝나면 사직서를 제출하겠다던 이사들은 11월 말까지도 사표를 제출하지 않았다. 이사회의 파행적인 운영에 대해 비난이 거세게 일자 이사진 총사퇴를 결의하고 물러나는 척하다가, 분위기가 바뀌자 슬며시 다시 눌러 앉아 버리는 것이 아니냐는 의혹이 제기되었다. 이와 함께 '빅딜설'이 학교 안팎에 유포되었다. 이사회가 한상권 교수를 복직시키는 대신, 이사장 자리는 박 전 이사장이 추천한 인사에게 주기로 했다는 것이다.

한겨레신문 안창현 기자가 소문의 진위를 나에게 물었다. 나는 언제 복직되는가보다 '어떻게 복직되는가'가 중요하고, 내 복직은 '사회정의가 실현되는·과정'이어야 한다고 여러 차례 공언했기 때문에, 이런 빅딜설이 근거 없는 소문이라는 점을 분명히 했다.

이사장 선임을 축하합니다

덕성여대 문제가 국회에서까지 쟁점 사안이 되었으므로, 교육부로서도 사태 해결을 마냥 미룰 수만은 없게 되었다. 10월 29일 이사 전원이 박승서 이사장 직무대행에게 사표를 제출하고 난 이후 기능이 마비된 덕성학원 이사회에 교육부가 12월 2일에 처음으로 계고장을 보냈다. 교육부는 공문에서 "15일 이내에 새 이사장을 선출해 이사회의 기능을 회복하고 대학을 정상화할 것이며, 만약 그렇지 못할 경우에 현 이사진의 임원 승인을 취소하고 임시 이사를 파견할 것"이라고 했다. 그러자 이사장 직무대행이 이사회 소집 공고를 냈다.

12월 15일 오후 6시 30분, 법인 사무국 회의실에서 25차 이사회가 열렸다. 첫 안건은 '이사 선임에 관한 건'이었다. 김계수 이사장이 세상을 떠난 지 5개월이 되도록 의사 정족수 미달로 논의조차 못한 안건이었다. 심의 결과 참석 이사 전원의 찬성으로 국민의 정부 실세인 이문영 교수를 이사로 선임하고, 교육부로부터 임원취임 승인을 받아 차기 이사회에서 이사장으로 선임하기로 의결했다. 새 이사장으로 선임된 이문영 씨는 고려대 명예교수이며 경기대 석좌교수로, 엄혹한 1970년대와 1980년대 민주화 운동에 앞장선 인물이다. 그 과정에서 고대에서 10년 간 해직되었으며, 3·1민주구국선언·YH사건·김대중내란음모사건 등에 연루돼 세 차례에 걸쳐 4년 10개월간 옥고도 치렀다. 1998년 2월부터는 김대중 대통령이 창립한 아태평화재단 이사장을 맡았으며, '함석헌기념사업회' 이사장이자 『씨알의 소리』 발행인이었다.

지금까지와는 달리 이날의 이사회가 유회되지 않은 까닭은 박 전 이사장이 후임 이사 선임에 동의했기 때문이었다. 이사회가 열리기 직전에 박 전 이사장이 이사회 장소에 나타나 이문영 교수와 이야기가 다 되었으니 그를 선임해 달라고 부탁했다. 5개월 넘게 후임 이사 선임을 완강히 거부하던 박 전이사장이 갑자기 태도를 바꿔 이문영 교수를 덕성학원 새 이사장으로 선임하는 데 동의한 까닭이 무엇인지 궁금하지 않을 수 없다.

이에 대해 박 전 이사장은 "이문영 교수가 이사로 선임되기 전 자신은 자유민주주의 신봉자로서 교주校主를 존중하여 왔다면서 나를 교주라고 호칭하고, 교주가 원하지 않으면 이사로 취임하지 않겠다고 수차 언명하고 함께 여행하기를 희망하는 등 우호적이고 협력적인 태도를 보였기 때문에 그의 인격을 믿고 이사 선임에 동의했다."라고 말했다(전 덕성학원 이사장 박원국,「덕성여대 분규에 따른 이문영 이사장 등 이사진 선임 경위」, 1999. 10. 14.).

　그러나 이 말을 그대로 믿기는 어렵다. 오히려 교육부의 관선이사 파견을 두려워 한 나머지 국민의 정부 실세를 받아들였다고 보는 것이 사실에 더 가까울 듯하다. 구 재단을 추종하는 교수들 모임인 '덕성여대 정상화 추진 교수회(정추교)'가 '사립학교법에 의하면 이사나 이사장의 선임은 이사회의 권한임에도 불구하고 이해찬 당시 교육부 장관이 대학 당국에 이문영 현 아태재단 이사장을 덕성학원 이사장으로 선임할 것을 강요'했다고 주장한 점이 내 추측에 무게를 실어 준다.

　한편 이문영 교수는 자신이 교육부에서 '강제'로 내려보낸 관선이사가 아니라 사학 재단이 자발적으로 '영입'한 정正이사라는 점을 강조했다. 그 근거로 자신이 덕성학원 이사장으로 선임되는 과정에서 덕성학원의 교주라 일컬어지는 박원국 전 이사장도 동의했다는 사실을 들었다. 그러고는 자신이 주재한 첫 이사회에서 박 전 이사장의 동생 박원택 이사를 상임이사로 선임했다. 구 재단세력과 함께 학교를 운영함으로써 사유재산을 빼앗지 않았음을 보여주려는 노력이었다.

나는 개성상인처럼 받겠다.
당초 이사 세 자리 준다고 했으면 분명히 달라

해가 바뀌어 1999년 2월 23일에 이문영 이사장이 주재하는 28차 이사회가 열렸다. 이날 이사회에는 여섯 명이 참석했다. 이문영 이사장과 함께 임원 취임 승인을 받은 박원택 이사도 모습을 드러냈기 때문이다. 안건은 '이사 임면에 관한 건'이었다. 그 전해 7월 김계수 이사장이 세상을 떠난 뒤 8개월 동안이나 미룬 안건이다. 이사 임면은 이사회 의결권을 어느 편이 장악하느냐와 관계되는 핵심 중에도 핵심 사안이었다. 박 전 이사장과 신임 이문영 이사장 모두 이사회 장악을 위해 온 힘을 기울였다.

이사회 당일인 23일, 정추교는 「우리는 어용 이사의 선임과 한상권 전 사학과 교수의 복직을 결사반대합니다」라는 문건을 배포했다. 이문영 이사장이 자신을 포함해 이사 네 명을 확보함으로써 의결권을 장악하고, 이를 바탕으로 나를 복직시키려고 하기 때문에 이사 선임을 반대한다는 내용이 담긴 문건이었다. 박 전 이사장도 이사회에 「요청서」를 보내 구 재단을 지지하는 이사들은 사퇴하지 말고 자리를 끝까지 지켜 달라고 당부했다. 이날 이사회가 열리자 잔류 이사 네 명 중 내 복직에 찬성하는 이사 두 명이 사태에 책임을 느껴 사퇴 의사를 밝혔고, 구 재단 측 이사 두 명은 박 전이사장의 요청대로 끝까지 사퇴를 거부했다. 여기에 1년 동안 중환자실에 입원하고 있어서 활동할 수 없는 이사 한 명도 사퇴했기 때문에, 이사 세 명의 후임을 어떤 인물로 할지가 쟁점이었다.

먼저 자진사퇴 의사를 밝힌 박승서 이사장 직무대행이 의견을 제시했다. 이문영 이사장이 추천하는 인물로 두 자리, 박 전 이사장이 추천하는 인물로 한 자리를 채우자는 것이었다. 그러면 이문영 이사장 측 이사가 이사장 자신을 포함해 세 명이 되고, 구 재단 측 이사는 사퇴를 거부한 이사 두 명과 새로 취임한 박원택 이사에다 박 전 이사장이 추천하는 이사 한 명이 더해져 네 명이 된다. 그대로라면 이문영 이사장은 허수아비 이사장이 될 수밖에 없다.

이순간 이문영 이사장이 숱한 역경을 헤친 재야인사답게 승부사 기질을 발휘했다. "나는 개성상인처럼 받겠다. 당초 나를 영입할 때 이사 세 자리를 준다고 했으면 분명히 달라. 내가 미국에서 회계학을 배웠는데 회계학이란 주고 받는 것을 분명히 하는 학문이다. 내가 있어서 결정하기 어려우면 잠시 자리를 비워주겠다." 그리고 자신의 요구가 받아들여지지 않으면 이사장직을 사퇴하고 교육부에 관선이사 파견을 요청하겠다고 으름장을 놓았다. 벌써 교육부가 이사진 전원을 해임하고 임시 이사를 파견하겠다는 계고장을 세 차례나 발부했으니 이사장의 말은 단순한 위협이 아니었다. 그의 삶과 직함이 발언에 무게를 더해 주었다. 이문영 이사장의 최후통첩으로 회의장에는 긴장감이 감돌았다.

역시 사퇴 의사를 밝힌 이태수 이사가 나서, 이사장을 새로 선임한 이상 일할 수 있는 여건을 마련해 주어야 한다며 이문영 이사장을 거들었다. 이사장을 빼면 양측이 3대 3이며, 이사장은 사안에 따라 입장을 바꿀 수도 있으니 불균형이 아니라고 주장했다. 토론을 마치고 나서 이문영 이사장이 추천한 정경모(송담대 학장), 이상신(고려대 서양사학과 교수), 김유배(성균관대 경제학과 교수)를 신임 이사로 선임하는 안에 대해 무기명 찬반 투표를 했다. 투표 결과 찬성 네 표, 반대 두 표가 나왔다.

1999년 2월 23일 이사진 개편은 구 재단의 패배였다. 1997년 12월 초 개편된 김계수 이사장 체제에서도 박 전 이사장의 영향력은 조금도 줄지 않았다. 그는 해임된 뒤에도 여전히 재정권과 인사권을 장악해 덕성학원을 섭정해 왔다. 그러나 이사회의 결권을 확보한 이문영 이사장 체제가 출범함으로써 이제는 사정이 달라졌다.

> 이문영 씨가 이사장으로 선임되자마자 같은 이사회 자리에서 또다시 전에 없던 새로운 조건을 내세워 교육부가 추천한 3인의 이사 선임을 결의하라고 요구하며 그러지 않으면 이사장직을 수락할 수 없다고 강박하였고, 임원 선임을 촉구하는 교육부의 3차에 걸친 계고장에서 관선이사 파견을 운운하였으므로 관선이사 파견(관선이사는 영남대, 대구대, 조선대, 상지대와 같이 반영구적으로 사학 재단을 점유하고 있음)을 우려한 이사들은 부득이 교육부 추천 3인의 이사를 선임함으로써 이사 7명 중 이문영 이사장 측이 4:3으로 과반수를 차지하여 덕성학원과는 아무 연고도 없는 이문영 개인에게 80년 역사와 한국 대학 최고 수준의 막대한 자산(2000억 원의 적립금과 1000만 평의 수익용 토지)을 보유한 덕성학원은 교육부와 아태재단 이사장의 권력 앞에 무릎 꿇고 찬탈당하였음.
>
> ─전 덕성학원 이사장 박원국,「덕성여대 분규에 따른 이문영 이사장 등 이사진 선임 경위」
>
> 1999. 10. 14.

이문영 이사장이 교육부와 공모하여 관선이사 파견을 무기로 삼아 이사 정수 7명 중 과반수인 4명을 확보함으로써, 덕성학원 이사회를 장악하고 덕성학원을 침탈하였다는 주장이다.

16

우리가 가는 길이 역사다

한상권의 복직은 덕성학원을 참탈하였다는
심증을 갖게 하는 것입니다

이사진이 개편된 다음 날인 1999년 2월 24일, 마포에 있는 서교 호텔에서 이사 간담회가 열렸다. 이틀 뒤 이사회에서 다뤄야 할 안건 인 '내학 교원 신규 임용에 관한 건'에 관한 익견을 듣는 자리였다. 이 사들은 오전 10시 30분부터 한 시간 동안 나를 복직시키지 말아야 한다는 의견을 들은 뒤 다시 한 시간 동안 복직시켜야 한다는 의견도 들었다. '덕성여자대학교 정상화 추진 교수회(정추교)'에서 교수 두 명 이 나서서 「우리는 다음과 같은 이유로 한상권 전 사학과 교수의 복 직을 결사반대합니다」라는 문건을 배포하고 복직시켜서는 안 되는 까닭을 설명했다. 정추교 대표는 내가 복직되면 덕성대학의 정상화 에 도움이 될 것이라는 일각의 주장과 기대는 한낱 환상이라고 했다.

그들은 "한상권 전 교수의 복직은 그가 이제까지 저질러 온 불법·탈법 행위를 정당화함으로써 우리 대학을 불의와 불법이 계속적으로 난무하는 혼란과 파괴로 몰아가는 또 다른 불씨를 제공할 뿐이며, 더 나아가서는 300여 명에 달하는 해직 교수 문제를 둘러싸고 전국 사립대학의 소요와 혼란을 야기하는 계기를 마련함으로써 대학이 교육의 본분을 상실하고 투쟁의 장으로 전락될 것은 명약관화한 일이기 때문에 우리나라 사학의 발전과 장래를 생각한다면 심히 우려된다."라고 주장했다.

이틀 뒤인 26일 오후에 29차 이사회가 열렸다. 이 자리에는 새로 선임된 김유배, 이상신, 정경모 이사들이 참석했다. 이사회가 열리기 하루 전에 교육부가 임원 취임을 승인했기 때문이다. 새 이사진이 23일에 열린 이사회에서 선임되었으므로, 교육부의 승인이 신청 하루 만에 전격적으로 이루어진 것이다. 자신이 미처 손쓸 겨를도 없이 빠르게 이사회가 정상화되자, 박 전 이사장이 교육부를 성토했다. 박원택 이사의 임원 취임 신청에 대해서는 '한상권을 복직시키면 검토하겠다'고 묵시하며 계속 미루다가 10개월이 지나고서야 승인한 반면, 이문영 이사장 측 이사는 그렇게 빨리 승인한 것이 교육부 행정의 파행성을 단적으로 보여 주는 사례라며 비난했다.

이날 이사회에서 이문영 이사장이 1호 안건 '대학 교원 신규 임용에 관한 건'을 상정하자 사무국장의 보고가 이어졌다. 이강혁 총장이 1998년 6월 10일 교원 임용을 제청하고 임용 시기를 1998년 2학기로 했으나, 고 김계수 전 이사장이 작고함에 따라 23차 이사회에서 후임 이사장을 선임한 뒤 처리하기로 유보한 사항이라고 했다. 제청 내용은 전 덕성여자대학교 조교수였던 한상권을 인문과학대학 사학과 소속 조교수 18호봉으로 임용하고자 하며 임기는 정관 제39조에 따라 2년으로 한다는 것이었다. 첨부된 대학교원인사위원회 회의록에는 특별채용 임명 제청 동의안이 만장일치로 통과되었다는 기록이 있다고 보고하였다. 마지막으로 보고한 참고 사항은, 내가 방실침입죄 및 퇴거불응죄로 기소된 상태에 있으며, 사립학교법 제58조의 2 및 법인 정관 제45조에는 형사사건으로 기소된 교원에게는 직위를 부여하지 않을 수 있다는 내용이었다.

사무국장의 보고가 끝나자, 이사들 사이에서 찬반 논쟁이 이어졌다. 쟁점은 형사사건으로 기소된 사람을 신규 임용할 수 있는가였다. 변호사인 최영철 이사가 먼저 말문을 열었다. 직위 해제는 사립학교법에 규정되어 있으며 현직에 있는 사람도 직위를 해제하니까 임용 대상자에 대해서도 고려해야 한다면서 임용해서는 안 된다고 주장했다. 이에 맞서 이상신 이사가, '직위를 부여하지 아니할 수 있다'는 표현은 그럴 수도 있다는 뜻이지 꼭 그래야 한다는 뜻은 아니라고 반박했다. 그러자 최영철 이사가, 기소되었다면 유죄 판결 가능성도 높다면서 이상신 이사의 주장을 반박했다.

과거 사립학교법은 형사사건으로 기소되기만 하면 반드시 직위를 해제하도록 되어 있었다. 반면 헌법 제27조 제4항은 "형사 피고인은 유죄의 판결이 확정될 때까지 무죄로 추정된다."라고 하고 있다. 양자 간의 모순에 대해, 헌법재판소는 형사사건으로 기소되기만 하면 무조건 직위를 해제하는 것은 헌법상의 무죄 추정 원칙에 어긋난다고 판단했다. 그때시 사립학교법 규정도 직위 해제를 '한다'에서 직위 해제를 '할 수 있다'로 바뀌었다. 이런 점을 생각해 보면, 유죄 확정 판결을 받기 전에 임용 자체를 거부해야 한다는 주장은 법률 정신에 어긋난다. 무죄추정원칙에 따라 일단 임용하고, 나중에 유죄가 확정되면 그때 가서 면직시키는 것이 헌법과 사립학교법에 부합한다는 이상신 이사의 주장이 더 타당했다.

치열한 법리 논쟁에 이어 총장의 말을 들었다. 배석한 이강혁 총장이 자신이 총장으로 부임한 후 한상권 교수 문제의 해결을 위해 노력한 그간의 경과를 보고하였다. 정경모 이사가 경위를 소상하게 설명하셨으므로 간단한 의견이나 소신을 피력해 달라고 요청하였으나, 이강혁 총장은 별다른 의견 표명을 하지 않았다. 이에 이상신 이사가 총장께서 직접 제청하셨으므로 임용에 이견이 없으실 것으로 생각된다 하였으며, 정경모 이사 또한 총장의 소신이 변함없으신 것으로 이해한다고 하였다.

이렇게 논의를 마치고 이사들이 안건을 무기명 비밀투표로 처리하기로 합의하였다. 투표 결과는 찬성 네 표, 반대 세 표였다.

이사회에서 내 복직을 의결했다는 소식을 전해 듣고 박 전 이사장은 덕성여대를 '해방대학'으로 만들려는 술책이라며 분노했다.

덕성여대 운동권 교수의 중심인물인 한상권(전 평교수협의회장, 1991년 중징계 받음)은 대학과 재단, 그리고 정부에 대한 반체제운동을 계속하고, 한총련 등 반국가단체를 선동하며 연구와 교육을 등한시하여 1997. 2. 26. 재임용에서 적법하게 탈락되었는 바, 그는 일부 재야 정치단체와 일부 극렬 교수, 한총련과 연대하여 2년간이나 학원 질서를 파괴하는 등 덕성여대 분규의 장본인입니다. 그럼에도 이문영 이사장은 이사 정원 7명 중 자파 이사 4명을 확보한 후 새로운 이사진이 대학의 현실을 파악하기도 전에, 교육부의 이사 취임 승인 바로 다음 날인 2. 26. 이사회를 개최하고 한상권을 특별채용 형식으로 복직 결의하였습니다. 이것은 이문영 이사장을 위시한 새로운 이사 진이 대학의 건전한 발전을 도모하기보다는 덕성여대 분규의 주동자인 일부 극렬 교수들을 지지하여 그들 세력이 지배하는 소위 '해방대학화'를 기도하여 한국 대학 제일의 자산을 보유한 덕성학원을 침탈하였다는 심증을 갖게 하는 것입니다.

—참고자료(안), 1999.

정말 믿어도 되는 것인지요

내가 복직 소식을 들은 것은 이사회 다음날인 1999년 2월 27일 아침이었다. 오영희 교수가 이상신 이사에게 전화해 이사회 결과를 듣고 전해주었다 이날 오전 12시 21분, 오영희 교수가 "드디어, 마침내 한상권 교수의 복직이 결정되었습니다!!!!!"라는 격앙된 문구로 내 복직사실을 외부에 알렸다.

2월 26일에 열린 이사회에서 한상권 교수를 특별 임용으로 복직시키는 안건이 통과되었습니다. 이로써 1997년 2월 28일 자로 부당하게 재임용에서 탈락된 한상권 교수는 만 2년 만에 복직하게 되었습니다. 덕성의 모든 구성원들의 염원이었던 한상권 교수의 복직 결정으로 2년 동안 분규가 계속되었던 덕성여대는 드디어 정상화의 첫걸음을 내딛게 되었습니다. 그동안 한상권 교수의 복직을 지원해 주셨던 모든 분들께 진심으로 감사드리며, 앞으로 여러분의 기대에 어긋나지 않게 민주화되고 발전되는 덕성여대의 모습을 보여 드리기 위해 더욱 열심히 노력하겠습니다.

이날은 대학교 졸업식이 있었다. 교수협의회 교수들이 '한상권 교수 복직'이라고 쓰인 종이를 교내 곳곳에 붙여 놓았다. 그러나 그 내용을 믿는 학생이 거의 없었다. 그 전해 여름부터 붙어 있던 쪽지라고 생각한 것이다. 외부에서도 반신반의하기는 마찬가지였다.

정말 믿어도 되는 것인지요?

저는 빈번히 이 방을 들락거리며 사태의 추이를 주시하면서, 때로는 허탕치는 축하 인사도 드렸는데, 이번에는 정말로 가장 기쁜 방향으로 마무리되었다는 소식을 접하고 축하 말씀 드립니다. 한상권 선생님과 함께하신 모든 분께…… 곧 이 방이 없어지겠지요?

한상권 선생님, 건강 돌보시면서 힘찬 재출발 기대합니다.

— 1999. 2. 28. 하일식 拜

개강일인 3월 2일, 교정에는 '환영 한상권 교수 복직'이라는 현수막이 나붙었다.

나는 그날 조교에게 강의 시간표와 연구실 열쇠를 건네받고 연구실을 청소할 생각이었다. 청소를 도와줄 학생을 찾고 있었는데, 교수협의회로부터 잠시 기다리라는 전화 연락이 왔다. 점심시간에 교수협의회 교수들이 모인 자리에서, 내가 연구실에 그냥 들어가게 할 수는 없다는 말이 나와서 '입실식'을 하기로 즉석에서 결정했다는 것이다. 처음에는 입방식이라고 하려다가 감방이 생각난다고 반대하는 의견 때문에 이름을 바꿨다고 했다.

오후 5시, 인문사회관 좁은 복도에 50여 명이 모였다. 214호 연구실 앞에 돼지머리, 시루떡, 케이크 등을 가득 채운 상을 놓고 두 줄로 선 교수, 학생, 졸업생들의 환영 인사를 받으며 연구실로 들어갔다. 감격에 겨워 눈물을 흘리는 학생도 있었다. 어떤 교수가 "'나도 한번 잘려 봐?' 하는 교수가 나올지도 모르겠다."라고 농담했는데, 모두가 그런 농담은 하지도 말라고 손을 내저었다. 교수협의회 회장, 같은 과 동료 교수의 재임용탈락으로 마음고생이 심했던 김용자 교수, 학생들이 축하한다는 말을 주고받으며 즐겁게 입실식을 치렀다.

교수협의회는 복직 환영 현수막을 학교 정문에 걸고 「한상권 교수의 복직을 환영하며-개혁이 곧 화합이다」라는 성명서를 발표했다.

1997년 2월 한상권 교수의 재임용탈락은 덕성여대의 온갖 모순과 비민주의 결정판이었습니다. 이후 2년간 학내 구성원들은 물론 우리 사회의 양심 세력이 단합하여 그것이 사실임을 밝혀내고 한상권 교수의 복직이라는 사회적 합의를 도출하였습니다. 그렇기에 한상권 교수의 복직은 덕성학원의 양심과 정의가 살아 있음을 보여 주는 기념비적인 사건이며 우리나라 교육사에 길이 새겨질 쾌거라고 해도 과언이 아닙니다. 한상권 교수의 복직은 또한 한상권 교수를 재임용에서 탈락시킨 박원국 전 이사장 체제의 퇴출이라는 사회적 평결을 최종 확정하는 의의가 있습니다.

내가 2년 만에 복직되어 다시 강의를 시작했다는 소식이 알려지면서, 여러 언론사에서 인터뷰 요청이 있었다. 그 가운데 이화여대 신문방송대학원 김문정 학생과 인터뷰한 내용에 당시 심정이 비교적 자세히 담겨있기에, 이를 소개한다.

새 학기의 캠퍼스는 씩씩하다. 아니, 목도리를 둘렀을지언정 팔짱을 낀 여학생들의 조잘거리는 영상은 생기를 몰고 온다. 봄눈이 흩날리는 날이었다. 겨울을 빠져나가기가 참 힘들구나, 생각한다. 짙은 회색빛의 캠퍼스는 그래도 봄의 기운이 완연하다. 늦장 추위를 달고서 밀고 온 이 봄이 누군가에게는 희망이 될 수 있을지 모르겠다. 희망이란 본래 있다고도 할 수 없고, 없다고도 할 수 없는 것. 그럼에도 불구하고 끝끝내 있다고 믿으면서 걸어간다. 발자국이 찍히는 그것이 길이다.

덕성여대 사학과 한상권 교수(46)의 강단 복귀 소식을 듣고 연구실로 그를 찾아갔다. 첫 수업에 대한 감회를 물어보았더니 '조선 시대 생활사' 강의에서 역사의 원동력인 무언의 다수, 민중의 생활사를 복원해 보자는 얘기로 강의를 시작했다는 말로 대신했다. 바로 그와 덕성여대 학생들이 하나의 역사를 만들어 냈던 것처럼.

그는 이제야 지난 2년을 돌아보면서 한숨을 놓고 얘기할 수 있게 됐다.

"서로가 짐을 벗은 것에 대해 홀가분한 마음입니다. 이런 사건은 끝이 났다고 해도 후유증이 크고 계속 말도 많고 탈도 많은 게 보통이지만 별 무리 없이 마무리됐으니까요."

그는 무슨 생각으로 이 고단한 싸움을 시작했을까.

"처음에는 개인의 명예 회복이면 좋다고 생각했습니다. 그러다 '덕성여대 한상권 교수 재임용탈락처분철회 및 교수재임용제 개선 추진위원회'가 결성되었고, 80여 개 대학 3,000여 명의 교수들이 서명에 참여했고, 사회 각계에서 힘을 모아 주었습니다. 복직과 함께 이사진의 퇴진까지도 투쟁의 목표로 삼게 됐습니다. 현행법상 학교 측에서는 재임용해 줘야 할 아무런 의무는 없습니다. 따라서 재임용탈락이 부당할 수는 있지만 불법은 아니라는 것입니다. 더더욱 보통 재임용탈락이 이슈로 부각되면 학교 측의 부당함을 인정하면서도 다른 한편 교수에게도 뭔가 문제가 있을 것이라는 양비론적인 평가가 나오기 마련입니다. 그러다 보면 문제의 본질은 비켜 가고 당연히 논의는 상대적 약자인 교수에게 불리한 방향으로 흘러갈 수밖에 없습니다."

이 문제를 제도적인 문제로 접근해 가야 할 당위성을 획득할 수 있었다. 부당하지만 불법이 아닌 제도적 현실하에서 재임용탈락을 무효화한다는 것은 참 힘든 일이었다. 그의 재임용탈락이 개인적인 차원을 넘어 사회적 국면으로 확대되면서 적지 않은 부담이 된 것이 사실이다. 물론 이렇게 긴 싸움이 되리라고는 예상하지 못했다. 하지만 결과적으로 모든 민주세력이 환영하는 축복받는 복직. 그것은 정의로운 과정을 통해 획득된 것이기에 마음이 좋다

"이번 사건의 해결에 많은 시민단체가 적극적으로 나서 준 것에 감사합니다. 여러 정치·사회·환경이 변화하면서 우리 사회가 조금씩 진보해 나간다고 봅니다. 그러나 생각 이상으로 개혁을 방해하는 보수 세력은 집요하고 끈질기다는 사실이 시민단체가 지속적으로 단결해서 대응해 나아가야 할 필요성을 갖게 합니다."

많은 사람들이 한 교수에게 힘을 실어 줬던 것은 그의 학자로서의 자세, 즉 연구와 강의에 대한 호의적인 평가를 내렸기 때문이 아닐까. 그는 내내 '현

장성'을 강조했다. 자신이 지지와 격려를 받은 것은 학자로서의 현장을 지키라는 의미로 받아들인다면서 좋은 강의와 연구 논문으로 보답하겠다고 했다.

(······)

그는 축복받은 사람이다. 나그네의 외로움도 알 테지만 동지들과 함께 외로움을 뛰어넘었기 때문에 더 큰 기쁨을 누릴 수 있었을 것이다. 그의 인상은 투사보다는 학자가 더 잘 어울려 보였다. 그러나 투사답다는 생각도 든다. 부드러워서 강한 투사. 그에게 고마운 생각이 들었다. 포기하지 않고 끝까지 버텨 준 것에. 한눈팔지 않고 곧게 가 준 것에. 좋은 결과를 안겨 준 것에 대해. 그는 이번 성과를 모든 개혁세력의 공으로 돌렸지만, 그래도 고맙다.

한 시간가량의 짧지 않은 대화를 나누고 나오면서 다시 한 번 교정을 둘러보았다. 더 이상 이 캠퍼스에 전쟁터와 같은 구호와 상처의 흔적은 없었다. 다만 정문 앞에 걸려 있는 '한상권 교수 복직 환영'이라는 플래카드를 보고서야 그 옛날을 짐작할 수 있을 뿐. 신입생들은 알까. 지금 이 평온한 교정이 지난 2년간 한 가지 목표를 위해 많은 이들이 어깨를 모으고 치열하게 싸웠던 전장戰場이었던 것을.(참여연대, 『참여사회』 1999년 4월호)

덕성! 우리가 가는 길이 역사다

1999년 4월 9일, '한상권 교수 복직 축하와 덕성민주화를 여는 한마당 – 덕성! 우리가 가는 길이 역사다!'가 학생회관에서 열렸다. 덕성여대 교수협의회, 민주동문회, '한상권 교수 복직을 위한 비상대책

1999년 4월 9일 학생회관에서 열린 복직 축하 공연 '덕성, 우리가 가는 길이 역사다.'

위원회'의 주최로 열린 이날 행사는 1990년 학원민주화 투쟁 이후 학내 사태로 많은 어려움을 겪은 이들이 함께 자리했다.

많은 사람들이 이 기쁜 날 꼭 보고 싶어하는 인물이 있었다. 1998년 졸업한 뒤로 통 학교에 모습을 보이지 않은 '조 총장', 즉 조혜진 학생이었다. 오영희 교수는 '연락이 안 돼서 답답하다. 네가 이 난에는 들어오리라고 생각한다'며, 학단협 홈페이지에 축하 공연에 꼭 참석해 달라는 간곡한 글을 올리기도 했다. 그러나 '조 총장'은 끝내 모습을 나타내지 않았다.

이날 행사는 덕성 구성원과 외부 인사 등 1,000여 명이 참석해 성황을 이루었으며, 덕성여대 문예패와 윤도현 밴드·최도은·조국과 청춘·꽃다지·원더보드·영문과 김문규 교수·철학과 박범수 교수·사학과 동문들 및 민주동문회가 출연했다. 교수협의회를 대표해 박병완 국문과 교수가 '한상권 교수의 복직에 대해 많은 사람들이 회의적으로 생각했지만 결국은 복직되었다'며 '덕성의 민주화를 위해 제도와 사람이 바뀌어야 할 것'이라는 인사말을 했다. 학생들은 '학생 자치권 탄압이 심각하게 진행되고 있는 상황에서 한상권 교수 복직 투쟁의 성과를 이어 축소되어 가는 학생권의 확대, 학생 자치권 사수를 위해 투쟁하자'며 투쟁 의지를 밝혔다. 총학생회생회 중앙운영위원회는 투쟁 결의문을 통해 '많은 문제들을 풀 수 있는 힘은 덕성인이 한 목소리로 단결될 때'라고 하는 한편, '진정으로 5,000 덕성을 책임지는 투쟁을 벌여 나가겠다'는 결의를 다졌다. 700석이 있는 학생회관의 자리가 부족해 계단에 앉아 행사에 참여하는 사람이 있을 정도로 인파가 몰려 행사의 열기를 느낄 수 있었다. 특히 '전국사립대학교 교수협의회 연합회' 회장이며 추진위원회 상임공동대표로 활동한 이재윤 중앙대 교수는 발을 다쳐 몸이 불편한데도 휠체어를 타고 나와 축사를 해 주었다. 이재윤 회장은 덕성민주화운동이 상호신뢰를 바탕으로 원칙을 지키는 것의 중요성, 승리에 대한 군건한 믿음으로 집요하고 끈질기게 싸우는 것의 중요성, 교육 민주세력의 대동단결의 중요성 등을 일깨워 준 값진 투쟁이었다며, 그동안의 노고를 치하했다.

이제부터는 개혁이다

4월 20일, 교수협의회는 학교 민주마당 앞에 '이제부터는 개혁이다!'라고 쓰인 새 현수막을 내걸었다. 새 현수막은 빠른 시일 안에 구성원들의 적극적인 참여하에 개혁 작업이 완료되어, 덕성이 민주화되고 발전된 새 모습으로 태어나기를 바라는 교수협의회의 염원을 반영한 것이다. 교수협의회는 '개혁이 곧 화합'이라는 화두를 걸고 개혁의 필요성을 주장했다. 그리고 「인사 제도 개혁안」을 이강혁 총장과 이사회에 제출했다. 3월 12일, 이문영 이사장이 대학 구성원들에게 인사 제도 개혁안을 마련해 보고하라고 지시한 데 따른 것이다. 교수협의회는 개혁안에서 각종 불합리한 제도의 민주적인 개혁, 개혁 의지를 가진 인재의 과감한 기용, 박해를 받은 양심적인 개혁세력에 대한 명예 회복이라는 세가지 원칙이 관철되는 방향으로 개혁을 진행해야 한다고 주장했다.

이사회가 이런 문제 제기를 받아들여, 박 전 이사장의 지시나 인적 관계에 의존해서 파행적이고 음성적이며 비상식적으로 이루어지던 인사행정을 끝내고, 공정하고 투명하며 상식적인 절차를 회복해 대학의 민주화와 발전을 위한 토대를 마련하겠다고 했다. 그리고 대학 개혁을 주도할 기구로 대학평의원회를 신설했다. 이어 6월 18일에 개정된 정관에 따라 단과대학 교수회의에서 무기명 투표를 통해 인사위원과 대학평의원회 교수위원을 직접 선출했다.

특히 이사회는 인사위원을 선출할 때 부총장, 대학원장, 단과대학장, 교무처장, 학생처장 등은 배제하도록 했다. 대부분의 대학에서는 교수들의 승진과 재임용·신규 교수 임용·학장 임용 등을 결정하는 막강한 권한을 가지고 있는 인사위원회의 인사위원 임명권이 총장에게 있으며, 인사위원은 주요 보직 교수들로 구성돼 있었다. 그래서 교수의 신분이 불안한 대학일수록 평교수들이 연구와 강의라는 본연의 임무에 몰두하기보다는 보직 교수가 되고 싶어하거나 보직 교수들의 눈치를 보는 데 급급한 경우가 많다. 박원국 전 이사장 체제하의 덕성여대가 그 대표적인 예였다. 그러나 이제 대학의 핵심 권력 기구인 인사위원회의 인사위원을 직선제로 선출함으로써 교수 재임용 및 각종 인사 관련 심사에서 객관적이고 공정한 심사를 기대할 수 있게 되었다. 과거 이사회와 대학 당국의 부패와 부조리 때문에 오랜 학내 분규를 겪은 덕성여대가 이렇게 파격적인 개혁 작업을 전개하니 더욱 눈길을 끌었다.

게다가 이사회는 "그동안 덕성에서 부당하게 해직되었던 교수와 직원은 본인에게 하자가 없는 한 복직시키는 것을 원칙으로 한다."라는 개혁 원칙을 문서화해, 교수재임용과 관련된 문제를 안고 있는 상당수 대학들을 긴장하게 했다. 이 원칙에 따라 1999년 9월 17일에는 성낙돈 교수의 복직을 결의했다. 성 교수는 교내 민주화와 사회 민주화 운동에 앞장섰다는 이유로 1990년 8월 말에 부당하게 해직되었다가, 덕성여대 개혁 원칙에 따라 10년 만에 복직된 것이다. 이듬해 3월 2일에는 교무처에서 다년간 근무하다가 해직된 장도규 씨가 8년 만에 복직되었다. 그는 1·2대 노조 부위원장, 3대 노조 위원장을 역임하면서 학원민주화와 직원의 권익 보호를 위해 열정적으로 활동한 인물이다.

덕성여대는 교권은커녕 인권조차 보장되지 않는 '동토의 왕국'이라는 오명에서 벗어나 '양심과 희망의 대학'으로 놀랍게 변하고 있었다. 이에 대해 언론은 '따가운 눈총이 부러운 시선'으로 바뀌었다고 보도했으며, 교육계에서는 민주적 개혁에 성공한 모범으로까지 평가했다.

민주화운동 관련자로 인정받다

내가 복직되고 1년 후인 2000년 8월, "헌법에 보장된 국민의 기본권을 침해한 권위주의적 통치에 항거하다 희생된 사람들과 그 유족에 대하여 명예 회복 및 보상을 행함으로써, 민주주의 발전과 국민 화합에 기여한다."라는 기본 이념을 표방하고 '민주화운동 관련자 명예 회복 및 보상 심의위원회(위원회)'가 출범했다.

「민주화운동 관련자 명예회복 및 보상 등에 관한 법률 시행령」에 의하면 "항거는 직접 국가권력에 항거한 경우뿐 아니라 국가권력이 학교·언론·노동 등 사회 각 분야에서 발생한 민주화운동을 억압하는 과정에서 사용자나 기타의 자에 의하여 행하여진 폭력 등에 항거함으로써 결과적으로 국가권력의 통치에 항거한 경우를 포함한다."라고 했다.

나는 1997년 해직된 이후 2년에 걸친 복직 투쟁이 학교에서 자행된 권위주의적 통치에 대한 저항운동이라고 생각했기 때문에 위원회에 명예 회복을 신청하고 이를 뒷받침할 증거물로『덕성여대 한상권 교수 재임용탈락처분 철회 투쟁백서』다섯 권을 제출했다. 그로부터 5년이 지난 2005년 10월 11일, 위원회는 내가 덕성학원에서 전개한 저항운동을 사학민주화 운동으로 인정한다는 통지서를 보내왔다.

주문·이유

신청인 한상권(1953. 11. 8.생)은 1984. 3. 1.부터 덕성여자대학교 사학과 조교수 등으로 재직하면서 '덕성여대 평교수협의회' 제2대 회장으로 활동 중,

1989. 2.경 위 대학교에서 같은 대학교 재단 이사장의 일방적 총장 선임 기도에 저항하며 총장 직선제를 주장하는 등 인사 행정의 부당성에 항의하고, 1990. 4.경부터 같은 장소에서 사립학교법 개악을 주도한 사립 재단과 국회 문공위를 규탄한 사실 등을 이유로 1990. 8. 31. 같은 대학교 성낙돈 교수가 강제 해직되자 복직 투쟁을 위하여 장기간 농성에 참여하는 등 사학 민주화 활동 등에 참여한 사실을 이유로,

1991. 7. 24. 덕성여대 교원징계위원회로부터 정직 3월의 징계 처분을 받고, 1997. 2. 25. 같은 대학교 교원인사위원회에서 위와 같이 중징계를 받고도 반성 및 개전의 뜻이 보이지 않는다고 재임용 제외를 제청하여 1997. 2. 28. 해직된 사실은 민주화운동 관련자 명예 회복 및 보상 등에 관한 법률 규정에 따라 민주화운동을 이유로 해직당한 것으로 인정함.

불과 10여 년 전 급진 좌경 사상을 가지고 학교와 재단 전복을 기도했다며 '좌익 세력'으로 매도당해 중징계를 받은 내가 자유민주주의 기본 질서를 문란케 하고 헌법에 보장된 국민의 기본권을 침해한 권위주의적 통치에 항거해 민주 헌정 질서의 확립에 기여한 민주인사가 된 것이다. 같은 사람이 10년 사이에 정반대의 평가를 받는 이 현실을 어떻게 해석해야 할지 모르겠다. 한편 위원회는 민주화운동 관련자 인정 통지서를 보내면서 "명예 회복의 구체적인 조치는 그 내용

이 확정되는 대로 추후 통지하여 드리겠습니다."라고 했다. 시행령에는 "위원회가 사용자에게 복직을 권고하는 경우에는 관련자가 해직으로 인하여 호봉·보수·승진·경력·연금 등 인사상의 불이익을 받아서는 아니 된다는 내용을 포함하여야 한다."라고 했으며, 법령에는 "규정에 따라 권고를 받은 기관의 장은 그 권고 사항을 존중하고 이행하기 위하여 노력하여야 한다."라고 되어 있다. 그러나 위원회는 학교에 아무런 권고 조치를 하지 않았고, 명예 회복을 위한 구체적인 조치는 지금까지도 취해지지 않고 있다.

17

기억을 둘러싼 투쟁

이사장님께 속죄할 마지막 기회

"멀쩡히 잘 돌아가고 있는 대학에 왜 '분규 대학'이라는 딱지를 붙이는가."

1999년 국회 교육위원회 국정 감사를 받는 대학 중 하나인 덕성여대의 교수가 10월 15일 국정감사장에서 내뱉은 말이다. 하루 전에는 한국외대 교수도 '의원들이 어떤 기준으로 분규 대학을 판정하는지 도무지 알 수 없는 노릇'이라고 하소연했다. 10월 13일부터 15일까지 사흘 동안 교육위원회 회의실에서 청문회 형식으로 열린 분규 대학 국정감사에서 감사를 받은 대학은 상지대, 대구대, 경문대, 경원대, 그리스도신학대, 한국외대, 중부대, 한려대, 덕성여대 등이었다. 그런데 학내 분규를 겪고 있거나 비리 재단이 현존하는 상황이 아닌 대구대, 덕성여대, 상지대, 한국외대는 피감 대학으로 선정된 사실 자체를 아주 의아해했다. 네 대학의 공통점은 구 재단의 비리와 전횡으로 한때 극심한 학내 분규에 휘말렸다는 점이다. 이사진이 전면 교체되거나 임시 이사가 파견돼 학사운영의 안정을 찾았다는 점도 일치했다. 특히 이들 대학의 구성원들은 이해 8월, 사립학교법 및 고등교육법 개정안이 통과될 때 당시 교육위 소속 몇몇 의원의 실명을 거론하며 그들을 '교육 7적'으로 규정하는 데 앞장서기도 했다. 그래서 일부 의원들의 심기를 건드린 괘씸죄에 걸렸고, 그 의원들이 구 재단의 복귀를 돕기 위해 분규 대학으로 지목했다는 추측이 나돌았다. 분규가 극심해서 학교가 파국으로 치달을 때는 '사학의 자율성 침해'라는 구실로 딴전을 피우던 의원들이 학내 분규가 말끔히 치유되고 평온을 되찾자 새삼스럽게 국정감사를 하겠다고 나서니, 그 저의를 의심하는 것도 당연했다. 교육·시민·사회 단체들이 옥석을 구별하지 못하는 국정감사의 부당성을 지적하면서, '국회 교육위원회는 더 이상 사학 재단의 앞잡이 노릇을 하지 말라'고 질타했다.

개혁을 성공적으로 추진하고 있던 덕성여대가 피감 대학으로 선정된 데는 '덕성여대 정상화 추진 교수회(정추교)'가 큰 역할을 했다. 관선이사 파견이 임박한 1998년 12월 초, 구 재단 추종 세력들이 관선이사 파견 반대 교수 서명운동을 벌였다. 권순경 전 총장직무대리와 주영숙 전 총장이 앞장서서 교수 서명을 독려했다. 그들은 박원국 이사장님께 '속죄'할 수 있는 마지막 기회라며 "건국대도 이사장이 쫓겨나 주인이 없어 망하고 있다."라는 말로 교수들을 압박했다. 그래서 자의 반 타의 반으로 서명한 교수들의 이름이 정추교 회원 명단으로 둔갑했다. 이 명단은 관선이사 파견을 반대한다는 청원서와 함께 이해찬 교육부 장관과 김종필 국무총리, 김대중 대통령에게 제출되었다. 그리고 국회, 교육부, 법원에도 제출되어 박원국 전 이사장의 복귀를 돕는 자료로 활용되었다. 그러나 정추교는 창립 절차도 거치지 않은 유령 단체였다. 정추교 회원 명단에 들어 있는 상당수의 교수들이 이름을 도용당했다며 항의했다. 그 명단에는 퇴직하거나 다른 대학으로 옮긴 교수의 이름도 있었다. 전체 교수의 반 이상이 참여했다는 점을 강조하기 위해 저지른 무리수로 인해 생긴 일이었다. 이런 문제 때문이었는지, 교육부가 국회에 보고한 문건에서 정추교 소속 교수가 정확히 몇 명인지 밝히지 못했다.

정추교는 이문영 이사장을 비롯한 신임 이사진을 '어용 이사'라고 부르면서 그들이 '덕성학원의 경영권을 탈취하여 들어오는 것'이라고 매도했다. 또 이 이사장이 덕성 출신 교수를 탄압하고, 대학평의원회와 교원인사위원회를 자파 세력으로 구성해 대학의 지배권을 장악하고, 총장의 권한을 침해하고, 일부 극렬 교수와 한총련과 연대하며, 덕성학원의 경영권을 찬탈한다고 비난하였다. 정추교는 개혁 작업이 한창 진행되고 있는 여름방학에 덕성여대를 감사해 달라는 진정서를 국회 교육위원들에게 제출했다. 그리고 이를 근거로 한나라당 소속 교육위원들이 덕성여대를 분규 대학으로 분류, 피감 대학으로 선정했다.

이문영 이사장의 뼈아픈 실책 두 가지

국정감사가 끝난 이후 구 재단 세력의 공세가 날로 강화되었다. 여기에 이강혁 총장이 가세했다. 이강혁 총장은 국정감사장에서 '총장의 권한을 침해당했다', '학생들이 동요하는 조짐이 있다'고 증언하면서 이문영 이사장을 정면 비판했다. 그뿐만 아니라 국정감사가 끝난 뒤 구 재단 세력이 학내에 대자보와 현수막으로 허위 사실을 유포하면서 분규를 부추겼는데도 아무 조치도 취하지 않았다. 마침내 11월 12일 이사회가, 총장이 직무를 유기하고, 국정감사장에서 위증했으며, 이사회를 음해하고, 학내 구성원을 선동한다는 이유로 직위를 해제했다.

이강혁 총장도 반격에 나섰다. 그는 '금년 2월 이문영 이사장이 대학의 모든 규정을 상위법인 교육 관계 법령을 위반하면서까지 개정, 변경하여 총장의 권한을 불법 또는 탈법적으로 박탈함으로써 학내 분규를 조장'했다며 이사장을 비난했다. 그리고 "이문영 이사장의 초법적인 독선과 전횡으로 얼룩진 우리 대학을 정상화하기 위한 그 어떤 노력도 아끼지 않을 것임을 천명한다."라며, 이사장과의 전면전을 선언했다.

양자 간의 싸움은 이문영 이사장의 패배로 끝났다. 박원택 이사 부자의 반대로 이사회에서 의결 정족수를 채우지 못해 총장 해임 기도가 실패로 끝나고 말았기 때문이다. 이문영 이사장은 교육부로부터 총장 해임에 절차상 하자가 있다는 지적을 받고 이듬해인 2000년 3월 20일에 이강혁 총장을 복귀시켰다. 총장 해임 결의에는 이사 정수의 3분의 2 이상이 찬성해야 하는데, 일곱 명 가운데 네 명의 찬성으로 결의된 직위 해제는 무효라는 것이었다.

이렇게 어설픈 총장 해임 시도가 이문영 이사장의 첫 번째 실책이었다. 아무 부작용 없이 총장을 교체할 수 있는 기회가 두 차례나 있었다. 이문영 이사장이 부임할 당시인 1999년 3월에 이강혁 총장이 사표를 제출했다. 그러나 이문영 이사장은 사표를 반려하고, 대학 개혁에 중심적 구실을 해 달라고 부탁했다. 그 뒤 개혁이 지지부진해지고 총장과 교수협의회 교수들 간에 마찰이 일어나 이 총장이 다시 사의를 표명했다. 이때도 이문영 이사장은 만류했다.

이강혁 총장은 1997년의 학원민주화 투쟁이 덕성학원의 위상을 추락시켰다고 폄훼하는 전형적 구 재단 추종 인물이었다. 이강혁 총장의 편파적이고 파행적인 학사운영 사례는 무수히 많았다. 총장 본연의 책무를 방기해 교수협의회와 총학생회생회로부터 퇴진 압력을 받고 있는 인물에게 개혁 작업을 함께 하자고 호소했다니, 참으로 납득하기 어렵다 하겠다.

이문영 이사장의 더 큰 실책은 박원택 이사와 손을 잡은 것이다. 박원국 이사장의 둘째 동생인 박원택 씨는 이사로 선임되기 전까지 덕성여대와 아무 관계가 없는 인물이었다. 이런 인물이 이문영 이사상의 그릇된 상황 판단 때문에 덕성에서 발언권을 갖게 되었다.

이문영 이사장은 취임 초부터 '현 이사진은 본인의 임기까지 함께 간다'는 약속을 여러 번 했다. 이문영 이사장의 임기 만료일(2001. 10. 25.)이 함께 온 이상신·정경모 이사의 임기 만료일(2000. 1. 28.)과 달랐기 때문에 한 약속이다. 이문영 이사장이 자신보다 20개월 먼저 임기가 만료되는 이상신·정경모 이사를 연임시키려면 개혁 성향의 이사를 한 명 더 확보해야 했다(덕성학원 정관 28조에 이사회 안건은 '이사 정수의 과반수 출 넘게 재적 이사 과반수의 찬성'으로 의결하도록 했다. 덕성학원 이사회 이사 정수는 일곱 명이므로 의결 정족수는 네 명이다. 그런데 정관 29조에 임원 및 학교의 장의 선임과 해임에 있어 '자신에 관한 사항은 의결에 참여하지 못한다'고 했다. 그래서 한 명이 더 필요한 것이다). 이사 한 명을 더 확보할 수 있는 기회는 생각보다 빨리 생겼다. 1999년 3월 3일, 구 재단 측 인사가 사표를 냈기 때문이다. 공익 이사 한 명을 더 확보해 개혁 체제를 확고히 다질 수 있는 절호의 기회였다. 하지만 3월 18일, 결원 이사의 후임을 뽑는 이사회에서 이문영 이사장은 개혁 성향의 인사 대신 박원택 이사의 아들 박상진(박토마스)을 후임 이사로 선임했다.

이에 대해 당시 덕성여대 이사였던 함세웅 신부(김유배 이사가 청와대 노동복지수석으로 1999년 3월 3일 임명됨에 따라, 후임으로 함세웅 신부가 이 해 4월 13일 선임되었다)는 국정감사에서 다음과 같이 증언하였다.

> 박원택 이사님의 아드님을 이사로 천거하신 것은 이문영 이사장님 개인 생각이었습니다. 저희들한테 묻지 않고 '그래야지 내가 이 학교에 대해서 사감이나 사욕이 있는 것이 아니라는 것을 객관적으로 증명해준다' 해서, 한 자리 빈자리에 당신이 원하셔서 아드님을 앉히셨습니다 (2000. 11. 3.).

이문영 이사장은 취임사에서 밝힌 '사학을 존중하겠다'는 약속에 따라, 박원택 씨를 상임이사로, 그 아들인 박상진 씨를 이사로 선임했으며, 덕성학원의 모든 재정운영을 박원택 부자가 맡도록 했다. 그리고 마흔 살도 채 안 된 박상진 이사를 차기 이사장으로 지목하고, 좋은 이사장이 되도록 교육도 했다. 이런 배려로 박상진 이사는 상임이사가 되어 덕성학원 후계자로서 입지를 굳혔다. 박상진 상임이사는 이사장 수업의 일환이라는 명목으로, 신임 교수 초빙 시 이문영 이사장과 함께 신임 교수 후보자를 최종 면접하는 특권을 누렸으며 각종 위원회에도 참석했다.

박원택 이사를 덕성학원 운영의 동반자로 선택한 이문영 이사장의 결정은 기득권세력의 본질을 직시하지 못해서 저지른 뼈아픈 실책이었다. 이문영 이사장의 패착으로 덕성을 개혁할 천재일우의 기회가 사라지고 말았다. 아버지가 상임이사 자리를 자식에게 물려줌으로써 '아들이 상임이사이고 아버지가 이사인', 정상적인 대학에서는 도저히 상상할 수 없는 기형적인 재단 이사회가 꾸려졌다. 이제 이문영 이사장은 박원택 이사의 협조 없이는 총장 해임은 물론이고 자신과 함께 온 이사들의 연임도 결정할 수 없게 되었다.

우려는 곧 현실로 나타났다. 2000년 1월 25일 열린 이사회에서 박원택 부자의 거부로 덕성 개혁을 진두지휘하던 이상신·정경모 이사의 연임 문제가 처리되지 못했다. 정추교 등 구 재단 세력이 갖은 중상모략과 치졸한 공격을 퍼부어 이들의 연임을 막은 것이다. 두 이사가 임기 만료로 불명예 퇴신함에 따라, 이문영 이사장도 의결권을 상실했다. 3월 22일에 열린 이사회에서는 두 이사의 후임으로 박원택 이사의 고등학교 선배인 김기주 전 호서대 총장, 박상진 이사의 외국인학교 동창생으로 인요한이라는 한국 이름을 가진 존 린튼이 선임되었다. 이사회의 의결권이 박씨 일가에게 다시 넘어가는 최악의 상황이 벌어졌다. 이문영 이사장 체제가 출범한 지 1년만의 일이다.

박씨 일가의 손아귀에 들어간 이사회

이사의 과반수가 박원택 이사와 혈연·학연 관계가 있는 인물로 구성된 '사랑방 좌담회' 수준의 이사회가 사학의 공익성을 추구할 리 만무했다. 아버지(박원택)와 아들(박상진), 아버지 친구(김기주)와 아들 친구(인요한)가 모여 앉아 5,000여 명의 학생이 다니는 덕성여대의 운명을 좌지우지했다. 마침내 5월 7일 이문영 이사장이 "사학을 존중하고 구성원들의 자유로운 의사를 존중하겠다는 취임 약속을 이행하지 못하게 된 상황에서 사퇴할 수밖에 없다."라며, 함세웅, 방정배 이사와 동반 사퇴한다는 뜻을 밝혔다.

이문영 이사장 체제의 붕괴로 덕성여대는 과거로 회귀했다. 그 결과 크게 두 가지 퇴영적인 모습이 나타났다. 하나는, 덕성학원 이사회가 모자 세습(송금선→박원국), 형제 세습(박원국→박원택)에 이어 부자 세습(박원택→박상진)으로 이어져, 전형적인 족벌 체제로 돌아갔다는 점이다. 이에 대해 비난이 쏟아졌다. 2000년 국정감사에서 민주당 이재정·임종석 의원은 '덕성여대는 전형적인 박씨 중심의 족벌 체제'라며, '10년 가까이 진행되고 있는 덕성여대 분규의 원인이 여기에 있으니 현 재단의 면모를 일신하기 위해서는 이사진과 총장이 사퇴해야 한다'고 주장했다.

당시 현대그룹 정주영 일가의 부자 세습 행태를 보고 비난 여론이 뜨거웠다. 이윤 추구를 목표로 하는 기업에서조차 소유와 경영의 분리가 대세인데, 박원택 이사가 사회의 공기公器인 대학을 사유물화해 부자 세습을 하려 했으니, 사회적 비난이 쏟아지는 것이 당연했다. 더

구나 전년도인 1999년 국정감사에서 덕성학원 설립자가 박씨 일가의 모친인 송금선이 아니라 독립운동가 차미리사라는 사실이 밝혀진 터였다. 박씨 일가가 학교 설립자인 차미리사와 아무런 연고도 없었으니, 비난이 더욱 거셀 수밖에 없었다.

1999년 국정감사를 통해 사립학교는 설립자 개인의 소유물이 될 수 없다는 사실이 공식적으로 확인되었다. 당시 국회 교육위 국정감사장에서 국민회의 노무현 의원이 김덕중 교육부 장관에게 '사립학교의 주인이 누구라고 생각하느냐'고 추궁했다. 김 장관은 이에 대해 '사립학교에 설립자가 있지만 통념적으로 소유주나 주인이라는 말은 맞지 않는다'면서 '(설립자라는 말은) 자신의 재산을 출연해 사회적 목적을 달성하겠다는 뜻으로 받아들일 뿐 사립학교가 어느 개인의 소유는 아니'라고 답했다.

학교법인 또는 사립대학의 설립 및 법적 성질에 관한 기본법은, "자연인이 자기 소유의 재산을 기증 또는 헌액獻額으로 출연하여 공익을 목적으로 학교법인을 설비할 경우, 출연된 재산은 출연자의 사유재산과 구별되며 그 자체로서 독립된 법인격을 갖는다."라고 명시하고 있다. 학교법인의 재산은 기본적으로 사회에 환원된 공익 재산이다. 사립대학은 학교법인이 설치하고 운영하는 교육기관으로서 영리를 목적으로 하지 않으며 공익성을 지닌다. 따라서 학교법인뿐만 아니라 그 교육기관인 사립대학에 개인이 아무리 많은 재산을 투입했어도 법인이나 대학이 개인의 소유가 될 수는 없다. 또 사립학교법 어디에도 설립자가 주인이라는 조항은 없다.

이문영 이사장 체제 붕괴로 나타난 두 번째 퇴영적인 모습은 학교에 보수 반동의 광풍狂風이 몰아쳤다는 점이다. 이사회를 장악한 박씨 일가는 이문영 이사장 체제가 이룬 개혁의 성과들을 원점으로 돌리고, 대학의 자율성과 교권을 지키기 위해 노력한 민주세력을 무자비하게 탄압했다. 박씨 족벌 재단은 대학 운영의 민주화를 요구하는 민주세력을 3중, 4중으로 고소해 공안 정국을 조성했다.

이사회와 학교당국은 민주세력을 고소고발하기 위해 감시·감찰과 도청을 일삼았다. 이들이 경찰과 검찰에 제출한 증거자료 중에는 교수들이 축제 때 한 말을 비롯해 강의실에서 한 말까지 상세하게 녹취되어 있었다. 교수에 대한 감시·사찰·도청은 국정감사에서도 문제가 되었다(2000. 11. 3.). 새천년민주당의 김덕규 위원이 교수협의회 교수를 고소한 김기주 이사장 직무대행을 추궁했다. 먼저 고소에 필요한 증거자료를 어떻게 확보했는지 물었다.

김덕규 위원 증인께서는 이사장 직무대행으로 선임된 지 1주일 만인 2000년 6월 30일 교수협의회 회장 신상전, 부회장 한상권, 오영희, 성낙돈 교수 등을 명예훼손 혐의로 고소했습니다. 그렇지요?

증인 김기주 예.

김덕규 위원 증인은 학내 사태도 충분히 파악하지 않고 교수협의회 회장단의 면담 요청도 거절한 채 전격적으로 교수들을 고소한 것이 과연 합당한 일인가 한 번쯤 생각해 보실 수도 있었을 텐데 어떻습니까?

증인 김기주 생각을 많이 했습니다.

김덕규 위원 증인께서 고소 자료로 제출한 것 중에는 '덕성여대 민주화를 위한 공동투쟁위원회'가 2000년 5월 20일 참여연대에서 한 기자회견 내용을 녹취한 것도 있지 않습니까?

증인 김기주 예.

김덕규 위원 증인은 이 자료를 어떻게 확보하셨습니까?

증인 김기주 고소에 필요한 자료를 전부 준비하라고 해서…….

김덕규 위원 혹시 증인께서 측근 직원과 교수들에게 기자회견장에 가서 자료를 녹취해 오도록 지시한 일은 없습니까?

증인 김기주 지시했다기보다는 그런 이야기가 나와서 거기에서 무슨 상황이 벌어지는가를 알아야 됩니다. 왜냐하면 다음 상황에 대비하기 위해서…….

김덕규 위원 지시한 것이나 다름없지요? 그러니까 녹취해서 보고를 드렸겠지요. 또한 고소 자료 중에는 올해 5월 축제 때 교수들이 학생들의 초청을 받고 연단에 올라가 발언한 내용도 있습니다. 증인은 이 자료를 또한 확보하셨지요? 어떻게 확보하셨습니까. 조금 전에 말씀하신 것과 같은 방법이었습니까?

증인 김기주 그렇지요. 아마 그것은 학교에서 더 필요해서 그렇게 한 것으로 알고 있습니다.

감시와 사찰은 국정감사 뒤에도 계속되었다. 국정감사가 끝나고 한 달 뒤인 12월 22일, 한 남자가 김기주 이사장 직무대행 집 앞 집회 장면을 몰래 찍으려다 사학과 졸업생에게 붙잡혀 망신당하는 일이 생겼다. 그 남자는 박원국 전 이사장의 전 비서 조 아무개 씨였다.

김덕규 위원이 교수들을 고소한 목적을 물었다.

김덕규 위원 증인은 이 고소 건 최후 진술에서 교수들을 일벌백계해서 엄히 다스려 줄 것을 요구하셨습니다. 그랬습니까?

증인 김기주 예, 그랬습니다.

김덕규 위원 분규 대학의 교수들을 일벌백계로 다스릴 수 있는 대상으로 보는 것 자체가 이사로서 해야 할 것인가에 의심이 가는데 증인께서는 교수들을 해임할 생각이었습니까?

증인 김기주 이야기가 길어지는데 명예 훼손, 도가 지나쳤고 교수들이 이성을……

김덕규 위원 그러니까 해임할 생각으로 일벌백계로 다스려야 된다고 진술하셨습니까?

증인 김기주 교육상 그렇습니다.

김덕규 위원 교수협의회 회장단의 면담 요청을 거부하셨고, 교수협의회 교수들을 검찰에 고소하셨고, 교수협의회 교수들을 감시하고 사찰하고 그 자료를 고소 자료로 제출하는 등의 행동은 증인께서 이사장 직무대행 자격이 과연 있는가 하는 의심이 갑니다.

'교수가 기소되면 이들에게 직위를 부여하지 않을 수 있다'는 사립학교법(58조의 2 제1항 제3호)의 독소조항을 이용하여 교수들을 해임할 생각으로 고소했고, 또한 그것이 교육상으로도 필요하다는 답변이다.

김기주 이사장 직무대행은 '대학에도 법과 질서가 살아 있다는 것을 알리고, 본인의 명예 회복뿐만 아니라 학교를 다시 건강하게 회복시키자는 뜻'에서 교수들을 고소했다고 주장했다. 그는 악법을 이용하여 민주화를 요구하는 교수들을 대학에서 쫓아내는 것이 법과 질서를 회복하는 길이라고 보았다.

이강혁 총장도 이에 못지 않았다. 그는 '덕성 발전에 도움이 되지 않는 교수를 반드시 정리하고 나가겠다'며 '싹쓸이'발언을 통해 학내에 공포 분위기를 조성했다. 국정감사 증인으로 출석해서는, 비판적인 교수를 탄압할 목적으로 한 고소 건을 취하할 용의가 없느냐는 한나라당 조정무 의원의 질의에 "상황이 좋아지고 분위기가 형성되면 모르지만, 이 시점에서 아직은 그렇게 할 수 없다고 말씀드릴 수 있습니다."라고 답했다.

그는 덕성학원 설립자의 초상화 봉정식까지 불온 행위로 보고 문제삼았다. 2000년 10월 10일, 덕성여대 정문 앞에서 교수협의회 교수와 동문, 학생 등 100여 명이 모인 가운데 덕성학원 설립자인 차미리사 초상화 봉정식이 열렸다. 대학 교정에 부활한 차미리사 초상화는 서양학과 학생들이 3주 동안 매달려 엄지손가락만 한 사진을 1만 2,000배가 넘게 확대해서 완성한 것이다. 교수협의회와 총학생회, 민주동문회가 함께 개최한 '차미리사 선생 초상화 봉정식'은 그동안 박씨 가문의 사유물로 잘못 알려지고 수십 년간 족벌 경영의 폐해를 받은 덕성여대를 근본적으로 바로잡으려는 구성원들의 염원이 담긴 뜻깊은 행사였다. 덕성여대의 새 출발을 상징할 뿐 아니라, 역사가 왜곡된 다른 사학 재단의 정통성 확립에도 도움이 될 수 있다는 점에서 의미있는 행사였다.

그러나 이강혁 총장은 덕성학원의 정통성을 바로 세우려는 행사에 참석한 교수들의 동정을 일일이 촬영한 후, 경고장을 보내 불편한 심기를 드러냈다. 경고장에서 이강혁 총장은 독립운동가 차미리사의 초상화 봉정식이 '대내적으로 학원을 혼란케 하고, 대외적으로 학원의 이미지를 실추시켰다'고 주장했다. 그리고 이듬해 2월에는 이사회가 "학원의 이미지를 실추시킨 일부 교수들의 일련의 집단 행위에 참가해 총장의 경고를 받았다."라는 사유 등을 들어 차미리사 선생 초상화 봉정식에 참석한 신임 교수 세 명을 해직했다. 박씨 일가 중심의 덕성학원 이사회가 친일 족벌 재단임을 스스로 인정한 셈이다.

기억을 둘러싼 투쟁

국정감사 직후인 1999년 11월 17일에 '민주화 및 정체성 수호를 위한 교수위원회(정수회)'라는 생전 듣도 보도 못한 해괴한 단체가 교내에 등장했다. 이 단체는 결성 선언문에서 "덕성학원 관리 주체의 가족으로서 이사 자격이 있는 박원택 상임이사와 박상진 이사를 철저히 배제한 이사회의 의사 결정 행위 등은 사학의 설립 취지와 근본 정신을 말살하는 것이며, 이는 사학의 관리권을 빼앗는 것이나 다름없다."라며 덕성학원의 정체성 수호를 위해 이문영 이사장은 즉각 사퇴해야 한다고 주장했다. 다음 날인 18일에는 구 재단을 추종하는 교수 단체 세 곳, 즉 '덕성여자대학교 정상화 추진 교수회'·'교권 수호 대책위원회'·'민주화 및 정체성 수호를 위한 교수위원회'가 공동 성명서를 통해 박원택 부자가 '사학의 관리권'을 가지고 있다고 주장하며 박씨 일가의 족벌 세습을 거듭 옹호하고 나섰다.

왜 구 재단 세력이 국정 감사가 끝나자마자 '정체성 수호' 운운하며 박씨 일가의 '사학의 관리권'을 주장하고 나섰을까?

1999년 11월 3일에 열린 국정감사에서 학교법인 덕성학원 교주校主라고 주장하는 박원국 씨를 증인으로 출석시킨 가운데 덕성학원 설립자에 관한 질의가 있었다.

> **설훈 위원** 박원국 전 이사장님께 묻겠습니다. 덕성학원 설립자가 누구입니까?
>
> **증인 박원국** 설립자라는 뜻이 애매한데요. 내가 그래서 이상규 변호사한테 조금 아까도 물어보았습니다. 설립자가 뭐냐 하니까, 내 입지가 뭐냐, '설립자의 장손'이다, 이것입니다.
>
> **설훈 위원** 설립자의 장손이라고 그랬어요? 알겠습니다. 교육부 자료에 따르면 차미리사 여사가 설립자로 되어 있습니다. 맞습니까?
>
> **증인 박원국** 그렇지요. 맨 먼저 운영권을 어머니에게 주었습니다.
>
> **설훈 위원** 차미리사 여사하고 송씨 집안하고는 어떤 관계지요? 모친이 차 여사하고는 어떤 관계입니까?
>
> **증인 박원국** 혈연관계는 없습니다.

이날 국정감사에서 설훈 의원이 박원국 전 이사장에게 교주라고 칭하는 근거에 대해 추궁하자, 박원국 씨는 '내가 붙인 것이 아니라 이문영 이사장이 그렇게 호칭했기 때문'이라고 얼버무렸다. 박원국 전 이사장 자신이 덕성학원 교주가 아님을 모든 사람 앞에서 시인한 셈이나. 평수 딩딧하게 교주라고 일컫던 박원국 씨가 국정감사장에서 변명하기에 급급하며 갑자기 태도를 바꾼 이유가 무엇일까?

그 해답은 교육부가 국회에 제출한 국정감사 자료에 있었다. 자료에 따르면 덕성여대 설립자는 차미리사다. 학교법인 덕성학원은 1934년에 설립되었으며, 설립 당시 임원은 이사장인 차미리사를 비롯해 윤치호·독고희선·이인·장병량 등이었다. 설립자이며 초대 이사장인 차미리사는 1952년에 건강 문제로 사임하고, 2대 이사장으로 박원국의 외할아버지이며 송금선의 부친인 송우영이 취임했다. 송우영 2대 이사장과 설립자 차미리사의 특수 관계 여부에 대해 국정감사 자료에는 '없음'이라고 명기되어 있었다. 덕성학원 3대 이사장은 박원국의 부친이며 송금선의 남편인 박준섭, 4대 이사장은 박원국의 모친인 송금선이었다. 박원국은 1977년에 5대 이사장으로 취임해 1997년 임원 취임 승인 취소를 당하기까지 20년 동안 자리에 있었다. 덕성학원은 차미리사와 관계가 없는 송우영을 통해 박원국의 외가로 전수되었으므로, 박원국도 설립자 차미리사와 아무런 관계가 없다. 당연한 사실이지만, 국정감사 자료는 당시 이사로 취임 중인 박원국의 친동생 박원택와 그의 아들 박상진에 대해서도 설립자 차미리사와 특수 관계가 없다고 밝히고 있다. 설사 박원국이 설립자와 특수 관계가 있다고 해도 사립학교는 공익 재산이라서 소유권을 주장할 수 없는데, 하물며 설립자와 아무관계가 없는 이가 '교주'를 사칭했으니 비난받아 마땅하다.

설립자와 아무 관계가 없는 박씨 일가가 덕성학원을 세습하려는 것이 법리적, 실체적으로 근거가 없다는 진실이 국정감사를 통해 처음으로 드러나자, 위기를 느낀 구 재단 세력이 박씨 일가가 '사학의 관리권'을 가지고 있다며 일제히 족벌 세습을 옹호하고 나선 것이다. 이에 맞서 교육·시민·사회단체가 박씨 일가가 친일·비리·족벌 재단에 불과하다며 정면으로 반박하고 나섰다. 박씨 일가의 뿌리인 송금선의 친일 행적을 공개적으로 처음 언급한 것이다.

알려진 바와 같이, 덕성학원은 독립운동가이며 여성 계몽운동의 선구자인 차미리사 여사가 세운 민족 학교이다. 덕성학원이 박원국 씨의 모친이며 대표적인 친일파인 송금선 씨에게 넘어간 것은 1940년이다.

당시 전란이 세계대전으로 치달으며 민족말살정책이 절정에 이르자, 일제는 차미리사 여사가 민족 사상을 품은 여성 지도자라는 것을 새삼 문제 삼아 퇴진을 강요하며, 후쿠자와 에이코福澤玲子로 창씨 개명한 (……) 송금선 씨에게 학교를 넘겨주도록 하였다. 설립자 차미리사 여사와 아무런 연고권이 없는 박원국 씨는 모친인 송금선 씨가 저지른 반민족적인 범죄 행위에 대해 참회하기는커녕, 최근까지 설립자 행세를 하며 학내 민주세력들을 무자비하게 탄압하였다.

— 교육·시민·사회단체 연대회의
「덕성여대에서 추진 중인 개혁 작업에 격려와 지지를 보낸다」
1999. 11. 23.

이에 구 재단을 지지하는 총동창회가 발끈했다. "차미리사 여사가 근화학원을 세워 현 덕성학원의 터전을 마련하였다면 박준섭 박사와 송금선 박사는 많은 역경과 고난을 극복하면서 덕성학원을 발전시켜 왔으며 덕성여자대학교를 설립하여 평생 동안 여성 교육에 허신해 왔음을 우리들은 덕성학원의 80년, 덕성여대의 50년 동안 지켜 보아 왔다."라며, "80년간 한국 여성 교육에 헌신적으로 이바지해 온 덕성학원과 덕성여대의 역사를 왜곡하고 명예를 훼손"한 것에 대해 왜곡된 자료의 출처를 밝히고 해명하라고 요구했다. 이에 맞서 민주 동문회(회장 조송미, 약학과 87학번)가 나섰다. 송금선의 친일 행적에 대해 진실 규명을 위한 공개 토론회를 제안한 것이다. 그리고 이듬해인 2000년 1월, 민주동문회는 송금선의 친일 행적에 관해 '민족문제연구소'에 사실관계 확인을 요청한 결과 공식 답변서를 받았다며, 이를 공개했다.

귀회에서 문의한 사실관계 확인 요청에 대해 다음과 같이 답변드립니다.

첫째, 송금선 씨가 '대표적 친일파'라는 질문에 대해: 식민지기 여성계를 대표하는 인물 가운데 하나였던 송금선 씨가 1930년대 후반부터 일제의 침략 정책에 적극 협력하였음을 확인하였습니다. 그것이 자의였던 타의였던 간에 반민족적인 범죄 행위임에는 틀림없으며, 더구나 사회적 영향력을 가진 지식인으로서 역사적 책임을 질 수밖에 없을 것입니다. 송금선 씨가 '대표적인 친일파'였다는 주장을 확인할 수 있는 각종 자료들은 지금까지 밝혀진 것만 정리하여 별도로 우편으로 발송하였습니다. (중략)

대단히 불행한 일이지만, 많은 자료들이 보여 주듯이 송금선 씨는 김활란, 고황경, 이숙종 등과 함께 식민지기 대표적인 여류 명사이자 동시에 말기에는 여성계를 대표하여 친일 행위에 앞장섰다고 할 수 있습니다.

— 사단법인 민족정기교육연구회 부설 민족문제연구소, 2000. 1. 4.

2000년 6월 8일, 민주동문회 주최로 '덕성학원 건학 80주년 기념 덕성여대 뿌리찾기 대토론회'가 교수협의회, 총학생회 등이 참여한 가운데 덕성여대 대강의동에서 열렸다. 송금선의 친일행적 언급에 대해, 덕성학원과 덕성여대의 역사를 왜곡하고 명예를 훼손시켰다며 분개한 총동창회는 참석하지 않았다.

이날 토론회에서 두 번째 주제 발표를 맡은 나는 발표문을 통해 "덕성학원 설립자 차미리사는 식민지 조국의 독립과 여성들의 권익 신장을 위해 평생을 헌신한 민족 지도자요 여성 교육의 선구자"였음을 밝힌 다음, "차미리사는 조국의 자주 독립을 쟁취하는 수단으로써 여성 교육의 소중함을 자각한 선구자이며 그의 노력은 교육기관 설립으로 나타났으며 그 구체적인 결실이 덕성학원"이라고 주장했다. 그리고 그날 발표한 내용은 잠정적 초고에 불과하기 때문에 이후 사료수집과 발굴 작업을 통해 더 정밀히 수정 보완하겠다고 다짐했다. 이 약속은 8년 만에 결실을 맺어, 2008년에 『차미리사 평전』으

2008년 발간된 차미리사 평전.
2006년 6월 덕성학원 뿌리찾기
대토론회를 계기로 사료 수집과 발굴
작업에 착수하여 8년 만에 결실을 맺었다.

로 출간됐다.

송금선은 왜 차미리사 전기 집필을 의뢰했나

차미리사의 창학 이념은, 3·1독립 정신을 계승해 민족혼 발양을 교육의 정신적 지주로 삼은 민족주의, 남자와 여자는 양 수레바퀴와 같다며 남녀평등을 강조한 평등주의, 가난한 가정부인이나 소박데기 등 소외당한 여성들을 대상으로 교육하는 민중주의, 외국 선교사의 도움을 받지 않고 철저히 조선인의 힘으로 학교를 설립하고 경영한 자주 정신이다. 차미리사는 '조선인의, 조선인에 의한, 조선인을 위한' 교육을 실천한 여성 교육의 선구자였다. 민족·평등·민중·자주 이념을 바탕으로 덕성학원을 세운 차미리사와 친일파 송금선은 양립할 수 없다. 송금선은 일제의 민족 억압과 차별을 정당한 것으로 받아들였다는 점에서 반민족적이며, 폭력적인 파시즘 체제를 옹호했다는 점에서 반민주적이며, 일제의 전시 총동원 체제하에서 전쟁에 협력했다는 점에서 반평화적인 범죄를 저질렀기 때문이다.

그러면 송금선의 후예인 박씨 일가는 차미리사 문제를 어떻게 생각하고 있을까. 2001년 박원국 씨가 덕성학원 이사장으로 복귀한 뒤 공식적으로 발표한 두 가지 문건을 통해 그들의 생각을 읽을 수 있다.

덕성학원은 현재까지 매년 차미리사 여사를 기리는 추모 행사를 갖고 있으며 덕성학원의 창립자가 차미리사 여사임을 부정한 적도 없습니다. 차미리사 여사가 최초의 학원 창립자라면 그 후 경영 주체인 학교법인 이사회를 대표해 온 분은 설립자입니다. 그럼에도 불구하고 교수협의회은 혈육과 자손이 전혀 없는 차미리사 선생만이 덕성의 설립자이고 송금선 전 학원장과 박씨 가문은 차미리사 여사와 혈연관계가 아니어서 계승자가 될 수 없으니 결과적으로 박씨 가문은 퇴진하여야 한다는 허무맹랑한 논리를 전개하고 있습니다. 교수협의회가 새삼스럽게 후손이 없는 차미리사 여사를 설립자라 추앙하고 송금선 전 학원장을 민족 반역자인 양 매도하는 억지 주장을 일삼는 것은 현 재단의 경영권을 빼앗으려는 의도를 극도로 노골화하고 있는 것입니다.

— 2001년 4월 6일, 덕성여자대학교

차미리사가 덕성학원 설립자임은 부인할 수 없는 역사적 사실이라는 것이다. 그렇다면 이제 덕성학원에서 송금선의 위치를 어떻게 설정할지가 문제로 남는다. 덕성여대는 양자를 조화시키기 위해 '차미리사는 창립자, 송금선은 설립자'라는 기이한 주장을 했다. 그러나 창립자와 설립자가 어떻게 다른지 설명하고 있지 않아서, 학교 측이 주장하는 내용이 무엇인지 정확히 알 수 없다. 다만 송금선의 친일 행위를 언급하는 것은 덕성학원의 경영권을 찬탈하려는 불순한 목적을 드러낸 것이라며 논의 자체를 봉쇄하기에 급급한 모습이었다. 학교 측이 발표한 다른 글에는 이렇게 쓰여 있다.

덕성학원의 전신인 근화여학교의 모태는 암울하던 일제 시대인 1919년 9월 차미리사 여사에 의해 설립된 여자 야학 강습소 혹은 여자 야학회에 근거

합니다. 1940년 무렵 차미리사 여사는 젊고 교장의 자격이 있으며 덕망과 통솔력 그리고 재력이 있는 인물을 물색 중 적임자인 송금선 여사를 후계자로 추대하였습니다. 당시 송금선 여사에게 인수인계된 것은 900평의 대지 (당시 국유지) 위에 선 낡은 집 한 채와 7000원 상당의 기부 증서뿐이었습니다. 이후 재원 염출은 송금선 여사의 부모님을 비롯한 가족들의 지원금으로 충당되었으며 이를 바탕으로 안국동에 새로운 교사가 신축되어 교육의 터전이 확보됐습니다. 송금선 여사는 차미리사 여사의 건학 이념을 계승 발전시켜 여성 교육을 통한 민족 교육을 실현하였으며, 이것이 오늘날 덕성학원 건학 이념이 되었습니다. 이후 학원의 확충으로 덕성여자대학교가 1950년 5월에 개교하여 오늘에 이르게 되었습니다. 따라서 일부 교수협의회 교수들이나 이에 동조하는 세력의 본 학원의 건학 배경에 대한 비판은 한낱 음해를 위한 허위 주장에 불과합니다.

— 2001년 4월 9일, 학교법인 덕성학원/덕성여자대학교

여기서는 송금선이 차미리사의 후계자라고 과감히 주장한다. 이 주장은 최은희가 저술한 『씨 뿌리는 여인—차미리사의 생애』에 근거를 두고 있다. 차미리사 타계 2년 뒤인 1957년에 출간된 이 책은 조선여자교육회 전국 순회 강연 당시 해주에서 차미리사와 직접 만난 적이 있는 최은희가 쓴 전기로, 차미리사를 이해하는 데 바탕이 된다. 그러나 이 책은 몇 가지 점에서 비판적으로 검토할 필요가 있다.

먼저 서술 내용이 역사적 사실과 부합하는가 하는 점이다. 최은희는 차미리사의 독립운동가, 교육운동가로서의 애국적인 풍모를 한껏 강조했다. 물론 차미리사의 애국적인 활동은 존경받아 마땅하다. 그

러나 그의 애국심을 지나치게 과장해 역사적 사실과 어긋나는 부분
이 여러 군데 있다. 즉 차미리사가 1901년에 중국으로 건너가 신학을
공부한 뒤 1905년에 미국에 갔는데, 책에는 1905년에 중국으로 갔다
고 되어 있다. 또 미국으로 간 뒤 안창호와 활동했으며 한일합방 소식
에 애통해하며 앓다가 귀머거리가 되었다는 책의 내용도 사실과 다
르다. 차미리사는 안창호가 설립한 공립협회와 이념적으로 대립하던
단체에서 활동했고, 청각은 중국에서 뇌막염을 앓은 후유증으로 잃
은 것이다. 그 밖에 차미리사가 다닌 신학교의 이름, 재학한 기간, 졸
업 여부, 귀국 시기도 책의 내용이 사실과 다르다.

 더 중요한 문제는 집필 동기다. 최은희는 당시 덕성여자중고등학교
교장이며 덕성여대 학장인 송금선의 부탁을 받고 책을 집필했다. 그래
서인지 책에 송금선의 친일 행적에 대한 언급이 전혀 없다. 송금선과
같은 시대를 살던 저자가 그의 친일 행적을 몰랐을 리 없다. 결국 송금
선을 의도적으로 미화했다고 볼 수밖에 없다. 송금선의 덕성여자실업
학교 교장 취임식 광경을 서술한 부분에 저자의 의도가 잘 드러난다.

> 단기 4273년(1940년) 8월 26일 송금선 여사의 교장 취임식이 있었다. (……)
> 재단 이사장 윤치호는 "교육을 하려면 물론 좋은 건물과 설비도 필요하지마
> 는 반드시 그것만으로 표준으로 볼 것은 아니다. 일본에 유명한 교육자 길전
> 송음吉田松陰의 사숙私塾을 가 보면 촌 농가와 같았지마는 일본에 일류 정
> 치가와 실업가와 문학가의 대부분이 다 이 사숙 문을 거쳐 나온 사람들이
> 다. 송 교장은 길전 숙장과 같이 우리나라에 동량지재棟樑之材를 배출시킬
> 것이다." 하는 환영사를 말하였다.

그러나 최은희 주장과는 달리 당시 윤치호는 덕성학원 재단 이사장이 아니었으며, 『윤치호 일기』를 보면 '1940년 8월 26일 집에 있었다'라고만 기록되어 있다. 따라서 최은희가 쓴 윤치호 환영사는 송금선의 교장 취임을 미화하기 위해 가공한 기록일 가능성이 높다. 송금선의 교장 취임식 광경은 매일신보에도 보인다.

> 부내 안국정에 있는 덕성여자실업학교德成女子實業學校 교장 차미리사車美理士 여사는 이번 현역으로부터 은퇴하고 신교장으로 이화여자전문학교 전수과 과장으로 있는 송금선宋今璇 여사를 맞이하기로 되어 경기도 학무과에 인가 신청 중 지난 24일에 인가되어 26일 아침 열시 반에 학교에서 이임식을 거행하였다. 전 교장 차미리사는 40년 전부터 여성 지도에 헌신해 오던 바 이번 덕성학교를 든든한 재단으로 만들어 놓고 제일선으로부터 은퇴하여 교주로 또는 명예 교장으로 있어 뒷일을 보게 되었고 앞으로는 송 교장이 다시 이 학교의 부흥을 위하여 더욱 노력할 것으로 기대된다. 교장 송씨는 숙명고녀 동경여고사(동경여자고등사범학교)를 마치었고 동덕고녀를 거쳐 이화여자전문 교수로 있으면서 부인문제연구회와 기타 각 여성 단체의 중진으로 노력하는 수완 덕량이 아울러 출중한 여류 활동가인데 취임식을 마치고 다음과 같이 포부를 말하였다. "전통을 자랑하는 우리 학교요 오랜 역사 속에서 새 출발을 기약할 우리 학교이므로 전 교장의 큰 뜻을 받들어 총후의 학원으로 황국신민 교육의 완성을 위하여 미력을 다하고자 하며 사회 여러분의 지도를 바랄 뿐입니다."
>
> ─ 매일신보, 1940. 8. 27.

송금선은 교장 취임사에서 "우리나라에 동량지재棟樑之材를 배출하겠다."라고 한 것이 아니라, "황국신민화 교육을 위해 모든 노력을 다하겠다."라고 다짐했다.

황국신민이란 자신을 완전히 희생해 오로지 천황을 위해 웃으면서 죽을 수 있는 인간을 말한다. 황국신민화 교육정책이 지속되는 한 조선인은 철저하게 일본인, 즉 황국신민이 되거나 비국민非國民으로 항일 세력이 되어야 했다. 중립지대는 있을 수 없었다.

송금선이 교장으로 취임할 즈음 황국신민화 교육의 구체적인 실천 내용은 학교의 군사 체제화였다. 태평양전쟁의 발발로 전선이 더욱 확대됨에 따라 일제는 학교를 전시 동원 체제로 전환하는 조치를 취했다. 구체적으로 국민의 전쟁 수행 능력을 높이기 위해 체력 단련 교육을 강화하도록 했다. 체력은 전투력과 노동력의 기본 전제가 되기 때문에 정신력 배양 못지않게 중요시된 것이다.

후쿠자와 에이코福澤玲子로 창씨개명한 송금선 교장도 학생들이 체력을 길러 전시에 황국신민의 도를 선양할 수 있도록 하기 위해 체력 훈련을 강화했다. 전투 능력을 고양하려면 체력 단련과 함께 결전 체제에 필요한 전시 훈련이 꼭 필요했다. 송금선 교장은 비상시국을 맞이해 여학생에게도 군사 교련을 시켰다. 군사 훈련은 학생들에게 국체적國體的 국가 관념, 즉 일본은 만세일계萬世一系의 천황이 다스리는 신국神國이니 제국 신민은 이런 국체를 명확히 인식함으로써 본분 수행에 어긋남이 없어야 한다는 관념을 주입하는 데 유용한 수단이었다. 천황제 파시즘으로 학생들을 세뇌해야만 자랑스러운 황국신민이라는 신념을 갖고 선생네에 기꺼이 나가 천황을 위해 웃으면서 죽을 수 있는 것이다. 이런 노골적인 친일 행적 때문에, 송금선은 김구와 임시정부 계열이 지목한 숙청대상 친일인사의 명단 초안에 '사회·문화 예술계 집중 심의 대상 16인'으로 선정되기까지 했다.

송금선의 친일 행위로 미루어 볼 때, 그가 최은희에게 차미리사 전기 집필을 의뢰한 것은 황국신민화 교육을 수행한 자신의 치부를 은폐하고 싶었기 때문이라는 점을 알 수 있다. 차미리사로부터 송금선으로 덕성학원이 넘어가는 과정이 외압 없는 자발적 승계인 양 서술한 이유도 같을 것이다. 송금선이 차미리사의 승계자가 될 경우, 자신의 최대 약점인 친일 행위에 대해 면죄부를 받는 효과를 얻게 되기 때문이다. 송금선은 『씨 뿌리는 여인』 서언序言에서 "나는 이 숭고한 정신과 빛나는 전통을 오붓하게 계승한 사람"이라고 했으며, "원고가 되기 전까지에는 몇 백 부 박아서 비매품으로 적당히 분배하고자 하였으나 너무도 사실史實이 소중하고 아까워서 만천하 인사의 일목에 이바지하려고 했다." 라고 밝혔다. 자신이 차미리사의 승계자라는 역사적 사실을 널리 알리기 위해 출판을 결심했다는 것이다.

승계인가, 탈취인가

교육부가 해임한 박원국 이사장은 2001년 1월 대법원의 확정판결로 덕성학원에 복귀했다가 학내 민주세력의 격렬한 저항에 부딪쳐 같은 해 10월에 임기 만료로 물러났다. 그는 덕성을 떠나고 한참 뒤인 2004년 3월, 교수협의회 회장인 신상전 교수와 부회장인 나를 포함해 교수 네 명을 '출판물에 의한 명예훼손', '명예훼손', '사자死者 명예훼손'으로 고소했다. 여기서 사자, 죽은 이는 송금선을 뜻한다.

이 건에 대해 경찰서가 여러 차례 조사한 끝에 '출판물에 의한 명예훼손'과 '명예훼손'은 '(증거 불충분으로) 혐의 없음', '사자 명예훼손'은 '공소권 없음'으로 처분했다. 그러나 고등검찰청이 출판물에 의한 명예훼손 및 명예훼손에 대해 다시 수사를 명해, 나는 북부지청에서 피고소인 재조사를 받았다. 수사관이 나한테 더 하고 싶은 말은 있는지 물어서 당시 심경을 피의자 신문 조서에 밝혔다.

> 이번 덕성여대 사태의 발단은 (2001년) 교수 부당 해직에서 비롯된 것입니다. 본인은 1997. 2.~1999. 2. 해직되었기에, 교수 해직의 부당함과 아픔을 누구보다 잘 알고 있습니다. 본인이 복직될 때 많은 우리 사회의 민주세력과 교수, 학생, 졸업생들의 도움을 받았습니다. 본인도 부당하게 해직된 동료 교수의 복직을 위해 양심에 거리낌 없는 행동을 하였다고 자부합니다. 학자적 양심에 따라 한 본인의 공익적인 행동이 설사 사법적 판단의 대상이 된다 힐지라도 당당히 맞설 것이며, 본인이 활동에 후회하지 않습니다.

이 건은 기소되어 1년 넘게 재판이 진행된 끝에 심리가 끝났다. 검사는 피고인 모두에게 징역 1년을 구형했지만, 1심 재판부(최한돈 판사)는 무죄를 선고했다. 경찰서에서 조사를 받기 시작한 이래 1심 판결까지 장장 3년 3개월이나 걸렸다. 검사의 항소 제기로 다시 항소심이 진행됐지만 역시 무죄 판결이 났다. 대법원 상고심 판결에서 검찰의 상고를 기각하고 무죄 판결을 확정한 것은 2008년 4월 24일이다.

2004년부터 2008년까지 4년 남짓 재판이 진행된 셈이다.

여기서 박 전 이사장의 고소 건을 거론하는 이유는, 그것 때문에 송금선 씨의 명예훼손 여부를 둘러싸고 법정 공방이 오갔기 때문이다. 검찰의 공소장 내용을 보자.

> 피고인 신상전, 한상권은 공모하여 2001. 3. 30.경 위 대학교 355호실에서, 교수협의회 제4기 연도 활동 백서상의 피고인 신상전 명의의 머리말을 작성함에 있어, 사실은 박씨 가문이 조선총독부의 도움으로 덕성학원을 탈취하였다는 증거가 없음에도 "교수협의회는 지난해 거센 탄압하에서도 덕성여대 정상화를 향한 괄목한 성과를 쟁취하였다. 첫째, 친일 재단으로서 덕성학원의 실체를 밝히는 데 성공하였다. 역사의 기록에 근거한 연구와 토론의 결과 교주 노릇을 해 온 박씨 가문은 덕성학원의 설립자이기는커녕 조선총독부의 도움으로 독립운동가 차미리사 선생으로부터 덕성학원을 탈취하였음이 확인되었다." 등의 내용을 포함시켜 유인물을 작성한 다음, 위 유인물이 첨부된 활동백서 300여 장을 같은 해 5. 중순경 교수협의회 회원과 총학생회생회, 타 대학 교수협의회, 시민단체 등에 배포하여 출판물에 공연히 허위 사실을 적시하여 위 피해자의 명예를 훼손하였다.

검찰이 "박씨 가문이 덕성학원을 탈취하였다."라고 쓴 구절을 문제 삼은 것이다. 우리 주장의 진실 여부를 판단하기 위해, 법정에서 송금선의 친일 행위를 둘러싸고 치열한 공방전이 벌어졌다.

그 결과 1심 재판부는 송금선을 친일파로 볼 수 있으며, 송금선이 덕성여자실업학교를 인수한 것은 친일파였기 때문에 가능했으며, 독립운동가가 세운 학교가 친일파 손으로 넘어간 정황으로 미루어 볼 때 '탈취'로 보아도 크게 무리가 없다는 요지의 판결을 내렸다. 송금선이 차미리사의 승계자라는 지난 반세기 동안의 주장이 일거에 무너지는 순간이었다.

2009년 11월 8일, 대한민국 정부 수립 직후 친일파를 처벌하기 위해 출범한 '반민족행위특별조사위원회'가 친일 경찰의 습격으로 와해된 지 60년 만에 '민족문제연구소'에서 『친일인명사전』을 발간했다. 『친일인명사전』은 송금선과 같은 부일 협력자 상층부인 지식인·문화 예술인·언론인 등의 책임을 무겁게 따지고 있다. '민족문제연구소'는 사회 지도층의 친일 행적에 더 엄중한 잣대를 적용하게 된 이유를 분명히 밝혔다.

이민족 지배에 가장 중요한 요소는 이데올로기 통제로, 부일 협력한 지식인들이 내선일체와 황민화 정책, 그리고 전쟁 동원에 필요한 군국주의 이념을 선전·보급하는 데 핵심적인 역할을 한 집단이었다는 것에는 이론의 여지가 있을 수 없다. 이들의 경우 식민 지배국의 침략 전쟁에 동포를 소모품으로 밀어 넣었다는 점에서 최소한 하급 전범에 해당하며 오히려 가중 처벌의 여지가 많았다고 보았다. 지식인의 영향력을 감안하면 개인적인 출세나 치부를 위해 친일한 자보다 사회적·도덕적 책임이 더 크다고 보았으며 따라서 더욱 엄격히 비판받아야 한다고 판단한 것이다. 순사, 밀정 등이 일신의 출세를 위해 나라와 민족을 배신했다는 점에서 죄질이 극악하기는 하나 그 영향이 제한적이었던 데 비해, 식민 통치 기구의 상부구조에 참여한 간부들이나 이른바 사회 지도층의 친일은 사회적 영향이나 파급력의 측면에서 매우 치명적이고 구조적인 악폐를 낳고 있었기 때문이다. 사회 지도층의 정치적·도덕적 책무는 나라와 민족의 처지가 어려울수록 더욱 강조되고 실천되어야 하는 것이지, 식민 지배하에서 선택의 여지가 없었다는 상황 논리로 면책될 성격의 사안이 아닐 터이다. 만약 이러한 논리로 이들에게 면죄부를 준다면 동시대에 항일 투쟁의 과정에서 목숨을 바친 선열들이나 전 재산을 판 뒤 일가를 이끌고 망명하여 풍찬노숙을 마다 않은 수많은 독립운동가의 결단은 한갓 의미 없는 개인사에 그치고 말 것이다.

— 조세열, 「『친일인명사전』 편찬의 쟁점과 의의」, 역사비평 91호, 2010. 5. 31.

송금선과 같은 지식인과 문화 예술인은 일반인과 달리 가혹한 식민통치와 광기 어린 침략 전쟁에 대한 비판 의식과 분별력을 지니고 있었음에도, 일제의 선전·선동에 앞장섰다는 점에서 그 도덕적 책무와 사회적인 영향력을 감안해 맹목적인 협력자보다 더 엄중하게 책임을 물었다는 입장이다.

구속영장이 청구됐습니다

박상진 상임이사가 후계자임을 취소함

2000년 12월 10일, 덕성여대 홈페이지에 낯선 글 하나가 올라왔다. 박원국 전 이사장이 올린 성명서로, '1997년 박상진(박토마스) 현상임이사를 본인의 후계자로 지명하고 각계에 설명·소개하였으나, 후계자임을 정식으로 취소'한다는 내용이었다. 후계자 지명을 철회하는 이유는 두 가지였다. 하나는 큰아버지인 자신의 덕성학원 복귀를 방해해 천륜을 어기는 부도덕한 행위를 저질렀으며, 다른 하나는 운동권 이사를 영입해 덕성학원을 해방대학으로 만들려고 했다는 것이다. 이 글은 박 전 이사장의 복귀를 둘러싸고 박씨 일가에서 암투가 벌어지고 있음을 보여 줘서 흥미로웠다(사람들은 박원국을 '구박'이라 하여 그를 추종하는 세력을 구박파라 불렀고, 박원택을 신박, 그를 추종하는 세력을 신박파라 하였다. 그리고 박씨 일가의 집안싸움을 구박의 귀위에 대한 신박의 도전이라고 했다).

그렇다면 박원국 전 이사장이 지적한, 천륜을 어기는 부도덕한 행위란 어떤 것이었는지 알아보자. 1999년 8월 12일, 교육부를 상대로 한 고등법원 행정소송 1심에서 박원국 씨가 승소했다. 행정소송 1심 판결로 박원국 전 이사장의 학교 복귀가 자동적으로 되는 것은 아니지만, 박씨의 복귀 가능성이 높아지자 학내가 술렁거렸다. 이사회로서는 대책 마련에 부심하지 않을 수 없었다. 이해 9월 3일에 열린 37차 이사회에서 이문영 당시 이사장이 '덕성학원 안정을 위해, 교육부가 상고하여 재판을 하는 데 도움을 줄 수 있도록 고문 변호사와 그분이 추천하는 변호사를 선임하여 보조참가할 것'을 제안해, 보조참가가 결의되었다. 이사회가 박원국 씨와 교육부의 소송에 보조참가를 하려는 이유는 두 가지였다. 하나는 고등법원 재판부가 교육부의 이사장 승인취소를 절차상의 문제로 판단했다는 점이다. 재판부가 승인 취소의 사유를 심의한 것이 아니기 때문에, 내용을 심의해 달라는 차원에서 보조로 참가해야 한다는 주장이다. 다른 하나는 박원국 이사장이 그다지 잘못하지 않았는데 교육부에서 과잉 개입했다는 재판부 결정에 승복하게 되면, 그때까지 진행한 개혁 작업이 헛일이자 개악으로 규정되고 만다는 것이었다. 결국 박원국 전 이사장의 이사회복귀를 막기 위해 보조참가가 필요하다는 주장이었다.

그런데 행정소송이 진행되는 가운데 새로운 사태가 발생했다. 2000년 5월 7일 이문영 이사장이 사퇴함으로써 이사회 의결권이 박원택 이사에게로 넘어간 것이다. 이사회에서 박원택 이사는 보조 참가를 반대했기 때문에 당연히 이를 철회할 줄 알았다. 박 전 이사장도 조카인 박상진 상임이사에게 이문영 이사장이 퇴임했으니 '보조참가를 취하하라고' 누차 종용했다. 그런데 이사회로부터 아무런 답이 없었다. 급기야 박 전 이사장이 덕성학원의 모든 이사와 감사에게 내용증명을 보내 보조참가 취하를 요청했다. 그래도 여전히 답이 없었다.

박원국 전 이사장은 "이 행위는 큰 아버지인 본인의 고등법원 승소에 이어 대법원에서 승소하여 재단 이사장에 복귀함을 방해하는 행위로, 천륜을 어기는 부도덕한 행위"라며 분노하였다.

박 전 이사장은 홈페이지에 올린 글에서 "박원택, 박상진 부자는 그동안 교육에는 관심이 없고 사리사욕에 눈이 어두워 자파 세력 확대를 위한 학내 파벌을 조성, 불화를 야기시키고......", "박원택, 박상진 부자는 법인의 막대한 재산(적립금 약 2,000억 이상, 학생 1인당 한국 1위, 총액 2위, 부동산 1,000만평-사찰을 부동산 내역에 포함시키는 동국대를 제외하면 총평수에서 한국 1위)을 사유재산시 하여 부자의 전유를 시도하여 야욕을 실현시키고자 부단히 노력하여 왔고......"라는 등 원색적으로 동생 부자를 비난하였는데, 이는 위에서 말한 배신감이 작용하였기 때문일 것이다.

박 전 이사장이 후계자 지명을 철회하는 또 하나의 이유로 든 것이 박상진 상임이사가 교수협의회와 손잡고 운동권 이사를 영입하려 한다는 것이다. 이것은 2000년 11월 3일 국정감사에서 박상진 상임이사가 약속한 내용을 두고 한 말이다. 덕성여대가 1999년에 이어 2000년 2년 연속 국정감사로 피감 대상으로 선정됐다. 박원국 전 이사장의 동생 박원택과 그의 아들이 이사로 재직하고 있어서 족벌 세습 체제라는 비판을 받았고, 김기주 이사장 직무대행과 이강혁 총장이 재단 전횡에 항의하는 교수협의회 소속 교수 다섯 명을 명예훼손 혐의로 고발해 학내 분규가 촉발되었기 때문이다. 이날 국정감사에서 설훈 의원은 분규 해결 방안 중 하나로 박상진 상임이사에게 이문영 이상과 함께 동반 사퇴한 함세웅, 방정배 이사의 복귀를 제안했다.

설훈 위원 증인을 중심으로 해서 법인 이사회가 갈등 구조를 풀어야 한다고 생각하는데 동의하십니까?

증인 박상진 예, 동의합니다.

설훈 위원 좋습니다. 그러면 본 위원이 하나하나 제안하겠습니다. 먼저 아까 함세웅 이사께서도 말씀하셨습니다마는 방정배, 함세웅 두 분 이사와 법인 간에 상호 법적 대응을 하고 있지요?

증인 박상진 예.

설훈 위원 그러면 법인 운영을 정상화한다고 할 때, 지금 법정 판결이 나오기를 기다리고 있는데 그 이전에 이 두 분을 이사로 재선임할 때 학교의 평화가 오고 학내 문제를 해결하는 틀이 만들어 질 수 있다고 있다고 생각하는데, 증인의 입장을 한번 말씀해 보십시오.

증인 박상진 저도 위원님께서 말씀하신 대로 제안하는 방향에서 이사진에서 논의하여 검토하도록 노력하겠습니다.

— 국정감사 회의록, 2000. 11. 3.

국정감사 증인으로 출석한 박상진 상임이사는 함세웅·방정배 이사의 재선임을 약속했다. 이와 함께 지병으로 하와이에서 요양 중인

아버지 박원택 이사의 용퇴와 교수협의회 교수들에 대한 고소고발 취하, 구성원들의 의견을 수렴한 차기 총장 선임 등을 분규 해결 방안으로 약속했다. 이 소식을 들은 박원국 전 이사장이, "(박상진 상임이사는) 최근에 덕성학원을 20여 년간 괴롭히고, 본인을 축출하는 데 주도적 역할을 하고, 덕성학원을 파괴하기에 전념한 교수협의회와 손잡고 운동권 출신 이사를 영입, 해방대학화에 협조함은 정치적으로 중립하여야 할 80년 역사의 덕성학원을 정치집단화함으로써 교육의 황폐화를 초래하려고 하고 있다."라며 분노했다.

그러나 이듬해인 2001년 1월 15일 열린 이사회에서 박원택·박상진 부자는, 국정감사에서 합의한 덕성 사태 해결 방안인 '함세웅·방정배 이사 복귀를 통한 이사회 정상화와 개혁 작업 추진을 통한 덕성 발전'을 묵살하고, 중앙일보 사장과 SBS 사장인 언론계 인사 두 명을 후임 이사로 선임했다. 박원국 전 이사장의 복귀가 가시화되자, 이사진을 자파 세력으로 충원해 덕성학원을 전유專有하려고 한 것이다.

이러한 박원택 부자의 기도는 실패로 끝나고 말았다. 국정감사 때 한 약속을 파기한 것에 대한 교수협의회의 강력한 반발과 개혁적 인사인 한완상 교육부총리의 취임으로 두 이사에 대한 임원 취임 승인이 거부되었기 때문이다. 그리고 며칠 뒤 박원국 씨가 이사장으로 복귀함에 따라, 사립학교법의 친·인척 이사 제한 규정(사립학교법에 친인척은 이사 정수의 4분의 1을 넘을 수 없다. 이사 정수가 일곱 명인 덕성학원의 경우, 이사회에 박씨 일가가 두 명 이상 있을 수 없다.)에 저촉되어, 박상진 상임이사는 학교법인이 운영하는 수익 사업체인 덕양사 사장으로 나갔다.

박원국이 다시 돌아오던 날을 기억한다

마침내 2001년 1월 19일, 박원국 씨가 햇수로 4년 만에 이사장 지위를 회복해 학교로 돌아왔다. 교육부를 상대로 법정 다툼을 벌인 끝에 대법원이 박원국 씨 손을 들어 주었기 때문이다. 대법원은 판결문에서 "박 이사장이 재단 이사장으로서 총장의 권한을 침해하지 않겠다고 이행 각서를 제출하는 등 교육부의 시정 조치를 받아들인 상태에서 교육부가 박 이사장의 취임 승인을 취소한 것은 권한 남용으로 판단된다."라고 했다.

그러나 박원국 이사장과 권순경 총장직무대리 간에 합의한 이행 각서가 학교 운영상의 위법 부당 사항을 시정하는 문건이 될 수는 없었다. 대법원은 박원국 이사장이 두 차례의 계고 기간 동안 김용래 당시 총장과의 합의 각서 작성을 거부한 점, 그의 압력에 시달리다 못해 김용래 총장이 사퇴한 점, 박원국 이사장이 자신이 임명한 권순경 총장직무대리와 합의해 제출한 합의 각서가 진정성이 결여된다는 점, 박원국 이사장이 146건에 달하는 위법 부당한 학사행정 간섭을 했으나 잘못을 인정하지 않고 있다는 점 등 덕성 사태의 본질을 직시하고 판결을 내렸어야 했다. 박원국 이사장의 복귀가 공공복리에 반하지 않는다는 판결도 문제다. 사립대학 재단 이사장으로서 저지른 독단적인 학교 운영과 이에 따른 학내 구성원들에 대한 인권 침해 실태를 간과했기 때문이다.

이러한 점들에 비추어 볼때, 설사 그가 승소했어도 교육부 감사에서 드러난 사실, 즉 이사장직에 있으면서 저지른 위법 부당한 사실들에 대해 면죄부를 받은 것은 아니다. 그럼에도 불구하고 박원국 씨는 대법원 확정 판결을 받자마자 "법인은 1996학년도와 1997학년도 두 번에 걸쳐 교육부의 감사를 받았으나 부정이나 비리가 없었음이 판명되었다."라고 주장하며, 마치 개선장군처럼 덕성여대에 복귀했다. 당시 학내 사정을 보면, 구 재단 세력의 공익 이사 흔들기로 이문영 이사장 체제가 무너져 그의 복귀를 막는 장애물도 없었다.

박원국 이사장은 복귀하자마자 과거처럼 대학을 장악하고자 또 다시 학사행정 간섭을 자행했다. 처장·실장을 비롯해 각 부서장에게 자신의 해임 기간 동안 일어난 행정 업무에 대해 보고하도록 지시했다. 그는 직접 업무 보고를 받으면서, 그 내용을 평가하고 일일이 시정을 지시하는가 하면 개편된 교육 과정을 문제 삼는 등 학사에 간섭했다. 자신이 나가 있는 동안 이루어진 학사행정이나 교수 임용은 인정할 수 없다는 태도였다. 실례로 직전 학기 이루어진 신임 교수 초빙과 관련해, 학과 서류 심사, 학과면접, 시강, 인사위원회 심사, 총장제청 등 대학 측의 심사가 완료되었는데도 재단 직원을 시켜 해당 학과장과 단과대 학장 및 자신이 임의로 선정한 소위 인료 교수들을 재단 측 면접에 배석하도록 지시했다.

2월 15일에는 부처별 업무 보고 받는 것을 평계로 무리하게 대학에 진입하려다 이를 저지하는 학생들과 여덟 시간가량이나 대치하는 상황이 벌어졌다. 긴박했던 당시 상황을 설명하면 이렇다.

오후 2시 40분쯤 폭설이 내리는 가운데 박원국 이사장이 탄 차가 학교 정문에 도착했다. 학생회관에 있던 총학생회생회와 각 단대 학생회, 동아리, 학과 학생들이 소식을 듣고 그가 학교에 들어오는 것을 막기 위해 뛰쳐나갔다. 학생들 20여 명이 행정동 앞에 모여 그의 차를 막고 구호를 외쳤다. 학생들이 차 앞에 서 있는데도 기사가 차를 전진시켜 무리하게 학교로 들어오려고 했다. 잠시 후 박원국 이사장이 차에서 내렸다. 그러자 행정동 한편에서 관망하고 있던 직원들이 우르르 몰려나와 이사장을 에워쌌다. 그리고 이강혁 총장을 비롯해 부총장·발전처장·학생처장·교무처장·기획실장 등이 마중 나왔고, 나중에는 그를 추종하는 교수들까지 나와, 학생들이 한마디 할 때마다 나무라며 이사장을 옹호했다.

이사장과 학생들이 대치하는 행정동 앞은 팽팽한 긴장이 감돌았다. 학생들은 박원국 이사장을 학교에 들이면 그의 복귀를 허용하는 것이 되고 마니까 한 발자국도 덕성 안에 디디지 못하게 해야 한다고 했다. 추운 날씨에 눈까지 내리는 힘든 상황이었지만, 밤을 새고라도 그가 학교에 들어오는 것을 저지할 태세였다. 박원국 이사장도 거기서 밀리면 끝장이라는 각오로 학생들을 한 명씩 노려보며 기싸움을 하고 있었다. 대치 상황이 길어지자 교수와 직원들이 이사장이 추울세라 눈이라도 맞을세라 옷을 갖다 바치고 우산도 씌워 주었다. 또 학생 한 명 한 명의 사진을 찍으면서 '너희들 두고 보자'며 위협했다.

오후 5시쯤 박원국 이사장이 직원들과 교수들의 엄호를 받으며 대치 상황을 뚫고 행정동 2층으로 몸을 피했다. 이 과정에서 교직원과 학생들 사이에 몸싸움이 일어나 많은 학생들이 구타당하고 안경이 부러졌다.

이에 분노한 학생들이 공개 사과를 받기 위해 행정동 1층에서 구호를 외치며 노래를 부르고 대자보를 쓰면서 연좌농성을 했다. 결국 밤

2001년 2월 15일 박원국 이사장의 행정동 진입을 둘러싸고 학생들과 교직원들 간에
심한 몸싸움이 벌어졌다.

10시 반쯤 전투경찰이 출동해 학생들을 강제로 끌어내고 이사장을
경찰차에 태워서 학교를 빠져나갔다. 이 과정에서 또다시 많은 학생
들이 부상당하는 폭력 사태가 일어났다.

이날 덕성여대에서 벌어진 상황은 그보다 얼마 전에 일어난 '고대
앞 농성 사건'을 연상시켰다. 그 사건의 대강은 이렇다. 2000년 10월 13
일 오전 10시 20분, 김영삼 전 대통령이 '대통령학' 특강을 위해 고려
대 정문에 도착했다. 이 대학 행정학과 교수의 초청으로 마련된 자리
였다. 이날 오전 8시부터 고려대 총학생회 소속 학생 120여 명이 학교
정문 앞에서 '김영삼 고대 방문 반대' 구호를 외치며 시위를 벌이고 있
었다. 고려대 총학생회의 강의 저지 이유는 명확하고 단호했다. 당시
고려대 부총학생회장은 "김영삼 씨는 기본적으로 나라 경제를 망친

대통령이고 한보 사태·김현철 비리를 일으킨 부패한 정치인이며, 자신에 대한 비판을 억제하기 위해 진보 세력을 탄압한 반민중적인 대통령"이라고 말했다. 또 그가 "역사와 민중 앞에 사죄하지 않는다면 고려대 땅에 절대 들어올 수 없을 것"이라고 덧붙였다.

김영삼 전 대통령 측 또한 학생들의 특강 저지에 맞서 "한 발짝도 물러설 수 없다. 학생들이 스크럼을 풀고 해산할 때까지 이 자리에 있겠다."라고 강경 대응을 선언하고 정문 앞에서 '차 안 농성'을 벌였다. 그러다 이튿날 새벽 1시 7분, 농성 14시간 만에 차를 돌려 종암동 쪽으로 사라졌다. 그가 떠난 자리에는 학생들의 노랫소리가 울려 퍼지고 있었다. 16일, 상도동 자택에서 기자 간담회를 연 김영삼 전 대통령은 '고대 강의가 무산된 것은 김정일과 김대중이 합작해서 방해했기 때문'이라고 했다.

박원국 이사장이 덕성여대에 진입하는 과정에서 일어난 일을 김영삼 전 대통령의 '고대 앞 농성 사건'에 빗댄 글이 인터넷 신문에 실렸다.

> 박원국이 다시 돌아오던 날을 기억한다. 2001년 2월 15일 그날은 30년 만인가 40년 만인가의 폭설로 온 세상이 하얗게 뒤덮인 날이었다. 인문사회대 강의실 안에서 과 후배들과 대면식을 하고 있던 도중 박원국이 왔다는 말을 듣고 과 친구들과 함께 뛰쳐나갔다. 허벅지까지 차오른 눈을 헤치고 달려가서 본 장면은 마치 김영삼 옹의 고대 강연을 방불케 하였다.
>
> 정문인 행정동 앞에 학생들과 교직원들이 무섭게 대치하고 있고 그 가운데 박원국이 서서 학생들을 노려보고 있었다. 학생들은 박원국만은 한 발짝도

덕성 안에 들어올 수 없다고 외치고 박원국은 꼭 학교 안으로 들어오겠다고 맞서고 있었다.

그러나 김영삼 옹 경우와는 좀 다른 점이 있었으니, 첫째는 학생 수보다 교직원이 더 많았다는 것, 둘째는 결국 학생들이 교직원들에게 뒤지게 맞는 사이에 박원국은 저지선을 뚫고 행정동 안으로 들어갔다는 것, 셋째는 추위 속에 눈밭에서 세 시간을 기다려 박원국이 집에 가는 것을 막은 학생들을 경찰들이 강제 해산시켰다는 것이다.

나는 그날 분명히 보았다. 지금 현재 덕성의 총장직무대리를 맡고 있는 권순경 교수가 선배 언니의 안경을 주먹으로 때려서 깨뜨리고 동기의 뒤통수를 우산으로 치는 것을. (중략)

심지어 박원국은 학생들이 차에 매달려 있는데도 앞으로 나가게 해 학생들의 발을 차 바퀴에 깔리게까지 하였다. 눈밭에서 교직원들에게, 경찰에게 개 맞듯이 맞아 뒹굴어야 했다. 지금도 생각하면 치가 떨린다.

— 덕성여대 98학번 Karma, 딴지일보, 2001. 5. 11.

돌아와 처음 한 일이 재임용탈락이라니……

2001년 2월 26일에 이사회가 열렸다. 박원국 이사장이 복귀한 뒤 열리는 첫 이사회였다. 이날 이사회에서 박 이사장은 덕성학원 설립자 차미리사 초상화 봉정식에 참여했다는 이유로 경고장을 받은 교수협의회 소속 신임 교수 세 명을 포함해 교수 다섯 명을 재임용에서 탈락시켰다. 학교에 돌아와 이사회에서 처음 한 일이 교수해직이었다. 재임용탈락된 교수들은 1월 중순 인사위원회에서 재임용이 제청돼 개강을 앞두고 학생들의 수강 신청까지 받아 놓은 상태였다. 전공 수업 열 과목이 아무런 대책 없이 폐강될 위기에 처했다. 개강을 사흘 앞두고 뚜렷한 이유도 없이 교수들을 대거 탈락시킨 것은 분명히 학원민주화 운동에 대한 보복이었다.

재임용에 아무 하자가 없는 교수협의회 소속 교수 세 명은 재임용에서 제외한 반면, 징계 처분을 받은 재임용 결격자인 사회대 K교수는 승진까지 시켜 정년 보장 교수로 재임용했다. 그는 박 이사장의 최측근이었다. 박 이사장은 교수 대량 해직에 이어, 해직의 부당성을 지적한 교무위원들까지 해임시키고 친위 세력으로 보직 교체를 하는 등 보복성 인사를 자행했다.

박 이사장이 복귀한 뒤 저지른 교원 인사 파행 운영의 실태는 교육부의 「감사 결과 처분서」에 잘 드러나 있다. 박 이사장이 복귀한 후 덕성여대가 파행으로 치닫자, 교육부가 2001년 5월 21일부터 30일까지 특별감사를 실시했다. 이를 통해 교육부는 박원국 이사장이 교원 인사를 비롯한 파행적 운영으로 학내 분규를 일으킨 점, 교원 재임용 제외를 부당하게 한 점, 재임용 결격 사유자를 정년 보장 교수로 재임용한 점, 교원 승진 임용을 부적절하게 한 점, 겸임 교수 임용 절차를 지키지 않은 점, 보직 교수 임면 절차를 따르지 않은 점 등의 인사 비리를 적발하고 그에게 엄중 경고 처분을 내렸다.

또 이날 이사회에서 박원국 이사장은 2월 말로 임기가 만료되는 이강혁 총장의 후임으로 자신의 심복인 권순경 교수를 총장직무대리로 임명했다. 앞서 보았듯이, 권순경 교수는 1997년 학사행정을 파행으로 이끌고 간 장본인이다. 그는 '이사장은 주인이고 교수들은 머슴이다. 주인과 머슴이 싸우면 누가 이기는가? 그러니 박원국 이사장을 도와 일해야 한다'며 김용래 총장 퇴진 운동을 주도했다. 또 1998년에는 '덕성여대 정상화 추진 교수회'를 만들어 교육부의 관선이사 파견을 반대하는 교수 서명에 앞장서기도 했다.

구속영장이 청구됐습니다

대규모 교수 해직 사태가 있고 이틀 뒤인 2월 28일, 서울지검 북부지청 형사 2부가 교수협의회 회장인 독문과 신상전 교수와 부회장인 나를 소환했다. 재단이 명예훼손 혐의로 고소한 사건과 관련해 추가 조사할 일이 있으니 오전 10시까지 검찰에 출두하라라는 것이었다. 그래서 갔더니 놀랍게도, 담당 검사가 구속영장을 청구했다고 했다. 명예훼손 사건으로 구속시키겠다니…

담당 검사는 그때까지 출석 요구에 응하는 등 조사 과정에서 도주 우려는 없는 것으로 보였지만, 김기주 이사장 직무대행 집 앞에서 장기간 피켓 시위를 벌이는 등 사생활을 심각하게 침해한 점을 중시해 영장을 청구했다고 말해 주었다. 현행범이 아니고 검찰 조사에도 성실히 응한 현직 교수에게, 개강을 앞둔 시점에 영장을 청구한 것은 납득할 수 없는 일이었다. 학교 운영의 책임자가 학사행정의 민주화와 개혁을 주장하는 교수들을 고소한 사건에 대한 검찰의 구속영장 신청은 누가 봐도 지나칠 뿐만 아니라 형평에 어긋난 법 적용이었다, 게

다가 이와 비슷한 사건에 대해 대법원의 무죄 판결 사례가 있으며, 교수협의회의 주장이 사실에 입각하고 공익성이 강한 점을 고려하면, 검찰의 구속 영장 신청은 정상적인 법 집행에서 한참 벗어난 것이라고 볼 수밖에 없었다.

구속영장이 청구되면 영장 실질 심사를 받기 위해 검찰청에 마련된 구치소에 들어가 수갑을 차고 기다려야 한다. 도주의 우려 때문이다. 고맙게도 담당 직원이 우리를 배려해 수갑까지 채우지는 않았다. 오후 4시쯤 영장 실질 심사가 시작되었다. 판사는 검사의 영장 청구 사유를 먼저 들은 다음 피의자에게 발언권을 주었다. 우리가 검찰 측 주장의 오류를 사실에 근거해 조목조목 반박하자 말문이 막힌 검사가 증인 신청을 했다. 그리고 잠시 후 증인으로 나타난 사람은 놀랍게도 이강혁 총장이었다. 그는 교수협의회 회장단이 나쁜 사람들이라고 장황하게 설명하더니 '죄질이 나쁘니 구속해서 엄벌에 처해' 달라고 했다. 분쟁을 조정할 위치에 있는 총장이 분쟁 당사자가 되어 고소인 대표 자격으로 법정에 출두하는 것만 해도 얼굴 뜨거운 일인데, 그것도 모자라 판사에게 교수를 구속시켜 달라고 하고 있다니……. 참으로 어처구니없다는 생각이 들었다.

총장은 교무를 통할하고 소속 교직원을 지휘 감독하며 학생을 지도하고 대학을 대표한다. 대학의 자율권을 지키는 보루가 되어야 할 총장이 교수들을 고소, 고발하는 데 앞장선다는 것은 도저히 있을 수 없는 일이다. 게다가 이 총장은 그날로 임기가 만료되어 덕성을 떠나는 사람이었다. 몇 시간 뒤면 덕성과 인연이 끝날 사람이 법정에까지 나와서 교수를 구속하라고 발언하다니, 참으로 기가 막히는 일이었다. 더구나 이틀 뒤면 개학이었다. 교수가 구속되면 학생들 수업은? 이강혁 총장의 바람대로라면 덕성여대는 대량 교수 해직 사태에 이어 또다시 두 명의 교수가 구속되는 초유의 사태를 맞게 될 것이다. 판사 앞에서 음해성 발언을 하는 총장의 모습을 보고 도대체 제정신을 가진 사람인지 의심하지 않을 수 없었다.

참으로 믿기 힘든 일이지만, 이강혁 총장은 1998년 3월에 취임한 뒤 2001년 2월로 임기를 마칠 때까지 3년 동안 전체교수회의를 단한 번도 개최하지 않았다. 이 점은 국정감사에서도 문제가 되었다. 그는 한 차례 해임당하고, 두 차례 국정감사에 불려 나갔으며, 세 차례 학생들로부터 탄핵당했다. 그래서 국정감사에서 덕성여대의 안정과 발전을 위해서는 절대 연임시키지 말아야 할 인물이라는 판정을 받았다.

이렇게 학교와 재단이 총장까지 증인으로 내세우면서 교수협의회 회장단을 구속시키려 했으나, 하늘이 도왔는지 구속 영장 청구 사실이 YTN 등 언론에 알려지면서 영장은 기각되었다. 아침 10시에 북부지청에 출두한 우리는 저녁 9시가 다 돼서야 풀려 나왔다. 긴장된 하루였다. 학교에서는 교수협의회 교수들이 저녁 늦게까지 퇴근하지 않고 회장단의 석방을 기다리고 있었다.

3·29 덕성 총궐기는 감동의 드라마였다

박원국 이사장의 진청에 마침내 학생들 분노가 폭발했다. 3월 29

일 오후 3시, 총학생회생회가 박원국 복귀 반대, 민주 총장 선출, 재임용탈락 철회, 등록금 동결 등을 요구하며 총궐기대회를 연 것이다. 과마다 깃발을 앞세우고 노래를 부르며 500여 명의 학생들이 민주마당으로 모여들었다. 축제 분위기로 집회를 마친 학생들이 총장실 점거를 결의하고 행정동으로 향했다. 이미 총장실 점거를 예상한 학교 측이 경호 업체 직원을 고용해 행정동 출입구를 모두 봉쇄하고 학생들의 진입을 막았다. 행정동 입구마다 자물쇠로 잠겨 들어갈 수 없게 되자, 학생들은 옆에 있던 사다리를 동원해 4미터 높이의 2층 총장실 창문으로 진입하려고 했다. 곡예를 하듯 몇몇 학생이 사다리를 타고 올라가자 아래에서는 불같은 함성이 일었고, 수업을 마치고 귀가하려던 학생들까지 합세해 대열은 순식간에 2,000명으로 불어났다. 행정동 2층에 잠복해 있던 사설 경호업체 사람들이 사다리를 타고 올라가는 학생의 손을 발로 밟고 사다리를 심하게 흔들어 대는 등 꼭대기에 매달린 학생과 심한 몸싸움을 벌였다.

그 위험천만한 장면을 보던 많은 학생들이 비명과 고함을 지르고 주변의 돌을 던지면서 흥분했으며, 그냥 지나가던 학생들까지 '용역깡패 물러가라'고 외쳤다. 밀치고 넘어뜨리는 공방전이 한 시간 정도 이어진 오후 6시쯤, 마침내 학생들이 총장실 진입에 성공했다. 눈보라가 몰아치는 가운데 사다리를 타고 2층 베란다를 향해 끊임없이 올라가는 학생들의 모습, 맨손으로 유리를 깨고 잠긴 문을 여는 학생들의 모습, 아슬아슬하게 베란다를 연단 삼아 구호를 외치며 학생들을 이끄는 총학생회생회장의 모습 등은 보는 이들에게 이루 말할 수 없는 감동을 주었다. 학생들은 총장실과 경리과, 시설과, 홍보과, 기획실

2001년 3월 29일 총궐기대회를 마친 학생들이 사다리를 타고
사설 경비업체 직원들이 지키고 있는 총장실 진입을 시도하고 있다.

등 행정동 2층 전체를 점거하고 모든 집기를 밖으로 끌어냈다. 학교 행정은 거의 마비되었다. 박원국 이사장이 학교에 들어오려던 2월 15일에 더없이 사납게 굴던 직원들도 학생들의 불같은 위세 앞에 주눅이 들어 망연자실 바라보기만 할 뿐이었다.

탄압의 칼바람을 헤치고 총장실을 점거한 '3·29총궐기'는 2001년 학원민주화 투쟁의 승리를 예감케 하기에 충분했다. 선봉대 학우들이 사설 경호업체 직원에게 폭행당하자 울면서 돌을 던지고 저항하던 일반 학생들의 불같은 분노는 바로 덕성학원을 사유물로 삼으려는 박원국 일가에 대한 분노였다. 덕성학원에 대한 관리 주체권이 박씨 일가에게 있다고 주장하는 직원은 "학교의 주인은 학생이 아니다. 학생은 이용료를 내고 다니는 사용자"일 뿐이라는 폭언을 퍼부었다. 그러나 그날 총궐기에서 학생들이 보인 태도는 학교의 돈줄로서 고분고분 말 잘 듣는 이용자의 모습이 아니었다. 학생들은 민주화투쟁을 통해 당당한 교육주체로서의 자격과 권리를 획득해 나가고 있었다.

잘못된 것에 당당히 맞서 싸울 수 있는 지성은 떳떳하다

'3·29총궐기'는 2001년 학원민주화 투쟁이 본격적으로 시작되었음을 알리는 신호탄이었다. 총장실 점거 과정에서 분출된 투쟁의 열기가 일반 학생에게까지 확산되어, 4월 3일에 열린 비상 총회에 2,150여 명의 학생이 참여했다.

불과 일주일 전의 집회에 비해 무려 네 배가 넘는 많은 학생들이 모

인 것을 보면, 학생들 사이에 학원 자주화·민주화 열기가 얼마나 급속히 퍼졌는지를 잘 알 수 있다. 치열한 총장실 점거 투쟁을 눈으로 보거나 귀로 전해들은 학생들은 방관자가 아니라 주인으로서 학교를 새롭게 만들기 위해 참여하는 덕성인이 되겠다고 다짐했다.

총학생회는 교육부에 박원국 이사장의 해임을 요구하기 위해, 학생 비상 총회에서 투표로 수업거부를 결정하려고 했다. 그러나 의결 정족수인 전체 학생의 과반수인 2,500명이 모이지 않았기 때문에 비상 총회는 무산되었다. 수많은 학생들이 참여했는데도 비상 총회가 아쉽게 무산되자, 학생 대표들은 결의를 다지기 위해 혈서를 쓰고 삭발을 했다. 학교 상황의 심각성을 알리고 수업거부라는 강력한 투쟁을 이끌어 내기 위한 결단이었다.

총학생회가 총장실 점거에 이어 수업거부라는 극한적인 투쟁 수단을 선택할 수밖에 없었던 데는 두 가지 이유가 있다. 하나는 10월 25일로 임기가 만료되는 박원국 이사장의 연임을 막기 위함이었다. 박원국 씨가 덕성학원 이사장으로 있는 한 아무도 자유롭게 의견을 말할 수 없으며, 교육받고 교육할 권리를 내세울 수도 없었다. 그런데 박 이사장은 임기가 만료된다 할지라도 자칭 설립자의 장손이며 재단의 주인이라는 명분을 내세워 연임할 가능성이 높았다. 그렇게 되면 덕성은 또다시 그의 통치 밑에서 이루, 말할 수 없는 고통을 겪어야만 했다.

다른 하나는 덕성 사태를 교육부가 방관하지 못하도록 하는 것이었다. 교육부가 사학에 대해 감독권을 발동하는 경우는 학교가 설립 목적을 달성할 수 없을 때다. 즉 임원 간의 갈등으로 이사회가 열리지 못하거나, 수업이 진행되지 않아 학사행정이 파행에 이른 경우다. 총학생회는 학생의 가장 소중한 권리인 수업권을 무기로 삼는 수업거부야말로 교육의 질을 향상하고 교육 환경을 개선하는 데 최상이자 최후의 투쟁 방법이라며 학생들을 설득했다. 학사 일정에 파행을 초래해 교육부가 개입하도록 함으로써 가장 짧은 기간에 문제를 해결하는 가장 강력한 투쟁수단이 수업거부라는 것이다. 그리고 총파업 투쟁 열흘 만에 박원국 이사장을 해임시킨 1997년 투쟁을 예로 들었다. 덕성의 주인은 학생이라는 주체 의식의 자각과 실천, 박원국 이사장과 그를 추종하는 세력 때문에 끝없이 추락하는 학교를 후배에게 물려줄 수 없다는 애교심이 1997년 총파업의 힘이었다. 4년전 선배들의 투쟁은 후배들의 모범이 되기에 충분했다.

1차 비상 총회가 무산되자 학교 당국은 안도의 숨을 내쉬고 대대적인 학생 단속에 나섰다. 구 재단을 지지하는 교수들은 수업시간에 "박원국 이사장님이 얼마나 훌륭한 분인지 아니, 너희는 만나 보지 않아서 모른다.", "너희는 교수협의회 교수들과 총학생회에 이용당하고 있다."라는 말로 학생들 투쟁 열기를 잠재우기에 여념이 없었다. 학교 당국은 매일 유인물을 수십여 장씩 학내에 배포하고, 2차 비상 총회까지 학생들 집집마다 빠른우편으로 여섯 차례나 편지를 보내 학부모를 불안하게 만들었다. 일부 교수들은 학생들이 학교 홈페이지에 글만 올려도 학생들을 불러 협박에 가까운 면담을 했고, 기숙사에서는 집회 때 찍은 사진을 대조하며 해당 학생에게 경고를 주었다. 학교 버스 기사는 일부러 총학생회가 집회나 홍보 활동을 하는 장소를 피해 학생들을 내려 주었고, 홍보하려고 버스에 오른 총학생회 간부를 밀쳐 내기도 했다. 학교 측은 조교로 하여금 수업 진행 상황을 일일이 보고하게 했고, 학생들을 총학생회가 홍보 활동을 하는 학교정문이 아닌 후문으로 내보내는 교수도 있었다. 4월 9일에는 일간지 광고를 통해, 학내 민주화 요구를 소수 불순세력의 학교 장악 음모로 몰아붙였다. 일부 학생들의 수업거부는 1997년 사태에서 나타난 결과와 같이 전적으로 학생들만 피해를 받을 뿐이므로 "배움을 갈망하는 다수의 학생들은 물론 일시적인 판단 미숙으로 학생 본연의 모습에서 일탈한 학생들을 선도하기 위해서라도 반드시 수업은 학사 일정대로 준수되어야 한다."라며, 교수들에게 휴강은 물론이고 교실에서 학생들이 홍보 활동을 하는 것도 허용하지 말라고 지시했다.

총학생회가 4월 11일에 2차 비상 총회를 열려고 했지만 비가 와서 다음 날로 미뤘다. 12일 오후 3시에 열린 2차 비상 총회에서는, 1차 비상 총회 때 정족수가 채워지기를 기다리면서 몇 시간을 허비한 것에 대해 반성하고, 단대별로 참석 명단을 확인하면서 바로 개별 투표에 들어갔다. 개표 결과 1,898명이 투표에 참가하고 그중 77퍼센트인 1,472명이 수업거부에 찬성한 것으로 나타났다. 2차 비상총회 역시 투표 참여자 수가 부족해 수업거부는 부결되었다. 사실 학생들 중 수업권을 포기하고 싶은 사람은 아무도 없었다. 하지만 덕성의 현실이 너무 암울하기 때문에 총학생회가 수업거부를 투쟁 수단으로 제안하지 않을 수 없었던 것이다.

비록 성사되지는 못했지만, 1·2차 비상 총회에서 학생들이 보여준 결집력은 참으로 놀라웠다. 학교가 '학원을 파괴하려는 일부 교수협의회 교수들과 한총련 중심 총학생회의 거짓 선동에 속지 말라'고 끊임없이 학생들을 설득했는데도 매번 2,000명 가까이나 모였다. 학생들 가슴속에 정의감이 살아 있었기에 가능한 일이었다. 학생들은 박 이사장을 찬양하는 구 재단 추종 교수들을 '박원국을 지키기 위해서 뭐든지 하는 어용 교수'라고 몰아세웠다. 그리고 비리학개론, 부정처리론, 부패실천방법론, 부정인사관리법, 폭력행사론, 어용세력 교육개론 등이 '박원국학'의 6대 전공 필수 과목이라며 그들을 조롱했다.

학생들의 결집력은 학교 밖 집회에서 단연 돋보였다. 4월 26일에 총학생회가 1,200여 명의 학생들이 운집한 가운데 종묘공원에서 '덕성 문제 해결 촉구를 위한 덕성인 결의대회'를 열었다. 언론보도에 따르면, 개별 학교 규모의 학외 집회로는 가장 많은 인원이 참가했다. 이 놀라운 현상에 대한 Karma라는 아이디를 쓰는 98학번 학생의 분석 또

4.26종묘집회를 마친 후 가두행진 하는 1,000여 명의 학생들. 개별 학교의 학외 집회로는 가장 많은 학생들이 모였다.

한 기지가 넘쳤다.

> 덕성여대생은 총 5,000명이다. 집회 때 1,000명, 2,000명이 거뜬히 모이는 힘. 물론 이것은 박원국이 재진입한 이후에 가능한 일이었다. 박원국은 사람 모으는 데 대단한 능력이 있는 것 같다. 다른 집회 때 200명, 300명이던 숫자가 박원국이 돌아왔다니 천 단위로 넘어간다. 요새 어느 학교에서 집회 때 이런 숫자가 모이는가. 흔히들 덕성여대에 대해 독성여대, 혹은 극성여대라 한다. 그러나 나는 이 별명이 하나도 부끄럽지 않다. 잘못된 것에 당당히 맞서 싸울 수 있는 지성, 그 지성으로 떳떳하다.
>
> ─ 덕성여대 98학번 Karma, 딴지일보. 2001.5.11.

2차 비상 총회마저 무산되어 투쟁의 열기가 한풀 꺾인 가운데, 비상총회 다음날인 13일에 교육부가 덕성학원에 대한 특별감사를 검토하는 중이라는 보노가 나왔다. 교육부 관계자가 '(덕성학원이 제출한) 자료 중 이사회 회의록은 회의 뒤 이사들의 발언에 대해 각 이사의 도장을 찍어야 하는데 최근 교육부에 자료를 제출하면서 찍은 것으로 드러나 문제가 있는 것'으로 보인다며 '덕성학원에 대한 특별감사를 고려 중'이라고 밝혔다.

이 소식을 듣고 전체 학번 대표자회의에서 '중간고사가 그냥 지나가면 투쟁의 흐름이 끊기고, 교육부에서 감사까지 검토하는 상황에서 아무런 투쟁 없이 맞이한다면 감사 결과에 대해서도 보장할 수 없게 될 것'이라며, 마지막으로 총투표를 실시하자는 제안이 나왔다.

총학생회도 중앙운영위원회를 열어 곧 중간고사라 3차 비상 총회를 소집하는 것은 어렵다고 판단하고, 총투표를 실시해 수업거부에 관해 최종 결정을 내리기로 했다. 학생회 회칙상 비상 총회와 총투표가 모두 유효하지만, 비상 총회가 두 차례 성사되지 못했기 때문에 총투표 실시로 방침을 바꾼 것이다. 총학생회가 학원자주화 투쟁의 목표로 박원국 일가 퇴진, 관선이사 파견, 민주 총장 선출, 부당한 재임용탈락 철회, 등록금 인상 철회 등을 내걸고 4월 16~17일 이틀에 걸쳐 수업거부에 대한 찬반 총투표를 실시했다.

동아일보는 창간 정신을 바꿔라

학생들이 총투표를 통해 수업을 거부할 움직임을 보이자 학교가 다급해졌다. 16일, 권순경 총장직무대리가 비상 체제에 돌입한다는 담화문을 발표하고 각 건물에 교수, 직원, 조교를 배치하는 표를 작성했다. 이날 아침 8시에 교수, 직원, 조교를 학생회관 강당에 소집해서는 학생들이 수업거부에 들어갈 예정이니 모든 교직원이 학교를 정상화하는 데 힘을 합쳐야 하며, 이를 위해 학생들이 책걸상을 강의실에서 들어내는 사태가 발생하지 않도록 최선의 노력을 해 달라고 당부했다. 그리고 대학의 지시를 따르지 않을 경우 책임을 묻고 불이익조치를 취하겠다는 경고까지 덧붙였다. 이에 맞서 직원 노조가 총장의 비상 체제 돌입 담화문은 직원들에게 물리적 충돌을 부추기는 것으로, 협박으로 볼 수밖에 없다며 철회를 요구했다. 직원 노조는 '총장의 초법적인 업무 지시에 항의하며, 조합원은 본연의 업무 이외에 부당하고 초법적인 지시에 따르지 않을 것'임을 분명히 했다.

사면초가에 몰린 학교 당국을 구원하기 위해 나선 세력이 있었는데, 그것은 뜻밖에도 사회의 목탁을 자임하는 언론이었다. 족벌 언론 동아일보가 족벌 재단 지원에 팔을 걷어붙이고 나선 것이다. 동아일보는 16일 아침에 전화 한 통화, 질문 두어 개로 총학생회와 인터뷰하고 잠깐 덕성여대에 와서 사진을 찍어 가더니, 17일 아침 「툭하면 총장실 점거…… 감금…… 기물 파괴…… '지성 어디로」라는 기사를 1면 머리기사로 내보냈다. 사학 분규의 원인이 학생들의 폭력에 있는 것처럼 일방적으로 매도하는 내용이었다. 3면 해설 기사에서도 한 덕성여대 학생이 "요즘 학생들은 학내 문제보다는 개인의 취업이나 졸업 이후 자기 계발에 대해 더 관심이 많기 때문에 사실 학내 투쟁은 소수의 학생들이 주도하고 있고 대다수의 학생들은 방관자"라고 한 말을 인용하면서, "문제는 어느 누구의 잘잘못을 떠나 대개의 경우 학생들이 그들의 수순과 선로를 뛰어넘어 무자정 학사행정에 개입하려 하거나 막무가내식 주장을 펼치는 양상으로 치닫고 있다는 점"이라고 했다. 소수 극렬 학생들의 과격한 투쟁이 대학 분규의 주요 원인이라는 기사였다. 또한 4월 25일 자 신문에는 '사학의 자율성과 학교법인의 고유 권한을 부정하고 사유재산권을 침해한다'는 이유를 들어, 사립학교법 개정에 반대한다는 사설을 내보내기도 했다.

한편 총학생회가 16~17일에 실시한 수업거부 찬반 투표에 전체 학생의 70퍼센트 이상이 참여했다. 그리고 총 투표인 3,768명 가운데 찬성이 2,320명, 반대가 1,374명, 기권과 무효는 각각 32명, 42명이었다. 과격한 소수 학생의 무식한 행정 개입 때문에 학내 분규가 발생했다는 동아일보의 주장과 달리, 62퍼센트의 찬성으로 수업거부가 결의된 것이다.

덕성 사태의 본질을 호도한 동아일보의 편파·왜곡 보도에 학생들은 경악했다. 학교 홈페이지 자유게시판에 분노의 글이 쇄도했다. 적극적으로 동아일보에 항의하기도 했다. 총학생회장(김나영, 정치학과 97학번)이 동아일보 편집국장 앞으로 항의 편지를 보냈다. "4월 17일은 이미 총장실 점거 20일째였는데, 총장실 점거 당시에는 별다른 보도도 없다가, 아주 절묘하게도 학교 측이 비상체제 돌입 담화문을 발표하는 등 탄압이 극에 달했던 수업거부 총투표 마지막 날, 학생들의 처지는 전혀 고려하지 않은 채 철저하게 재단과 학교 당국의 주장만을 대변하는 기사를 1면 머리기사로 보도한 동아일보의 의도를 의심하지 않을 수 없다."라는 내용을 담은 항의 서한이었다.

나도 오영희 교수와 함께, 그 기사를 쓴 동아일보 기자에게 보내는 편지 형식으로 반박문을 작성했다. 문제의 기사가 동아일보의 대표

동아일보 사옥 앞에서
1인 시위를 벌이고 있는 황주현 학생.

적인 왜곡 기사로 길이 인용될 것이라며, 정정 보도를 내든지 아니면 '민주주의를 지지'한다는 창간 정신을 바꿔야 한다는 주장을 담은 글이었다.

당시 정치학과 2학년이던 황주현 학생은 아예 동아일보 광화문 사옥 앞에서 정정 보도와 사과 보도를 요구하는 1인 시위를 벌였다. 그와 함께 동아일보 앞에 나선 사학과 2학년 윤아름 학생도 동아일보만 생각하면 울화가 치민다고 했다. 그들은 덕성여대 학생들이 학교에 기자가 왔다고 하면 "동아일보 기자 아냐?" 하고 과민 반응을 보인다고 했다. 학생들의 반응은 당연한 것이었다. 4월 20일에 교직원이 학생에게 폭력을 행사해서 학생들이 교직원의 퇴근길을 막는 일이 벌어졌는데, 동아일보는 이때도 맥락을 따지지 않고 학생들이 교직원의 퇴근길을 막은 상황만 부각시켰다. 학생들은 동아일보가 왜 사실을 왜곡하고도 아무런 반성이 없는지 이해할 수 없다고 했다. 친일 비리 족벌 재단을 비호함으로써, 80년 전통의 민족지임을 자랑하던 동아일보가 하루아침에 '공공의 적'이 되었다.

19

물러날 때까지 물러서지 않겠다

1퍼센트만 응한 '일요일 중간고사'

총학생회가 수업거부에 돌입하자 학교 측은 '일요일 중간고사 실시'로 대응했다. 극렬 소수 학생의 수업거부를 받아들일 수 없다며, 일요일인 4월 22일에 덕성여고에서 중간고사를 실시한다고 발표했다. 학생들이 수업거부 투쟁으로 강의실의 책상을 다 들어내 놓아 학교에서 시험을 볼 수 없게 되자, 같은 재단의 여고에서 시험을 치르겠다는 방침을 세운 것이다. 게다가 '학습권을 지키겠다는 학생들을 보호할 의무가 있다'는 이유로 학교 밖 중간고사를 강행하면서 '재시험 불가'라는 강경한 방침까지 세웠다.

학교 측은 빠른우편과 전화로 전교생에게 중간고사 장소와 시간을 알렸다. 평일도 아닌 일요일, 대학생이 고등학교로 시험을 보러 간다? 시험 보러 친님 집집마다 전화해서 시험 보러 오라고 통보하는

2001년 4월 22일 학교 측의 시설보호 요청에 따라 출동한 여경들이 학생들을 강제연행하고 있다.

학교……. 집을 비운 학생이라면 그런 전화를 못 받고 시험을 보는 줄도 몰랐을 것이다.

22일 덕성여고 앞에서 시험거부를 호소하는 학생회 측과 시험을 강행하려는 학교 측이 오전 내내 대치했다. 분노한 학생들이 아침부터 교문을 막자 학교 측에서 '시설 보호'를 요청해 경찰과 의경이 투입되었고, 여경들이 몰려와 앞줄에 있던 학생들부터 무자비하게 전경차에 몰아넣었다. 학생들은 시험을 보지 말라고 외쳤을 뿐인데, 학교 측은 그런 학생들을 잡아가라고 공권력을 요청한 것이다.

그날 시험에 응한 학생은 10여 명뿐이었다. 그중 한 학생은 부끄러운 마음을 자유게시판에 올려 용서를 구했다.

돌맞을 각오를 하고… 부끄럽습니다…

저는 오늘 시험을 본 학생입니다. 오늘 오후에 학교에 갔었는데요, 그때까지만 해도 수업거부에 여전히 반대였고, 시험을 봐야 한다는 생각이어서…… 교문 앞에는 학우들이 모여 있었고 전경들이 있었는데 그냥 그런가 보다 했어요. 밖에는 상황 파악을 하려고 온 또 다른 학우들이 있었고 시험을 볼지 말지에 대해 혼란스러워하는 것 같았습니다. 저 역시 그랬고요. 어떤 여자 교수님께서 시험을 볼 의향이 있는 학우들을 데리고 가시길래 음…… 많은 망설임 끝에 저도 따라갔습니다.

시험장에 들어가서도 마음이 불안하고 문제도 제대로 풀지 못했어요. 휴…… 들어간 걸 후회도 하고…… 그렇게 착잡한 마음으로 집에 들어가서 저녁에 뉴스를 보니까 제가 보지 못했던, 아침에 일어났던 끔찍한 일들이 보도되고 있는 거예요. 세상에… … 많은 학우들이 전경에게 폭행을 당하고 끌려가는 모습을 보면서 뭔가에 얻어맞은 느낌이었습니다.

그 학우들은 무엇 때문에 희생하며 저런 일까지 당해야 하는지……. 반대 입장이었던 저까지 가슴이 뭉클해지고 슬프더군요. 저 자신이 한없이 부끄러워지고……. 솔직히 이제까지 '나는 학교에서 정해진 일성대로 수업 듣고 시험 보는 건데 내가 무슨 잘못이냐' 하고 생각했고, 학교 직원들이 학생들을 폭행했다는 소리를 들어도 그냥 말 그대로 들은 것이어서 넘어갔는데, 제 눈으로 확인하고 게시판에 올라온 글들도 보니까 생각이 많이 달라졌어여. 지금 혼란스럽고 답답…… 마음이 아프고 불편한 거 같아서…… 돌 맞을 각오하고 썼습니다. 이렇게라도 해야 될 거 같아서여…….

—manes

그 다음 날은 장소를 운니동 교정으로 옮겨 중간고사를 실시했다. 권순경 총장직무대리는 '총학생회생회의 시험장 봉쇄로 중간고사가 파행을 겪고 있지만 시험을 치르지 못한 학생들을 위한 재시험은 없다'고 공고했다. 하지만 22일에 15명, 23일에 20명만 시험을 보았다. 전체 응시 대상자의 1퍼센트밖에 안 되었다. 그런데도 학교 측은 응시하지 않은 학생들에 대해 '재시험을 실시하지 않을 것'이라는 방침을 고수함으로써 학생들의 분노를 촉발했다.

소풍을 나온 게 아니랍니다

'일요일 중간고사' 강행은 학생들이 거리로 쏟아져 나오는 직접적 계기가 되었다. 수업거부 9일째를 맞이한 4월 26일 오후 2시, 총학생회 생회가 '덕성여대 문제 해결 촉구를 위한 덕성인 결의 대회'를 종묘공원에서 열었다. 사태의 심각성을 시민들에게 알리기 위해 마련한 집회였다.

이 집회에 1,200여 명의 학생이 운집했다. 학생들은 박원국 이사장 퇴진, 교수 재임용탈락 처분 철회, 교육부의 특별감사 실시, 관선이사 파견, 사립학교법 개정 등을 요구했다. 4학년인 김나영 총학생회장 은 "1학년 때 이 자리에서 똑같은 문제로 선배들과 투쟁했다. 언제까지 후배들에게 안 좋은 학교의 모습을 보여 줘야 하는가? 이 자리에 있는 우리들이 하나로 뭉쳐 박원국 족벌 체제를 뿌리 뽑아야 한다. 아름다운 덕성의 모습을 후배들에게 남겨 주자."라고 했다. 그의 말처럼, 그가 1학년 때인 1997년 10월 17일, 덕성여대 교수와 학생 1,000여 명이 종묘공원에 모여 덕성여대 정상화를 위해 즉각 관선이사를 파견하라고 요구했다. 그리고 4년 뒤인 2001년 4월 26일, 교수와 학생 1,200여 명이 똑같은 문제로 다시 종묘공원에 섰다.

이날 집회에서 입학과 동시에 수업거부에 동참한 신입생들은 '새내기 선언'을 낭독하며 재단 퇴진 투쟁에 동참하겠다고 선언했다.

우리 새내기들은 2001년 덕성에 입학하면서 박원국 재단의 폭력적인 행동과 그 비민주성에 많이 놀랐습니다. 한편 많이 혼란스럽기도 하였습니다. 그러나 3월 29일 용역 깡패 등장과 교직원들의 폭력적인 탄압들…… 또 어용 교수님들의 모습들…… 전투경찰들의 폭력 연행들을 보면서 이제는 혼란스러워만 해서는 안 된다는 생각을 했습니다. 이제 서배님들과 함께 당당

2001년 4월 26일 종묘공원에서
열린 총학생회 주최 '덕성여대 문제
해결 촉구를 위한 덕성인 결의대회'에
운집한 1,200여 명의 학생들.

하게 우리의 깃발을 들고 힘차게 투쟁하겠습니다. 우리는 덕성의 새로운 주
인으로 우리의 권리를 찾기 위한 투쟁에 최선을 다할 것을 선서합니다.

집회에 참석한 교수와 학생은 차미리사 초상화를 들고 명동성당
까지 행진했다. 이날 집회가 끝난 뒤 교수들은 사태 해결의 책임을 방
기하는 교육부에 항의하기 위해 4월 30일부터 매일 오전 10시부터
오후 5시까지 정부종합청사 후문 앞에서 특별감사 실시와 관선이사
파견을 요구하며 1인 시위에 나서기로 했다. 5월 10일 릴레이 1인 시
위의 주자로 나선 이는 서양화과 이반 교수였다. 시위 방법은 행위 예
술. '관선이사 파견', '사립학교법 개정'이라고 쓰인 무명과 전선을 온
몸에 감고, 청와대 재갈을 입에 문 채 DMZ를 밟고 서 있었다. 그의 옆

에 서 있는 나무 꼭대기에는 김대중 정권의 실정으로 멈춰 버린 밀레
니엄 시계가 매달렸다.

"그림은 안 그리고 뭐하고 있냐고? 우리 애들은 수업거부하고 싸
우는데, 나는 이렇게라도 사람들한테 알려야지."

새벽 6시부터 작품을 만드느라 애쓴 이반 교수가 한 말이다.

내가 그냥 그 앞에서 죽을까요

5월이 되자 등교 투쟁하는 학생들의 숫자가 눈에 띄게 줄었다. 넉
넉히 2주일 정도면 끝날 거라는 총학생회 지도부의 말을 믿고 수업거
부에 동참했는데 도무지 해결될 기미가 보이지 않자 학생들이 동요하
기 시작한 것이다. 학생들의 불안한 마음을 구 재단을 지지하는 교수
들이 파고들었다.

"수업이나 시험을 거부하면 모두 F학점을 줄 거다."

"1997년에도 나는 수업거부를 하는 사람들에게 F학점을 줬다. 너
희도 얼마든지 그렇게 만들 수 있다."

"수업을 거부하면 대외 이미지가 손상돼 취직이 안 된다."

"한 명이 와도 수업은 한다."

"교육부 법이 바뀌어서 한 명이 출석해도 수업이나 시험이 인정된
다."

"너희는 교수들 싸움에 이용되는 거다."

"다른 친구들은 다 수업 받는데 너만 수업 안 듣고 뭐하는 거냐."

특히 1학년에게는 개별적으로 전화를 해 불안감을 부추겼다. 총학생회생회가 동요하는 학생들을 다잡기 위해 5월 9일부터 18일까지 총력 투쟁 기간으로 정했다. 가능한 한 모든 힘을 모아 강력한 투쟁을 벌이려는 결정이었다. 그 기간에 학교 측의 고소·고발로 사법 처리될 위험에 처해 있던 총학생회생회 중앙운영위원회가 학교 안에서 단식에 돌입했으며, 국문과 학생회장 함윤정 학생은 교육부 정문 앞에서 단식 투쟁과 1인 시위에 나섰다. 엿새째 단식 중이던 5월 16일, 함윤정 학생이 교육부 사이버 소리함에 '내가 그냥 그 앞에서 죽을까요?'라는 글을 올려 미온적인 태도로 일관하는 교육부를 질타했다. 처음에는 그의 힘겨운 노력이 아무 반향도 얻지 못하는 듯했다. 그러나 며칠 뒤 교육부 관계자가 찾아와 "조만간 교수 재임용 문제와 관련해 감사를 실시할 예정이니 단식을 풀라."라고 권했다. 하지만 함윤정 학생은 교수 재임용 철회는 우리 주장 중 하나일 뿐이라며 박씨 일가의 완전한 퇴진과 관선이사 파견이 실현될 때까지 계속 싸우겠다고 했다.

16일 오후 5시, 덕성여대 학생 40여 명이 집회가 금지된 정부종합청사 정문 앞으로 모여들었다. 세종문화회관 앞에서 '부패 재단 박원국 일가 퇴진', '덕성학원에 대한 교육부 감사'를 외치던 시위 대열에서 빠져나온 학생들이었다. 그들은 교육부 정문 앞에 나란히 앉아 기습 시위를 벌였다.

"박원국 일가 퇴진하라."

"교육부 장관을 만나고 싶다."

"교육부 항의 방문만 일곱 번째다. 왜 교육부 장관은 우리를 만나 주지 않는가."

너댓 차례 경고 방송이 있더니, 여경들이 연좌농성하는 학생들을 끌어내기 시작했다. 48명 전원이 강제 연행될 때까지 학생들은 계속 구호를 외쳤다.

그 다음 날 교육부가 한 달 넘게 학생들의 수업거부가 이어진 덕성여대에 대해 21일부터 30일까지 특별감사를 한다고 발표했다. 학생들이 수업을 거부하고, 혈서를 쓰고, 머리카락을 모두 자르고, 단식까지 한 끝에 마침내 교육부 감사를 이끌어 낸 것이다. 교육부의 태도가 바뀌기 시작한 것은 학생들이 수업거부에 들어간 4월 중순 이후부터였다. 수업거부를 하기 전에도 학생 대표가 교육부에 찾아갔으나, 그때는 덕성여대 문제에 개입하고 싶지 않다는 한마디 말로 일축했다. 하지만 학생들이 수업거부에 돌입하면서 여론의 주목을 받자 교육부가 태도를 바꿔 특별감사를 실시하지 않을 수 없게 된 것이다.

교육부는 특별감사를 통해 교수재임용 심사 절차의 적정성, 재임용탈락 편정 기준의 타당성 등 주로 인사 문제를 점검한 뒤 시정 조치를 내리고 필요하다면 제도 개선책을 함께 찾아볼 것이라고 했다. 특히 덕성여대의 경우 다른 대학의 감사보다 감사 요원을 두 배 이상 투입해 교원 인사와 학교 운영 전반에 대해 강도 높은 감사를 벌이겠다고 했다.

5월 21일 교육부 감사가 시작되자, 학생들이 감사실이 설치된 행정동 3층 복도에서 책임 있는 감사를 요구하며 단대별로 릴레이 하루 넘식 침묵시위를 시작했다. 교육부에 대한 불신 때문이었다. 감사 첫날 감사관이 학생 대표에게 "감사까지 들어왔으니 이게 행정동 점거를 풀어라.", "이런 식으로 하면 감사 못 한다."라며 학생들을 몰아세웠다. 이렇게 위압적인 교육부 감사관의 태도를 규탄하고, 겉치레 감사가 아닌 공정하고 책임 있는 감사를 촉구하기 위해 학생들이 감사실 앞에서 단식·침묵 시위에 돌입한 것이다.

감사관실 앞에서 '공정한 감사 실시', '사학 비리 척결', '관선이사 파견', '박씨 일가 퇴진' 등의 구호를 목에 걸고 아무 말도 않고 얌전히 앉아 있는 학생들에게 느닷없이 수학과 교수인 교무처장이 폭언을 퍼부었다.

"물 뿌려 버리기 전에 나가라. 아님 똥물을 뿌리든가……."

"오줌을 뿌리든지 확 똥물을 뿌려 버리겠다."

"냄새 난다. 너네 목욕도 안 하지?"

(음식을 먹으며) "너네도 먹고 싶지? 쟤네 먹고 싶어서 쳐다보는 것 좀 봐."

교무처장은 그 전날 저녁에 방송된 텔레비전 프로그램에 출연해서 "수업이 20퍼센트 진행되고 있으니까, 수업에 안 나온 학생들은 피해볼 수밖에 없습니다. 삭발하고 굶는다고 달라지나요? 법적으로 해보자고요, 법적으로! 여긴 법치 국가잖아요.", "1997년 때 좀 봐줬더니 무서운 줄 모르고 학생들이 날뜁니다. 이런 악순환은 끊어야 합니다."라고 말해 학생들의 분노를 일으킨 장본인이기도 하다.

감사 닷새째인 25일부터는 영문과 배혜정 학생이 '감사관들이 긴장할 수 있도록 침묵시위와 더불어 감사 기간이 끝날 때까지 총력 단식투쟁을 벌일 것'을 결의했다. 학생들의 결행에 발맞춰 교수협의회 교수들도 감사 결과가 나올 때까지 릴레이 철야 단식농성을 하기로 했다.

6월 2일 새벽, 덕성여대에서 벌어진 일

학생들의 전면 수업거부가 시작되자 강의실 책걸상을 둘러싸고 학교와 학생들 사이에 '넣기—빼기' 줄다리기가 이어졌다. 학생들은 총투표를 통해 확정한 수업거부 실천 투쟁 중 하나로 강의실 책걸상을 모두 끌어내 대강의동에 쌓아 두었다. 이에 맞서 학교 측은 용역 업체를 동원해 책걸상을 다시 강의실에 집어넣었다. 덕성에서 밤마다 벌어지는 '마술쇼'였다.

> 요새는 학교에서 밤마다 마술 쇼가 벌어지는데 학생들이 빼서 대강의동에 쌓아 놓은 책상이 아침마다 강의실에 넣어져 있는 것이다. 하룻밤 사이에 용역을 불러서 마술쇼를 한 학교는 학생들에게 엄중 경고한다.
> "강의실 책걸상을 다시 빼내지 말 것. 책걸상은 수업을 원하는 학생들의 요구로 다시 들여놓았음. 책걸상을 1회 다시 들여놓는 데 500만 원의 비용이 발생함. 대학 당국은 책걸상을 다시 들여놓을 것임. 만약 이를 방해하거나 다시 들어내는 행위가 발생할 경우 그 행위자에게 전액 損해배상을 청구할 것임."
> 아니, 누가 500만 원이나 드는 용역을 쓰라고 했는가? 강의실 책상을 빼기 위해서는 덕성인 400여 명의 네 시간 무임금 노동이 필요하다. 왜 이 노동은 무시하는가! 그 500만 원은 우리 등록금에서 나가는 것이 아닌가?
> — 덕성여대 98학번 Karma, 딴지일보, 2001. 5. 11.

네 차례에 걸쳐 용역업체를 농원, 학생들이 빼내 책걸상을 강의실에 집어넣은 학교 측의 다섯 번째 강의실 책걸상 넣기 작전은 다름 아닌 한밤 남몰래 용접작전이었다. 학교 측이 거액의 학생 등록금을 들여, 교육부 감사가 끝난 직후 몰래 책걸상을 쇠사슬로 묶고 용접하도록 지시한 것이다. 6월 1일 밤 10시쯤부터 그 다음 날 새벽 2시 40분 사이에 용역 업체의 인부 250여 명이 교실 밖에 쌓여 있던 책걸상 2,570개를 약 20개씩 묶어 용접했다. 인부들은 학생들의 눈을 피해 담장을 넘어 몰래 들어왔으며, 대강의동으로 진입할 때도 현관이 아닌 창문을 택했다. 그들은 불도 켜지 않은 채 무전기로 상황을 주고받으면서 일사분란하게 움직였다.

그들은 건물 입구를 철재 사물함으로 막아 학생 진입을 차단한 뒤 조명을 끄고 손전등만을 사용해 작업했다. 이때 행정동에서 밤샘 농성 중이던 학생들이 이 광경을 목격하고 거세게 항의하자 인부들은 작업을 계속하기 위해 스크럼을 짜면서 학생들의 접근을 막는가 하면 학생들을 향해 소화기의 소화액을 뿌리고 사물함으로 밀치는 등 거칠게 저항해 다치는 학생까지 생겼다. 그래도 학생들이 물러서지 않고 항의해, 새벽 4시 45분쯤에는 인부들이 작업을 마무리하지 못한 채 철수했다.

이들이 바쁘게 건물을 빠져나가며 떨어뜨리고 간 문건 가운데는 각 건물 및 책걸상의 배치도와 함께 놀랍게도 재단 건설 고문이 박원국 이사장에게 올린 「강의실 연결장치 비용보고」라는 작업계획 보고서가 있었다. 설치비용을 청구하는 내용의 청구서가 포함된 이 문서는 이번의 책걸상 반입과 용접작업이 박원국 이사장의 지시와 지휘 하에 이루어진 치밀한 작전이었음을 명백히 증명하고 있는 것이다.

2001년 6월 1일 밤 덕성여대는 용역 업체를 동원, 강의실 의자와 책상에 쇠사슬을 감고 용접을 시도했다.

이에 대해 권순경 총장직무대리는 '4월 이후 일부 학생들이 책걸상을 대강당으로 옮기는 등 수업 방해를 계속해 왔다'며 '21일까지 1학기 학사 일정을 마쳐야 할 상황에서 불가피한 조치'였다고 해명했다. 수업거부하는 학생들이 책걸상을 반출하기에 어쩔 수 없었다는 것이다. 그러나 당시 학생들은 총투표를 통해 수업에 복귀하기로 결정한 상태였다. 5월 29~31일에 수업 재개에 관한 총 투표를 실시한 결과, 63퍼센트가 찬성해 6월 4일부터는 모든 과가 수업에 복귀하기로 한 것이다.

책걸상을 쇠사슬로 묶고 용접하라는 박원국 이사장의 지시는 노골적인 학사행정 간섭이며, 대학의 자유정신을 쇠사슬로 묶고 노예화하려는 반교육적인 작태였다. 총학생회생회는 "학생들이 찬반 투표를 통해 수업 재개를 결정했는데 어떻게 이런 일을 할 수 있는지 이해힐 수 없다."라며 분노했다. 강의실 의자와 책상에 쇠사슬을 감고 용접한 행태가 언론의 비난까지 받자 그것이 부담스러웠는지 학교 측은 다시 용역을 시켜 쇠사슬을 해체하고 그 대신 눈에 잘 띄지 않지만 기능은 쇠사슬과 같은 고정대를 특수 제작해서 책상에 설치했다. 여름방학이 끝날 무렵인 8월 15일, 강의실 책걸상은 특수 제작한 고정대에 여덟 개씩 묶여 있었다. 기가 막힌 학생들이 개강 전에 고정대를 해체하겠다고 마음먹고 밤새 해체 작업을 했다. 하지만 겨우 반 정도를 풀었을 때 학교 측이 용역을 고용해 고정대를 다시 채웠고, 다시는 학생들이 손대지 못하도록 본드까지 칠했다. 학생들의 힘으로는 도저히 고정대를 풀 수 없게 된 것이다.

2학기 개강과 함께 총학생회생회는 학습권을 침해한 박원국 이사장을 상대로 손해배상 청구 소송을 제기하기로 했다. 당시 서울대에서는 학생들이 교수가 부족하다는 이유로 학습권 침해 소송을 제기했고, 숭실대의 한 장애 학생은 학교에 장애인을 위한 편의 시설이 부족하다며 역시 학습권 침해로 학교 당국을 고소했다. 학생들은 개강 투쟁 선포식에 이어 북부지청으로 달려가 고소장을 접수했다.

강의실의 책걸상마다 쇠사슬로 연결한 채 용접을 하여 학습권 효율성을 침해하고, 학업 능률을 저하시킨 박원국 이사장을 상대로 낸 학습권 침해에 관한 손해배상 청구 소송이었다.

덕성학원이 바로잡아야 할 가장 비교육적으로
잘못된 인사 조치

학교 당국이 학생 대표들을 형사 고발하고, 책걸상을 쇠사슬로 묶어 용접하고, 수업을 거부한 학생들에게 학점을 주지 않는 등 탄압 조치로 일관해 학교가 파행으로 치닫자, 교육부가 5월 16일과 6월 12일 두 차례에 걸쳐 학교 운영과 학사운영의 정상화를 촉구하는 공문을 이사장과 총장에게 보냈다. '총장 등 학교 관리자들이 구성원 간 의견 조정에 적극적으로 임해 학생들이 피해를 입지 않도록 필요한 조치를 취할 것', '학교 운영의 정상화를 위해 조속히 총장을 선임하고 이사회는 학교 문제 해결을 위해 구성원 간 의견 조정 등에 적극 나설 것', '6월 4일 재개된 수업과 관련한 학교 측의 무리하고 부적정한 수업 보강 일정으로 선의의 학생들에게 피해가 발생하지 않도록 다각적인 노력을 경주할 것' 등을 촉구하는 공문이었다. 그런 교육부 공문이 없었다 해도, 학생들이 전체 투표를 통해 수업에 복귀하기로 결정하고 강의실에 들어온 이상, 그동안 진행되지 못한 수업을 최대한 보충해 주는 것이 선생으로서 지켜야 할 도리라 하겠다. 학생들의 수업거부가 개인적인 필요나 이익 추구 때문이 아니라, 스승의 부당한 해직과 열악한 교육 환경에 대한 항의와 정의감에서 벌어진 일이기 때문이다.

그러나 학교 측을 지지하면서 수업거부 기간 동안 비정상적으로 수업을 강행한 교수들은 수업 재개 이후 성적에 불이익을 주겠다며 학생들을 겁박했다. 특히 교양 독서 세미나를 맡은 C교수는 '보강은 절대 없다', '원칙이 뭔지 보여 주겠다'며 수업거부에 동참한 학생들에게 무더기 F학점을 주어 학생들로부터 호된 비난을 받았다. 학생들에게 피해를 주지 말라는 교육부의 지시가 있었는데도, C교수는 수강생 40명의 70퍼센트가량 되는 29명에게 F학점을 주었다.

수업거부 기간 동안 대부분의 수업이 제대로 진행되지 않았으며,

특히 세미나 수업은 단 한 과목도 제대로 진행되지 않았다. 게다가 세미나 과목은 교양 필수 과목으로 지정되어 있어서, 학생들이 교수를 선택하는 게 아니라 일방적으로 지정된 교수의 수업을 들어야 했다. 학생들이 다 같이 수업거부에 동참했는데도, C교수 강의에 배정된 학생들만 불이익을 당한 것이다. 피해를 입은 심리학과 98학번 박윤경 학생이「상식 밖의 일(심리학과 교양독서 세미나)」이라는 글을 학교 인터넷에 올렸다.

수업거부가 끝나기 직전까지만 해도 전 최○○라는 교수에 대해 별 감정이 없었습니다. 하지만 지금 최○○라는 사람의 교수로써의 자질이 어느 정도나 되는 것인지 의문스럽고 그런 사람이 내가 다니는 학교에서 교수라는 위치에서 학생들을 가르치고 있다는 게 화가 나고 한심스럽게 느껴지기까지 합니다.

수업거부 기간 동안 원칙적으로 최○○ 교수의 수업은 딱 한 번 있었습니다. 헌데 최○○ 교수는 수업을 두 번 진행했더군요. 교양독서세미나라는 과목인데 저희 수업이 있는 수욜에 공휴일이 끼어 있었는데 최○○ 교수 임의대로 보강 날짜를 잡아 학생들에게 공고도 하지 않은 채 수업거부 기간 중 수업을 진행했답니다. 그것도 다른 반이랑 합쳐서…그리곤 두 시간을 빠졌기 때문에(세미나는 2시간 이상 빠지면 출석 점수가 나오지 않게 되고 학칙 상 F를 줄 수 있습니다), 학점을 줄 수 없다며 학생들을 만나 주지도 않았습니다. 세상에 이런 일이 어디 있습니까? 학생들에게 제대로 공고하지도 않고 보강을 진행하다니요…아예 학생들에게 성적을 주지 않기로 마음을 먹었다고 볼 수밖에 없습니다. 수업거부에 들어가기 바로 전 수업시간에 학생들을 위하는 척 일장 연설을 늘어놓으며 학생들이 이용당하고 있는 거라고 외치며, 자신은 학생들을 제자로서 후배로서 아끼고 사랑하는 척 하더니… 이게 진정 학생들을 위하는 것입니까? 제가 좀 흥분했습니다. 죄송 꾸벅--최OO 교수 수업거부가 끝나고 학생들 아예 만나주지도 않았습니다. 저희 과 친구가 우연히 정말 운 좋게도 우연히 만나 수업거부 기간 동안의 정규 수업은 빼더라도 보강만은 다시 해달라고 항의했지만 막무가내로 F 주겠다고 했습니다. 이 사실에 대해 소문이 났을 때 학생회에서 지어냈다. 이제 그런 말 그만해라… 등의 말들이 오가는 것을 봤습니다. 학생회에서 지어낸 것 절대 아닙니다. 이런 말 그만 할 수 없습니다. 직접 당해보지 않은 사람은 정말 이 심정 모를 것입니다. 저는 덕성의 학생으로서 받아야할 수업권을 빼앗겼습니다. 그것도 다름 아닌 교수로부터…세상 어디에 이런 일이 또 있겠습니까? 정말 상식 밖입니다. 학생들에게 학점을 주지 않기 위해 수업을 하는 교수가 있다!! 정말 신문 헤드라인을 장식할 만한 내용이 아닙니까? (이하 생략)

덕성 출신인 C교수는 1990년 학원민주화 투쟁 때도 혼자 수업에 들어가 자신을 제외한 다른 학생들이 F학점을 받게 한 장본인이다. 학교 장학금으로 유학을 다녀온 그는 1996년 박원국 이사장에 의해 연구교수로 특채돼 2000년까지 연구교수 신분으로 근무했다. 2001년, 박원국 이사장은 복귀하자마자 C교수를 인사위원회의 심의도 거치지 않고, 2000년 4월 1일 자로 소급해 일반 교원으로 전환함과 동시에 조교수로 승진 발령했다. 덕성여대 인사 규정상 연구교수가 전임교원이 되려면 공개 임용 절차, 즉 일반 교원 임용 절차를 거쳐야 했다. 교원 인사의 원칙과 절차를 무시한 채 전임 교원이 된 C교수가 학생들에게 '원칙을 가르쳐 주겠다'며 F학점을 주는 황당한 일이 벌어진 것이다. C교수는 이해 2학기에 교직과로 발령이 나 고등교육연구소장까지 맡았다. 가치관의 도착이 빚어 낸 어처구니없는 현실을 보고, jacal이라는 아이디를 쓰는 어떤 이가 학생 자유게시판에 '덕성학원이 바로잡아야 할 가장 비교육적으로 잘못된 인사 조치'라는 글을 올렸다.

어젯밤 이 게시판에 풍덩 빠져서 읽고 생각하고 읽고 화내면서 새벽이 되는 줄도 몰랐던 나 자칼.

순수하고 순진함이 묻어나는 글들이 이미 기성세대에 편입되어서 매일 불가능을 가능하게 하는 업무를 하고 있는 나를 감동시켰기 때문이다. 난 불가능을 가능케 하는 일로 먹고 사는데, 학생 여러분은 잘 이해 못하겠지만 불가능을 가능하게 하기란 쉽다. 능력 없는 사회적 약자로 치부되는 대부분의 사람들이 단순한 생각과 아주 평범한 활동으로 일반적인 시간대 안에서 그들의 목표를 추구하기 때문에 일의 본질과 맥만 짚어 내면 불가능하다고 생각되는 고정관념들을 가능으로 바꾸는 건 어렵지 않다.

난 덕성학원의 학생들을 예전에 비해 오늘날 이토록 분열하게 하고 고민하게 하는 뿌리가, 다른 학생들이 시위를 하는 동안 유일하게 수업에 악착같이 참여한 최 모 양이 최 모 교수가 된 것에 기인한다고 자신 있게 말할 수 있다. 세상천지 어디에 이보다 더 비교육적인 인사 조치가 있을 수 있단 말인가. 그리고 정치인들까지 주무르는 처세 9단쯤 되는 박원국과 그의 식솔이라 불리는 노련한 인사들이 최 모 양을 최 모 교수로 바꾸는 인사 조치를 하면서 무슨 생각을 했을지는 너무 뻔하다.

난 덕성여대라는 대학이 이번 문제의 해결과는 관계없이 정말 학교를 위해서 최 모 교수를 다시 최 모 양으로 돌려놓아야만 한다고 생각한다. 그래야 지금 학생들을 아프게 하는 가치관의 분열을 근본적으로 치유할 수 있지 않을까 생각해 본다.

고소한 학생 모두를 구속시키겠다

교육부 감사가 실시되고 수업이 재개되면서 감사 결과를 기다리는 동안, 책걸상에는 쇠사슬이 설치되고, 청원 경비가 고용되고, 체포영장이 발부된 학생 대표자들은 고소에 수배에 추가 고소를 당했으며, 교수협의회 교수들도 기소 위험에 처한 상태에서 추가 고소를 당하는 등 학교 측의 탄압이 날로 심해졌다. 하지만 확실한 성과가 없었는데도 수업거부 투쟁이 끝난 뒤로 새로운 투쟁은 벌어지지 못했다.

학교 측은 10월에 임기만료가 되는 박원국 이사장의 연임을 위해, 여름방학 동안 저항 세력을 '싹쓸이'해야 했다. 학교와 재단이 총공세를 펼쳤고 여기에 공권력이 힘을 보탰다. 학생은 경찰이, 교수는 검찰이 맡았다.

2001년 4월 2일 먼저 북부경찰서가 체포영장을 발부해 학생 대표들을 옥죄었다. 권순경 총장직무대리가 총학생회생회장을 비롯해 중앙운영위원회 간부 세 명과 조국통일위원회 위원장 등 여섯 학생을 업무방해 혐의로 고소했다. 그리고 5월 8일 신과학과 학생들과 면담한 자리에서는 자신이 고소한 학생 모두에게 체포영장을 발부하고 구속시키겠다고 호언장담했다. 학교의 최고 책임자가 학생들을 고소해 수배자로 만들고 구속까지 시키겠다고 하니, 참으로 비교육적이고 반인간적인 처사라 하겠다. 그 말을 전해 들은 학생들은 '총장이 용역을 동원해 학생들에게 폭력을 행사하고, 그도 모자라 학생들을 고발하고 공공연히 구속시키겠다는 것을 보고는 학교에 대한 마지막 신뢰감까지 빼앗긴 느낌'이라며 허탈해했다.

그런데 놀랍게도 총장직무대리가 호언한 대로 고소된 여섯 명의 학생 대표들에 대한 체포영장이 발부되었다. 공권력이 학내 사태에 개입하지 않는 것은 불문율이다. 이를 깨고 1997년에 경찰 병력이 신라호텔에 거주하는 박원국 이사장을 과도하게 비호하자, 시민·사회 단체가 공공의 안녕과 질서 유지를 위해 행사되어야 할 공권력이 이사장 개인을 위해 무절제하게 사용私用되는 현실을 개탄하며 책임자에 대한 엄중한 처벌을 촉구했다. 그러고 나서 세월이 10여 년이나 흘렀는데도 그때와 똑같은 상황이 다시 벌어진 것이다.

북부경찰서는 권순경 총장직무대리가 총학생회 간부들을 형사 고발한 것을 빌미로 여섯 명의 학생들에게 잇달아 출석 요구서를 보냈다. 또 5월 16일 교육부 앞 시위로 연행되었다가 훈방된 학생들의 집으로 '경고장'(경찰의 표현에 따르면 서한문)을 발송했다. 당시 연행되어 조사받은 학생들은 부모님이 걱정하실까 봐 집에 연락하는 것을 조심스러워했다. 그런 분위기를 아주 잘 아는 경찰이 학생들 집으로 '경고장'을 발송해 학부형들을 불안에 빠트렸다. 더구나 '경고장'을 받은 학생들에 의하면, 그 내용이 "총장실 점거 농성, 책걸상 빼낸 것, 학생 선동 했다는 것" 등 권순경 총장직무대리가 앞서 학생들에게 보낸 경고장을 거의 그대로 베낀 것이었다. 중립을 지켜야 할 공권력이 무분별하게 학내 사태에 편파적으로 개입한 데 대한 학생들의 분노가 마침내 폭발했다. 5월 24일, 학생 50여 명이 북부경찰서에 몰려가 항의 시위를 벌인 것이다. 이어 학생 자유게시판에는 경찰이 비리 재단의 입장을 대변하고 비호한다는 비난 글이 잇달아 올라왔다. 그리고 28일 '덕성여대 민주화와 사학비리척결을 위한 공동투쟁위원회(덕성공투위)'에서도 경찰의 과도한 학내사태 개입을 자제하라는 내용의 성명서를 발표하였다. 그러자 다음날 북부경찰서는 「답변서」를 통해, 첫째, 덕성여대 측에서 고발한 학생의 체포영장은 법 절차에 따른 것이며, 둘째, 서한문 발송은 학생을 보호하고자 하는, 동년배의 부모 심정으로 자숙을 촉구한 것이라고 해명했다.

7월 7일에는 고소당한 학생회 대표자 및 간부 15인의 집에, "총장실을 명도해야 하고 행정동에서 총장의 업무를 방해하는 일체의 행위를 해서는 안 돼다."라는 내용을 담은 「행정동 접근 금지 가처분」 문건이 배달되었다. 행정동 농성을 주도하는 학생 15인을 대상으로 박원국 이사장이 제기한 소송의 판결문이었다. 이사장은 학생들이 11일까지 행정동에서 철수하지 않을 경우 손해배상을 청구할 계획이었으며, 학교 당국은 이를 근거로 학생들을 제적할 요량이었다. 게다가 7월 18일에는 권순경 총장직무대리가 이미 체포영장이 발부되어 수배 상태에 있는 학생 대표 여섯 명을 추가 고소했다.

한편 검찰은 교수들을 압박했다. 권순경 총장직무대리가 4월 30일 교수협의회 회장단을 포함해 교수 네 명을 업무방해, 재물 손괴 등

2001년 7월 31일 총학생회 간부와 해직교수들이 기습적으로 조계사에 들어가 농성을 시작했다.

방조 혐의로 북부경찰서에 고발한 데 이어, 7월 16일에는 이미 고발한 교수들을 같은 이유로 추가 고소했다. 교수와 학생들을 상대로 한 네 번째 고소고발이었다. 그동안 교수협의회 교수들은 학교와 재단의 탄압에 끊임없이 시달렸다. 부당한 재임용탈락을 비롯해 회장·부회장 구속 시도, 회원 열한 명에 대한 징계 위협과 경고장 남발, 회장 자택 가압류 조치와 네 차례에 걸친 경고장 발송, 천막 농성장에 대한 테러, 경고장을 받은 교수협의회 교수들에 대한 연구비 지급 거부, 교수협의회 활동 내용에 대한 왜곡된 발표, 지도부를 불순분자로 규정하고 교수협의회 활동을 '재단 탈취 행위'로 음해하는 터무니없는 내용의 가정통신문 발송 등이 구체적인 탄압사례다. 학교 당국이 교수협의회 교수들을 고소고발하면서 경찰에 제출한 증거자료는, 교수가 강의실에서 수업한 내용을 도청해서 작성한 녹취록, 교수 동태를 몰래 찍은 사진, 집회 발언을 도청한 녹음테이프와 녹취록, 행정동 입구에서 근무하는 경비 직원들이 작성한 경비 일지 등이었다. 경찰 조사 과정에서 경비 일지는 총장직무대리의 지시로 작성된 것이 확인되었다.

7월 23일, 덕성공투위 대표단 김영규(인하대)·박거용(상명대)·강남훈(한신대) 교수와 이지현 민주동문회장(87학번, 사회학과)등이 북부지청을 항의방문해 공권력 행사를 자제해 달라고 요청했다. 이에 북부지청은 "박원택·김기주 이사와 이강혁 총장이 교수협의회 교수 여섯 명을 명예훼손 혐의로 고소한 건에 대해, 당초 기소할 방침이었으나 교육부 특별감사 결과를 지켜본 후 최종 결정하겠다."라며 신중한 태도를 보였다. 그러나 약속과 달리, 국정감사가 한창 진행 중이던 9월 28일에 교수협의회 교수 네 명을 기소했다. 공권력을 이용해 비판적인 교수들을 탄압함으로써 위기를 탈출하고자 하는 박씨 족벌 재단의 의도에 검찰이 장단을 맞춘 꼴이다.

물러날 때까지 물러서지 않겠다

교육부는 2001년 5월 말에 실시한 감사의 결과를 두 달이 다 되도록 발표하지 않고 있었다. 이사장의 과도한 학사행정 간섭, 부당한 재임용탈락, 비민주적 학사행정 등의 비리를 지도·감독해야 할 위치에 있는 교육부가 방관자적인 태도를 취함에 따라 덕성 상황은 파국으로 치닫고 있었다. 반면 여름방학이 시작되자 행정동 농성장을 찾는 학생들이 발길도 뜸해졌다. 설상가상으로 수업거부에 참여한 학생들이 무더기로 F학점을 받자 '괜히 나민 손해 봤나'는 불만의 소리도 터져 나왔다. 여름방학 때 새로운 돌파구를 마련하지 못한다면 2학기 투쟁이 더욱 힘들어질 수밖에 없었다.

7월 31일, 투쟁 분위기를 일신하기 위해 총학생회 간부와 해직교수가 교육부의 덕성여대 감사 결과 발표와 관선이사 파견, 박원국 이사장 퇴진, 재임용탈락 조치 철회, 총학생회 간부에 대한 제적 방침 철회 등을 요구하며 기습적으로 조계사에 들어가 농성을 시작했다.

총학생회 간부들에 대해 체포영장이 발부된 상태였기 때문에, 경찰의 수배를 피하는 한편 덕성 사태의 심각성을 언론과 시민들에게 알리기 위해 도심 한복판에 있는 조계사에 들어가 농성을 시작한 것이다. 다행히 조계사 농성이 언론의 관심사가 되었고, 교육부와 학교 당국에 덕성인의 힘을 다시 보여 주는 계기가 되었다. 언론을 통해 농성 소식을 접한 많은 학생들이 조계사를 방문해 결의를 다잡을 수 있었다.

조계사 농성단은 매일 새벽 5시에 일어나 108배를 하고 청소하는 것으로 하루 일과를 시작했다. 농성 기간 동안 스님과 신도들이 과일이며 떡을 가져다 주며 지지해 주었다. 35개의 교육·시민 단체로 구성된 '덕성공투위'도 농성단에게 힘을 보태기 위해 교육부 앞에서 1인 항의 시위에 돌입했다.

이사장님, 왜 때리십니까

조계사에서 천막 농성을 시작한 지 보름째 되는 8월 16일, 마침내 교육부 감사 결과가 발표되었다. 교육부는 별 문제가 없는 교수를 재임용에서 탈락시킨 점, 재임용 자격이 없는 교수를 정년 보장 교수로 재임용한 점, 1학기 신규 교수 채용 때 현대문학 담당 교수 심사에 수학과 교수가 참여한 점 등 절차와 상식을 벗어난 신규 채용·재임용 사례가 많다면서, 사학 경영자로서 사회적 책무성과 공공성을 지키지 못한 박원국 이사장에게 사태의 책임을 물어 '엄중 경고' 조치를 하고, 한 달 안에 학교 정상화 방안을 제출하라는 명령을 내렸다. 교육부 감사는 그동안 은폐된 교수 (재)임용과 관련된 비리를 적나라하게 드러냈다는 점, 덕성 사태의 책임이 이사장에게 있다는 점을 밝혔다는 데 의미가 있었다. 하지만 열네 건의 인사 비리를 저지른 박원국 이사장을 경고하는 데 그치고 재임용탈락 교수에 대한 후속 조치가 없다는 점이 문제였다.

교육부가 박원국 이사장에게 '엄중 경고'라는 신분상 조치를 취하고 '1개월 이내에 학내 분규 해소 방안'을 마련·시행하라는 행정상 조치를 취했는데도, 2001년도 하반기와 2002년도 상반기 교수 초빙 공고를 내면서 초빙 분야를 명기하지 않고 응모 지격을 제한하는 등 규정과 절차를 다시 무시해 물의를 빚었다. 게다가 교수 초빙 세부 심사 기준에서 정하고 있는 임용 3개월 전 공고 규정을 지키지 않았으며, 교양학부 교수 초빙은 학부의 요청도 없이 일방적으로 진행했다. 이에 대해 교수협의회는 대학이 규정과 절차를 무시하고 무리하게 교수 초빙을 강행하는 배경에는 특정인을 뽑으려는 의도가 숨어 있다며 문제점을 지적했다. 이에 맞서 학교 측은 학과의 요청이 없어도 정책상 필요하다면 총장의 실징으로 교수를 초빙할 수 있으며, 전 분야에 걸쳐 유능한 교수를 뽑기 위해서 전공 분야를 명시하지 않았을 뿐이라고 강변했다. 이렇게 대학과 법인이 계속 절차를 무시하고 교수 임용을 감행할 수 있었던 것은 교육부가 인사 비리에 대해 철저한 시정 명령을 내리지 않았기 때문이었다.

한교가 교수협의회의 항의를 무시하고 2학기 교수초빙 절차를 강행하는 과정에서, 이사장이 재단을 항의방문한 학생들을 폭행하고, 총장이 고소까지 하는 사태가 발생하였다. 사건은 8월 20일 종로구 운니동에 위치한 덕성여대 평생교육원 서양화과 교수 채용 면접 심사장에서 일어났다.

오전 11시부터 개최된 면접 심사장에 학생들이 도착한 시간은 오후 3시경. 배혜정(영문 99) 학생에 따르면 자신을 포함한 학생 3명은 덕성여대가 교수 채용에 앞서 '심사 기준안'을 졸속 개악했다, 양만기 서양화과 교수의 교수협의회 활동을 문제 삼아 재임용탈락시킨 것은 부당하다며, '부당한 교수 채용을 즉각 중단하라'는 침묵시위를 벌이기 위해 현장을 찾았다.

다음은 배혜정 학생이 전하는 현장 상황. "서양화과 교수 채용 심사장에 유인물을 돌리던 중, 박원국 이사장을 발견하고는 '소리통'을 시작했다. 소식을 들은 학생 10여 명이 현장으로 도착한 뒤 13명이 같이 구호를 외치고 있었다. 오후 5시 30분경 면접 심사장의 앞문을 여는 소리가 나서 쳐다보니 박원국 이사장이 나오고 있었다. 다가가서 사진을 찍으니 박 이사장은 잠시 주춤한 뒤 우리에게 다가와 캠코더를 들고 있던 윤수진(국문 00)을 밀쳐낸 뒤, 사진 촬영 중이던 내 오른팔을 두세 차례 때리며 '너네가 뭘 안다고 그래?', '내가 이사장이다.' 등의 발언을 했다."

배혜정씨에 따르면, 이어 10여명의 학생들은 박이사장의 '폭행 사과'를 요구하며 박이사장의 귀가를 제지, 학생-보직교수·교직원 간에 마찰이 빚어졌다. 권순경 총장직무대리를 포함한 보직교수, 교직원들을 박원국 이사장을 에워싼 채 현장을 빠져나갔으며, 이 과정에서 배혜정씨가 촬영 중이던 카메라가 한 교직원에 의해 4층 밖으로 던져지고, 다수의 학생들이 교직원들에 의해 잠깐 동안 감금되기도 했다. 학생들의 사과 요구는 박이사장이 자신의 차인 벤츠에 탄 이후까지 이어졌으며, 이 과정에서 권순경 총장직무대리가 학생들을 종로경찰서에 '업무방해·폭행'으로 고소, 항의시위를 벌이던 학생 19명 전원이 연행됐다. 학생들은 연행 과정에서 격렬히 저항해 다수가 상처를 입었으며, 이중 2명은 한국병원으로 실려 가기도 했다.

— 「박원국 이사장님, 왜 때리십니까」, 오마이뉴스, 2001. 8. 21.

박원국 이사장이 학교를 운영하는 한 평화란 없습니다

교육부가 요구한 학내 문제 해결 시한인 9월 15일이 되자, 덕성학원은 학내 분규 해소 방안으로 1개월 내 결원 이사 두 명 보충, 1개월 내 총장 선임, 2002년도 1학기 총장 제청을 통한 재임용탈락 교수 세 명 복직, 교수협의회 소속 교수에게 보직 기회 부여, 총장 선임 후 대학 경영 개선 방안 마련 등 다섯 항을 교육부에 제출했다. 이에 대해 교수협의회, 총학생회, 직원 노조 등은 교육부 국정감사를 하루 앞둔 9월 27일 합동 기자회견을 열어 재단 측이 최근 교육부에 제출한 학내 분규 해소 대책은 '기만적 조치'라고 반박했다. 이날 기자회견에서 김나영 총학생회장은 '재단 측의 정상화 방안은 현재의 상황을 모면하기 위한 기만적인 발상일 뿐이라며 사태의 근본적인 해결을 위해서는 "박원국 이사장과 현 이사진이 전면 퇴진하고 민주적 관선이사를 파견해야 된다"고 주장했다. 교육부에 제출된 분규 해소 내책 방안이 시대 해결에 전혀 도움이 되지 않는 기만적 조치라고 주장하는 까닭은 다음 이유 때문이다.

첫째, 1개월 내 결원 이사 두 명 보충. 덕성여대 이사진은 박원국 이사장은 물론, 박원택·김기주·인요한 이사 또한 교수를 고소고발하는 등 학내 분규를 일으킨 당사자들이다. 학내 분규의 책임을 지고 전원 사퇴해야 할 이사진 체제에서 이사 충원은 의미가 없으며, 이사회의 족벌성만 강화할 뿐이므로 학내 분규를 더욱 악화시킬 것이다.

둘째, 1개월 내 신임 총장 선임. 덕성여대는 이사들 간 내분으로 2월 26일 이후로는 이사회조차 열지 못했다. 민주적으로 총장을 선출하려면 과정이 철저하게 공개되어야 하며, 학내 구성원 모두의 의견이 수렴되는 절차를 거쳐야 한다. 그런데 추석을 빼면 열흘도 안 되는 기간에 총장을 선임하겠다는 것은 재단 이사회에서 자신의 수족이 될 인물을 총장으로 임명하겠다는 것과 마찬가지다. 그렇게 선임한 총장에게 운영권을 준다는 재단 측의 방안은 권순경 총장직무대리의 예에서 보았듯이 학내 분규를 더욱 심화시킬 것이다.

셋째, 2002년 1학기에 총장의 제청으로 해직된 교수 세 명의 재임용. 교육부 감사 결과가 나온 뒤인 8월 20일, 덕성여대는 부당하게 재임용탈락된 서양학과 교수의 후임을 초빙하는 절차를 강행했다. 학과 교수의 반대, 교원 인사 임용 내규와 교육부의 특별감사 지적 사항

위반, 특정인 내정 의혹과 같은 문제점이 제기되었는데도 불공정 심사를 반대하러 갔던 학생 열아홉 명 가운데 두 명을 폭행하고 고소까지 하면서 초빙 절차가 진행되었다. 학교가 정말로 교수 재임용탈락의 부당성을 인정하고 복직시킬 뜻이 있다면, 교육부 감사 결과가 나온 직후인 2학기에 바로 복직 조치를 취했어야 했다.

게다가 박원국 이사장 측 교수들이 반 이상을 차지한 인사위원회가 해직교수들의 복직을 제청할 리 없으며, 인사위원회를 거치지 않고는 총장이 해직교수들의 복직을 제청할 수도 없다. 이에 비추어 볼 때, 2002년 1학기에 총장의 제청하에 교수들을 복직시키겠다는 방안은 곤란한 상황을 모면하기 위해 마련한 기만적인 발상일 뿐이다.

넷째, 교수협의회 소속 교수들에게 보직 기회 부여. 이에 대해서는 더말할 것도 없다. 교수협의회 교수들은 학원민주화를 위해 투쟁했을 뿐, 보직 기회를 달라고 요구한 적이 없다. 그런데 이를 정상화 방안으로 내세운 것은 사태를 호도하려는 재단 측의 기만적 전략일 뿐이다.

설훈 의원 역시 2001년 9월 28일에 열린 교육위원회 국정감사에서 박원국 이사장이 제출한 학내 분규 해소 대책이 진실성이 결여된 시간 벌기용, 면피용에 불과하다고 평가했다.

박원국 이사장은 몇 차례나 개선 약속을 했지만 이를 번복하고 있습니다. 세 차례나 약속을 번복하였고 현재 약속(재단과 학교 측에서 교육부에 제시한 다섯가지 학교 정상화 방안)도 번복할 것이기에 소용이 없습니다. 이 대학 역시 빨리 조치하면 할수록 좋습니다.

박원국 이사장이 운영하는 한 평화란 없습니다. 빠른 조치가 교육부의 도리입니다.

설훈 의원의 발언에 대해 한완상 교육부총리가 교육부의 입장을 밝혔다.

사학은 자율성과 민주성, 투명성이 존중되어야 합니다. 하지만 사학 비리에 관련되어서는 철저한 지적이 있어야 합니다. 설훈 의원님의 임시 이사 조치에 관하여 그리고 임종석 의원님의 국감 면피용이란 것에 대한 말씀드리자면, 사실 덕성여대는 학교 운영상 문제가 심각합니다. 하지만 박원국 이사장은 분규 해소 대책으로 구체적으로 처리 시한을 명시하고 있기 때문에 이를 철저히 관리 감독할 것입니다. 재임용탈락 부분은 새 총장이 임명된 후 복귀하도록 검토해 보겠습니다.
10월 15일까지 이행되는지 철저히 볼 것이며 학습권 침해 시에는 10월 25일 박원국 이사장 임기 만료에 임시 이사 파견 등 모든 방안을 강구할 것입니다. 이사회의 기능이 진행되지 못할 때에는 합법적으로 임시 이사 파견 등의 조치를 취하겠습니다.

교육부의 방침은 덕성여대가 제출한 정상화 방안이 제대로 이행되는지를 일단 지켜보다가, 약속 기한인 10월 15일까지 고소·고발을 철회하고, 책걸상을 묶은 고정대를 해체하지 않으면, 그때 가서 임시 이사 파견 등의 조치를 검토하겠다는 것이었다. 사학재단의 반발을 의식한 일종의 '밀어내기' 작전이었다.

20

올해의 인물, 덕성 사람들

제 아이 머리는 제가 직접 깎고 싶어요

학교법인 덕성학원 이사회는 교육부와 약속한 시한인 10월 15일까지도 결원 이사를 선임하지 않았다. 교육부는 국정감사장에서 한 약속한 대로, 박원국 이사장 이하 이사 전원을 해임하고 관선이사를 파견해야 했다. 그러나 교육부는 아무 조치도 취하지 않고 사태를 관망하기만 했다. 그러는 사이 이사회가 10월 22일에 열렸다. 이날 이사회에서 덕성여대 전 동창회장 L씨와 청강학원 이사장이자 전 민주당 국회의원인 C씨가 이사로 선출됐다. 이들은 25일 임기가 만료되는 박원국 이사장과 박인제 이사의 후임이었다. 후임 이사로 선출된 L씨는 18년간 덕성여대 총동창회장을 맡은 인물로 덕성에 분규가 있을 때마다 박원국 이사장을 앞장서 도운 사람이었다.

그는 덕성여대 이사로 있으면서 1997년 다른 재임용에서 탈락시키는 데 동조했으며, 그것 때문에 벌어진 분규 당시 박원국 이사장 체제에 반대하는 학생들을 '아버지에게 대드는 패륜아'라고 몰아붙이다가 이사 자리에서 물러났다. 그리고 총동창회 개혁에 따라 동창회장 자리에서도 물러났다. 전 민주당 국회의원인 C씨는 사립학교법 개악에 앞장선 데다 청강학원 이사장으로 있으면서 비리를 저지른 인물이다. 족벌 사학 운영으로 물의를 빚은 그는 MBC 〈PD수첩〉에서 "학교를 사유물로 생각하고 자신의 친·인척을 학교 운영에 모두 동원하는 것을 당연하게 생각한다."라고 발언해 많은 지탄을 받았다.

박원국 이사장은 덕성학원에 대한 직접적인 지배가 불가능해지자 간접적인 지배인 섭정 체제를 강화하기 위해 이들을 후임 이사로 선임했다. 이것이 합리적인 학교 발전 방안을 마련하라는 교육부의 지시에 대한 그의 답변이었다. 교육부는 박원국 이사장의 임기가 만료된 뒤 부분적으로 관선이사를 파견한다는 계획을 가지고 있었으나, 박원국 씨가 임기 만료 직전에 자신의 최측근을 이사로 선임해 취임 승인을 요청하는 바람에 뒤통수를 맞은 꼴이 되었다.

게다가 이날 덕성학원 이사회는 교원 인사 규정도 대대적으로 개악했다. 재단에 맞서는 모든 교수를 승급·승진은 물론 재임용 심사 대상에서도 자동적으로 배제하는 규정을 통과시킨 것이다. 배제 대상에는 형사 사건으로 기소된 자, 학교 당국이 경고한 자, 징계 중이거나 징계 요구를 받은 자, 집단행동을 선동한 자, 정치·노동 활동에 참여한 자 등이 포함되었다. 요컨대 덕성의 학원민주화를 위해 노력하는 교수협의회 교수들을 멋대로 재임용 심사에서 제외하고 해직시키겠다는 것이었다. 이 규정을 그대로 적용할 경우 교수협의회 교수들은 임용 기간 만료와 동시에 자동 해직될 수밖에 없었다.

10월 24일 오후 1시, 교수협의회·총학생회·직원 노조 소속 250여 명이 세종문화회관 뒤편에서 집회를 열고 신임 이사 승인 반대, 재단 이사진 전원 해임, 학내 민주세력이 수용할 수 있는 민주적·개혁적· 공익적 인사로의 관선이사 선임 등을 교육부에 촉구했다. 집회를 마친 뒤 총학생회장이 교육부에 대한 항의 표시로 삭발을 결의하고 교수협의회 회장단과 직원노조 위원장도 동참함에 따라, 갑자기 '집단 삭발식'이 결행되었다.

'다시는 후배들이 삭발, 단식, 혈서로 인해 눈물 흘리는 일이 없게 만들겠다'는 총학생회장의 다짐을 시작으로 삭발을 결심한 여대생 18명의 결의가 차례차례 이어졌다. 이 가운데는 올해 대학에 갓 입학한 01학번 '새내기'도 4명이나 끼어 있어 지켜보는 선배들을 안타깝게 했다.

"전 8일 만에 단식을 풀었어요. 목숨 걸고 단식하고 있는 선배들에 비하면 삭발쯤은 어려울 거 없어요." (조은정, 사회과학부 01학번)

"어제 교육부 면담 뒤 장관도 법도 덕성을 실릴 순 없다는 걸 깨달았습니다. 5천 덕성인의 힘만이 대학다운 대학, 민주적인 대학을 만들 수 있습니다."

(김정선, 경영학과 99학번)

"내 권리 찾기 위해 옳은 일 하고 있다고 생각해요. 혼자가 아닌 모두가 하는 일이기 때문에 두려움 없이 삭발을 결정했어요." (김지혜, 사회과학부 01학번)

"이런다고 교육부가 우리의 말을 들어줄까 싶기도 하지만 우리 모두 하나가 된다면 못할 것도 없다고 확신해요." (김혜진, 국문과 2학년)

입을 굳게 다문 여대생들의 몸에 하얀 이발 가운이 걸쳐지고 친구들의 서투른 가위질이 시작되자 주변은 온통 머리카락과 눈물로 뒤범벅이 됐다. 등산복 차림의 한 아주머니가 다가와 한 학생의 이발 가위를 대신 잡아 쥔 건 바로 이때였다.

"제 아이 머리는 제가 직접 깎고 싶어요."

정주희(23, 국문학과 98학번) 양의 머리카락을 자른 이는 바로 그녀의 어머니였다.

"목숨 걸고 하겠다는데 어떻게 말리겠어요. 처음엔 데모 못 하게 하려고 강원도에 데려다 놓기도 했지만 아이 뜻을 알고는 포기하고 협조하게 됐죠."

이발기로 마무리하고 나오는 순간까지 애써 담담해하던 어머니는 말문을 트는 순간 끝내 눈시울을 붉혔다. 인문대학 학생회장인 정주희 양의 삭발은 지난 4월에 이어 이번이 두 번째.

하지만 정작 어머니를 안타깝게 하는 건 이날로 17일째를 맞은 딸의 무기한 단식이었다.

"머리야 다시 기를 수 있지만 아이 건강이 문제죠. 하지만 이번엔 저도 마음 굳게 먹었어요. 또다시 이런 마음 고통을 다른 학생과 그 어머니들이 겪게 만들 수 없잖아요."

삭발을 마친 학생들을 둘러싸고 서로의 머리를 어루만지며 울음을 터뜨리는 장면이 곳곳에서 벌어졌고 눈물이 멈춘 자리엔 결의 어린 표정들만 남았다. 이어 교수협의회 회장단도 삭발에 동참했다.

— 「01학번 여대생들 눈물의 삭발」, 오마이뉴스, 2001. 10. 25.

제자와 나란히 앉아 삭발하고 있는 한상권 사학과 교수(왼쪽).

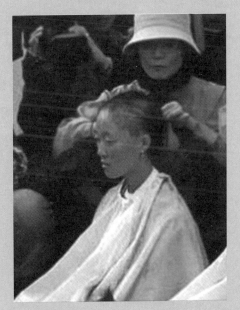

정주희 양 어머니(47)가 딸의 머리카락을 손수 깎고 있다.

덕성에 중립이란 없다. 다만 기회주의자가 있을 뿐이다

　10월 26일, 교육부는 박원국 이사장이 요청한 L씨와 C씨의 임원 취임승인 요청을 받아들이지 않고 덕성학원에 부분 관선이사를 파견하였다. 한 달 전에 있었던 국정감사장에서의 답변에 따른 조치였다. 당시 교육부총리는 덕성여대가 제출한 정상화 방안이 10월 15일까지 이행되는지 철저히 지켜 볼 것이며, 학습권 침해 시에는 10월 25일 박원국 이사장의 임기가 만료되는 대로 임시 이사 파견 등 모든 방안을 강구할 것이라고 약속했다.

　이에따라 교육부는 "덕성학원이 이날 자로 이사 정수 7명 중 4명이 결원돼 이사회 개최 정족수 미달로 이사회 기능이 마비된 것으로 판단, 사립학교법에 따라 임시 이사 4명을 교육부 직권으로 선임했다."라고 밝혔다. 이어 사립학교법 제25조는 학교법인이 이사의 결원을 보충하지 않아 해당 법인이 목적을 달성하지 못하거나 손해가 발생할 경우 교육부가 직권으로 임시 이사를 파견할 수 있다고 규정하고 있어서, 법적인 하자가 없다고 부연 설명했다.

　교육부가 선임한 이사는 최현섭 교수(강원대), 이석태 변호사(법무법인 덕수), 박영숙(전 국회의원), 이해동(삼성사회봉사단 부단장) 등 교육계, 법조계, 여성계, 시민단체 인사였다. 덕성여대 관선이사 파견은 교육부가 인사권을 남용해 분규를 야기한 비리·족벌 사학에 대해 지휘·감독권을 발동했다는 점에서 좋은 선례가 된다. 한 해 동안 덕성의 교수·학생·직원이 연대해 치열하게 투쟁한 결과, 박원국 이사장 연임 저지, 구 재단 측근 이사 선임 저지, 이사 정수의 과반수에 해당하는 관선이사 파견 등 적지 않은 성과를 거둘 수 있었다. 특히 박씨 일가에게 빼앗긴 이사회 의결권을 1년 만에 되찾았다는 점에서 뜻깊은 승리였다.

그러나 교육부의 관선이사 파견은 전면 관선이사가 아니라 부분 관선이사였다. 교육부가 박원국 이사장의 연임에는 제동을 건 반면, 덕성 분규의 공동 책임자인 박원택 상임이사와 김기주·인요한 이사는 잔류시키는 미봉책을 택했다. 사학 재단의 반발을 의식해서 내린 어정쩡한 결정이었다.

교육부의 결정이 전해지던 날 밤, 22일째 단식을 하며 농성 중이던 학생회장단과 민주동문회 회장, 교수협의회가 교육부의 부분 관선이사 파견 결정을 받아들이고 단식농성을 중단할 것인지 여부에 대해 무거운 분위기에서 토론을 했다. 덕성여대의 구성원들 모두가 '이번이 마지막이어야 한다'는 각오로 싸웠기 때문이다. 교육부에서 관선이사를 파견한 이후에도 박원국 이사장이 변함없이 재단에 영향력을 행사한 지난 10년의 역사를 되풀이할 수는 없었다. 장시간 토론을 벌였으나 합의점을 찾지 못했다. 결국 학생회장단은 따로 당시 점거 중이던 총장실로 자리를 옮겨 마지막 결정을 위한 회의를 진행했다. 그리고 회의 결과, 일단 부분 관선이사 파견을 받아들이고 단식농성은 중단하되, 총장실 점거 투쟁은 계속하면서 이사회 개편 이후의 움직임과 총장 선출, 학사운영 정상화의 과정을 지켜보기로 최종 결정을 내렸다. 다시 돌아온 천막 농성장에서 학생회장단은 모두 아쉬움에 눈물을 흘렸다.

이사회가 개편되자 해임을 모면했던 박원택 이사가 예상대로 형의 뒤를 이어 학교를 장악하려는 움직임을 보였다. 자신의 수족을 총장으로 내세워 대학을 손아귀에 넣으려고 한 것이다. 그는 자신이 교수협의회 소속도, 박원국 이사장 세력도 아닌 중도라는 말을 퍼뜨려 구성원들의 판단을 흐리게 함으로써 자신의 측근을 총장으로 앉히려는 음모를 꾸몄다. 학원민주화 투쟁을 관망하며 방관하던 교수와 직원들이 이 음모에 가담했다. 그동안 투쟁 현장에 모습조차 드러내지 않던 기회주의자들이 민주화 투쟁의 열매를 박원택 상임이사에게 진상하기 위해 갖가지 이야기를 퍼뜨리고 다녔다. 그 내용은 크게 네 가지였다.

하나, 박원택 이사 차별론이다. 박원국 이사장은 나쁘지만 박원택 이사는 좋은 사람이다. 박원택 이사는 합리적인 사람이므로 박원국 이사장이 쫓겨난 마당에 더 이상의 투쟁은 불필요하다.

둘, 박원택 이사 무책임론이다. 덕성 분규의 원인은 교수협의회 회장단의 무모한 재단 퇴진 투쟁 노선과 박원국 이사장의 무리한 학교 장악 기도에 있었다. 덕성 사태를 불러일으킨 모든 책임이 교수협의회와 박원국 이사장에게 있으니, 박원택 이사 퇴진 투쟁을 하는 것은 잘못이다.

셋, 박원택 이사 공로론이다. 이강혁 총장과 박원국 이사장을 쫓아낸 것은 교수협의회를 비롯한 민주세력이 아니라 박원택 이사다. 따라서 박원택 이사 퇴진 투쟁을 하는 것은 배은망덕한 짓이다.

넷, 박원택 이사 대세론이다. 앞으로 학교 운영의 주도권을 교수협의회가 장악해서는 안 되며 박원택 이사와 그를 따르는 세력이 뭉쳐 학교의 중심을 잡아야 한다.

이는 그동안 민주세력이 갖은 핍박을 받아가며 어렵사리 쟁취한 덕성민주화 투쟁의 성과를 고스란히 박원택에게 진상하자는 주장이었다. 1987년 6월 민주화 투쟁의 성과를 노태우의 6·29선언의 공으로 돌리고 전두환을 희생양으로 만들어 군부 독재세력의 생명을 연장하도록 한 궤변과 똑같았다.

게다가 이들은 덕성여대가 정통 민족 사학으로 거듭나는 것마저 가로막으려고 했다. 박원택 이사가 교수협의회 회장단을 비롯해 교수 네 명을 고소해 기소되었는데도, 그것이 박씨 형제의 어머니인 송금선의 친일 행적을 파헤친 잘못 때문이라고 했다. 이들은 '교수협의회가 쓸데없이 친일 행적을 폭로했으니 고소당해도 싸다'는 자업자득론을 펴가면서 박원택 이사를 옹호했다. 박원택 이사 예찬론자들은 민족 사학의 정통성을 되찾기 위한 노력을 개인적인 감정 문제로 격하하고, 반민족행위자를 심판해 비뚤어진 역사를 바로잡으려는 정의로운 노력을 '쓸데없이 분란이나 일으키는 부질없는 행동'으로 치부했다. 늘 기회를 엿보면서 세력 있는 사람에게 빌붙으려는 기회주의자 특유의 속물근성을 유감없이 드러낸 것이다.

2001년 학원민주화 투쟁의 초점을 박원국 이사장에게 맞춘 것은 그가 덕성을 피폐하게 만든 장본인이기 때문이었다. 박원택 이사가 공격의 대상이 되지 않았다고 해서 그가 면죄부를 받은 것은 아니다. 박원택 이사가 박원국 이사장에게 맞서는 시늉이나마 한 것은 그가 민주세력을 좋아해서가 아니라 형이 임기 만료로 물러나면 자신이 학교를 장악할 수 있으리라는 속셈 때문이었다. 2001년 국정감사에서 설훈 의원이 "(박원택·김기두 이사는 2000년 국정감사) 약속을 철저

하게 파기하고 민주당 국회의원들을 기만하고 농락했으므로 신뢰할
수 없다."라고 질타한 것처럼, 박원택 이사는 공인의 덕목인 신의가
없기 때문에 교육기관에 있어서는 안 되는 인물이었다. 더구나 그는
덕성민주화운동에 앞장선 교수협의회 회장단을 형사 고소해 범죄자
로 만들려는 사람이 아닌가. 이런 인사가 버젓이 이사로 남아 있는데,
어떻게 학내 분규가 해소되겠는가. 그래서 설훈 의원이 박원국 이사
장과 함께 박원택 이사도 퇴진해야 한다고 주장하고, 한완상 교육부
총리에게 전면 관선이사 파견을 요청한 것이다.

덕성민주화운동의 성과를 박원택 이사에게 고스란히 진상하려는
자들은, 과거 박씨 일가 체제에 빌붙어 민주세력을 탄압한 전력이 있
는 반민주세력, 박원택 상임이사와 친분이 있어 과거 특혜를 입었거
나 앞으로 특혜를 입고자 하는 비민주세력, 민주세력을 탄압하면서
중립인 양 위장해 새로운 이사회에 직간접적으로 영향력을 행사하고
자리를 엿보는 비양심세력, 독립운동가 차미리사가 세운 민족 사학
덕성여대를 친일파 후손 박씨 일가의 소유물로 간주하는 반민족세력
이었다. 이들은 민주세력이 모든 것을 걸고 피눈물 나는 투쟁을 벌이
는 데 대해 적개심을 품고 탄압하거나 방관·외면한 기회주의자였다.
그런 인사들이 박원택 미화론을 퍼뜨리며 교내를 활개 치고 다닌다
는 것은 민주세력이 투쟁에서 아직 승리하지 못했다는 뚜렷한 반증
이었다.

피눈물로 쟁취한 이사회 의결권이 다시 박씨 일가로 넘어가는 것
을 막기 위해, 나는 11월 19일부터 덕성 분규의 공동 책임자인 박씨
족벌 잔류 이사의 퇴진, 민족 사학의 정통성 확립, 민주 총장 선출 등

을 요구하며 운니동에 있는 재단 사무실 앞에서 1인 시위에 돌입했다. 그 다음 날에는 학생들도 재단 사무실 앞에서 천막 농성을 시작했다. 총학생회와 함께한 재단 앞 시위는 겨울방학 내내 이어지다가, 해를 넘겨 2002년 3월 4일 개학과 함께 78일 만에 마감됐다. 나는 시위를 마치면서 「덕성학원의 정상화·민주화를 위한 제언」을 발표했다.

1. 작년 11월 19일 '박원택 상임이사 퇴진'·'민족 사학 정통성 확립'·'민주 총장 선출'을 요구하며 올 3월 2일까지 진행한 재단 앞 1인 시위를 오늘로 마감한다. 그러나 덕성학원민주화 달성의 최대 걸림돌은 지난 시기 덕성여대를 파행으로 몰고 간 책임이 있는 박원택 상임이사를 비롯한 잔류 이사들이므로, 잔류 이사 퇴진이 덕성학원 정상화·민주화의 핵심적 과제라는 생각에는 변함이 없다.

2. 오늘 재단 앞 1인 시위를 마치는 까닭은 덕성의 정상화·민주화를 위해 노력하는 관선이사와 총장의 개혁 작업에 힘을 실어 주기 위한 것이다. 관선이사는 친일·족벌 재단 박씨 일가와의 차별성을 견지하면서 덕성을 민족 사학으로 발전시켜야 할 것이며, 민주세력이 합의하는 인사를 조속히 총장으로 선임하여 덕성을 정상화·민주화시켜야 한다. 또한 대학의 개혁을 총괄하는 총장직무대리는 정통성, 개혁성·민주성, 투명성의 3원칙을 견지하면서 교수, 직원, 학생, 동문 등 덕성 민주세력의 입장을 대변하도록 노력해야 한다.

3. 덕성학원의 정상화·민주화는 관선이사나 총장에게만 요구할 일이 아니

다. 더 중요한 것은 민주세력이 주인 의식을 갖고 개혁의 원칙과 방향을 확고히 함으로써 반민주·반개혁세력이 틈새를 비집고 들어오지 못하도록 하는 일이다. 교수협의회, 직원 노동조합, 총학생회, 총동창회, 민주동문회 등 민주 5단체는 관선이사, 총장과의 역할 분담을 통해 덕성학원민주회를 총체적으로 완결 짓는 데 공동으로 협력해야 한다.

그동안 격려와 지원을 아끼지 않았던 모든 분들께 감사드리며, 미력하나마 앞으로도 민주 5단체 간의 연대를 강화하고 민주세력의 목소리가 개혁 작업에 반영될 수 있도록 노력을 다할 것을 다짐한다.

재단 앞에서 학생들과 함께 잔류 이사 퇴진 투쟁을 할 때 덕성민주화 투쟁 과정을 영상물로 만들어 영구히 보존하자는 의견이 나왔다. 그리고 12월 16일, 양심수 후원회 송년 모임에서 다큐멘터리 제작 집단인 푸른영상의 김동원 감독과 작품 제작에 관해 의견을 나누었다. 1991년 결성된 이래 통일·노동·빈민·환경·여성 등 다양한 사회문제와 우리 이웃들의 삶을 기록하면서 역사와 사회에 대해 균형 잡힌 시각을 제공하려 노력한 푸른영상이 덕성민주화 운동을 다루기에 안성맞춤이라고 생각했기 때문이다. 이 자리에서 김 감독이 자신은 비전향 장기수 문제를 다루느라 여력이 없다며 다른 감독을 소개해 주었다.

2003년 4월, 남태제 감독이 1990년부터 2001년까지 12년에 걸친 덕성여대의 학내 민주화운동 과정을 담은 '12년 사학 투쟁' 다큐 영상물을 '학교'라는 이름으로 제작했다. 영상물은 120분짜리로 제작됐으며, 학내 민주화 투쟁의 한가운데 섰던 학생·졸업생·교수들이 간직해 둔 영상 기록을 바탕으로 구성됐다. 이 작업으로 '개인'의 사유물이던 학교를 구성원들이 힘을 모아 '우리' 공공재로 바꾸는 과정을 영상물에서 생생하게 볼 수 있게 되었다.

올해의 인물, 덕성 사람들

덕성민주화 투쟁이 힘차게 벌어진 2001년은 사회 각 분야에서 기득권세력과 개혁세력 간의 싸움이 그 어느 때보다 치열했다. 오마이뉴스가 2001년 오마이뉴스에 등장한 인물 가운데 우리 사회를 진전시키는 데 기여한 세 명(단체)을 '올해의 인물'로 선정해 12월 20일에 발표했다. 오마이뉴스는 2001년을 달군 쟁점 가운데 언론 개혁 운동·인권 신장 운동·사학 민주화 운동에 주목했고, 그중 어느 하나만 선정하기가 힘들어 세 부문에서 각각 상징적인 인물이나 단체를 '오마이뉴스 올해의 인물'로 선정한다고 했다. 언론 개혁 운동 부문의 화덕헌 이문열돕기운동본부 본부장, 인권 신장 운동 부문의 바경석 노들장애인야학 교장과 더불어 사학 민주화 운동 부문에서 덕성여대 총학생회와 교수협의회가 선정되었다.

12월 20일 오후 7시 안국동 철학카페 느티나무에서 열린 '오마이뉴스 뉴스게릴라 송년식' 자리에서 '선정 사진' 전달식도 있었다.

그때 받은 상패에는 이렇게 쓰여 있었다.

24시간 1인 릴레이 시위, 무기한 전막 농성과 단시, 그리고 집단 삭발……

학생, 교수, 교직원이 따로 없었다. 여기에 졸업생들도 큰 힘을 보탰다. 2001년 덕성여대 민주화 투쟁에서 이들이 보여 준 모습은 분규를 겪고 있는 모든 사립학교에 하나의 모범이자 희망으로 자리매김되고 있다.

'기약 없는 투쟁'을 택했던 이들에겐 참으로 견디기 힘든 한 해였다. 1학기에는 재단 측과 밀고 당기는 싸움 속에 하루하루를 긴장과 고통 속에 보내야 했고 2학기 들어서는 그들의 '철저한 무관심'에 맞닥뜨려야 했다. 결국 10월 24일, 사태 해결에 무성의한 재단과 교육부에 맞서 01학번 새내기를 포함한 20여 명의 여학생들과 그 스승들이 선택한 것은 눈물의 삭발이었다.

이들의 아픔과 노력은 결코 헛되지 않았다. 10월 말 관선이사가 파견되면서 지난 2월 재단 측의 교수협의회 교수 부당 해임으로 시작됐던 덕성여대 학내 분규는 정상화의 단초를 마련했다.

물론 이들의 싸움은 아직 끝나지 않았다. 그렇기에 이젠 강의실의 '평범한' 교수와 학생으로 돌아가고 싶다는 그들의 새해 희망은 더욱 절실해 보인다.

12월 26일, 덕성학원 이사회(이사장 이해동)가 서울 롯데호텔에서 이사회를 열고 교수협의회 회장인 독문과 신상전 교수를 총장직무대리로 선임했다. 교수협의회, 총학생회, 직원 노조 등 학내 구성원들이 학교 정상화 방안으로 내놓은 '분규 악화 당사자인 권순경 총장직무대리 해임과 새로운 총장직무대리 선출' 요구를 수용한 결과다. 새로 총장직무대리에 임명된 신상전 교수는 학내 구성원의 의견 수렴을 통해 민주적 덕성학원의 틀을 만들어 가겠다며, 보직에 임하는 태도를 다음과 같이 밝혔다.

투쟁에서 승리한 뒤 보직을 맡으면 순수성을 의심하는 사람들이 많았어요. 그래서 개혁세력들이 보직을 맡지 않았던 거죠. 하지만 그건 낭만적인 생각에 불과해요. 개혁세력의 요구가 제도화될 때까지 계속 요구해야 합니다. 보직 역시 투쟁의 연장선에서 하겠다는 생각입니다.

2001년의 마지막 날에는 교수협의회 교수들이 천막 농성을 풀고 새해 새 출발을 다짐했다. 관선이사 파견과 민주 총장 선출을 요구하

2001 오마이뉴스 올해의 인물에 선정된 덕성여대 총학생회·교수협의회에 전달된 상패액자.

며 무려 602일 간 벌인 항의 농성과 447일간 지속한 천막 농성에 마침표를 찍은 것이다. 교수협의회 교수들은 농성을 풀면서 학내 구성원 모두가 지난해에 겪은 아픔과 어두운 추억을 잊고 새로운 희망과 화합의 자세로 새해를 맞이하면 좋겠다고 했다. 총학생회장(김나영, 정치학과 4학년)도 '무엇보다 어려웠던 것은 장기간 학교 상황이 혼란스러워 학내 구성원들 간에 불신이 깊어진 것'이라며 "앞으로 철저한 학내 민주화와 개혁을 통해 하루빨리 학교가 정상화됐으면 좋겠다."라고 했다.

한편 재임용에서 탈락되어 학내 분규의 도화선이 되었던 해직교수 세 명이 2002년 3월 1일자로 특별 임용되었다. 또한 학교는 사학과 학생들의 요청에 따라 남동신 교수의 2001년도 2학기 폐강 과목인 문화유적탐사2(8명), 한국중세사(5명), 한국지성사(1명)를 수강한 학생들의 학점을 인정했다. 교육부 감사 결과 남동신 교수에 대한 재임용 제외 결정이 부당한 조치로 지적되고, 3월 1일 자로 남 교수가 신규 임용됨에 따라 강사 자격에 문제가 없었다고 볼 수 있는데다, 강의도 정상적으로 실시했으므로, 학교가 학습권 보호 차원에서 해당 과목의 출석부와 시험지·보고서 등 수업 관련된 서류를 접수해 검토한 뒤 해당 학생들의 학점을 인정한 것이다. 또한 2001년 1학기에 폐강된 문화유적탐사1(8명), 한국고대사(6명), 한국사특강(1명)을 수강한 학생들에게는 2002년 1학기에 해당 과목의 수강을 원할 경우 수강 신청 제한 학점에 관계없이 별도로 신청할 수 있도록 했다.

덕성여대에서 '장외 강의'가 두 차례 있었다. 1998년 3월, 당시 4학년이었던 사학과 95학번 학생들이 해직 교수인 나에게 강의 투쟁이라는 새로운 투쟁 방식을 제안해 장외 강의의 물꼬를 텄다. 학생들은 "우리는 강사의 수업을 거부하고 한 교수님의 수업을 듣고자 한다. 이는 정당한 우리의 학습권이며 학교 당국은 이 수업을 인정해야 한다."라고 학생권리 선언을 했다. 학생들의 비타협·불복종 운동에 학교가 무릎을 꿇었다. 이해 6월에 학교가 나를 특채하겠다는 방침을 밝힌 것이다. 그러나 장외 수업을 들은 학생들의 학점은 인정할 수 없다고 끝까지 버텼다. 하지만 2001년에 장외 강의를 들은 학생들은 학점을 인정받았다. 학원민주화 투쟁으로 총장까지 바꿨기 때문에 가능한 일이었다.

에필로그

스위스의 역사학자 부르크하르트Jokob christoph Burckhardt (1818~1897)는 역사란 '한 시대가 다른 시대 속에서 찾아낸 주목할 만한 가치가 있다고 생각한 것들에 대한 기록'이라고 했다. '역사적 의미'라는 관점에서 재구성한 선택적 체계가 역사라는 것이다. 그렇다면 '있는' 현실을 외면하지 않고, '있어야' 할 현실의 도래를 절실히 갈구하면서, 그 필연성을 확신하고 투쟁한 덕성 사람들의 숨결을 되살리는 작업이 지니는 역사적 의미는 무엇일까?

역사의 진보를 위해 안간힘을 썼는데도 잊혀 버린 사람들의 사회적 투쟁을 역사적으로 올바르게 평가하는 연구에 평생을 바쳐 온 영국의 역사학자 홉스봄Eric John Ernst Hobsbawm(1917~)의 말이 그 질문에 대한 답이 되리라 본다.

자유와 정의라는 이상 없이, 자유와 정의를 위해 생명을 바친 사람들 없이 인류가 어떻게 살아갈 수 있겠는가? 20세기에 실제로 그렇게 살다가 간 사람들을 기억조차 해 주지 않고 인류가 어떻게 살아갈 수 있겠는가?

오늘을 올바로 살기 위해 올곧은 세상을 염원하는 수많은 순수한 영혼의 희생을 '기억할 의무'가 있다는 말이다. 세상을 바꾸려는 자발적이고 집단적인 민중의 의지를 발굴하는 작업은, 세상일에 대해 앞서의 사람들과 똑같은 문제의식을 느끼면서도, 그들과는 달리 자기들의 의분義憤을 행동으로 옮기지 못하고, 또 그로 인해 좌절감을 느끼는 요즈음 사람들에게 의지와 열정을 불어넣어 주는 일이기도 하다. 홉스봄은 말했다.

시대가 아무리 마음에 안 들더라도 아직은 무기를 놓지 말자.
사회 불의는 여전히 규탄하고 맞서 싸워야 하기 때문이다.
세상은 저절로 좋아지지 않는다.

우물물을 마시기 전에 우물을 판 사람의 수고를 기억하자. 저절로 좋아지는 세상은 없다.

10여 년 전 질풍과 노도처럼 일었던 민주화운동의 열기가 가라앉은 지금 덕성여대는 정正이사 체제로의 전환을 눈앞에 두고 있다. 덕성처럼 과거 분규를 겪은 사학의 이사진을 선임하거나 해임할 권한을 가진 기구가 '사학분쟁조정위원회(사분위)'다. 교육과학기술부 산하기구인 사분위는 2009년 9월 10일 전체회의에서 "종전 이사에게 법인 경영권을 유지할 수 있는 최소한(과반수)의 이사 추천권을 부여한다."리는 인치을 확정했다. 학교를 자신들의 사유물로 취급하고 각종 비리로 쫓겨났던 구 재단에게 소유권을 돌려주겠다는 방침인 셈이다. 이에 고무되어, 덕성학원 구 재단도 교육부와 사분위에 정이사 명단을 제출하고 호시탐탐 복귀의 기회를 노리고 있다.

사분위원들의 그릇된 교육관에 의거한 잘못된 결정으로 대학의 공익성 확보를 위해 치열하게 투쟁했던 임시 이사 파견 대학이 다시 분규에 휘말리고 있다. 지난 2월 사분위의 결정에 따라 대학 민주화 투쟁이 활발하게 일어났던 조선대와 세종대에 구 재단이 버젓이 복귀했다. 상지대도 8월 9일 교육 비리 전과자인 김문기 씨 지지세력의 상지학원 복귀를 허용했다. 사분위가 자신이 정한 '정이사 선임 원칙' 상의 예외 규정, 즉 "비리, 도덕성, 학교 경영 역량 등 사회 상규와 국민의 법 감정에 비추어 도저히 용납할 수 없을 때는 예외로 한다."라는 규정을 어기면서 구 비리 재단의 경영권 회복을 허용한 것이다.

사물의 본질은 저항을 통해 드러난다. 지금까지 베일에 가려져 있던 사분위의 실체가 상지대 구성원의 반발을 맞아 백일하에 드러났다. 국회에서 진상 규명을 위해 회의록을 요구하자, 사분위는 상지대와 관련해 중요한 회의였던 51차, 52차 전체회의 속기록을 내부 결정에 따라 폐기했다고 했다. 게다가 지난 9월 8일 국회 교육과학기술위원회가 상지대 정이사 선임과 관련해 사분위로부터 현안 보고를 받을 예정이었으나, 이우근 사분위원장(법무법인 충정 대표변호사)은 회의에 출석하지 않았다. 준사법적위원회인 사분위의 회의록 폐기는 '공공 기관의 기록물 관리에 관한 법률'을 위반한 범법행위다.

사분위원 열한 명 가운데 고등법원 부장판사를 포함해 변호사 등 법률가가 다섯 명이나 된다. 누구보다 앞장서서 법을 지켜야 할 판사·변호사들이 범죄 집단에게나 어울릴 법한 증거인멸을 저질렀으니 손가락질을 받아도 할 말이 없게 되었다. 상지대의 옛 비리 재단 복귀를 둘러싼 여러 의혹이 제기되는 상황에서 회의록을 남기고 국회 출석 등을 통해 자신들의 정당성을 입증해도 모자랄 판에, 관련 자료를 폐기하고 증언을 거부했으니 정당하지 못한 행위를 스스로 인정한 꼴이다.

비리 재단 복귀는 상지대만의 문제가 아니다. 덕성여대를 비롯하여, 대구대, 동덕여대, 광운대 등 비리 재단 때문에 고통받던 대학의 구성원들도 비리·비민주 재단의 대학 장악을 심각하게 우려하고 있다. 구 비리 재단이 속속 복귀하는 현시점에서, 교육의 공공성 회복을 위해 노력했던 덕성 사람들의 몸부림을 기록한 이 책이 교육 민주화의 십자가를 지고 앞장서 싸우고 있는 상지대를 비롯해 수많은 교육 민주세력들에게 승리의 용기를 불어넣어 주길 바란다. 또한 마산 창신대 해직교수들을 비롯해 부당하게 해직되어 어렵게 복직투쟁을 벌이고 있는 교수들에게도 복직의 희망을 잃지 않게 하는 계기가 되었으면 한다.

끝으로 이 책의 내용에 불편해 하는 사람들이 있을 것이다. 과거의 진실이 드러나는 것을 불편해 하는 이들에게는 옛 서독 대통령 바이체커Richard von Weizsacker(1920~)가 1985년에 종전 40주년을 맞아 서독 연방의회 본회의장에서 연설한 글 중 한 구절을 들려주고 싶다.

> 과거는 나중에 바뀌지도 않고, 아예 없었던 일이 될 수도 없습니다. 과거에 눈을 감는 사람은 현재를 볼 수 없는 사람입니다. 비인간적인 일을 기억하고 싶지 않은 사람은 다시금 그러한 위험성에 감염될 소지가 많은 사람입니다.

과거에 그릇된 세력의 편에 서서 누군가에게 고통을 준 사람은 진실한 반성과 참회를 할 때 비로소 구원받을 자격이 있다는 말이다. 우리가 해야 할 의미 있는 행동은 과거를 기억하고 기록하는 일이지, 똑같은 잘못을 되풀이하도록 망각하고 용서하는 일이 아니다. 결코 세상은 저절로 좋아지지 않는다.

덕성여자대학교 민주화운동 일지(1986~2001)

1986년

4월 25일   덕성여대 교수(12명), 시국 선언문 발표.

1987년

2월 6일   덕성여대 교수(10명), 시국 선언문 「박종철 군 고문 치사 사건에 대한 우리의 견
해」 발표.

5월 7일   덕성여대 교수(14명), 시국 선언문 발표.

1988년

10월 11일   평교수협의회 창립.

1990년

8월 25일   평교수협의회 소속 성낙돈 교수 재임용 탈락.

10월 19일   총학생회가 주최하고 사회단체가 후원한 문화 공연 '선생님 물러서지 마세요' 개최.

11월 9일   평교수협의회와 학교 당국과 합의(대승적 차원에서 성낙돈 교수 복직을 차기 총
장에게 위임).

1991년

7월 24일   성낙돈 교수 복직 투쟁에 저녁석하던 평교수협의회 소속 교수 5명 징계받음.

1993년

3월 16일   평교수협의회 해체 선언.

1997년

2월 28일   사학과 한상권 교수 재임용 탈락.

3월 2일   김용래 전 서울시장, 덕성여대 4대 총장으로 부임.

3월 8일   한국사 연구자들, '덕성여대 한상권 교수 재임용탈락 처분철회 추진위원회' 결성.

4월 2일   '덕성여대 한상권 교수 재임용탈락 처분철회 추진위원회' 대표단, 김용래 총장
            항의 방문.

4월 10일   사학과 학생들, '한 교수 재임용탈락 철회를 위한 흔 비대위' 출범.

4월 14일   덕성여대, 「한상권 전 조교수의 재임용 제외에 관한 학교의 입장」 배포.

4월 18일   사학과 졸업생들, '덕성여대 한상권 교수 재임용탈락 처분철회를 위한 졸업생 비
            상대책위원회' 결성.

4월 19일   사학과 학생회, 임시 총회를 열어 수업·시험 거부를 하지 않고 재학생 비상대책
            위도 해체하기로 결정.

            '덕성여대 한상권 교수 재임용탈락 처분철회 추진위원회'를 '덕성여대 한상권
            교수 재임용탈락 처분철회 및 교수재임용제 개선 추진위원회'(추진위원회)로 확
            대 개편하고 전국 지식인 서명 돌입.

5월 7일   추진위원회, 전국 서명 지식인(2,555명) 이름으로 기자회견.

            KBS 〈추적60분〉에서 한상권 교수 재임용탈락 실상 보도.

5월 9일   교원징계재심위원회, 한상권 교수의 재심 청구 각하.

5월 12일   『덕성여대 한상권 교수 재임용탈락 처분철회 투쟁백서(I)』 발간.

5월 26일   한상권 교수 출근투쟁.

5월 27일   연구실 폐쇄로 인문사회관 로비에 임시 연구실 설치.

6월 3~4일   한상권 교수 공개 강연, '나는 왜 무엇을 위해 싸우는가'.

6월 5일   덕성여대 교수(13명) 성명서 발표: 「현금 학내 사태에 대한 우리의 입장」.

6월 7일   서명 교수(14명) '덕성여대 정상화를 위한 비상대책위원회'(비대위) 결성: 위원
            장 국문과 박병완 교수.

            전·현직 교학부장 이상을 중심으로 한 대책위원회 일동, 반박 성명서 발표: 「13명
            의 교수들의 선동적 성명서 발표에 대한 우리의 입장」.

6월 9~19일 교육부, 열흘간 덕성여대 재단과 대학에 대해 민원 사안 감사 실시.

6월 10일	학교법인 덕성학원, 교수 성명서에 대한 반박 성명서 발표: 「허위 사실 날조, 선동 행위에 대하여」.
7월 14일	교육부, 감사 결과 발표.
7월 25일	학교법인 덕성학원 이사회, 총장의 권한을 더욱 축소하는 방향으로 정관 변경 및 시행 세칙 제정.
7월 27일	보직 교수들, 신라호텔에 모여 김용래 총장 퇴진을 결의하고 서명 돌입.
8월 5일	보직 교수, 총장실에 들어가 김용래 총장 사퇴 요구.
	김용래 총장, 긴급 교수회의 개최(1차).
	안병영 교육부장관 경질. 신임 교육부장관은 서울대 철학과 이명현 교수.
8월 7일	보직 교수, 재차 총장실에 들어가 총장 퇴진을 요구하는 서명 교수 명단 전달.
	교육부, 학교법인 덕성학원의 7·25정관 시행 세칙 개정과 관련하여 시정을 촉구하는 공문 발송.
8월 12일	『덕성여대 한상권 교수 재임용탈락 처분철회 투쟁백서(Ⅱ)』 발간.
8월 26일	'덕성여대 한상권 교수 재임용탈락 처분철회 및 교수재임용제 개선을 위한 서울대학교 교수들의 모임'(인문대 교수 57명), 성명서 발표: 「덕성여대는 한상권 교수 재임용탈락 처분을 철회하고, 즉각 재단 정상화 작업에 나서라」.
	덕성여대 교수들(48명), 성명서 발표: 「한상권 교수는 다시 교단에 서야 한다」.
9월 1일	박부국 이사장·김용래 총장(보증인 조영식), 「덕성여자대학교德成女子大學校의 조속早速한 정상화正常化와 개혁改革에 관關한 합의 각서合意覺書」 발표.
9월 4일	총학, 2학기 개강 집회.
9월 5일	'비리 주범 재단 이사장 퇴신과 덕·성학원 정상학를 위한 재학생 대책위원회'(재대위) 출범.
9월 10일	추진위원회, 성명서 발표: 「소위 '덕성여대 정상화 합의각서'의 무효를 선언한다!」.
9월 11일	학교법인 덕성학원, 한국사 교수 초빙 공고.
9월 30일	김용래 총장, 전격 사퇴: 사퇴 성명서 「왜 나는 덕성여자대학교 총장직을 떠나는가」.
10월 1일	총학생회, 학생 비상 총회 개최해 참석 인원 3,141명 가운데 3,090명 찬성으로 무기한 총파업 결의.
	교수협의회(교협) 결성(교수 42명 가입).
10월 2일	교육부, 법인과 대학에 학교 운영상 위법 부당 사항에 대하 시정 요구.

	교협, 농성 돌입.
10월 4일	재대위, 총장실을 점거하고 철야 농성 돌입.
	총학, 종묘공원에서 집회 개최(학생 1,000여 명 참여).
10월 7일	학교법인 덕성학원, 한국사 교수 초빙 공고를 다시 냄(11월 10일 마감).
10월 8일	박원국 이사장과 권순경 총장직무대리, 교육부 시정 요구사항 이행 결과 보고.
10월 9일	총학, 민주마당에 바닥 그림(용).
10월 10일	교수 대표단, 교육부장관 항의 방문.
	총학과 시민단체, 광화문 동화빌딩 앞 집회 개최(학생 2,500여 명 참여).
	박원국 이사장, 교육부의 요청에 따라 교육부 기자실에서 기자회견(오후 2시).
	교육부, 박원국 이사장 임원 취임 승인 취소(오후 6시)
10월 11일	교협, 총장실로 철야 농성 장소 옮김
10월 13일	사학과, 임시 학생회 건설해 수업거부에 동참할 것을 결의.
10월 14일	총학, 행정부서 점거농성 돌입으로 모든 행정 업무 마비.
10월 17일	총학, 종묘공원 집회 개최(학생 2,700여 명 참여) 후 명동까지 시가행진.
10월 20일	학교 당국, 학부제 전면 폐지하고 1998학년도 신입생은 학과 단위로 선발하겠다는 입장 발표.
10월 24일	총학, 광화문 집회 개최(학생 1,000여명 참여).
10월 30일	직원노조, 무기한 총파업 돌입.
11월 6일	북한 로동당 신문 기사 복사물 교내에서 발견.
11월 8일	『근맥』, 사진집 1호 발간: 「그대 가는 길이 역사다」.
11월 15일	학교 당국, 학부제 폐지하겠다는 방침 철회.
11월 18일	교협, 단식 농성 돌입.
11월 26일	권순경 총장직무대리, 교협 공동의장과 운영위원을 업무방해죄로 검찰에 고발.
12월 4일	이사진 전면 개편: 신임 이사, 김계수·최영철·이태수·이행원·김용준·박승서
	총학생회 수업 복귀 결정.
12일 12일	이사회, 김계수 전 외대 교수를 새 이사장으로 선출.
12월 19일	김대중 후보, 15대 대통령 당선.
12월 27일	이사회, 덕성여자대학교 총장 초빙 공고 냄(1998. 1. 10. 마감).

1998년

1월 10일	5대 총장 후보 서류 제출 마감.

1월 13일	이사회,「제5대 총장 후보 선출 규정」을 대학에 보내면서 총장 후보 5인을 선출을 요청.
2월 14일	북부지검(담당검사 이두희), 교협 공동의장과 운영위원 기소.
2월 26일	이사회, 이강혁 전 외대 총장을 제5대 총장으로 선출.
3월 2일	한상권 교수, 출근투쟁 재개.
3월 3일	김대중 대통령, 이해찬 의원을 국민의 정부 초대 교육부 장관으로 임명.
3월 10일	한상권 교수, '장외 강의' 시작.
3월 24일	이사회, 간담회를 개최해 한상권 교수를 특별 임용 방식으로 복직시키는 데 합의.
4월 10일	한상권 교수, 월봉저작상 수상.
4월 26일	총학생회장(이수미, 도서관학과 4) 학교 앞에서 경찰에 연행.
4월 29일	총학·민주동문회, 문화공연 '선생님 물러나지 마세요. Ⅱ' 개최(학생 1,000여 명 참여).
5월 1일	추진위원회, 전국 대학 교수·연구원 서명 운동 돌입(70여 개 대학, 3,115명 참여).
5월 4일	한상권 교수, '장외 수업' 재개.
5월 6일	한상권 교수, 이강혁 총장 면담.
5월 24일	이강혁 총장, 한상권 교수 임용 방식을 '특채'에서 '공채'로 바꾸겠다고 선언.
5월 26일	추진위원회, 민교협 사무실에서 덕성여대 민주화 지원 농성 돌입.
5월 27일	본부 보직 교수(교무처장·기획실장·학생처장), 보직 사퇴.
	한상권 교수, 학교 정문 앞에서 천막 농성 돌입.
6월 10일	인사위원회, '한상권 교수 특별 채용 임명 제청 동의'.
	이강혁 총장, 이사회에 한상권 교수 복직 제청.
6월 15일	총학, 247일간의 총장실 점거농성 해제.
6월 30일	정족수 미달로 이사회 유회.
7월 22일	김계수 이사장 작고.
8월 18일	이사회, 이사장 직무대행에 박승서 이사를 선임.
	교양학부 교수, 한상권 교수를 검찰에 고발.
	사학과 조교, 한국사 강사 추천서를 임의로 작성해 본부에 제출.
8월 28일	이사회, 정족수 미달로 유회.
9월 21일	『덕성여대 한상권 교수 재임용탈락 처분 철회투쟁 백서(Ⅲ)』 발간.
10월 29일	이사진, 총사퇴를 결의하고 이사장 직무대행에게 사표 제출

12월 2일	교육부, 학교법인 덕성학원 이사회에 계고장 발송(1차).
12월 15일	이사회, 이문영 아태평화재단 이사장 겸 경기대 석좌교수를 신임 이사로 선출.
12월 16일	북부지청(담당검사 이홍원), 한상권 교수 기소.

1999년

1월 12일	교육부, 학교법인 덕성학원 이사회에 계고장 발송(2차).
1월 30일	교육부, 학교법인 덕성학원 이사회에 계고장 발송(3차).
2월 4일	이사회, 이문영 이사를 이사장으로 선임.
2월 24일	이사회, 정경모·이상신·김유배 이사 선임.
2월 26일	이사회, 한상권 교수 복직 의결.
3월 12일	이문영 이사장, 총장에게 '인사,제도에 관한 개혁안'을 4월 20일까지 제출할 것을 요청.
4월 9일	'한상권 교수 복직 축하와 덕성 민주화를 여는 한마당' 개최(1000여 명 참여).
4월 20일	교협, 이강혁 총장에게 「인사 제도 개혁안」 제출.
5월 24일	이해찬 교육부 장관 경질, 신임 교육부장관 김덕중.
5월 20일	북부 지원, 한상권 교수 고소건에 벌금 30만 원에 선고 유예 선고.
5월 31일	이사회, 대학평의원회 신설과 인사위원 직선제 채택. 박(토마스)상진을 새 이사로 선임.
7월 20일	『덕성여대 한상권 교수 재임용탈락 처분철회 투쟁백서(Ⅳ): 양심과 희망의 승리』 발간.
8월 12일	박원국 전 이사장, 교육부를 상대로 낸 행정소송에서 승소(1심).
9월 17일	이사회, 성낙돈 교수 복직 의결.
9월 18일	국회 교육위, 덕성여대를 국정 감사 대상으로 선정.
10월 15일	국회 교육위, 덕성여대에 대해 국정 감사 실시.
10월 29일	이사회, 이강혁 총장 직위 해제.

2000년

1월 13일	김덕중 교육부 장관 경질, 신임 교육부 장관 문용린.
3월 20일	이사회, 인요한 연대 의대 교수를 이사로 선임.
3월 22일	이사회, 김기주 전 호서대 총장을 이사로 선임.
5월 7일	이문영 이사장 사퇴.

6월 8일	민주동문회, '덕성여자대학교 건학 80주년 기념, 덕성여대 뿌리 찾기 대토론회' 개최.
6월 24일	이사회, 하와이에서 열어 함세웅·방정배 이사 사표 수리.
8월 31일	문용린 교육부장관 경질, 신임 교육부장관 이돈희.
10월 10일	교협·총학·민동, '덕성학원 설립자 차미리사 선생 초상화 봉안식' 개최.
11월 3일	국회 교육위, 덕성여대에 대해 국정 감사 실시.

2001년

1월 19일	박원국 전 이사장, 행정소송 상고심에서 승소해 덕성여대 이사장으로 복귀.
1월 29일	이돈희 교육부 장관 경질, 신임 교육부 장관 한완상.
2월 15일	박원국 이사장, 학교에 들어오는 과정에서 학생들과 충돌.
2월 26일	이사회, 교수 5명 재임용 탈락.
2월 28일	북부지청(담당검사 양보승), 교협 회장단(회장 신상전, 부회장 한상권)에 대해 구속영장 청구.
3월 29일	총학, 덕성 총궐기대회를 열고 총장실 점거.
4월 3일	총학, 비상 총회 개최(학생 2,150여 명 참여)해 삭발과 혈서.
4월 9일	학교법인 덕성학원/덕성여대, 일간지에 「일부 언론에 보도된 내용은 사실과 다릅니다」라는 광고 게재.
4월 12일	총학, 2차 비상 총회 개최.
4월 17일	총학, 수업거부에 관한 총투표 결과 2,320명(62퍼센트) 찬성으로 수업거부가 결의되었음을 공표.
4월 22일	덕성여대, 덕성여고에서 '일요일 중간고사' 실시.
4월 23일	덕성여대, 운니동 캠퍼스에서 중간고사 실시.
4월 26일	총학, 종묘공원에서 집회를 개최한 후 명동까지 거리 행진(학생 1,500여 명 참여).
4월 30일	교협, 교육부 앞 1인 시위 돌입.
5월 21일	교육부, 덕성여대에 대해 특별감사 실시.
5월 31일	총학, 총투표 실시해 1,821명(63퍼센트) 찬성으로 6월 4일부터 수업 재개 결의.
6월 1일	학교 당국, 책걸상 쇠사슬로 묶고 용접.
6월 12일	교육부, 덕성여대 이사장과 총장에게 「학교 운영 정상화 촉구」 공문 발송.
7월 23일	덕성 공투위 대표단(김영규·박거용·강남훈 교수, 이지헌), 북부지청 차장검사 (김승구) 면담.

7월 31일	총학과 해직교수, 조계사 천막 농성 돌입.
8월 8일	덕성공투위, 교육부 앞 1인 시위 돌입.
8월 15일	덕성공투위, '민족사학 덕성학원 설립자 차미리사 선생 기념 사업회' 발족.
8월 16일	교육부, 덕성여대 등 사립대학의 교원 임용 실태 감사 결과 발표.
	14~15에 내린 집중 호우로 학교 정문 앞 남해교 붕괴·유실.
8월 20일	박원국 이사장, 신임 교수 초빙 과정에서 학생들과 마찰.
9월 15일	박원국 이사장, 교육부에 「학내 분규 해소 대책안」제출.
9월 28일	교육위원회, 덕성여대에 국정 감사를 실시하고 한완상 교육부장관에게 임시 이사 파견을 촉구.
10월 8일	총학·교협·노조·민동, 교육부 앞 24시간 1인 시위와 학생 대표자 단식 농성 돌입.
10월 11일	노조, 총파업 투쟁 돌입.
10월 22일	이사회, 결원 이사 2명 선임.
10월 24일	교협·총학·노조, 교육부 앞 집회 후 25명 집단 삭발식.
10월 26일	박원국 이사장 임기 만료로 사퇴
	교육부, 관선 이사 네 명(최현섭, 이석태, 박영숙, 이해동) 파견.
10월 29일	총학, 조계사 천막 농성(91일차) 해단, 지도부 단식(22일차) 해제.
11월 19일	한상권 교수(교협 부회장), 운니동 재단 앞에서 박원택 이사 퇴진 요구하며 1인 시위 돌입.
11월 20일	총학, 잔류 이사 퇴진을 촉구하며 재단 앞 천막 농성 돌입.
11월 23일	이사회, 이해동 이사를 이사장으로 선출.
11월 30일	덕성학원 설립자 차미리사 선생 동상 건립 기공식.
12월 20일	오마이뉴스, 올해의 인물로 '덕성여대 사람들' 선정.
12월 26일	이사회, 신상전 교협 회장을 총장 직무대리로 선임.
12월 31일	교협, 447일간 진행한 천막 농성 종료.